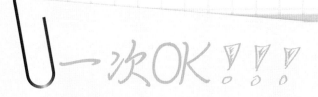

一次OK！！！

陳思緯◎編著

社會工作研究方法
搶分題庫

必勝！

 考用出版股份有限公司

目 錄　Contents

必須要知道的考試相關資訊

【應考資格】

考試名稱	類科	應考資格
專門職業及技術人員高等考試	社會工作師	一、公立或立案之私立專科以上學校或經教育部承認之國外專科以上學校社會工作科、系、組、所畢業，領有畢業證書者。 二、公立或立案之私立專科以上學校或經教育部承認之國外專科以上學校相當科、系、組、所畢業，領有畢業證書，曾修習社會工作（概論）或社會工作（福利）理論、人類行為（發展）與社會環境、社會個案工作、社會團體工作、社區組織與（社區）發展或社區工作、社會（工作）研究方法或社會及行為研究法或社會調查與研究、社會福利概論或社會福利通論、社會福利行政（與立法）或社會工作管理、社會政策與（社會）立法、社會工作（福利）實習或實地工作、社會工作方法或臨床社會工作或醫療社會工作、高等社會工作或高等社會個案工作或高等社會團體工作或高等社會社區工作或進

考試名稱	類科	應考資格
		階社會工作或進階社會個案工作或進階社會團體工作或進階社會社區工作、社會工作督導、非營利組織（經營）管理或社會服務機構（行政）管理或方案規劃與評估、社會政策分析或比較社會政策、家庭政策或家庭（福利）服務或家庭社會工作、社會福利（服務）或兒童福利（服務）或青少年福利（服務）或老人福利（服務）或身心障礙者福利（服務）或婦女福利（服務）等學科至少7科，合計20學分以上，每學科至多採計3學分，其中須包括社會工作（福利）實習或實地工作，有證明文件者。 三、中華民國90年7月31日前，經公立或立案之私立專科以上學校或經教育部承認之國外專科以上學校社會政策與社會工作、青少年兒童福利、兒童福利、社會學、社會教育、社會福利、醫學社會學等科、系、組、所畢業，領有畢業證書者。 四、中華民國89年12月31日前，具有國內公立或立案之私立或經教育部承認之國外大學或獨立學院以上

考試名稱	類科	應考資格
		非社會工作相關學系畢業，有國內社會工作實務經驗2年以上，並領有中央主管機關審查合格之證明文件者。 五、中華民國95年7月31日前，具有國內已設立10年以上之宗教大學或獨立學院之社會工作相關科系畢業，有國內社會工作實務經驗2年以上，並領有中央主管機關審查合格之證明文件者。 自中華民國102年1月1日起，中華民國國民具有下列資格之一者，得應本考試： 一、公立或立案之私立專科以上學校或經教育部承認之國外專科以上學校社會工作相當科、系、組、所、學位學程畢業，曾修習社會工作（福利）實習或實地工作，領有畢業證書者。所稱社會工作相當科、系、組、所、學位學程係指開設之必修課程包括下列五領域各課程，每一學科至多採計3學分，合計15學科45學分以上，且經考選部審議通過並公告者： 　（一）社會工作概論領域 　　　　課程2學科：包括

考試名稱	類科	應考資格

		1.社會工作概論。
		2.社會福利概論或社會工作倫理。
		（二）社會工作直接服務方法領域課程3學科，包括
		  1.社會個案工作。
		  2.社會團體工作。
		  3.社區工作或社區組織與（社區）發展。
		（三）人類行為與社會環境領域課程4學科，包括
		  1.人類行為與社會環境。
		  2.社會學。
		  3.心理學。
		  4.社會心理學。
		（四）社會政策立法與行政管理領域課程4學科，包括
		  1.社會政策與社會立法。
		  2.社會福利行政。
		  3.方案設計與評估。
		  4.社會工作管理或非營利組織管理。
		（五）社會工作研究法領域課程2學科，包括
		  1.社會工作研究法或社會研究法。
		  2.社會統計。
		二、公立或立案之私立專科以

考試名稱	類科	應考資格
		上學校或經教育部承認之國外專科以上學校社會工作相關科、系、組、所、學位學程畢業，曾修習社會工作（福利）實習或實地工作，領有畢業證書，且其修習之課程符合前款規定之五領域課程，有證明文件者。 三、前二項實習或實地工作認定標準由考選部另定之。 具有第一項各款資格之一者，限於中華民國105年12月31日以前，得應本考試。 ※102年以後畢業者，實習以課堂外實習為限，應至少實習二次且合計400小時以上。

【考試科目】

考試名稱	類科	考試科目
專門職業及技術人員高等考試	社會工作師	1.◎國文（作文與測驗） 2.◎社會工作 3.◎社會政策與社會立法 4.◎社會工作管理 5.◎社會工作直接服務 6.◎人類行為與社會環境 7.◎社會工作研究方法
備註： 1.科目前端有「※」符號者，係全部採測驗式試題。 2.科目前端有「◎」符號者，係採申論式及測驗式之混合式試題。		

【考試日期】

考試名稱	類科	預定辦理日期
專門職業及技術人員高等考試	社會工作師	每年舉辦1次，並視需要舉辦1次 1. 第1次：約於每年1~2月舉辦。 2. 第2次：約於每年7~8月舉辦。

備註：正確考試日期以考選部公告為準。

【命題大綱】

專門職業及技術人員高等考試 社會工作師考試
「社會工作研究方法」科目大綱

命題大綱
一、理論與研究的關聯 　　（一）理論、概念與變項、假設與命題 　　（二）兩種邏輯模式：歸納法與演繹法 　　（三）因果模型 二、研究設計 　　（一）概念化及操作化 　　（二）測量 　　（三）抽樣 　　（四）研究分析的單位 　　（五）信度與效度 三、研究方法 　　（一）調查研究法 　　（二）質性研究法 　　（三）評估研究 　　（四）行動研究 　　（五）其他常見之研究法 四、研究結果的判讀、分析以及研究倫理 　　（一）量化研究之資料分析與判讀

命題大綱
（二）質性研究之資料分析與判讀
（三）研究倫理

資料來源：考試院考選部網站（http://wwwc.moex.gov.tw）

【應考及錄取人數】

專門職業及技術人員高等考試
（社會工作師考試）

年度	應考人數	到考人數	錄取人數	
106年第一次	2,398	1,840	143	
106年第二次	3,384	2,340	497	
107年第一次	2,367	1,660	606	
107年第二次	3,606	2,817	486	
108年第一次	2,632	1,997	535	
108年第二次	3,546	2,730	451	
109年第一次	2,794	2,085	260	
109年第二次	4,262	3,191	790	
110年第一次	2,891	2,068	282	
110年第二次	4,402	2,848	557	19.6%
111年第一次	2,742	1,759	530	30.1%
111年第二次	4,337	3,059	399	13.0%
112年第一次	2,956	2,050	703	34.3%
112年第二次	4,191	2,978	702	23.6%
113年第一次	3,344	2,368	355	15.0%

【近年歷屆試題分析】

專門職業及技術人員社會工作師高等考試
「社會工作研究方法」科目

章節＼考試年度	110年 2申	110年 2測	111年 1申	111年 1測	111年 2申	111年 2測	112年 1申	112年 1測	112年 2申	112年 2測	113年 1申	113年 1測	出題數合計 申論題	出題數合計 占測驗題總出題數比率	出題數合計 測驗題	出題數合計 占申論題總出題數比率	總計 總出題數	總計 占總出題數比率
第1章：社會工作研究方法與研究取向		4		6		5	1	6		3		6	1	8%	30	13%	31	12.3%
第2章：假設、理論、概念與變項		6		5		4		5		7		7	0	0%	34	14%	34	13.5%
第3章：測量與抽樣	1	6		7		7		4	1	3	1	5	3	25%	32	13%	35	13.9%
第4章：問卷設計與調查		8	1	5		4		8		10		8	1	8%	43	18%	44	17.5%
第5章：資料統計與分析		2		4		5		3		4		1	0	0%	19	8%	19	7.5%
第6章：實驗研究	1	4		3		1	1	3	1	1		2	3	25%	14	6%	17	6.7%
第7章：觀察研究				1						1		1	0	0%	3	1%	3	1.2%
第8章：質性研究		5	1	3	2	9		8		7	1	7	4	33%	39	16%	43	17.1%
第9章：其他研究方法		5		6		5		3		4		3	0	0%	26	11%	26	10.3%
合計	2	40	2	40	2	40	2	40	2	40	2	40	12	100%	240	100%	252	100.0%

專門職業及技術人員社會工作師高等考試「社會工作研究方法」科目歷屆試題：出題題數彙整統計表

章節＼題型	各類型出題數合計				總計		重要性
	申論題	占總出題數比率	測驗題	占總出題數比率	總出題數	占總出題數比率	
第1章：社會工作研究方法與研究取向	1	8.3%	30	12.5%	31	12.3%	★★★★★
第2章：假設、理論、概念與變項	0	0.0%	34	14.2%	34	13.5%	★★★★★
第3章：測量與抽樣	3	25.0%	32	13.3%	35	13.9%	★★★★★
第4章：問卷設計與調查	1	8.3%	43	17.9%	44	17.5%	★★★★★★
第5章：資料統計與分析	0	0.0%	19	7.9%	19	7.5%	★★★
第6章：實驗研究	3	25.0%	14	5.8%	17	6.7%	★★
第7章：觀察研究	0	0.0%	3	1.3%	3	1.2%	★
第8章：質性研究	4	33.3%	39	16.3%	43	17.1%	★★★★★
第9章：其他研究方法	0	0.0%	26	10.8%	26	10.3%	★★★★
合計	12	100.0%	240	100.0%	252	100.0%	

【準備要領】

　　社會工作研究方法是一門與社會工作其他考科不同的一門考科，主要係有相當多的研究取向、步驟以及統計資料分析等，本考科具備科學的元素相當高，也是社工系學生普遍覺得最難準備的一考科。研讀本書將使讀者對解題的技巧、邏輯組織能力及考場臨場反應能力大幅提升，輕易在考場奪取致勝高分。

　　本書編者細心地於各申論題逐題提示解題方向，同時亦延伸提醒考生應該注意的相關考點，建立考生準備相關題型的完整性；在測驗題部分，經由編者的逐題解析，可以讓考生辨別正確答案與錯誤答案的細微差距，而能同步建立清晰正確的選題觀念與技巧，使考生能在測驗題拿到高分。

　　編者建議考生研讀本書時，同步搭配編者另著：陳思緯，《社會工作研究方法》，考用出版社，更能建立完整的社會工作堅實能力，除了在歷屆試題有絕佳的解析技巧外，在尚未被命題的社會工作相關內容，將可使讀者具有超強的社會工作研究方法考科實力，以社會工作研究方法取得關鍵的考場高分。

給各位讀者的期勉～

名不顯時心不朽，再挑燈火看文章～與各位考生共勉之

祝您 金榜題名

編者 陳思緯 敬上

Chapter 1

社會工作研究方法與研究取向

關鍵焦點

1. 分析單位、文獻探討、研究的目的為基礎申論題考點。

2. 非科學研究的錯誤和謬論，除了以申論題出題外，相當多的題目出在解釋名詞，專技高考則另出現在測驗題，均係考驗考生是否有紮實的基本工夫。

3. 另研究倫理在申論題中，為相當重要的考點，請紮實準備。

申論題 Essay Question

一、在1970年代，研究者Laud Humphreys發表一本書，名為《公廁交易：公共場域的非個人的性行為（Tearoom Trade: Impersonal Sex in Public Places）》，這本書的素材立基於研究者的一個博士研究計畫，出版後引發有關研究倫理的討論。Humphreys在這個研究中想要了解當時在某個公園內公共廁所中進行性行為，基於隱密性，通常兩個陌生人相遇進行性行為，會有另一位把風者來避免警察的取締。研究者當時就以「把風者」的角色進行研究的觀察，希望能夠進而與他們進行深度訪談，但許多人因擔心自己身分曝光或烙印而婉拒訪談。為了能夠取得這些人的個人資料，研究者就以之前把風時所抄錄的車牌號碼，透過監理所的友人查得這些人的住址，經過偽裝後到這些人家中拜訪，佯稱進行一項健康調查而取得這些人的個人和家庭資料，使得研究資料更具有真實性。請問這個研究案例牽涉到那些研究倫理的議題？請至少討論四種研究倫理議題，特別是這些倫理議題對於研究參與者可能會有些什麼樣的影響？

（107年高考）

考點分析　題目雖然很長，但其實就是考研究倫理與面臨的難題，屬於核心考點。

【解析】

茲將本研究案例涉及的研究倫理的議題列舉四種，並就對於研究參與者可能產生的影響，併同說明如下：

 一　自願參與

研究倫理的主要原則是參與者必須是自願的。沒有人可以被迫參加。本案研究者因當時許多人擔心自己身分曝光或烙印而婉拒訪談，但研究者仍利用各種非法方式對其進行訪談研究，並非研究對象所自願參與；且研究者不請自來的侵入受訪者的生活，意味著需要耗費研究對象相當多的時間與精力來應付研究者，並會中斷研究對象的日常活動。

 二　知情同意

所有的參與者必須知道他們正在參與一項研究，被告知所有研究的後果並同意加入。本案的研究者當時就以「把風者」的角色進行研究的觀察，希望能夠進而與他們進行深度訪談，但許多人因擔心自己身分曝光或烙印而婉拒訪談。但後續研究者仍透過車籍監理資料偽裝到家訪談，除非自願性參與外，因研究對象並未被事先告知並獲得同意，故違反知情同意；而對性行為這樣的資訊被陌生人知道，將會影響其日常的生活。

三　不傷害參與者

社會工作研究不該在研究中傷害參與者。本案研究者透過監理所的友人，非法取得受訪者的住址，再偽裝後拜訪，且個人資訊違法被知悉，資訊的透露使參與者困窘或危及他們家庭生活、友誼、工作等

等；更可能引起警察單位的立案調查而傷害參與者。

㈣ 欺瞞參與者

對研究對象表明你是研究者的身分，有些時候是有用且甚至必要的。當隱藏你的研究身分是合理並且重要的時候，還有一個重要的倫理面向必須要考慮。欺騙是不道德的，在社會研究中，欺騙需要有令人信服的科學或管理考量來證明其正當性。以本案的研究議題而言，研究者犯了欺瞞的行為。研究者當時就以「把風者」的角色進行研究的觀察，即是一種欺瞞行為，且其利用自公務部門非法取得的資料佯裝是健康調查，將使研究對象日後不再信任各項研究調查，以及未來公務部門的各項調查將會受阻。

申論題 Essay Question

二、每個社會研究都會針對特定之分析單位（unit of analysis）而設計，請列舉常見的社會研究分析單位。研究的結果發現必須立基於研究設計所適用的分析單位，倘若將研究發現推論跨越原本設計的分析單位，經常可能遭遇邏輯謬誤，而社會研究中常見的謬誤就是「區位謬誤」（ecological fallacy）和「化約主義」（reductionism）。試述何謂「區位謬誤」和「化約主義」，並以實例說明。

（108年高考）

---

1. 社會研究分析單位（unit of analysis）向來即是測驗題重要考點。在Allen Rubin, Earl R. Babbie所著的《社會工作研究方法》中，即清楚的說明，包括：(1)個人；(2)團體；(3)方案；(4)組織或機構；(5)社區；(6)社會加工品／社會人造物（Artifacts）：分析雜誌、報紙、文章的特色。本題第一個提問以分析單位為考點，簡單易答。

2. 但請考生注意的是，社會研究分析單位（unit of analysis）並非是社會科學的三種分析水準（宏觀層次、中距層次、微觀層

次），如果考生以此做爲第一個提問之應答內容，則爲文不對題。以107年第二次專技社工師考題爲例：「情況：睡眠對健康至關重要。但研究發現，多數大學生睡眠品質不佳。葉教授想了解影響大學生睡眠品質的因素，他從自己任教的大學裡，以系級名單隨機抽取20個班級，到這些班級發放問卷，請全班同學填寫。問卷中，睡眠品質以「匹茲堡睡眠品質量表」（是由7題，每題4點尺度的李克特（Likert）量表所構成，分數越高代表睡眠品質越差）來測量，其他變項包括受訪者性別、每週運動時數、每天上網時數等。研究的分析單位是：(A)學校(B)班級(C)個人(D)睡眠品質分數（107年第二次專技社工師）」，答案(C)。諸多類似考題不勝枚舉，舉本例主要是提醒考生，不是有答案就好，坊間解題機構的解題未必均是正解，考生必須要有思考答案正確性的能力才是上策。

3. 另第二個提問，即是緊扣第一個提問的分析單位而來，且亦是金榜考點，在考前詳讀編者著《社會（工作）研究方法》的考生，記得編者的榜首提點，掌握關鍵高分輕而易舉。

【解析】

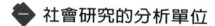 社會研究的分析單位

1. 個人。

2. 團體。

3. 方案。

4. 組織或機構。

5. 社區。

6. 其他事務等（Artifacts）：分析雜誌、報紙、文章的特色。

「區位謬誤」和「化約主義」之意涵及實例說明

1. 「區位／生態謬誤」（Ecological Fallacy）

(1) 意涵：當研究的分析單位與研究結果的判斷單位出現不對稱或

不一致的現象時稱之。生態謬誤源自於分析單位的錯誤配對，是指研究者握有經驗證據的單位，與他想要發表論述的單位之間出現不相稱的狀況。這是由於推理不當，以及通則化超過證據所保證的範圍之外的緣故。發生在研究者蒐集的資料是一組較高層次的或聚集的分析單位，但是卻想要對一個較低層次的、非聚集的單位提出論述之時，這之所以是一種謬誤錯誤，乃是因為在某個分析單位上發生的狀況，並不總會發生在另一個分析單位之上。因此，如果研究者蒐集到較大集體（例如：組織、整個國家）的資料，然後根據這些資料提出關於個體行為的結論，研究者就犯下了生態謬誤。確定研究者用作解釋的分析單位等同於或是接近於研究者蒐集的資料的單位屬性，研究者就可以避免落入這種錯誤。

(2) 舉例：當分析臺灣地區失業率（分析單位）最高的幾個縣市的人口組成，發現都是以閩南籍為多，於是推斷閩南籍（判斷單位）人口多的縣市、失業率都會偏高；這樣就是犯了區位／生態謬誤的問題。因為研究者沒有調查失業率中度或低度縣市的人口組成；事實上，在全臺灣地區所有縣市幾乎都是以閩南籍人口為最多；所以如果對於所有縣市均調查失業率與籍貫的相關，就會發現兩者之間其實並沒有特殊的關聯存在。

2. 化約論／簡化論

(1) 意涵：化約論（Reductionism）係當研究者過度簡化問題的複雜性或是將複雜的社會現象歸因於單一因素所造成，也稱為不對等謬誤。這個錯誤是發生在研究者解釋鉅觀層次的事件時，但有的只是關於數個特定個人的證據。發生在研究者觀察的是較低或個別的分析單位，卻對較高或聚集單位的運作狀況做出論述的情況之時。這是生態謬誤錯誤配對的逆向情況。握有關於個人行為決策資料的研究者，卻對鉅觀層次單位的動態提出論述，這時就犯了化約論的謬誤。會出現化約論的謬誤，是因為通常從具體的個人取得資料比較容易；同時也是因為鉅觀層次單位的運作比較抽象與模糊之故。就和生態謬誤一樣，可以

藉著確定研究者解釋時所用的分析單位非常接近於研究者所掌有之證據的分析單位，而避開這個錯誤。未能對分析單位做出正確思考的研究者與掌握有不相稱的理論與資料的研究者，是比較可能犯下生態謬誤或化約論的謬誤。他們不是對適合於研究問題的資料做出錯誤的判斷，就是過度通則化他們的資料。

(2) 舉例：研究者認為近來「少子化」現象日益嚴重，應與失業率居高不下之間有高度相關，於是著手進行此二變項間的相關分析；但是這樣的想法可能忽略了另外的重要變項，例如：「婦女的經濟獨立」以及「現代人傳宗接代與養兒防老價值觀的轉變」所造成的影響。

申論題　Essay Question

三、社會研究面臨的倫理議題，除了針對被研究者的倫理議題外，還有研究者對他／她的科學社群，同樣也有倫理遵守的義務，請解釋。

（108年普考）

考點分析

本題考題的提問僅一項，亦即為「還有研究者對他／她的科學社群，同樣也有倫理遵守的義務，請解釋」，題意雖以「科學社群倫理」為楔子提問，其實就是考「科學社群的規範」，以往在歷屆試題已有出題紀錄，考前詳加準備，即可輕鬆應答。

【解析】

研究者對他／她的科學社群應遵守的倫理的義務，說明如下：

 一　普遍性（Universalism）

不論是誰進行研究（例如：老或少、男或女），以及不論研究是在何處所進行的（例如：美國、法國、哈佛大學，或是一所不知名的大學），都只能以科學價值為基礎來對該研究進行評判。

二　系統性質疑（Organized Skepticism）

科學家不應該以一種毫無考慮、未加批判的方式來接受任何新的想法或是證據。他們應該挑戰並且質疑所有的證據，而且要仔仔細細地審查每一項研究。進行批判的目的，並不是要去攻擊個人，而是要確保在研究中所使用的方法都能夠經得起嚴密且詳細的檢驗。

三　公正無私（disinterestness）

對於意外的觀察結果以及新的想法，科學家必須保持中立、公正、接納，以及開放的態度。科學家不應該死板地堅守著某個特定的想法或是觀點。他們應該要接受，甚至去尋找一些與其立場相左的證據，並且應該誠實地接受所有來自於高品質研究所得到的發現。

四　研究成果共有主義（communalism）

科學知識必須與他人一起分享，因為科學知識是屬於所有人的。創造科學知識是一項公共的活動，而且研究發現是公共資產，可供大眾取得並使用。研究的進行方法必須詳細地加以描述。要等到其他研究者已經審閱過，並且以一種特殊的形式與方法公諸於社會大眾時，新的知識才能被正式地接受。

五　誠實（honesty）

雖然這是一種普遍的文化規範，但是在科學研究裡卻特別強調此項規範。科學家強烈要求所有的研究都必須誠實，而不誠實或者是欺騙的作法，在科學研究中是極大的禁忌。

申論題　Essay Question

四、請論述在針對受虐青少年進行研究時，應如何確保研究倫理？

（108年地方三等）

本題配分30分。本題在應答時，必須將確保研究倫理的作為緊扣研究對象加以應答，而非僅是論述一般的確保研究倫理方式，必須針對題意量身論述，才能顯得論述條理清楚、紮實及緊扣題意。

【解析】

研究倫理是研究時必須遵守的行為規範，題意針對受虐少年進行研究時，此類的研究對象，基於樣本特性，較適合質性研究進行，以深入受虐事件對其造成的身心影響。而質性研究因特別強調研究者和研究參與者的互動，更容易涉及倫理議題。以下針對題意所述受虐少年進行研究之過程中，如何確保研究倫理，說明如下：

研究者之研究態度

研究者必須保持誠實的態度公開自己的身分和目的，並且尊重研究參與者的特徵、信守對其所做的承諾，與參與者建立良好關係，溝通研究主題、讓研究參與者感覺研究者不會干擾其生活、不預設立場、願意保持開放和學習的態度，並且在訪談過程中扮演互補角色，藉由引導與催化技巧，幫助參與者在自然情境中能夠充分表達。因此，研究者在一開始向受虐青少年清楚說明研究目的、研究者的身分、研究進行方式，以及研究參與者之相關權利，讓受虐青少年在正式進行訪談前對研究有基礎之認識。此外，研究者是先和受虐青少年說明訪談的內容會涉及過去發生的事情，讓研究參與者有心理準備，並再次強調如果受虐青少年有不願意談的部分是可以拒絕，也不會對受虐青少年本身造成影響。

知情同意

知情同意是基於文化價值與法律的考量，根基於對人類自由與自決的高度評價，基本要素包括充分資訊、理解、自主、行為能力，也就是研究參與要有足夠的知識且認為已被告知，並且還必須是有行為能力

的人，在自主情況下的同意；此外，研究也必須尊重研究參與者拒絕參加和隨時想退出的自由，也必須覺察研究參與者所面對的「權力關係」；然而，知情同意的範圍，除了徵求研究參與者的同意，以及在研究參與者未具備行為能力之下，取得其法定監護人同意外，有時還必須擴及其他人。本研究是針對受虐青少年進行之研究，因此基於案主保護與權利，因係安置的個案，研究者是先取得社會福利機構主管、社會工作者與少年本人之同意。知情同意的進行方式，係先與機構溝通及與社會工作者討論立意取樣之條件，由社會工作者與適合之少年進行初步邀約與討論，了解其意願與想法；若少年有意願接受訪問，則由社會工作者問方便之時間地點，再由研究者與少年進行接觸與互動，並再一次與少年說明研究目的、相關權利、研究進行方式與過程，經過少年完整且詳細了解研究之內涵與過程後，再次詢問其意願，並強調拒絕並不會影響其相關之權利。最後，若受虐青少年同意接受訪問，再由受虐青少年簽署正式之研究參與同意書。

 ## 保密原則

保密是指雖然資料上有研究參與者的資訊，但研究者是秘密持有，對外報告時會避免直接（名稱）或間接（特徵）提及參與者的身分。本研究在考量能夠對少年受虐現象之了解，將以保密的形式呈現，也就是相關的人名、單位之資訊會加以匿名，運用代碼呈現，使受虐青少年身分權益能受到保障，但由於研究參與者是透過機構社工篩選與邀請，此部分保密的困難會主動告知研究參與者，不過也會向研究參與者保證，訪談內容不會向機構社會工作者透漏。此外，在錄音檔的處理，無論是損毀或保留，會尊重受虐青少年的決定。

最小傷害原則

社會科學研究可能對研究參與者造成生理或心理的傷害、社會關係的損失、法律風險、個人事業或收入受損，因此任何研究都應思考會對參與者造成的傷害，除了知會參與者，也要採取行動預防；尤其是質性研究者擁有可以傾聽他人生命故事的特權，因此不僅要珍惜，更要

謹慎使用，避免讓研究參與者受到傷害、脅迫或貶抑。本研究的研究參與者為曾經受虐的少年，因此不可避免地，受虐青少年在訪談過程中必須再次面對與回憶過去受虐之情境與情緒，對於受虐青少年而言，參與研究可能使過去的創傷再度掀起，對其生活造成某種程度之影響。故研究者在訪談之前，會先行告知受虐青少年相關之議題與可能之傷害，使其有足夠心理準備，過程中亦會視訪談狀況斟酌訪談之深度，並使受虐青少年能夠隨時停止。

申論題　Essay Question

五、請列出並說明以個人經驗（親眼目睹、親身經歷）解釋事物、判斷事物真偽，而可能導致的錯誤。 　　　　　　（108年地方四等）

考點分析

本題其實就是考非科學研究常見的錯誤和謬論，考題雖簡單。考前詳讀編者著《社會工作研究法》第1章〈社會工作研究方法與研究取向〉章節，編者在該書中即已畫上榜首提點提醒考生，本題問分數掌握毫無懸念。但審題時必須留意，命題老師在題意中要考生舉出以個人經驗（親眼目睹、親身經歷）用來解釋這些錯誤造成的案例，如果考生疏忽未應答此部分，將無法取得佳分。

【解析】

茲將以個人經驗親眼目睹或親身經歷解釋事物、判斷事物真偽，而可能導致的錯誤的情形列舉說明如下：

不精確的觀察

我們在觀察事情時常常是漫不經心的，因此會犯錯。沒能觀察到發生在眼前的事情，或是對一些事情做了錯誤的觀察。無論簡單或複雜的測量方法都有助於預防不精確的觀察。例如：連續2天某同事都穿同樣顏色或花色的衣服，但是卻是不同件，因為不精確的觀察，而取笑她連續二天都穿同一件衣服未更換。

過度概化

當我們注意身邊事物的模式時，常把一些相似的事件當成支持一個共通模式的證據。這個專有名詞叫做過度概化。預防過度概化的方法是觀察大量的樣本。例如：當我們看到電影中的黑人穿著髒兮兮的躺在路邊乞討，就過度概化將大多數的黑人視為是不愛乾淨、不認真的工作的族群。

選擇性觀察

過度概化的危險之一是它可能會導致選擇性觀察。一旦研究者下結語說有某個模式的存在，並將之發展成一個對事件原因的概括性解讀，之後研究者會對與該模式一致的事件特別加以注意，研究者很有可能忽略那些不一致的事件。例如：種族偏見主要是出自於固執的選擇性觀察。例如：我們一旦概化大多數的黑人視為是不愛乾淨、不認真的工作的族群，而忽略的美國職籃有許多傑出的球星都是黑人，他們很愛乾淨，也很認真的工作。

事後假設

例如：我們在執行對遊民的街頭處遇計畫時，發現處遇的效果非常好，遊民都能遵守遊民公約，不會在白天躺在人群穿梭熱鬧的街頭，認為是處遇來的效果。是實踐上是因為近日寒流來襲，遊民都移往其他室內避寒，致街頭遊民減少。而剛剛所聲稱是遊民在白天躺在人群穿梭熱鬧的街頭人數減少是方案的處遇有效，就是事後假設。

其他不合邏輯的推論

稻草人論證，這是將想要攻擊的特定立場加以歪曲，讓它們變得更容易攻擊。例如：健保開辦之初，因為強制國民均須納保，就有人主張此舉違憲，以提升到憲政層次加以攻擊健保立法違憲；另時尚吸引力是表示一個新的處遇方法之所以被宣揚，是基於它越來越流行，其隱含的意涵是倘若你的專業同儕也投入某項流行的處遇方法，表示該處遇方法是有效的。例如：近來許多的藥廠聲稱免疫療法治療癌症是較傳統方式有效，且被視為是一種流行，會使用這種方式治療癌症的醫

師，才是醫術高明的醫師。但根據健保署對採免疫療法治療癌症的效果進行大數據分析，發現這種方式的療效並未如藥廠或醫師所宣稱的高，治療改善率僅有20%至30%，低於傳統的治療方式。

六　過早終結研究

過度概化、選擇性觀察，以及袒護性地使用不合邏輯的推論共同促成了研究的過早結束。例如：對於新冠病毒的病毒起源，部分的醫師或專家在剛開始發現這種病毒時，聲稱病毒來自於蝙蝠，但事實上，在此疫情流行數個月後，原先聲稱病毒來自於蝙蝠的論證遭受挑戰，因為病毒的起源並無法獲醫界確認，而原先聲稱病毒來自於蝙蝠的研究，即是過早終結研究。

七　偽科學

就是假的科學。某些檯面上的領導人物，可能會支持立基於偽科學的服務，因為他們在該服務上享有既得利益——可能是藉由推銷書籍或工作坊來攫取名利。他們很可能真的相信他們所極力推薦的事物，而他們的跟隨者或許也是真正的信徒，且對於他們所宣誓的服務是如此地投入，以致於他們不會讓事實妨礙他們所珍視的信仰。例如：電視購物頻道在推銷減肥食品，經常具名推薦的是某位專家、醫師，聲稱該減肥藥減肥效果極佳，且聲稱經過科學實驗驗證有絕佳效果，但其實大部分的減肥藥對減肥效果是不佳的，而如此誇大療效的目的，在於運用其知名度、權威形象等獲取私利，是偽科學。

申論題　Essay Question

六、研究者對於性別的偏見與敏感度，不僅會影響研究結果的真實性，同時也會有倫理議題，像是在研究結果中對某一性別有偏頗的報導，而對此性別者造成心理上的傷害。請詳述研究者在研究過程中，如何避免對性別偏見與不敏感之行為發生。

（108年第一次專技社工師）

考　冷門考題，首次出題，請考生藉本題完整準備。考題出處為Allen
點　Rubin, Earl R. Babbie著、李政賢譯《社會工作研究方法》。
分
析

【解析】

有著性別偏誤和缺乏性別敏感度的研究，可能會被視為是在助紂為虐、維
繫男性主宰的世界，或是沒能考量研究結果可能對於男性與女性有著潛在
差異的啓示或蘊義。許多學者已經提出建議，可用來避免個人的研究涉性
別的偏誤，或是缺乏敏感度。瑪格麗特・艾赫勒（Margrit Eichle）在《不
帶有性別歧視的研究方法》（Nonsexist Research Methods）一書，建議
下列女性主義指導原則，以避免研究中的性別歧視和缺乏性別敏感：

一　如果研究只針對一種性別，便要在標題和內文中明確說明，不要把結果
　　概括而論，強加到另一性別。

二　不要使用性別歧視的語言或概念。例如：把男性說成是一家之主，而把
　　女性說成配偶。

三　不要用雙重標準來設計研究問題，像是只針對母親詢問有關工作與親職
　　衝突的問題，而不問父親。

四　不要在研究工具中過度強調男性主宰的行為，像是評估社會功能時，只
　　詢問職業生涯方面的活動，而忽視家管和養育兒女的活動。

五　分析資料時，找尋男性和女性間可能不同的發現。

六　不要假設用在男性身上成功的測量工具，就可自動適用於女性。

七　確保你的研究有確實揭露報告男性和女性的研究樣本比例。

申論題　Essay Question

七、在質性研究個別深入訪談過程中，研究者為遵守知情同意
　　（informed consent）倫理規範，通常會在進行個別訪談之前向研
　　究參與者說明相關的研究資訊，並且研究者與研究參與者會同時簽
　　署一式兩份的受試者同意書，來實踐知情同意之倫理規範。請詳述
　　受試者同意書應包括那些內容，才能落實知情同意之倫理規範？

（108年第二次專技社工師）

考點分析

本次知情同意書應包括的內容，雖為首次在申論題命題，但基本上
本題是相當簡單的考題，命題無變化性。

【解析】

受試者同意書／知會（情）同意書包括的項目：

一 關於研究的目的與程序的簡要描述，包括期望的研究執行期限。

二 說明參與研究可能涉及的風險與不適。

三 對記錄的匿名保密與絕不外洩，提出保證。

四 關於研究者的身分職稱，以及何處可以取得關於受試者權利或是關於該
研究問題的資訊。

五 關於參與完全是出於自願，並且隨時可以中止，而且不必受罰的陳述。

六 可能使用替代程序的陳述。

七 關於任何支付給受試者給付或報酬，以及受試者人數的陳述。

八 提供研究發現摘要報告的陳述。

八、解釋名詞：（每小題5分，共25分）

（一）橫斷性研究（cross-sectional study）

（二）內容分析法（content analysis）

（三）系統抽樣（systematic sampling）

（四）抽樣架構（sampling frame）

（五）操作型定義（operational definition）　　（109年地方三等）

考
點
分
析

本題五項解釋名詞，均是非常基礎且經常命題的考點，考題相當簡單，考生紮實準備，本題可輕鬆取得滿分。

【解析】

橫斷性研究（cross-sectional study）

橫斷性研究係指研究某一特殊定點時間內的社會事實與現象。這種研究所牽連的時間較為單純，時間的消耗也較短，當然在經費上自然也會較為經濟；亦即如果研究檢驗及分析某一時間內的現象，即稱為橫斷性研究。例如：人口普查就是研究某一特定時間內居民的社會人口特性。

內容分析法（content analysis）

所有既有可用的紀錄並非都是別人所蒐集的資料。例如：另外的形式可能包括書籍、雜誌、期刊、報紙、電視節目、廣告、從事直接服務之社會工作人員在他們個案紀錄中所做的過程筆記等。一般來說，從這些所取得的資料，在屬性上都是質性資料，分析這種資料的方法被稱為內容分析法（Content Analysis）。

三 系統抽樣（systematic sampling）

系統抽樣，亦即每隔固定的抽樣間隔（K）就抽取出一個樣本來。在使用此方法時要特別注意的是必須避免單位的次序和抽樣間隔一致，亦即，使用系統抽樣時，應注意一個危險性，即當母群體的名冊排列和抽樣區間的間隔一樣，又稱為週期性（Periodicity），樣本的抽樣偏誤就會發生。系統抽樣的抽樣結果代表性，最容易受到抽樣架構元素週期性排列之影響。

四 抽樣架構（sampling frame）

「抽樣架構」係根據研究主題與對象的範圍，列出一份包含所有合乎抽樣條件者的名單；也就是說，在不同抽樣階段中抽樣單位的集合體。亦即抽樣架構（SamplingFrame）是選出樣本之元素的列表或類似表。假如一個學生樣本從學生名冊中選出，此名冊即為抽樣架構；假如一個複雜母體樣本的主要樣本單位是為統計區，那麼統計區的列表即為抽樣架構。例如：在臺中市作選舉行為調查時，研究者先在八個區中隨機抽取四區，因此這八個區就是第一階段的抽樣架構；其餘依此類推。

五 操作型定義（operational definition）

操作型定義是指「當界定概念或變項時，不直接描述該被界定項的性質或特徵，而是舉出測量該被界定項所作的操作活動」，亦即就是「可具體測量的變項定義」。主要是適用於量化研究而非質性研究。例如：生活滿意度問卷，1-非常不滿意，2-不滿意，3-尚可，4-滿意，5-非常滿意。

申論題 Essay Question

九、社會研究有基礎研究（basic research）和應用研究（applied research），請說明二者的意義、差異及功能，並舉例說明。

（109年地方四等）

雖然基礎研究和應用研究是首次以申論題方式出題，但考題仍屬基礎考點。

【解析】

基礎研究和應用研究之意義並舉例

1. **基礎研究**

   (1) 基礎研究對於了解許多政策、問題或學習領域，可提供更進一步的幫助。基礎研究更為許多研究者用來了解人們行動與思考的工具、方法、理論提供基礎。它也提供了知識發展的突破點，並成為廣泛問題的基礎研究，而這些廣泛研究，能夠改變我們對於許多議題的了解。它也可能對未來的五十年或一整個世紀產生重要的影響。通常，基礎研究的應用要到好幾年或幾代之後才出現，許多基礎研究的應用，也可能要到基礎研究經過了長期的累積才顯現。

   (2) 舉例：在1984年，英國萊斯特大學（University of Leicester）的遺傳學教授Alec Jeffreys，致力於基因演化的基礎研究。當時，他發現了一個新的科技出現了一個意外的副作用，發現了我們現在慣稱人類DNA的「指紋」（fingerprints）。這個發現不是他當初的目的，他甚至說，如果DNA指紋是他的目的，他就不可能發現它了。十年之內，這個技術的應用就發展。如今，DNA分析已經廣泛應用在犯罪調查上了。

2. **應用研究**

   (1) 應用型社會研究通常是設計來強調某些特殊的關懷，或是提供問題的解決辦法，以應用在雇員、俱樂部、施為者、社會運動或是組織。應用型研究的研究者很少關懷建構、測試或是將研究連結到大型理論，或是發展長期的了解或實行持續好幾年的

大規模調查。相反地，他們通常進行快速的、小規模的研究，並將實際的研究結果應用在近期中（例如：幾個月後或幾年後）。應用研究者嘗試解決特定的政策問題或是協助實務工作者完成任務。理論對他們而言，遠不如尋找在有限條件下某個特定問題的解答來得重要。

(2) 舉例：某大學的學生想知道，如果該大學在明年贊助無酒精舞會的話，是否有助於減低該大學因為酒醉或車禍而被逮捕的人數。商業、政府機關、健康照顧機構、社會服務單位、政治組織與教育機構的人員常常進行應用型研究，並將研究結果用於決策。

 基礎研究和應用研究之差異

基礎研究	應用研究
研究本身就令人滿足，是由其他的社會學家來做評斷。	研究是工作的一部分，由社會學界之外的贊助者來評斷。
研究者對研究問題的選擇，享有極大的自由。	研究問題相當「狹窄限定」，為了符合老闆或贊助者的需要。
研究的判斷是根據絕對嚴謹的科學規範、追求最高的學術標準。	學術的嚴謹與標準繫之於研究結果的用處。研究可能是「草率簡陋」，也有可能符合高尚的學術標準。
主要關切的是研究設計的內在邏輯與嚴謹度。	主要關切的問題是能夠把研究發現通則化到贊助者有興趣的領域。
對基本理論知識有所貢獻是推動研究的驅策力。	實際的報酬或研究結果獲得採納是從事研究的主要目標。
成功見諸於研究結果被刊登在學術期刊之上，並對科學社群發揮影響。	成功見諸於研究結果被贊助者用到決策制定之上。

十、請就研究的三大目的：「探索」、「描述」與「解釋」，各舉出一個研究問題的例子說明，並就該研究問題說明須蒐集的資料內容，以及如何利用這些資料來回答研究問題。

（109年第二次專技社工師）

研究的三大目的：「探索」、「描述」與「解釋」，是相當基礎的考點，概念上不難；但要在考場短時間內，舉出案例並按題意說明，必須在考試準備的過程中，即準備1至2個案例備用，才能在考場臨危不亂。

【解析】

 描述性研究（exploratory research）

1. 意涵

　　探索性研究是指對於缺乏前人研究經驗的問題所作的研究。探索性研究找出人們如何相處的問題，他們對自己行動賦予什麼樣的意義，以及他們關心什麼樣的議題。此研究的目標在於認識「到底是怎麼回事？」並且在沒有明確的預期下，去探查社會現象。此一研究的目的在使用獲取大量相當非結構性資訊的方法，或是以一個新的方向進行田野探查。

2. 案例、須蒐集的資料內容及如何利用資料回答研究問題

(1) 案例：網際網路的資源能幫助老年人管理健康狀況嗎？

(2) 須蒐集的資料內容：藉由教導一小群老年人電腦和網際網路的知識，然後讓他們討論三年內使用網際網路的經驗。透過網際網路，參與者從與他們有相似健康問題者的身上找到支持，他們幫助其他人因應健康問題，並且學到更多有關於自己本身的狀況。研究者和老年受訪者討論他們對從網際網路所得知事項

的解釋。例如：研究者將一個段落分類為網際網路如何能幫助參與者降低對健康狀況的恐懼：「那裡有很多資訊，這會讓你感覺好很多。這帶走了很多的恐懼，一旦你健康有問題，那種感覺是很恐怖的」。

(3) 如何利用資料回答研究問題：根據蒐集到的資料，受訪的老人在使用網際網路三年後，大部分的人對管理他們的健康有更多資訊和自信，並發展出滿足他們特定資訊需求的策略，以及做出更好的資訊決策。在處理自身健康問題上，網際網路提供這些新的老年使用者有更多的知識和更廣的社會支持。

二 描述性研究（descriptive research）

1. 意涵

對感興趣的社會現象加以定義和描述，幾乎是任何研究調查的一部分。但描述性研究常是對於某些議題優先研究的主要焦點。描述性研究是對於所要研究現象的性質作有系統而正確的描寫與敘述，主要作用在於客觀報導事實，以供了解。

2. 案例、須蒐集的資料內容及如何利用資料回答研究問題

(1) 案例：台灣的社會關係的聯繫程度為何？

(2) 須蒐集的資料內容：需蒐集的焦點資料是「你會與誰討論對你而言是重要的事情」，研究者找需要蒐集受訪者的「核心討論網絡」，亦即，對受訪者來說，親近知己是可能定期接觸、談論有關日常生活瑣事和嚴肅的生命議題，以及談什麼都有可能。此外，蒐集弱勢社區的社會關係聯繫型態，包括親屬與非親屬網絡。

(3) 如何利用資料回答研究問題：利用前述蒐集的資料，探討台灣在社會關係聯繫的主要類型為何？弱勢鄰里社區的社會關係聯繫型態為何？

解釋性研究（explanatory research）

1. 意涵

許多人認為任何科學最首要的目標是解釋。解釋性研究在找尋社會現象的成因和後果，並預測一個現象將如何對應某些現象的變異，而產生改變或變動。解釋性研究，是指為驗證（或解釋）變項間的因果關係所作的研究。

2. 案例、須蒐集的資料內容及如何利用資料回答研究問題

(1) 案例：網際網路使用對於大學生的社會關係有何效應？

(2) 須蒐集的資料內容：蒐集資料的焦點，主要是當大學生接觸這一研究時，有哪些受訪者已經在使用網際網路，他們被問到有關網際網路的使用、個人特質和取向，以及網際網路的使用對他們社會關係的影響。

(3) 如何利用資料回答研究問題：受訪者的回答中，提到網際網路使用對社會關係有不良作用。大學生花在使用網際網路上的時間愈多，花在其他社會關係活動上的時間就愈少，包括用電話與朋友家人交談。

申論題 Essay Question

十一、科學化的探索研究可以幫助研究者，在建立實務知識時，避免以自身的經驗和非系統性的觀察方法，犯下錯誤與謬論。試說明錯誤的科學方法容易有那些謬論？ （110年普考）

 考點分析

科學化的探索研究可以幫助研究者，在建立實務知識時，避免以自身的經驗和非系統性的觀察方法，犯下錯誤與謬論，但研究者在研究過程中，常犯下非科學研究常見的錯和謬論，即是本題的命題內容。錯誤的科學方法容易犯下的錯誤與謬論除為申論題重要考點外，亦是測驗題考點，以及各要項亦為解釋名詞考點，請考生紮實準備。

【解析】

錯誤的科學方法容易犯下的錯誤與謬論，說明如下：

一　不精確的觀察

我們在觀察事情時常常是漫不經心的，因此會犯錯。沒能觀察到發生在眼前的事情，或是對一些事情做了錯誤的觀察。無論簡單或複雜的測量方法都有助於預防不精確的觀察。

二　過度概化

當我們注意身邊事物的模式時，常把一些相似的事件當成支持一個共通模式的證據。這個專有名詞叫做過度概化（Overgeneralization）。預防過度概化的方法是觀察大量的樣本。

三　選擇性觀察

過度概化的危險之一是它可能會導致選擇性觀察。一旦研究者下結語說有某個模式的存在，並將之發展成一個對事件原因的概括性解讀，之後研究者會對與該模式一致的事件特別加以注意，研究者很有可能忽略那些不一致的事件。例如：種族偏見主要是出自於固執的選擇性觀察。

四　事後假設

假設研究者在執行一項針對仍與施虐者同住的受虐婦女的外展方案，計畫執行成功，那麼在進行處遇後，受虐婦女將很快地開始以更正面的態度來看待自己。產生相反的研究結果，其原因可能來自於在進行處遇前，受虐婦女是以一種否認的心理防衛機制潛意識地保護自己。在處遇之前，她們所表現出來的較佳感受，乃是源自於拒絕面對自身所處的危險與可悲的遭遇。我們的處遇是協助她們克服這種拒絕承認的情況，並協助她們更接近面對令人不愉快的真相，以尋求改變的機會。因此，處遇之後較為「負面的」反應其實是較為「正面的」！她們開始認清自己所處的情況有多糟，也就跨出改變的第一步。前述所描述的例子常稱作事後假設（ExPost Facto Hypothesizing）。

五 其他不合邏輯的推論

稻草人論證（Straw Person Argument），這是將想要攻擊的特定立場加以歪曲，讓它們變得更容易攻擊。例如：反對國民健康保險與病人權益保障法等健康照護改革提案的人，可能會誇大改革的影響，聲稱改革將會提高成本或延緩病人獲得醫療照護。時尚吸引力（Bandwagon Appeal），表示一個新的處遇方法之所以被宣揚，是基於它越來越流行，其隱含的意涵是倘若你的專業同儕也投入某項流行的處遇方法，表示該處遇方法是有效的。

六 過早終結研究

過度概化、選擇性觀察，以及袒護性地使用不合邏輯的推論共同促成了研究的過早結束。

七 偽科學

偽科學（Pseudoscience）就是假的科學。某些檯面上的領導人物，可能會支持立基於偽科學的服務，因為他們在該服務上享有既得利益──可能是藉由推銷書籍或工作坊來攫取名利。他們很可能真的相信他們所極力推薦的事物，而他們的跟隨者或許也是真正的信徒，且對於他們所宣誓的服務是如此地投入，以致於他們不會讓事實妨礙他們所珍視的信仰。

申論題　Essay Question

十二、「匿名」與「保密」是研究倫理中相當重要的原則，對於一些受污名化群體而言更是至關緊要，應避免此類研究參與者因身分曝光而受到困擾、甚至傷害。請先說明「匿名」與「保密」概念並比較其差異，再以任一受污名化群體為例，具體說明如何落實「匿名」與「保密」。

（110年地方三等）

考
點
分
析

社會工作研究倫理的指導方針有相當多的項目，匿名、保密只是其中的二項，尚有自願參與、知情同意、不傷害參與者、欺瞞參與者、分析與報告等，相關內容請考生參考編者著《社會（工作）研究方法》第1章「社會工作研究方法與研究取向」，考用出版。本題之考點，編者在前揭書，即已畫上榜首提點，提醒考生詳加準備。

【解析】

 「匿名」與「保密」之概念與差異比較

1. **匿名**

　　當研究者無法區分那一個回答屬於那一個受訪者時，該受訪者會被認為是匿名的。但並非表示受訪者永遠是匿名的，因為訪問者是從可資識別的受訪者蒐集資訊。如果所回收的問卷沒有識別號碼，即具有匿名性。雖然確保匿名性使得記錄誰有交回或誰沒交回問卷變得困難，但在某些情形下，這種代價是必要的。無法辨識問卷填答者之回收問卷，即具有匿名性，則已具有保密性。

2. **保密**

　　保密係指研究者能夠識別每個受訪者的答案，但基本上不得將之公開。例如：在一項訪問調查中，研究者獲得受訪者的收入資料公開，但研究者遵守對受訪者的保密承諾，保證這樣的事不會發生。研究者可採取相關技巧來加強這些保證，訪問者和其他能獲得受訪對象個人身分者，應該接受倫理責任的訓練。所有姓名和地址資料應該盡快地從問卷上消除，並替換上識別號碼。應該設計一個主要識別檔案來連接識號碼與姓名，以便可以校正遺失或矛盾的資料，但除非有正當目的，否則這份檔案不是任何人都可以接觸得到。問卷的保密性，主要係因為問卷不具匿名性，為防止受訪者之個人或所填答的資料遭非研究者辨識，故以保密方式加以管理。

落實「匿名」與「保密」之方式：以精神疾病患者為例

社會大眾對精神疾病產生害怕或恐懼的心理，而對精神疾病患者產生偏見或刻板印象，以致於汙名化類患者，因此，在進行此類研究時，應特別注意匿名與保密之研究倫理。以針對精神疾病患者之質性研究為例，研究者採用問卷進行訪談，基於匿名與保密之研究倫理，研究者在進行訪談前，均對受訪者清楚說明訪談內容僅供研究使用，其訪談內容之相關資料，將整理成化名方式取代受訪者的真實姓名，以確保受訪者的個人隱私。研究者亦向受訪者說明訪談內容除與研究主持人進行討論外，不會將受訪者的相關資料與其他人進行討論、發表等，嚴格遵守保密之研究倫理。

申論題　Essay Question

十三、在以「人」為對象的研究中，確實落實受試者的「知情同意」（informed consent），對於研究是否符研究倫理是非常重要的關鍵工作。但在那些狀況或條件下可以免除「知情同意」？

（111年高考）

考點分析

在以往知情同意的申論題中，多以知情同意的必要性為考點，本題反向以在那些狀況或條件下可以免除知情同意為考點，為首次命題，請考生藉本題詳加準備。考生在審題時必須清楚思考，本題主要是考學理性、一般性的對於免除知情同意的狀況或條件之論述，並非針對某單一學術機構或官方（例如：衛生福利部的人體實驗研究計畫）所訂的免除同意條件之條文進行論述，如以此論述則為錯解，考生審題時請慎思明辨。考題出處：鈕文英著《研究方法與設計：量化、質性與混合方法取向》，雙葉。

【解析】

 關於哪些情況需知情同意，哪些情況不需要，McKee和Porter表示影響因素包括：公開與私密、主題敏感度、互動程度，以及研究究參與者易受傷害性。研究情境愈公開、愈不敏感的主題、研究者和研究參與者互動程度愈少，以及研究參與者易受傷害性愈小者，傾向較不需要知情同意；反之，則需要知情同意。

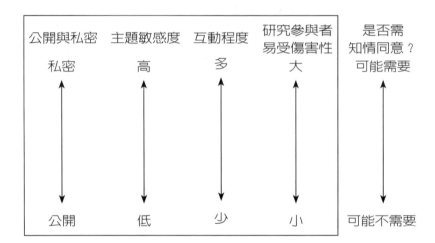

圖：影響是否需知情同意的因素

 另國內一些學會指出，最低風險（研究參與者遭受之風險不高於參加者），且免除事先取得同意並不影響研究參與者權益的下列四種情況（如下所述），可免除審查和知情同意；然而，還是要遵守主管機關及所屬機構審核委員會的規定，並與其他研究者討論適合作法，以確保研究參與者的福祉。且研究者應在研究前，告知研究參與者、法定代理人、有關該研究之目的、歷程及其相關權利與義務。茲將國內學會提出之免除知情同意之四種情況，說明如下：

1. 在教育情境中，對不易受傷客群體（例如：非身心障礙者）進行評量、訓練等研究。

2. 進行無記名問卷調查是指不記名、沒有任何編碼；如果在問卷上編碼以判斷哪些人未回覆，或是委託場域中的人員代為集體郵寄，則

填答者的隱私就未受到完整的保護。Fraenkel等學者建議，研究者可以準備一個回郵信封裝問卷，另外附上一張明信片，僅在明信片上編碼，而後請填答者回答是否已寄回問卷，如此研究者就能知曉哪些人未填問卷。此外，應附回郵信封由填答者自行寄回，即使為了節省郵資，也應給予信封，讓填答者放入信封後再交給負責人集體寄回。

3. 從事非互動且非介入性之研究，一種是無錄音／錄影的自然而公開情境觀察，且無從自蒐集之資訊辨識特定個人；如有錄音／錄影，則必須確保不會造成研究參與者的傷害或暴露身分。自然而公開情境是指社會大眾能自由進出，不需認可和允許，或是只需付費就能進出的場所，像是消費場所（例如：餐廳、市場）、醫療機構（例如：醫院）、金融郵政機構（例如：郵局）、育樂場所（例如：公園）等，並且研究者並非觀察特定的某個人，而是觀察來來往往的大眾。某學校的校務會議、上課，以及婚宴情境等則不是自然而公開情境，研究者必須徵得知情同意才能觀察。同樣地，在網路研究中蒐集非公開之聊天室和社群媒體的資料或訊息，研究者必須告知徵求同意。自然而公開情境的觀察，不得有以下三種情形發生：一是研究參與者的身分被暴露；二是其意見被報導之後，他們可能遭受控告、逮捕，或遭致其他生命、財產、名譽的受損；三是研究內容涉及敏感的個人行為。例如：違法行徑、性行為、使用禁藥等。另一種免除知情同意的是運用已合法公開公文檔案的檔案研究，或是研究使用之個人資料為已合法公開周知之資訊，且資訊之使用符合其公開周知之目的。

4. 在組織情境中進行與工作或組織效能相間之研究，但不會造成研究參與者就業風險，且具有保密措施的研究。例如：公務機關執行法定職務、自行或委託專業機構進行之公共政策成效評估研究。

申論題 Essay Question

十四、試敘述Earl Babbie（2002）指出社會科學研究常見的倫理問題有
　　　那些？請列出五項並舉例說明。（25分）　　　（111年地方三等）

考
點
分
析

本題題意所述請說明Earl Babbie所提出的社會科學研究常見的倫理
問題，事實上，即是一般社會工作研究中常見的倫理難題，考生只
要所熟稔的倫理問題加以說明，即可順利應答。

【解析】

一 自願參與和知情同意

社會工作研究常常意味著侵入他人的生活。訪談者的登門拜訪與信件
中夾帶的問卷對受訪者來說，意味著一種不請自來並常需要耗費他／
她相當多的時間與精力來應付的活動。參與研究會中斷受訪者日常的
活動。社會工作研究常需要受訪者透露他們的個人訊息——那些或許
連朋友或同事都不知道的資訊。而社會工作研究常需要將這樣的個人
資訊透露給陌生人。研究倫理的主要原則是參與者必須是自願的。沒
有人可以被迫參加。所有的參與者必須知道他們正在參與一項研究，
被告知所有研究的後果並同意加入。

二 不傷害參與者

社會工作研究不該在研究中傷害參與者，不管參與者是否自願參與研
究。或許實務中最能清楚說明這個規範的例子，是資訊的透露使參與
者困窘或危及他們家庭生活、友誼、工作等等。研究對象在研究進行
過程中可能會受到心理上的傷害，研究者必須注意到哪些細微的危險
並且對它們保持警戒。

匿名性與保密性

對參與者身分的保護，是在調查研究中保護其利益與福祉之最明顯不過的關係。如果透露他們在調查中所提供的回答，無論如何都會傷害到他們，那麼嚴守這項規範就變得更加重要。匿名性是指當研究者無法區分哪一個回答屬於哪一個受訪者時，該受訪者會被認為是匿名的，例如：在回收至研究辦公室的每份問卷，都沒有識別號碼的信件調查，可以做為一個匿名性的例子。保密性是指在一項保密研究中，研究者能夠識別每個受訪者的答案，但基本上不得將之公開。舉例來說，在一項訪問調查中，研究者能夠將某特定受訪者的收入資料公開，但受訪者需獲得保證這樣的事不會發生。

四 欺瞞參與者

對研究對象表明你是研究者的身分，有些時候是有用且甚至必要的。你必須精於話術以在不洩漏你正進行研究的情況下，使受訪者完成冗長的問卷。甚至當隱藏你的研究身分是合理並且重要的時候，還有一個重要的倫理面向必須要考慮。欺騙是不道德的，在社會研究中，欺騙需要有令人信服的科學或管理考量來證明其正當性。

五 分析與報告

在任何嚴謹的研究中，研究者應該比其他任何人更熟悉其研究在技術上的缺點和不足。你有義務將這些缺點讓讀者知道。雖然你可能會覺得承認錯誤是很愚蠢的一件事，無論如何你都應該這麼做。如果真的跟你的分析有關，研究的負面發現應該被報告出來。

申 論 題　Essay Question

十五、「知情同意」是重要的研究倫理，請說明「知情同意」的定義及基本要素為何？另外，有些情況若能遵守主管機關及所屬機關審查委員會的規定，在確保研究參與者福祉的前提下可以不需「知情同意」，請進一步說明有那些情況可能不需「知情同意」。

（111年地方四等）

本題有三個提問，第一及第二個提問有關「知情同意」的定義及基本要素為何係基礎考點；第三個提問有關可以不需「知情同意」的情況，本提問係在歷年命題紀錄中，係第二次命題。第一次命題為111年公務人員高考，本次在同年的地方特考中再次命題，顯示命題老師對此之重視，也可能係同一位命題委員。第三個提問有關可以不需「知情同意」，考題出處為鈕文英著《研究方法與設計：量化、質性與混合方法取向》，雙葉。

【解析】

 「知情同意」之定義

社會研究基本的倫理原則是：絕不強迫任何人參與研究；參與者必須是自願的。取得研究對象的同意還不夠；他們需要了解他們將被要求去參與的是什麼活動，這樣他們才能做出告知後的決定。受試者可以從閱讀和簽署給予告知同意的陳述中—這是一份書面的同意參與協議書知，在受試者了解了研究程序之後表示願意參與的書面文件，以獲知他們的權利以及他們涉入的什麼活動。

「知情同意」之基本要素（所包括的項目）

1. 關於研究的目的與程序的簡要描述，包括期望的研究執行期限。

2. 說明參與研究可能涉及的風險與不適。

3. 對記錄的匿名保密與絕不外洩，提出保證。

4. 關於研究者的身分職稱，以及何處可以取得關於受試者權利或是關於該研究問題的資訊。

5. 關於參與完全是出於自願，並且隨時可以中止，而且不必受罰的陳述。

6. 可能使用替代程序的陳述。

7. 關於任何支付給受試者給付或報酬，以及受試者人數的陳述。

8. 提供研究發現摘要報告的陳述。

免除「知情同意」的情況

在最低風險（研究參與者遭受之風險不高於參加者），且免除事先取得同意並不影響參與者權益的下列四種情況（如下所述），可免除審查和和知情同意；然而，還是要遵守主管機關及所屬機構審核委員會的規定，並與其他研究者討論適合作法，以確保他們的福祉。且研究者應在研究前，告知研究參與者、法定代理人、有關該研究之目的、歷程及其相關權利與義務。茲將國內學會提出之免除知情同意之四種情況，說明如下：

1. 對不易受傷客群體（例如：非身心障礙者）進行評量、訓練等研究。

2. 進行無記名問卷調查是指不記名、沒有任何編碼；如果在問卷上編碼以判斷哪些人未回覆，或是委託場域中的人員代為集體郵寄，則填答者的隱私就未受到完整的保護。Fraenkel等學者建議，研究者可以準備一個回郵信封裝問卷，另外附上一張明信片，僅在明信片上編碼，而後請填答者回答是否已寄回問卷，如此研究者就能知曉哪些人未填問卷。此外，應附回郵信封由填答者自行寄回，即使為了節省郵資，也應給予信封，讓填答者放入信封後再交給負責人集體寄回。

3. 從事非互動且非介入性之研究，一種是無錄音／錄影的自然而公開情境觀察，且無從自蒐集之資訊辨識特定個人；如有錄音／錄影，則必須確保不會造成研究參與者的傷害或暴露身分。自然而公開情境是指社會大眾能自由進出，不需認可和允許，或是只需付費就能進出的場所，像是消費場所（例如：餐廳、市場）、醫療機構（例如：醫院）、金融郵政機構（例如：郵局）、育樂場所（例如：公園）等，並且研究者並非觀察特定的某個人，而是觀察來來往往的大眾。某學校的校務會議、上課，以及婚宴情境等則不是自然而公開情境，研究者必須徵得知情同意才能觀察。同樣地，在網路研究中蒐集非公開之聊天室和社群媒體的資料或訊息，研究者必須告知徵求同意。自然而公開情境的觀察，不得有以下三種情形發生：一

是研究參與者的身分被暴露；二是其意見被報導之後，他們可能遭受控告、逮捕，或遭致其他生命、財產、名譽的受損；三是研究內容涉及敏感的個人行為。例如：違法行徑、性行為、使用禁藥等。另一種免除知情同意的是運用已合法公開公文檔案的檔案研究，或是研究使用之個人資料為已合法公開周知之資訊，且資訊之使用符合其公開周知之目的。

4. 在組織情境中進行與工作或組織效能相間，但不會造成研究參與者就業風險，且具有保密措施的研究。例如：公務機關執行法定職務、自行或委託專業機構進行之公共政策成效評估研究。

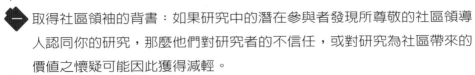

申論題　Essay Question

十六、研究者進行具文化敏感度研究（culturally competent research）時，請舉例說明如何招募與維繫少數族群或被壓迫社群的樣本來參與研究？

（112年高考）

本題考如何招募與維繫少數族群或被壓迫社群的樣本來參與研究，在歷屆試題中即曾有命題紀錄，且屬於記憶型命題方式。

【解析】

有關如何招募與維繫少數族群或被壓迫社群的樣本來參與研究，說明如下：

一 取得社區領袖的背書：如果研究中的潛在參與者發現所尊敬的社區領導人認同你的研究，那麼他們對研究者的不信任，或對研究為社區帶來的價值之懷疑可能因此獲得減輕。

二 採行具有文化敏感的保密方法：對那些重視集體認同（Collective Identity）的少數團體來說，保障個人保密性是不夠的。他們同時可能

會要求共同保密性（Community Confidentiality）。

三 僱任當地社區成員為研究訪員：僱用當地社區成員來幫忙找出並招募潛在研究參與者，並取得他們的知情同意書。

四 提供充適的謝酬：對參與者付出時間和努力所提供的資料，以及其他任何參與研究的方式，給予他們報償是適當的。

五 排除交通與托兒的障礙：由於一些少數社群的高貧窮率，有些招募和留住參與者的阻礙本身並非文化問題，而是經濟難題。因此，一個對你的研究來說，具有文化能力的方法可能包含了提供免費的交通或兒童照顧（他們其他年幼的子女）。另一個取代免費交通的方法是在他們的住處進行處遇。

六 選擇貼心而方便的地點：如果你的處遇或資料蒐集期間並非在研究參與者的家中進行，你應該確保你選擇進行處遇和資料蒐集的環境對參與者的需求、資源與擔心的事物具敏感性。

七 聘任和訓練具文化能力的訪員：想要招募與留住少數族群研究參與者，其中最重要的一項方法是確保與參與者接觸的研究工作人員是具有文化能力的。當然，其中一個方法就是前面我們所提及的，僱用當地社區成員做為你研究的工作人員。

八 聘任諳雙語的研究人員：如果你想從一個多數成員講英語有困難的社區裡招募研究參與者，你的招募人員應該有能力用潛在參與者覺得最自在的語言和他們溝通。

九 了解影響參與的文化因素：研究者可能需要在個人得到允許或樂意參與研究之前，和部落領導人或家庭成員互動。

十 汙名化的族群須使用匿名報名：如果研究參與者是具有被社會烙印的某些特徵的人，要他們出來參與需要冒風險，要找出並招募這類潛在研究參與者是一項特別的挑戰。比如說，需要HIV或AIDS治療的人就屬於這樣的一類族群。在招募資料中宣傳匿名登錄使得潛在參與者對回應招募感到較為安全，進而幫助研究小組確認一群因為擔心被指認出來的社會風險而隱藏的潛在參與者。除了提高確認潛在參與者的機會外，匿名登錄進一步協助確保參與者加入研究的意願。

十一 運用特殊的抽樣技巧：特別適合用於抽樣弱勢和受壓迫族群的技術

是比例分層抽樣，其作用是確保某些弱勢團體被挑選出足夠的樣本，以進行那些弱勢團體中子團體之間的比較。

 學習往哪些地方去找尋潛在參與者：在試圖招募某些弱勢團體或隱藏被污名化之團體成員時，具有文化能力的研究者已經發現不能夠單靠傳統機構做為轉介來源。但有什麼替代方案呢？這個答案端視你的目標研究母體而定。

 和轉介來源建立關係並保持聯繫：不管你是依靠傳統或非傳統機構為你的研究轉介參與者，如果你和那些來源中任職的人員關係密切，那麼你從那些來源獲得充分轉介的機會將會提高。

 經常聯繫參與者，運用個別化手法：涉及與參與者之間多次會談的研究中，如果沒有後續的成功留住參與者，那麼招募行動只是徒勞無功。定期聯絡和親自接觸以外，有些其他事情你應該持續地做到——比如一些具有重要性的事。在預定的處遇或評估會談時間開始前，記得打電話提醒參與者。

 運用定位點的資訊：建議使用定位點（Anchor Points），或許你能夠從某參與者身上找到關於各種地點的片段資訊。

 運用追蹤方法：如果你的定位點包含了電話號碼，你可以使用電話追蹤（Phone Tracking）。除了電話追蹤以外，你也可以使用郵件追蹤（Mail Tracking），你的郵件提示會提醒你即將到來的訪談，或請參與者打來更新他們的任何聯絡方式。也可以使用機構追蹤（Agency Tracking），當你找不到該名參與者時，可詢問服務供應單位，或其他社區機構是否最近有和參與者聯繫。如果你在電話追蹤和機構追蹤上的努力還是無法找出該名參與者，你可以求助於實地追蹤（Field Tracking）。

申論題　Essay Question

十七、請說明檢視因果關係推論的三項標準為何？　　　（112年普考）

檢視因果關係推論的三項標準（條件），向來即是重要考點，在編者著《社會工作研究方法》第1章「社會工作研究方法與研究取向」章節中，即已有上榜關鍵之提醒，考生考前詳讀，即可順利應答。

【解析】

Lazarsfeld指出檢視因果關係推論的的三項標準（條件），說明如下：

 時間順序

從時間系列來說，「因」一定要在「果」之前，有了因，才有果；一個因素或事件要「引起」另一個因素或事件的出現或變化，那麼這個因素或事件在時間上必須比所引起的因素或事件先行出現。例如：常見的固定變數（Fixed Variables）是研究者無法以人為加以操縱和改變的變數，如先賦屬性（即我們一生下來就具備的一些特徵）是固定變數的最好例子，比如：性別、年齡、種族、出生的先後順序等，都是固定變數。由於這些固定變數在我們呱呱落地時就附著在我們身上，所以當和其他一些變數放在一起時，很容易確定它們在時間上先於其他變數出現。

相關性

這個先決條件的意思是，如果兩個變數之間存在因果關係，那麼它們必須共同變化。相關性並不「等於」因果關係。並不是所有的共變現象或相關性都代表因果關聯。「因」、「果」兩者必定彼此相關，且此相關是可證實的。第一條件只講出了前後的次序，但是有前後次序的事件，不一定有關聯，可能是其他變項所造成的而已。所以，要成為因果，除了前後關係，還必須有相關聯的關係。

非假性關係

如果兩個變數（變數A和變數B）之間表現出一種似真的因果關係，但這個關係是不真實的，那麼此時，假性關係（Spurious Relationship）

就出現了：二者之間的相關，必須被證明非由其他因素的影響所造成。因為兩個變項之間的關聯，很可能是由第三個因素所造成。若要說兩件事情有因果關係，必須也能證實這種相關只存在於這兩個變項之間。假性關係指的是，變數A和變數B之間之所以會表現出因果聯繫的原因在於：另外存在一個變數C，而變數C和變數A、B都有關聯。在檢驗因果關係真偽的過程中，研究人員必須考慮任何以及所有可能的解釋（即幕後影響的變數C），也許就是這些影響變數導致了變數A和B之間出現似真的因果關係。剔除某個變數的影響的做法叫做「控制」變數，即我們隔斷該變數對其他變數的影響。

申論題　Essay Question

十八、某生進行研究時因為資料收集不易，因此只考慮自己研究者的方便性，忽視了受訪者的權益。請問有那些研究倫理議題需要被重視？如何避免產生類似的困擾。

（112年地方三等）

考點分析

此題主要是考研究倫理，為常見的考題，記憶型考型，簡單易答。

【解析】

茲將研究者進行研究時依考慮的倫理議題及如何避免違反研究倫理，綜整說明如下：

一　自願參與和知情同意

參與研究的對象，常須向研究者透露他們的個人訊息，許多是相當私密的個人訊息。而有時研究者基於研究的需要，需將這樣的個人資訊透露給陌生人。因此，研究者的參與者必須是自願的。沒有人可以被

迫參加。所有的參與者必須知道他們正在參與一項研究，被告知所有研究的後果並同意加入。

二　不傷害參與者

在研究倫理中，研究者作研究不該在研究中傷害參與者，不管參與者是否自願參與研究。在實務中，最能清楚說明這個規範的例子，是資訊的透露使參與者困窘或危及他們家庭生活、友誼、工作等等。研究參與者在研究進行過程中可能會受到心理上的傷害，研究者必須注意到哪些細微的危險並且對它們保持警戒。

三　匿名性與保密性

對參與者身分的保護，是在調查研究中保護其利益與福祉之重要研究倫理。如果研究者透露參與者在研究中所提供的回答，是會傷害到參與者，那麼嚴守匿名性與保密性，就變得更加重要。匿名性是指當研究者無法區分哪一個回答屬於哪一個受訪者時，該受訪者會被認為是匿名的；保密性是指在研究中，研究者能夠識別每個受訪者的答案，但基本上不得將之公開。

四　欺瞞參與者

對研究參與者表明你是研究者的身分，有些時候是有用且甚至必要的。研究者必須精於話術，以在不洩漏你正進行研究的情況下，使參與者完成冗長的問卷。此外，當你認為隱藏你的研究身分是合理並且重要的時候，有一個重要的倫理面向必須要考慮，那就是欺騙是不道德的，在社會研究中，欺騙需要有令人信服的科學或管理考量來證明其正當性。

申論題　Essay Question

十九、從證據為基礎的實務（Evidence-Based Practice, EBP）探究最佳的科學事證，是實務處遇決策、政策過程重要一環。請列舉一實務議題，並運用證據為基礎的實務模式（EBP）及其程序，說明如何形成有效的干預策略。　　　　　　（112年地方四等）

證據為基礎的實務（Evidence-Based Practice, EBP）觀念上不難，但要完整的論述，則須詳加紮實準備。編者在所著《社會工作研究方法》第1章「社會工作研究方法與研究取向」章節中，在榜首提點即已提醒考生。

【解析】

在應用科學方法來做實務決定時，以證據為基礎之實務（Evidence-Based Practice, EBP）和以權威為基礎之實務（authority-based practice）不同。從事以證據為基礎之實務工作者將會是個具有批判性的思考者。在實務工作中，實務工作者會對許多事提出問題，而非只是自動地接受其他較有經驗或較有權威者所述；實務工作者會辨別沒有事實根據的看法和假設，並獨立思考他人所要傳達的實務知識是否為邏輯和實證所支持；實務工作者會考量現有的最佳科學證據，來決定如何介入實務上微觀或巨觀的各種層面，而非只是盲目地遵從傳統或權威。實務工作者為使用證據，必須找到證據。在這程序中，他們不能只是消極的期望或假設證據將會以某種方式自行出現在面前；他們必須將「追尋」證據當作實務生涯中「終身」不斷持續進行的一部分；他們必須知道如何找尋相關的證據，並了解研究與設計的方法，如此才能夠「有批判性的評估」他們所找到的證據之效度。最後，他們必須運用研究方法來評估所採用的證據為基礎之行動，是否確實達成了他們預設的目標。茲列舉一實務議題，並運用證據為基礎的實務模式（EBP）及其程序，說明如何形成有效的干預策略如下：

步驟一：建構問題以回應實務需求

在第一個步驟裡，實務工作者會依據以下兩點來建構問題，包括：1.必須做成的實務決策中相關的已知部分；2.以及完全了解所需要的額外資訊，例如：工作者在一間收容有情緒與行為問題少女的療養院工作，其中大部分的少女都是遭受到身體虐待或性虐待的原住民。工作者的第一個疑問可能是：「對於居住在療養院中，具有情緒與行為問

題的受虐少女來說，哪些處遇方式的有效性受到最多的研究證據的支持？」

 步驟二：搜尋證據

進行文獻回顧以作為研究計畫的指引，工作者可以在線上搜尋文獻，以作為引導其做實務決策的證據。例如：搜尋「對於居住在療養院中，具有情緒與行為問題的受虐少女來說，哪些處遇方式的有效性受到最多的研究證據的支持？」之相關文獻，工作者可能很快地發現，工作者的問題有時還必須考慮少女特質的變異性資訊。

步驟三：批判性地評估你所找到的相關研究

由於在文獻上所找到的關於各種處遇方式有效性的研究論文，其研究品質良莠不齊，工作者必須具有研究方法和研究設計的概念，並明白如何批判地評估你所找到的研究。例如：文獻中對於少女特質的變異性資訊有些呈現相反的研究結果，工作者必須批判性地評估所找到的相關研究，以確認何種證據是真確的。

步驟四：決定何種以證據為基礎的處遇最適合你的特定案主

就算是最佳證據所支持的處遇方式，也不必然對每個案主或情況有效。就算是有力的研究所提供的有效證據指出某種處遇方式是有效的，通常也只發現此種處遇方式比其他選擇較為有效，而非對每個案例均有效；對某些族裔成員有效的處遇方式，對其他族裔的案主可能無效，最有力研究所支持的處遇方式，可能涉及到和某些文化或個別案主價值相衝突的程序。因此，工作者必須使用工作者的專門知識、工作者對於案主的認識、案主的回饋，以及工作者的文化能力來下判斷。例如：「對於居住在療養院中，具有情緒與行為問題的受虐少女來說，哪些處遇方式的有效性受到最多的研究證據的支持？」工作者應思考到目前為止哪一種處遇獲得最佳的證據支持，亦應將是否符合工作者之案主特性納入評估。

步驟五：應用以證據為基礎的處遇

在應用最終選定的處遇方式之前，工作者可能需要藉由持續的教育工作坊、專業研討會或是社會工作學校提供的選修課程，來獲得處遇方式的訓練；工作者也應該獲得如何進行處遇的工作手冊，或試著找一個對於提供處遇方面有經驗的同事，並安排諮詢或督導。針對一些比較新的處遇方法，工作者可能會找一個由專業團體同行所組成的支持團體，以定期聚會的方式彼此提供如何在各種案例中使用新的處遇方法，另亦可以訓練或督等方式提升處遇能力。做為一個以證據為基礎的實務工作者，應該與案主合作，共同規劃可衡量評估的處遇目標。例如：「對於居住在療養院中，具有情緒與行為問題的受虐少女來說，哪些處遇方式的有效性受到最多的研究證據的支持？」工作者經證據支持，擬規劃以認知理論與認知治療為主要的處遇方式，工作者應與受虐少女共同進行處遇過程的討論。

步驟六：評估與回饋

為了評估處遇方式對特定案主是否有效，在處遇開始後，工作者要能用圖表顯示每日資訊，並且找出圖表資訊的模式加以大力改善。評估是必要的，因為支持處遇方式的有效性的研究，基本上無法證實此被測量的處遇方式能夠保證適用於每個案主或狀況；反之，這些研究只能指出某種處遇方式可能會較其他方法有效，你的案主可能就是不適用此種處遇方法的案例之一，因此必須隨時進行評估與回饋。例如：「對於居住在療養院中，具有情緒與行為問題的受虐少女來說，哪些處遇方式的有效性受到最多的研究證據的支持？」工作者應和案主持續討論這些資訊，包括有需要在處遇方式沒有助益或是處遇目標已經達成的情況下改變處遇計畫。

二十、進行量化研究，研究問題的類型可以包括：描述性、關聯性、因
　　　果性三種。請說明這三種研究類型的內涵；並就你想進行的某個
　　　社會工作研究，舉例陳述這三類的研究問題。

（112年第一次專技社工師）

量化研究的描述性、關聯性、因果性三種研究類型，係屬於基礎型
的考點，題目無變化性，考生在考前詳加準備，即可順利應答。

【解析】

 描述性、關聯性、因果性等三種研究類型之內涵

1. 描述性研究（Descriptive Research）：是對於所要研究現象的性
   質作有系統而正確的描寫與敘述，主要作用在於客觀報導事實，以
   供了解；例如：社會工作者對921地震受災戶所作的調查研究，了
   解其家園重建狀況與目前有哪些福利需求等。

2. 關聯性研究（Relation Research）：是在於確定兩變數間或兩個以
   上的變數之間，是否有某種關係存在。例如：社會工作機構督導制
   度與社會工作者士氣之相關性。

3. 因果性研究（Causality Research）：是指為驗證（或解釋）變項
   間的因果關係所作的研究，例如：社會工作者為驗證老人之社會支
   持與生活滿意度間存有正相關；在因果性研究中，通常都會有明確
   的研究架構；因為透過研究架構（架構圖）可將研究中的主要變項
   （包括：自變項與依變項）間的關係具體地呈現出來，可使研究更
   為清晰。

舉例針對「安置身心障礙者之庇護工場的研究」之三類研究問題陳述

1. 描述性研究問題：主要是描述某個議題或現象大範圍的現況。例如：安置身心障礙者的庇護工場對身心障礙者安置就業之認知情形。

2. 關聯性研究問題：主要是探討兩個變項間的關聯程度。例如：身心障礙者在庇護工場的適應表現和自我效能預期情形是否有相關。

3. 因果性研究問題：主要是探討變項間的因果關係。例如：庇護工場的庇護工作者給予身心障礙者更多的正向支持，是否會減少身心障礙者情緒障礙行為。

1 相關文獻指出：「當家庭的情緒系統失去功能，孩子從小遭受虐待或目睹暴力，沒有機會學習正向的情緒管理，反而學習到以暴力發洩情緒的行為模式」。若依據此觀點進行目睹兒成年後暴力傾向之研究，請問這是屬於那一種探究的方式？　　　　　　　　　　　（107年第一次專技社工師）

(A)應用法　　　　(B)轉換法　　　　(C)歸納法　　　　(D)演繹法

答案：**D**

解析：演繹的主要功能是把抽象的概念現實化，也把形而上的概念操作化。在現實化、抽象化與操作化的過程，都是經過理論性的假設過程，進而藉由問卷的設計，把抽象的概念與現實的生活連結起來。亦即，演繹法是從一個抽象的合乎邏輯之概念關係開始，然後朝向具體的實證證據前進。題意所述屬之。

2 研究同一主題、特殊族群在經過一段相當時間後，其行為或現象的改變，這種研究對象來自同一母群體、相同性質，卻非原本的樣本，是指縱貫性研究中的那一種？　　　　　　　　　　　（107年第一次專技社工師）

(A)趨勢研究（trend study）　　　　(B)同組研究（panel study）

(C)族群研究（cohort study）　　　　(D)比較研究（compare study）

答案：**C**

解析：世代分析／族群研究／科夥研究（cohort study）：是檢視某一特定年齡的狀態情形，但是是追蹤這一「群」變化狀況。研究相同主題、特殊族群（specific sub-population）在經過一段相當時間後（五年或更久），其行為或現象的改變，故研究對象來自同一母全體、相同性質，卻非原本的樣本。如：五年前15-19歲青少年吸食古柯鹼的比例，以比較其行為的變化，但五年後的調查並非同一群人。

3 某研究者有興趣了解是否GNPs（國民生產毛額）較高的國家比GNPs較低的國家傾向有較多的幫派。在此研究裡的分析單位是下列何者？　　　　　　　　　　　（107年第一次專技社工師）

(A)國家　　　　(B)幫派　　　　(C)GNPs　　　　(D)個人

選擇題　Multiple Choice Question

答案：**A**

解析：研究陳述為：某研究者有興趣了解是否GNPs（國民生產毛額）「較高的『國家』」比GNPs「較低的『國家』」傾向有較多的幫派。此研究裡的分析單位是「國家」。

4 當研究者想擴展新研究領域或當某些現象是新興議題尚未被研究過，是指下列何種研究？　　　　　　　　　　　　　（107年第一次專技社工師）

(A)描述性研究　　(B)探索性研究　　(C)解釋性研究　　(D)預測性研究

答案：**B**

解析：探索性研究（Exploratory Research）是指對於缺乏前人研究經驗的問題所作的研究，例如：世界展望會欲了解非洲某部落的生活狀況與是否有饑餓問題存在所作的研究。

5 研究的分析單位與研究結果的判斷單位有時會有不一致的現象，而研究者貿然下的結論，可能會有解釋錯誤。這是指：　（107年第一次專技社工師）

(A)化約主義　　(B)區位謬誤　　(C)隨機誤差　　(D)邏輯謬誤

答案：**B**

解析：區位謬誤（Ecological Fallacy），是指研究的分析單位與研究結果的判斷單位有時會有不對稱、不一致的現象，如：研究發現青少年退學者（分析單位）較少出自結構完整的一般家庭，而因此解釋為：單親家庭（研究結果判斷單位：家庭型態）的青少年較容易成為退學者……。他們未考慮研究的取樣區域中，屬於完整家庭的本來就比較少，冒昧的下此結論，會有解釋錯誤的可能。

6 某機構每2年進行一次臺灣家庭暴力事件的調查，持續10年，想了解家庭暴力事件這10年來是否有所改善，該機構所做的調查是屬於下列何種研究？

（107年第一次專技社工師）

(A)需求評估（needs assessment study）

(B)成本效益研究（cost-benefit study）

(C)後勤研究（logistical study）

(D)監測研究（monitoring study）

Multiple Choice Question　選 擇 題

答案：**D**

解析：監測研究是一種研究方案的成果追蹤研究方法。主要的目的是係過長時間的追蹤調查，了解方案對問題的實質改善情形。是一種縱貫性的研究方法。

7 為了有效評估日益嚴重的離婚問題，研究者研究目標是要形成造成離婚的基礎理論，研究是否離婚者的人格、婚姻模式、問題解決模式具有基本上的特質，這種以形成理論為基礎的研究，是指下列何者？

（107年第一次專技社工師）

(A)基礎性研究評估　　　　　　　(B)應用性研究評估
(C)總結性評估　　　　　　　　　(D)形成性評估

答案：**A**

解析：基礎研究係為增進有關於社會世界的基本知識。焦點擺在駁斥或支持有關於社會世界如何運作、事情為何發生、社會關係為何有特定的模式，以及社會為何會變遷之類的理論。基礎研究是大部分新科學概念的來源，也是關於這個世界的思考模式，它可以是探索性的、描述性的，也可以是解釋性的研究最為常見。

8 某研究者的研究對象是14歲的國中二年級學生，依據臺灣社會工作專業人員協會的相關規定，請問其須取得下列何者的同意，才可納入研究？

（107年第一次專技社工師）

(A)受試者
(B)受試者的法定監護人／代理人
(C)受試者以及受試者的法定監護人／代理人
(D)受試者父母親

答案：**C**

解析：1. 依據臺灣社會工作人員專業協會「社會工作研究倫理守則」之規定：

　　　(1) 社會工作研究者從事研究之前，應在適當時機取得研究參與者自願簽下的知情同意書，拒絕參與者不應受到任何暗

選擇題　Multiple Choice Question

示性或實質性的剝奪或懲罰；不得利用不正當的誘因吸引
參與者，應注意參與者的福祉、隱私及尊嚴。

(2) 當研究參與者為兒童或因故無法提供知情同意書，社會工
作研究者應對參與者提供適當的解釋說明，給予對研究流
程表達同意或反對的機會，取得參與者在其能力範圍內的
同意，並由其法定監護人／代理人自願簽下的知情同意
書。

2. 依前開規定，某研究者的研究對象是14歲的國中二年級學
生，依據臺灣社會工作專業人員協會的相關規定，須取得
試者以及受試者的法定監護人／代理人的同意，才可納入研
究。

9 文獻回顧是研究中重要的步驟，下列敘述何者正確？①可以提供研究所需的
理論背景，澄清與聚焦研究問題②目的在整理過往的研究發現，因此必須客
觀、忠實，避免出現研究者自己的觀點③在進行實證資料的收集前全部完
成，以免研究方向走偏④有助於將自己的研究發現整合進現存的知識脈絡裡

（107年第二次專技社工師）

(A)僅①④　　　　(B)僅②③　　　　(C)僅①②④　　　　(D)①②③④

答案：**A**

解析：文獻整理目的在整理過往的研究發現，研究者可提出對文獻整
理後發現的過往研究的不足之處，提出自己的觀點加以評判，
題意②有誤；文獻蒐集通常在進行實證資料前加以蒐集，但進
行研究時，應該把文獻探討當作動態的整理過程，在初步撰寫
以及在研究過程中，當發現需要時，隨時都可以再回到文獻找
尋答案或更多的佐證，題意③有誤。

10 情況：睡眠對健康至關重要。但研究發現，多數大學生睡眠品質不佳。葉
教授想了解影響大學生睡眠品質的因素，他從自己任教的大學裡，以系級
名單隨機抽取20個班級，到這些班級發放問卷，請全班同學填寫。問卷
中，睡眠品質以「匹茲堡睡眠品質量表」（是由7題，每題4點尺度的李克
特（Likert）量表所構成，分數越高代表睡眠品質越差）來測量，其他變項
包括受訪者性別、每週運動時數、每天上網時數等。研究的分析單位是：

（107年第二次專技社工師）

(A)學校　　　　(B)班級　　　　(C)個人　　　　(D)睡眠品質分數

答案：**C**

解析：社會研究的分析單位、個人、團體、方案、組織或機構、社區、其他事務。題意所述為個人。

11 情況：睡眠對健康至關重要。但研究發現，多數大學生睡眠品質不佳。葉教授想了解影響大學生睡眠品質的因素，他從自己任教的大學裡，以系級名單隨機抽取20個班級，到這些班級發放問卷，請全班同學填寫。問卷中，睡眠品質以「匹茲堡睡眠品質量表」（是由7題，每題4點尺度的李克特（Likert）量表所構成，分數越高代表睡眠品質越差）來測量，其他變項包括受訪者性別、每週運動時數、每天上網時數等。研究也發現，單就性別進行比較，女學生的睡眠品質顯著比男學生差，但控制了每週運動時數後發現，運動時數越高睡眠品質顯著越佳，同時性別就沒有顯著作用了。下列敘述何者正確？①性別跟睡眠品質有因果關係　②每週運動時數跟睡眠品質有因果關係　③性別跟睡眠品質是虛假關係　④每週運動時數跟睡眠品質是間接關係 　　　　　　　　　　　　　　　　　　　（107年第二次專技社工師）

(A)僅①④　　　　(B)僅②③　　　　(C)①②④　　　　(D)②③④

答案：**B**

解析：假性關係指的是，變數A和變數B之間之所以會表現出因果聯繫的原因在於：另外存在一個變數C，而變數C和變數A、B都有關聯。在檢驗因果關係真偽的過程中，研究人員必須考慮任何以及所有可能的解釋（即幕後影響的變數C），也許就是這些影響變數導致了變數A和B之間出現似真的因果關係。剔除某個變數的影響的做法叫做「控制」變數，即研究者隔斷該變數對其他變數的影響。題意①性別跟睡眠品質均為假性關係。題意④每週運動時數跟睡眠品質是因果關係。

12 情況：睡眠對健康至關重要。但研究發現，多數大學生睡眠品質不佳。葉教授想了解影響大學生睡眠品質的因素，他從自己任教的大學裡，以系級名單隨機抽取20個班級，到這些班級發放問卷，請全班同學填寫。問卷中，睡眠品質以「匹茲堡睡眠品質量表」（是由7題，每題4點尺度的李克特

選擇題　Multiple Choice Question

（Likert）量表所構成，分數越高代表睡眠品質越差）來測量，其他變項包括受訪者性別、每週運動時數、每天上網時數等。數據顯示，一個地區居民的汽車擁有率越高，犯罪率越高。因此推論擁有汽車的人，犯罪比例比較高。這樣的推論犯了什麼錯誤？　　　　　　　（107年第二次專技社工師）

(A)化約論（reductionism）　　　　(B)過度概化（overgeneralization）

(C)霍桑效應（Hawthorne effect）　(D)生態謬誤（ecological fallacy）

答案：**D**

解析：生態謬誤是指當研究的分析單位與研究結果的判斷單位出現不對稱或不一致的現象時稱之。生態謬誤源自於分析單位的錯誤配對，是指研究者握有經驗證據的單位，與他想要發表論述的單位之間出現不相稱的狀況。這是由於推理不當，以及通則化超過證據所保證的範圍之外的緣故。發生在研究者蒐集的資料是一組較高層次的或聚集的分析單位，但是卻想要對一個較低層次的、非聚集的單位提出論述之時，這之所以是一種謬誤錯誤，乃是因為在某個分析單位上發生的狀況，並不總會發生在另一個分析單位之上。因此，如果研究者蒐集到較大集體（例如：組織、整個國家）的資料，然後根據這些資料提出關於個體行為的結論，研究者就犯下了生態謬誤。確定研究者用作解釋的分析單位等同於，或是接近於研究者蒐集的資料的單位屬性，研究者就可以避免落入這種錯誤。題意所述，一個地區居民的汽車擁有率越高，犯罪率越高。因此推論擁有汽車的人，犯罪比例比較高，即為生態謬誤。

13 研究者想了解大眾對「器官捐贈」的接受度10年來有沒有變化。他仿照10年前的一項研究，隨機抽樣調查了全台1000個成人，然後將兩次調查的資料依照年齡層進行比較（例如20～30歲的樣本與10年前20～30歲的樣本比較）。這是下列何種研究類型？　　　　　　　（107年第二次專技社工師）

(A)趨勢研究（trend study）

(B)世代研究（cohort study）

(C)代間比較研究（cross-generational study）

(D)固定樣本追蹤研究（panel study）

答案：**A**

解析：趨勢研究是指研究過去一段時間某一特定年齡層的狀態變化情形。研究社會現象變遷與發展的趨勢，通常為五年、十年或是更久，所以它是相關主題、不同時間、不同樣本的研究，如近十年中移民與死亡率的發展研究。

14 機構審議委員會（Institutional Review Board）的最主要功能是下列那一項？　　　　　　　　　　　　　　　（107年第二次專技社工師）

(A)監督研究品質　　　　　　　　　(B)保護研究人員

(C)保護研究對象　　　　　　　　　(D)保障研究結果符合機構利益

答案：**C**

解析：倫理審議委員會／研究倫理委員會／機構審議委員會（Institutional Review Board,IRB）：美國聯邦法規規定每個尋求聯邦政府補助的生物醫學或行為科學研究的機構，都必須設有「倫理審議委員會」（IRB, institutional review board）審查每件研究計畫，大學或研究機構內的IRB必須更廣泛或更具體的落實聯邦政府訂的倫理規則。為了提升審議品質，聯邦法規規定IRB至少要有五位成員，其中至少有一位是非科學專業人員以及一位機構外人士。每個設有IRB的機構在進行實驗前必須先向IRB提出研究計畫，計畫中須包含研究方法及受試者同意書，以及有足夠詳細的資料說明潛在的研究利益會大於任何可能的風險。除非某些風險非常低的研究，像是教育測驗或民意調查，IRB可以決定這些研究案不必接受倫理審議。某些不牽涉到敏感議題訪問計畫，則可以適用快速審議流程。但是大部分的研究計畫必須接受全體會議的審議，這些研究計畫可能被否決，或必須修改，這都是為了提高受試者的保障。進行研究時，研究人員必須準備一份清楚說明研究危險的「告知同意書」，而研究對象一定要先讀過這份聲明，並且簽名表示他們知道並自願承受這些危險，才能參與研究。

15 下述有關因果關係界定標準的敘述，何者錯誤？　（107年第二次專技社工師）

(A)原因必須發生於結果之前

選擇題　Multiple Choice Question

(B)原因與結果必須要有共變性

(C)原因與結果的共變性不是因為其他變項的影響

(D)兩個變項間有高度相關，則非常可能有因果關係

答案：**D**

解析：選項(D)有誤。稱變項間的關係為「虛假相關」，意味著這個關係是錯誤的，是種幻覺。由於兩個變項間任何關聯都有可能是虛假的，所以當研究者發現兩個變項有所關聯時就得特別提高警覺；因為進一步探究之後，可能構不成因果關係的基礎。可能會是個幻覺。虛假相關發生在兩個變項有所關聯，但不是因果關聯之時，因為實際上尚有未被察覺的第三個因素，才可能是造成這個關係的真正原因。第三個變項同時是看似明顯的自變項與依變項的原因，它說明了觀察的關聯。以因果關係的條件來說，未被察覺的第三個因素代表另外一個強而有力的解釋。實際上虛假相關是根據某些你已經使用過的常識邏輯。兩個變項間有高度相關，有可能為虛假關係。

16 當一個人擁有部分證據時，便假定這份證據也可以應用在其他各種情境，這是犯了下列何種錯誤？　　　　　　　　　（108年第一次專技社工師）

(A)選擇性觀察　　　　　　　　　　　(B)過度推論

(C)科學推論　　　　　　　　　　　　(D)月暈效應

答案：**B**

解析：當我們注意身邊事物的模式時，常把一些相似的事件當成支持一個共通模式的證據。這個專有名詞叫做過度概化／過度推論（Overgeneralization）。預防過度概化的方法是觀察大量的樣本。

17 某公司的人資部門邀請學者進行研究，發現員工協助方案確實可以提高員工生產力，此研究是屬於下列那一種類型？　　　（108年第一次專技社工師）

(A)探索性研究　　　(B)描述性研究　　　(C)解釋性研究　　　(D)預測性研究

答案：**C**

解析：解釋性研究（因果性研究）：解釋性研究（Explanatory Research）或稱為因果性研究（Causality Research），是指為驗證（或解釋）變項間的因果關係所作的研究，例如：社會工作者為驗證老人之社會支持與生活滿意度間存有正相關；在因果性研究或解釋性研究中，通常都會有明確的研究架構；因為透過研究架構（架構圖）可將研究中的主要變項（包括：自變項與依變項）間的關係具體地呈現出來，可使研究更為清晰。

18 一項社會態度的調查研究，首次以全臺灣20歲的年輕人為對象，抽取1500位樣本進行抽樣調查，每隔五年依序調查25、30、35、40歲的人，以比較其社會態度的變化，持續5次，資料蒐集期間長達20年。請問這項研究屬於下列何種類型？　（108年第一次專技社工師）

(A)橫斷性研究（cross-sectional study）

(B)趨勢研究（trend study）

(C)世代研究（cohort study）

(D)固定樣本連續研究（panel study）

答案：**C**

解析：世代分析／族群研究（Cohort Study）是檢視某一特定年齡的狀態情形，但是是追蹤這一「群」變化狀況。研究相同主題、特殊族群（Specific Sub-Population）在經過一段相當時間後（五年或更久），其行為或現象的改變，故研究對象來自同一母群體、相同性質，卻非原本的樣本。如：五年前15～19歲青少年吸食古柯鹼的比例，以比較其行為的變化，但五年後的調查並非同一群人。例如：比較1989年時，70～80歲接受長期照護的老人，與1999年時，80～90歲接受長期照護的老人之健康狀況是否有所不同，這樣的研究就稱為世代。在世代研究中，兩（或多）「群」的人數不一定相等，因為可能有人口流失的問題，不過主要都是透過平均值的比較來看變化的情形。

19 下列有關科學典範（paradigm）的敘述，何者正確？

（108年第一次專技社工師）

選擇題　Multiple Choice Question

(A)實證科學典範認為世界上沒有絕對的真實，所以需要靠科學家持續的探究

(B)詮釋論典範認為世界上有唯一的真理，但必須靠互相建構意義方能發現真理

(C)批判論典範忽略權力結構與衝突的意義，認為必須以歷史與辯證的方法發現真實

(D)詮釋論典範與社會建構論很類似，也相當重視主觀性

答案：**D**

解析：1.選項(A)有誤。實證科學典範認為社會與自然實相是真真實實地就存在「那裡」，等著人們將之發覺出來。

2.選項(B)有誤。詮釋論典範認為世界沒有唯一的真理，詮釋研究取向主張，社會生活是建立在社會互動與社會建構的意義體系之上。人們擁有的是對實相的一種內在的經驗感覺。社會實相是建立在人們對它所下之定義的基礎之上。

3.選項(C)有誤。批判論典範重視權力結構與衝突的意義，認為必須以歷史與辯證的方法發現真實。研究者檢定批判理論的作法是，正確描述底層結構所產生的人類處境，然後應用這個知識去改變社會關係。一個好的批判理論教導人們關於他們自身的經驗、協助他們了解他們的歷史角色，並且一般人也能夠用之來改善他們的處境。

20 「當控制了C變項後，原先A變項與B變項間的正向關係就消失了」，原本A與B二變項的正相關是屬於下列何種關係？　（108年第一次專技社工師）

(A)因果關係　　　　(B)真實關係　　　　(C)虛假關係　　　　(D)非虛假關係

答案：**C**

解析：稱變項間的關係為「虛假相關」，意味著這個關係是錯誤的，是種幻覺。由於兩個變項間任何關聯都有可能是虛假的，所以當研究者發現兩個變項有所關聯時就得特別提高警覺；因為進一步探究之後，可能構不成因果關係的基礎。可能會是個幻覺。虛假相關發生在兩個變項有所關聯，但不是因果關聯之時，因為實際上尚有未被察覺的第三個因素，才可能是造成這

個關係的真正原因。第三個變項同時是看似明顯的自變項與依變項的原因，它說明了觀察的關聯。以因果關係的條件來說，未被察覺的第三個因素代表另外一個強而有力的解釋。實際上虛假相關是根據某些你已經使用過的常識邏輯。

21 有關社會科學研究對於因果關係之敘述，下列何者錯誤？

（108年第一次專技社工師）

(A)當自變項發生時，依變項也有伴隨發生的關聯性

(B)具有時間上的次序，就是自變項必定要出現在依變項之前

(C)因果關係的分析不但要分析自變項對依變項是否有影響，連影響的程度也要納入考慮

(D)自變項會影響依變項，而依變項也影響自變項

答案： **D**

解析：因果關係的必要因素，指某種情況有了「因」以後，必然的會產生影響（effect）；而因果關係的充分條件，指當某種情況中，有了充分的「因」素時，就會有很大的可能性會使「影響」也產生。因此，自變項會影響依變項，但依變項卻不應影響自變項，才能稱之為具有因果關係。

22 下列何項資訊不需要放入「知情同意書」中？　（108年第一次專技社工師）

(A)研究參與者的職業　　　　　　(B)研究者的姓名

(C)研究目的　　　　　　　　　　(D)研究參與者可能面臨的風險

答案： **A**

解析：社會工作研究者從事研究之前，應在適當時機取得研究參與者自願簽下的知情同意書，拒絕參與者不應受到任何暗示性或實質性的剝奪或懲罰；不得利用不正當的誘因吸引參與者，應注意參與者的福祉、隱私及尊嚴。知情同意書內容應包含研究的本質、範圍及研究參與者所被要求參與的時間、參與研究所可能帶來之風險及利益，以及提供研究參與者之申訴管道。選項(A)不屬之。

23 有關告知後同意和自願參與之研究倫理實踐，下列何者正確？

（108年第一次專技社工師）

(A)未成年研究參與者是否可以參加研究，必須取得監護人之同意

(B)任何的研究類型都可以做到簽署研究同意書之步驟

(C)擔心資料收集不完整，故沒有必要事先告知研究參與者有中途退出之權利

(D)量化研究可以不必遵守研究參與者自願參與和告知後同意之倫理原則

答案：**A**

解析：1. 選項(B)有誤。若研究參與者來自社會福利機構，社會工作研究者應主動配合機構內之相關審查規定，研究計畫及訪談內容應事先通過該機構之審查過程，並獲得機構同意後始得進行研究。亦即，如果研究沒有通過審查，則研究無法進行後續的徵求研究對象的過程，即無法進行請研究對象簽署研究同意書之步驟。

　　　2. 選項(C)有誤。社會工作研究者應充分告知研究參與者有「拒絕參與研究」和「隨時退出研究」的權利，且於研究中所接受的任何專業服務及未來獲取社會工作服務之管道並不會因此受到影響。

　　　3. 選項(D)有誤。無論是質性或量化研究，均需遵守研究參與者自願參與和告知後同意之倫理原則。

24 確認兩變項因果關係的條件之一是發生的時間順序，已知變項X發生的時間在先，變項Y發生於後，下列敘述何者最正確？　（108年第二次專技社工師）

(A)變項Y並非變項X的因　　　　　　　(B)變項X並非變項Y的因

(C)變項Y是變項X的因　　　　　　　　(D)變項X是變項Y的因

答案：**A**

解析：1. 選項(B)變項X並非變項Y的因、選項(D)變項X是變項Y的因，均有誤。依題意所提供的陳述，有可能受其他變項的影響，變項X並非變項Y的因，亦可能不受中介變項的影響，變項X是變項Y的因。

　　　2. 選項(C)有誤。變項Y發生在後，故變項Y不會是變項X的因。

25 在說明變項間因果關係的檢測結果時，必須考量那二種效度？

（108年第二次專技社工師）

(A)內在效度與外在效度　　　　(B)內容效度與效標關聯效度

(C)同時效度與預測效度　　　　(D)聚合效度與區別效度

答案：**A**

解析：說明變項間因果關係的檢測結果時必須考量之效度類型（選項
　　　(A)屬之）：

　　　1.內在效度（internal validity）：是指我們有多少把握可以推
　　　　論，研究結果正確描述一變項是否為另一變項的原因。研究
　　　　滿足三項條件的程度：(1)「因」要發生在「果」之前；(2)兩
　　　　變項間有實證上的相關性；(3)兩變項的關係不是由於第三變
　　　　項所導致。就是該研究具備的內在效度。相反地，若未達到
　　　　該等條件，我們就很難推論說：自變項在解釋依變項上扮演
　　　　一導因的角色。

　　　2.外在效度（external validity）：是指研究發現的因果關係可
　　　　概化或推論到研究情境以外場域和母群的程度。

26 下列何種行為無法協助研究者在研究過程保障研究參與者的隱私？

（108年第二次專技社工師）

(A)匿名

(B)保密

(C)以集體方式呈現研究結果

(D)研究者向研究參與者公開說明自己正在進行研究

答案：**D**

解析：選項(D)所述研究者向研究參與者公開說明自己正在進行研究，
　　　係讓被觀察者知道研究者的身分，與研究者在研究過程保障研
　　　究參與者的隱私無關。

27 有關研究者尊重研究參與者隱私之作為，下列何者錯誤？

（108年第二次專技社工師）

(A)將研究資料放置有上鎖的櫃子

選擇題　Multiple Choice Question

(B)要求處理研究資料的研究助理簽署保密同意書

(C)將研究參與者之個人身份去連結

(D)擔心研究參與者身份暴露，自行省略研究參與者簽署知情同意書之步驟

答案： **D**

解析：選項(D)有誤。社會工作研究者從事研究之前，應在適當時機取得研究參與者自願簽下的知情同意書。研究倫理的主要原則是參與者必須是自願的。沒有人可以被迫參加。所有的參與者必須知道他們正在參與一項研究，被告知所有研究的後果並同意加入。

28 社會工作研究是一門科學，常須解釋事件的因果關係，下列何者屬於探究因果關係的研究問題？　　　　　　　　　　　　　　　（109年第一次專技社工師）

(A)社會工作者專業督導滿意度和其工作年資的關係如何？

(B)社會工作學生對實習的態度如何？

(C)組織疏離感會導致社會工作者離職嗎？

(D)從事各實務領域的社會工作人員分布狀況如何？

答案： **C**

解析：1.選項(A)為相關性分析。

　　　2.選項(B)、(D)為描述性分析。

29 有關人類社會知識的來源，下列何者可信度較高？

　　　　　　　　　　　　　　　　　　　　　　（109年第一次專技社工師）

(A)傳統習俗　　　　(B)個人經驗　　　　(C)科學研究　　　　(D)大眾傳播

答案： **C**

解析：除選項(C)為科學化的知識來源外，其餘均為非科學化的知識來源，可信度低。

30 一個研究者故意使用一套不同於先前研究的程序來調查同一組變項，以檢驗先前的研究具不具有通則性。這類研究係屬下列何種類型？

　　　　　　　　　　　　　　　　　　　　　　（109年第一次專技社工師）

(A)驗證性研究　　　(B)配對研究　　　　(C)複製研究　　　　(D)情境研究

答案：**C**

解析：複製性研究（replication study）係指使用一套不同於先前研究的程序來調查同一組變項，以檢驗先前的研究具不具有通則性。

31 有關研究參與者知情同意書的敘述，下列何者錯誤？

（109年第一次專技社工師）

(A)內容要包括可能面臨的研究風險

(B)任何研究的進行都會用到知情同意書

(C)研究可能造成研究參與者風險愈大者，愈需要取得知情同意書

(D)研究者必須向研究參與者說明知情同意書，並且研究參與者表示沒有疑問之後，才請他們簽署知情同意書

答案：**B**

解析：並非所有的研究都需要用到知情同意書。例如：如果社區組織在靠近學校的交叉路口，測量交通流量和速度，用來說服市政府設置交通號誌，那就不需要取得每一個開車經過這個路口的車主同意。

32 下列何種行為不會造成研究參與者的心理傷害？

（109年第一次專技社工師）

(A)要求研究參與者透露個人不受歡迎的特徵

(B)當研究參與者感覺不舒服時，不強迫研究參與者回答

(C)專門探究研究參與者的偏差行為

(D)問研究參與者屬於刺探性的問題

答案：**B**

解析：選項(B)在參與者感覺不舒服時，不強迫研究參與者回答，不會造成研究參與者的心理傷害；其餘選項均會造成研究參與者的心理傷害。

33 研究者如果想知道其想進行的研究主題有那些既存的研究成果，該如何做？

（109年第二次專技社工師）

(A)進行文獻檢閱　(B)進行個案訪談　(C)進行實務觀察　(D)進行問卷調查

選擇題　Multiple Choice Question

答案：**A**

解析：文獻檢閱的重要目的之一，是使研究者知道所要研究的題目是否以前已被研究過？研究的結果如何？碰到何種難題？先前的研究對未來的研究又有何種建議？

34 某機構發現今年整體服務案件量比去年成長40%，社會工作者想了解此現象，請問下列那一種研究提問最適當？　　　　（109年第二次專技社工師）

(A)影響案件服務滿意度的相關因素為何

(B)影響案件量成長的相關因素為何

(C)探討案件服務內容與成效的關係為何

(D)影響社工服務成效的相關因素為何

答案：**B**

解析：本題題意所述為「案件量比去年成長40%」，故研究者如想知道為何會有如此的成長率，則必須探討影響案件成長的相關因素，故選項(B)影響案件量成長的相關因素為何的提問最為適當。

35 隱藏研究目的的訪談，對於研究參與者最容易造成下列那一種傷害？

　　　　　　　　　　　　　　　　　　　　（109年第二次專技社工師）

(A)經濟上的傷害　　　　　　　　　(B)身體上的傷害

(C)心理社會上的傷害　　　　　　　(D)職業上的傷害

答案：**C**

解析：隱藏研究目的的訪談，對於研究參與者最容易造成心理社會上的傷害。研究者應對案主的生理與心理提供安全保護，研究時應顧及社會工作方面的倫理，以保護案主生理與心理方面的安全。

36 若某人出身頗具聲望的名校，我們就假定他一定學問很好、辦事能力也很強，這是犯了下列何種錯誤？　　　　　　　（110年第一次專技社工師）

(A)選擇性觀察　　(B)過度推論　　(C)邏輯推理　　(D)月暈效應

答案：**D**

解析：月暈效應／暈輪效應（Halo Effect）係指對一個人的整體印象是基於某一單一特性，亦即「以偏概全」。題意所屬屬之。

37 科學知識建構的方法之一是在驗證事件因果關係，下列何者不是因果關係的條件？ （110年第一次專技社工師）

(A)因與果在時間上具先後關係　　　(B)因果關係要能排除干擾因素

(C)因與果的性質需抽象化　　　　　(D)因與果彼此之間有關聯

答案：C

解析：因果關係的條件（先決條件）：

1. 時間順序：從時間系列來說，「因」一定要在「果」之前，有了因，才有果；一個因素或事件要「引起」另一個因素或事件的出現或變化，那麼這個因素或事件在時間上必須比所引起的因素或事件先行出現。選項(A)屬之。

2. 相關性：這個先決條件的意思是，如果兩個變數之間存在因果關係，那麼它們必須共同變化。相關性並不「等於」因果關係。並不是所有的共變現象或相關性都代表因果關聯。選項(D)屬之。

3. 非假性關係：如果兩個變數（變數A和變數B）之間表現出一種似真的因果關係，但這個關係是不真實的，那麼此時，假性關係（Spurious Relationship）就出現了；二者之間的相關，必須被證明非由其他因素的影響所造成。因為兩個變項之間的關聯，很可能是由第三個因素所造成。若要說兩件事情有因果關係，必須也能證實這種相關只存在於這兩個變項之間。選項(B)屬之。

38 有關研究倫理原則的實踐，下列何者錯誤？ （110年第一次專技社工師）

(A)研究參與者簽署知情同意書之後，就不能在研究中途退出

(B)即使研究參與者簽署知情同意書，仍可以拒絕回答不想回答的問題

(C)為感謝研究參與者協助提供資料，可以給予合理的報酬

(D)研究參與者擔心自己的身分暴露，可以拒絕簽署知情同意書

答案：A

解析：選項(A)有誤。社會工作研究者在取得知情同意時，知情同意書的呈現應以研究參與者可以理解的語言文字或溝通能力為準，

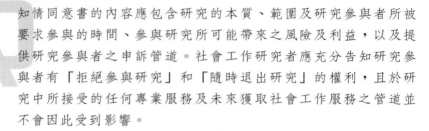

選擇題　Multiple Choice Question

知情同意書的內容應包含研究的本質、範圍及研究參與者所被要求參與的時間、參與研究所可能帶來之風險及利益，以及提供研究參與者之申訴管道。社會工作研究者應充分告知研究參與者有「拒絕參與研究」和「隨時退出研究」的權利，且於研究中所接受的任何專業服務及未來獲取社會工作服務之管道並不會因此受到影響。

39 某研究生蒐集訪談紀錄共有200份，他預定從這200份當中抽出15份進行分析，他將這200份訪談紀錄從1-200予以編號，再採用相同間距抽出預定分析的樣本。這位社工員在撰寫研究計畫時，需先進行下列何種準備？

（110年第一次專技社工師）

(A)對小額捐款人進行大規模問卷調查　(B)訪談路人了解捐款意願
(C)閱讀影響捐款行為的相關文獻　　　(D)檢討機構的服務成效

答案：**C**

解析：文獻探討是針對欲研究的題目，找出相關的國內外文獻進行分析整理，而後選取與欲研究主題接近的理論架構、自變項與依變項、研究設計與方法等，有系統層次加以呈現，而後引導出後續的研究計畫內容。題意所述社工員在撰寫研究計畫時，需先進行文獻探討。

40 某位學者希望探討社工員的替代性創傷經驗，因此寄信給相關機構兒少保社工員，詳細說明研究內容，並透過書面文件簽署以確認其參與意願，此做法主要是回應下列那項研究倫理議題？　（110年第一次專技社工師）

(A)欺騙和隱瞞　　(B)隱私與保密　　(C)告知後同意　　(D)互惠的關係

答案：**C**

解析：社會工作研究者從事研究之前，應在適當時機取得研究參與者自願簽下的知情同意書，拒絕參與者不應受到任何暗示性或實質性的剝奪或懲罰；不得利用不正當的誘因吸引參與者，應注意參與者的福祉、隱私及尊嚴。此做法主要是回應告知後同意的研究倫理議題。

41 在思考研究設計該採用何種研究方法時，通常研究者最先考量的應該是下列何者？　　　　　　　　　　　　　　　（110年第二次專技社工師）

(A)研究場域　　　(B)分析單位　　　(C)研究問題　　　(D)研究經費

答案：**C**

解析：研究問題的考量為研究進行前必須先考慮的，因為不同的研究問題，會影響研究方法的選擇，例如：採取量化研究方法，或是質性研究方法。

42 下列何種行為違反了研究倫理？　　　　　（110年第二次專技社工師）

(A)研究者可以敏感覺察性別差異的不同

(B)學校老師要求學生必須協助填寫研究問卷

(C)研究者呈現研究結果時，刪除可以辨識研究參與者身分的重要訊息

(D)研究者提供相對合理的報酬，感謝研究參與者

答案：**B**

解析：研究倫理指導方針之一是自願參與。知情同意是指參與者必須是自願的，沒有人可以被迫參加。選項(B)學校老師要求學生必須協助填寫研究問卷，參與者者屬非自願性行為，違反研究倫理。

43 有關研究參與者的知情同意書，下列何者錯誤？

　　　　　　　　　　　　　　　　　　　　（110年第二次專技社工師）

(A) 經過研究倫理委員會審查後，認為研究者有充分理由不需要研究參與者簽署知情同意書時，是可以省略此步驟

(B) 擔心研究參與者會拒絕，在知情同意書當中可以不需要說明可能的潛在風險

(C) 知情同意書不需要說明整個研究全部細節，摘述重要的研究訊息即可

(D) 知情同意書必須說明研究參與者可以獲得的報酬與好處

答案：**B**

解析：1. 簽署知會同意陳述書對大部分調查研究、田野研究，以及次級資料研究都是選擇性，但是對實驗研究則經常是強制性

選擇題　Multiple Choice Question

的。一般的規則是：對受試者造成潛在傷害的風險越大時，越有必要獲得書面的知會同意陳述。若經過研究倫理委員會審查後，認為研究者有充分理由不需要研究參與者簽署知情同意書時，可以省略此步驟。選項(A)屬之。

2. 知情同意書應陳述的項目

(1) 關於研究的目的與程序的簡要描述，包括期望的研究執行期限。選項(C)屬之。

(2) 說明參與研究可能涉及的風險與不適。選項(B)有誤。

(3) 對記錄的匿名保密與絕不外洩，提出保證。

(4) 關於研究者的身分職稱，以及何處可以取得關於受試者權利或是關於該研究問題的資訊。

(5) 關於參與完全是出於自願，並且隨時可以中止，而且不必受罰的陳述。

(6) 可能使用替代程序的陳述。

(7) 關於任何支付給受試者給付或報酬，以及受試者人數的陳述。選項(D)屬之。

(8) 提供研究發現摘要報告的陳述。

44 研究結果顯示家人關係不和諧導致少年的暴力行為，後來發現家庭經濟困難同時影響前述兩變項，因此這兩變項原來的相關可能是下列那一種關係？

（110年第二次專技社工師）

(A)共變關係　　　(B)虛假關係　　　(C)對稱關係　　　(D)傳遞關係

答案： **B**

解析：稱變項間的關係為「虛假相關」，意味著這個關係是錯誤的，是種幻覺。由於兩個變項間任何關聯都有可能是虛假的，所以當研究者發現兩個變項有所關聯時就得特別提高警覺；因為進一步探究之後，可能構不成因果關係的基礎。可能會是個幻覺。虛假關係發生在兩個變項有所關聯，但不是因果關聯之時，因為實際上尚有未被察覺的第三個因素，才可能是造成這個關係的真正原因。第三個變項同時是看似明顯的自變項與依變項的原因，它說明了觀察的關聯。以因果關係的條件來說，

未被察覺的第三個因素代表另外一個強而有力的解釋。

45 「實證論」、「詮釋論」及「批判論」是屬於下列那一種的分類？

（111年第一次專技社工師）

(A)概念　　　　　(B)典範　　　　　(C)理論　　　　　(D)變項

答案：**B**

解析：社會科學三大研究取向，包括：實證主義（Positivism）、詮釋／解析社會科學（Interpretive Social Science, ISS）、批判社會科學（Critical Social Science, CSS），係屬於典範的分類。

46 有關「文獻評閱」的目的，下列何者錯誤？　（111年第一次專技社工師）

(A)界定研究主題在學術脈絡裡的位置

(B)確立研究的核心問題，並建立明晰的分析架構

(C)呈現研究者對該知識體系與相關文獻的理解與掌握

(D)說明本研究的發現與限制

答案：**D**

解析：文獻評閱主要係為使研究的計畫合乎科學的要求、避免重複的工夫以節省人力，及使研究更務實，避免使研究的問題重蹈覆轍，或又落入別人研究的窠臼裡面，是研究者呈現研究邏輯的重要過程。選項(D)有誤，所述說明本研究的發現與限制，其中，研究的發現係屬研究計畫的研究結果，限制則為研究方法可能之不足之處，均非屬研究中文獻評閱之目的。

47 某社會工作者觀察到數位時代的青少年偏差行為有一些新樣態，很難以過去的研究發現來解釋，因此社會工作者想進行一項研究了解青少年新的行為模式。請問該研究係屬於下列那一種目的？　（111年第一次專技社工師）

(A)現象探索　　　　　　　　(B)複製過去研究

(C)理論驗證　　　　　　　　(D)評估介入成果

答案：**A**

解析：探索性研究（Exploratory Research）是指對於缺乏前人研究經驗的問題所作的研究，例如：世界展望會欲了解非洲某部落的

生活狀況與是否有饑餓問題存在所作的研究。題意所述為探索性研究，係屬於現象探索。

48 知情同意書的內容不包括下列那一項資料？　　（111年第一次專技社工師）

(A)研究流程的說明　　　　　　　　(B)可能的傷害

(C)資料保存及使用方式　　　　　　(D)研究經費的多寡

答案：**D**

解析：知會（情）同意陳述所包括的項目：

1. 關於研究的目的與程序的簡要描述，包括期望的研究執行期限。選項(A)屬之。

2. 說明參與研究可能涉及的風險與不適。選項(B)屬之。

3. 對記錄的匿名保密與絕不外洩，提出保證。選項(C)屬之。

4. 關於研究者的身分職稱，以及何處可以取得關於受試者權利或是關於該研究問題的資訊。

5. 關於參與完全是出於自願，並且隨時可以中止，而且不必受罰的陳述。

6. 可能使用替代程序的陳述。

7. 關於任何支付給受試者給付或報酬，以及受試者人數的陳述。

8. 提供研究發現摘要報告的陳述。

49 老師在社工課堂上發放一份有關社工職涯選擇的無記名問卷，這樣的調查研究活動最有可能發生下列那一項倫理疑慮？　　（111年第一次專技社工師）

(A)自願參與性　　　　　　　　　　(B)匿名性

(C)參與機會的公平性　　　　　　　(D)去識別化

答案：**A**

解析：研究倫理的主要原則是參與者必須是自願的，沒有人可以被迫參加。題意所述老師在社工課堂上發放一份有關社工職涯選擇的無記名問卷，但並未徵詢學生參與研究之意願，亦即有可能違反自願參與之研究倫理。

50 社會工作者針對案主進行研究的常見倫理考量，下列何者錯誤？

（111年第一次專技社工師）

(A)須留意社工員和案主之間不對等的權力關係

(B)避免研究過程對案主造成傷害或負面影響

(C)若案主拒絕參與研究，必須尊重其自主意願

(D)研究效度和案主權益牴觸時，應以前者優先

答案：**D**

解析：不傷害參與者，係指對參與者身分的保護，是在調查研究中保護其利益與福祉之最重要的。選項(D)有誤，研究效度和案主權益牴觸時，應以案主權益為優先。

51 某社工研究高齡者社會支持系統的影響因素，其因果關係的假設是基於下列何者？

（111年第二次專技社工師）

(A)實務觀察　　　(B)一般常識　　　(C)理論解釋　　　(D)媒體報導

答案：**C**

解析：依因果關係的角度可分為「自變項」（Independent Variable）與「依變項」（Dependent Variable）兩類。自變項是「因」，而依變項是「果」。其因果關係的假設是基於理論解釋所形成。

52 某研究者欲進行全國社會工作師之薪資所得相關因素探究，但研究經費有限。該研究之分析單位為何？

（111年第二次專技社工師）

(A)社會福利機構　　　　　　　　(B)薪資所得

(C)社會工作師　　　　　　　　　(D)全國各縣市

答案：**C**

解析：某研究者欲進行全國「社會工作師」之薪資所得相關因素探究，故分析單位為社會工作師。

53 某學者想要針對4家平面媒體對於政府開放移工引進臺灣後這16年間（1992～2018年）8,248則相關報導為母體，研究者先將每篇報導以時間順序排列，形成一個抽樣架構後，以每4則抽取一則的方式抽出2,062篇新聞報

導作為研究樣本，進而整理出臺灣主流媒體報導所塑造的移工形象。此研究的分析單位為何？　　　　　　　　　　　　（111年第二次專技社工師）

(A)4家平面媒體　　　　　　　　　　(B)移工

(C)1992年至2018年的每一年　　　　(D)每一則對移工的相關報導

答案：**D**

解析：針對4家平面媒體對於政府開放移工引進臺灣後這16年間（1992～2018年）8,248則「相關報導」為母體，即是以每一則對移工的相關報導為分析單位。

54 研究者須向受訪者說明參與研究的時間、內容及可能的風險，以徵詢研究對象的參與意願。屬於何種研究倫理？　　　　（111年第二次專技社工師）

(A)知情同意　　　　　　　　　　　(B)不傷害參與者

(C)匿名性　　　　　　　　　　　　(D)公平性

答案：**A**

解析：知情同意是指所有的參與者必須知道他們正在參與一項研究，被告知所有研究的後果並同意加入。研究者須向受訪者說明參與研究的時間、內容及可能的風險，以徵詢研究對象的參與意願。社會研究基本的倫理原則是：絕不強迫任何人參與研究；參與者必須是自願的。取得研究對象的同意還不夠；他們需要了解他們將被要求去參與的是什麼活動，這樣他們才能做出告知後的決定。受試者可以從閱讀和簽署給予告知同意的陳述中——這是一份書面的同意參與協議書知，在受試者了解了研究程序之後表示願意參與的書面文件——獲知他們的權利以及他們涉入的什麼活動。

55 社會工作研究倫理的保護原則主要焦點是什麼？

　　　　　　　　　　　　　　　　　　　　（111年第二次專技社工師）

(A)保護研究機構　　　　　　　　　(B)保護全體研究參與者

(C)保護研究贊助者　　　　　　　　(D)保護研究者

答案：**B**

解析：社會工作研究倫理的保護原則，係以保護全體研究參與者為焦點。

56 某醫務社會工作師想要檢驗家屬支持與病人心理狀態之關係，蒐集家屬陪同病人的時間，並以心理適應量表測量病人適應程度，發現家屬陪同病人的時間越多，病人的住院適應程度越好。下列何者為此一研究的分析單位（units of analysis）？　　　　　　　　　　　　　　　　（112年第一次專技社工師）

(A)社會工作師　　　　　　　　　　(B)病人家屬

(C)病人　　　　　　　　　　　　　(D)醫院

答案：**C**

解析：社會研究的分析單位，包括：個人、團體、方案、組織或機構、社區、社會加工品／社會人造物（Social Artifacts）：分析雜誌、報紙、文章的特色。題意「以心理適應量表測量『病人』適應程度，發現家屬陪同『病人』的時間越多，『病人』的住院適應程度越好，此一研究的分析單位為「病人」。

57 當自變項與依變項在時間順序上發生模稜兩可的情況，是指內在效度的那一種威脅？　　　　　　　　　　　　　　　　　　（112年第一次專技社工師）

(A)測量工具改變　　　　　　　　　(B)時間歷程

(C)選擇性偏誤　　　　　　　　　　(D)因果影響方向的不確定性

答案：**D**

解析：當自變項與依變項在時間順序上發生模稜兩可的情況，即無法滿足內在效度之因要在果之前的條件，係屬因果影響的方向不確定性之威脅。

58 關於虛假關係（spurious relationship），下列敘述何者正確？

（112年第一次專技社工師）

(A)兩個沒有因果關係的變項成為曲線關係

(B)兩個有因果關係的變項，因為某干擾因素而導致統計學上的關係減弱

(C)兩個沒有因果關係的變項，因為某些干擾因素而出現統計學上的相關

(D)兩個有因果關係的變項，因為某干擾因素而出現統計學上的無關

答案：**C**

解析：1.虛假關係／假性關係（Spurious Relationship）指的是變數A和變數B之間之所以會表現出因果聯繫的原因在於：另外存

選擇題　Multiple Choice Question

在一個變數C，而變數C和變數A、B都有關聯。

2. 選項(A)有誤。曲線相關：是指隨著自變項的增加，依變項呈現或增加或減少的方向（未趨一致）。

3. 選項(B)有誤。兩個沒有因果關係的變項，不會因為某些干擾因素而出現統計學上的相關。

4. 選項(D)有誤。兩個有因果關係的變項，倘若有某干擾因素出現，在統計學上的仍會出現相關。干擾因素會影響相關程度的判讀，研究者必須控制干擾因素，以釐清因果關係強度。

59 關於橫斷式研究（cross-sectional studies）的敘述，下列何者錯誤？

（112年第一次專技社工師）

(A)在一個時間點上檢視某個現象的設計方法

(B)通常可以藉此觀察到現象間的因果關係

(C)橫斷式研究適用於描述性與探索性的研究設計

(D)時間序列設計比橫斷式研究設計更可以檢視變項間的因果關係

答案：**B**

解析：橫斷性研究係指研究某一特殊定點時間內的社會事實與現象。這種研究所牽連的時間較為單純，時間的消耗也較短，當然在經費上自然也會較為經濟；亦即如果研究檢驗及分析某一時間內的現象，即稱為橫斷性研究。例如：人口普查就是研究某一特定時間內居民的社會人口特性。選項(B)所有誤，可觀察到現象間的因果關係，係屬縱貫性研究。

60 從事研究時若造成參與者的利益損失，研究者應如何處理？

（112年第一次專技社工師）

(A)要取得適當代理人的同意書再進行

(B)採取以參與者利益為優先的方式解決問題

(C)應予以安撫繼續進行研究

(D)以研究結果為導向儘速完成

答案：**B**

解析：研究倫理的考量之一，為避免參與者受到傷害，包括生理、心

理、利益等。從事研究時若造成參與者的利益損失，研究者應採取以參與者利益為優先的方式解決問題。

61 事後簡報（debriefing）是指研究者在研究後告知參與者研究目的、方法，並評估參與者對本研究的個人反應，此過程係屬下列何者？

（112年第一次專技社工師）

(A)向參與者解釋研究中發生了什麼以及為什麼

(B)試圖確保參與者有能力給予同意

(C)為了獲得研究倫理審查委員會對研究的批准

(D)公開研究者的身分

答案：**A**

解析：若研究的真正目的考量信效度，而無法事先告知潛在研究參與者，事後簡報係研究者在研究後向參與者告知參與者研究目的、方法，並解釋研究中發生了什麼以及為什麼，及評估參與者對本研究的個人反應。

62 某機構社會工作者觀察到數位時代青少年的偏差行為樣態似乎跟過往不太一樣，該機構決定仔細分析服務案件資料以瞭解變化的情形。請問該研究係屬於下列那一種目的？　　　　　（112年第二次專技社工師）

(A)評估性研究　　　(B)描述性研究　　　(C)解釋性研究　　　(D)驗證性研究

答案：**B**

解析：描述性研究（Descriptive Survey）：重視所要探討事情的全貌，所重視的是What，例如：某區域居民的教育程度如何？不同年齡階層的生理疾病狀況如何？每戶的平均收入情況等，當我們把這些資料（經常是屬性資料）一一調查，並將其統計後的資料一一說明清楚以後，能使讀者愈加了解當地的情況，此為描述性的用途。描述若要愈清楚，則相關變項的統計便必須愈精密。

63 研究進行中或分析完成時，若有其他非研究團隊人員要知道過程與詳情，研究者應予以回絕，這符合下列何種倫理原則？　　（112年第二次專技社工師）

(A)知情同意　　　(B)隱密性　　　(C)匿名性　　　(D)同意參與研究

答案：**B**

解析：隱密性：除對調查時有關的資料絕對保密外，在研究進行中或分析完成時，若有第三者知道過程與詳情，研究者都應該予以回絕。

64 關於社會工作研究倫理的考量，下列何者正確？

（112年第二次專技社工師）

(A)研究不容易進行，故參與者自願參與研究後不可中途退出

(B)研究成果應屬於團隊所有，故不能只以個人的名義發表

(C)研究資料是整體分析呈現，故不須視為保密資料

(D)研究主要為增進參與者福利，故參與者是否同意並不重要

答案：**B**

解析：1. 選項(A)有誤。社會工作研究者應充分告知研究參與者有「拒絕參與研究」和「隨時退出研究」的權利，且於研究中所接受的任何專業服務及未來獲取社會工作服務之管道並不會因此受到影響。

2. 選項(C)有誤。對參與者身分的保護，是在調查研究中保護其利益與福祉之最明顯不過的關係。但有時候有的研究參與者聲名顯赫，像進行菁英訪談，只要呈現有關資訊，屬於該群體的人或任何一位讀者都知道是誰，即使資料是整理方分析呈現，但仍有可能會傷害到研究參與者。碰到這樣的問題，研究者可以請研究參與者檢核報告初稿，評估是否有敏感的資料需要刪除或修改；若研究者計畫要公開出版或發表，須詢問其意願。

3. 選項(D)有誤。研究倫理的一個主要信條就是，研究參與者必須是自願的，沒有人應該被逼迫參與研究。

65 有關因果模型的說明，下列何者錯誤？　（113年第一次專技社工師）

(A)若要檢定二因素是否具有因果關係，可忽略二因素的發生時間

(B)若二因素具有因果關係，則此二因素的關係應具方向性

(C)若二因素間沒有關連性，則無因果關係

(D)若二因素間存在其他因素的影響，則很難判斷因果關係

Multiple Choice Question　選擇題

答案：**A**

解析：因果關係的條件（先決條件）：

1. 時間順序：從時間系列來說，「因」一定要在「果」之前，有了因，才有果；一個因素或事件要「引起」另一個因素或事件的出現或變化，那麼這個因素或事件在時間上必須比所引起的因素或事件先行出現。選項(A)有誤。

2. 相關性：這個先決條件的意思是，如果兩個變數之間存在因果關係，那麼它們必須共同變化。相關性並不「等於」因果關係。並不是所有的共變現象或相關性都代表因果關聯。

3. 非假性關係：如果兩個變數（變數A和變數B）之間表現出一種似真的因果關係，但這個關係是不真實的，那麼此時，假性關係（Spurious Relationship）就出現了；二者之間的相關，必須被證明非由其他因素的影響所造成。因為兩個變項之間的關聯，很可能是由第三個因素所造成。若要說兩件事情有因果關係，必須也能實這種相關只存在於這兩個變項之間。

66 從或然率的角度來解釋因果關係時，下列敘述何者正確？

（113年第一次專技社工師）

(A) 在現象的陳述中若是「有了X，便有極大的可能產生Y」時，X就是產生Y的必要條件

(B) 在現象的陳述中若是「若不是X，便不可能Y」時，X就是產生Y的充分條件

(C) 在現象的陳述中若是「若不是X，便不可能Y」時，X就是產生Y的必要條件

(D) 兩種變項有因果關係，就看得出其中有必要條件的存在

答案：**C**

解析：必要條件是指某種情況有了「因」以後，必然的會產生影響（effect）。充分條件是指當某種情況中，有了充分的「因」素時，就會有很大的可能性會使「影響」也產生。選項(C)正確。

67 下列結論是從某社會工作研究報告中摘錄出來：「在分析社會工作者提供服務所依據的實務工作模式時，有15%表示其所使用的是社會心理模式；25%為問題解決模式；另外有60%則是使用生態區位之觀點。」在這個研究中的資料分析單位（unit of analysis）是為下列何者？

（113年第一次專技社工師）

(A)社會工作者　　　　　　　　　(B)實務工作模式
(C)研究者　　　　　　　　　　　(D)社會福利機構

答案：**A**

解析：分析單位的類型包括個人、團體、方案、組織或機構、社區、其他事務等（Artifacts）。題意所述「在分析『社會工作者』提供服務所依據的實務工作模式時」，因此，這個研究的分析單位是「社會工作者」。

68 有關研究者行為倫理的敘述，下列何者錯誤？　（113年第一次專技社工師）
(A)研究者在其知識範圍內，需確保使用適合的方法進行研究
(B)因為使用數據資料，所以量化研究者的個人偏差不會影響研究結果
(C)研究者不得以偏向某方利益的方式報告研究結果
(D)研究者需敏感於自身價值觀或偏好是否影響研究資料的解讀

答案：**B**

解析：選項(B)有誤。量化研究者因為使用數據資料的個人偏差，會影響研究結果。

69 若研究進行前完全告知參與者研究內容，研究便無法進行，此時關於研究倫理的敘述，下列何者錯誤？　（113年第一次專技社工師）
(A)研究所涉及的風險必須非常低
(B)能在事前告知的資訊必須儘可能事前告知
(C)在研究程序結束後儘早將真相告知參與者，以獲得其理解
(D)研究主要為增進人類福祉，故參與者事後知情並不重要

答案：**D**

解析：選項(D)有誤。社會工作研究者從事研究之前，應在適當時機

取得研究參與者自願簽下的知情同意書,拒絕參與者不應受到任何暗示性或實質性的剝奪或懲罰;不得利用不正當的誘因吸引參與者,應注意參與者的福祉、隱私及尊嚴。社會工作研究者執行研究或研究設計牽涉隱瞞、欺騙或不需知情同意書的程序,則需經過嚴格且具公信力單位的檢視。社會工作研究者的研究執行牽涉刻意隱瞞時,應於事後告知研究參與者並取得其同意,才可進行發表。

70 下列那一項行為違反了研究倫理原則?　　　　　　（113年第一次專技社工師）

(A)分析資料可以忽略性別的差異

(B)應該察覺自己研究參與者族群的偏見

(C)必須注意研究結果不當文字的使用

(D)強調研究參與者的利益是重要於研究結果的發現

答案:**A**

解析:選項(A)有誤。分析資料時忽略性別的差異,違反了研究倫理。亦即,研究者缺乏對性別偏誤的敏感度。

Chapter 2

假設、理論、概念與變項

關鍵焦點

1. 演繹法、歸納法的內涵，是申論題、解釋名詞的考點，同時也是測驗題必考題。

2. 假設、理論、概念、變項的基本概念，要有能以申論題論述之能力；同時，測驗題會有很多混淆觀念的題目，因此，觀念務必清晰建立。

申論題 Essay Question

一、社會科學的目標在於提供「為什麼」問題的一般性解釋，Carl Hempel區分兩種不同類型的科學解釋：演繹性（deductive）解釋及或然性（probabilistic）解釋，試分別定義之，並申論質化研究、量化研究如何對應前述二種解釋及應用。

（109年高考）

考點分析

1. 在審題時，考生或許對或然性（probabilistic）解釋不熟悉，但若看到題意中的演繹性（deductive）（即為演繹法）、申論質化研究、量化研究如何對應前述二種解釋及應用，即使不清楚或然性（probabilistic）解釋，即可由題意判斷所稱之為或然性（probabilistic）解釋，即為歸納法。

2. 或然性解釋（probabilistic explanations），或稱為歸納性解釋（inductive explanation），考題出處為：Chava Frankfort-Nachmias and David Nachmias著、潘明宏等譯《最新社會科學研究方法》。韋伯出版。

75

【解析】

社會科學家的目標，是提供對「為什麼？」問題的一般性解釋。當科學家必須解釋為何某一事件或行為會發生時，他們被期待能對引起事件或行為發生的原因，提供系統化的經驗分析。隨著科學的進展，其解釋形式隨之改變。韓培爾（Carl Hempel）區分兩種不同類型的科學解釋：演繹性（deductive）解釋與或然性（probabilistic）解釋，至於分類則是建立在解釋時所採用的某些通則之上，包括演繹性（deductive）解釋及或然性（probabilistic）解釋，說明如下：

演繹性解釋（deductive explanations）

1. **定義**

   演繹的主要功能是把抽象的概念現實化，也把形而上的概念操作化。在現實化、抽象化與操作化的過程，都是經過理論性的假設過程，進而藉由問卷的設計，把抽象的概念與現實的生活連結起來。亦即，演繹法是從一個抽象的合乎邏輯的概念關係開始，然後朝向具體的實證證據前進。

2. **量化研究對應演繹性解釋及應用**

   (1) 在量化研究中，以使用演繹性解釋為主。演繹性解釋要求：①普遍的通則；②通則成立所須條件的陳述；③所要解釋的事件；④形式邏輯的規則。在演繹性解釋中，現象是透過驗證來進行解釋，它可以從已建立的普遍法則演繹而得。例如：對丟到空中再掉落地面物體的科學解釋，是基於重力法則。因此，科學家可以做出以下論述：如果所有物體彼此有相互吸引力，則任何特定物體相對於地球將有相同的行為。因此，普遍法則的重要條件，是它包含所有在其定義範圍中的所有案例。

   (2) 在演繹的推理過程中，前提必然地導出結論；也就是說，若前提為真，結論必定為真。反之，如果前提若非為真，結論將也亦非為真。例如在民主體制中，任何民選官員將會尋求連任（錯誤的前提），若某甲為一個民選官員，因此他將尋求連任（錯誤的結論）。演繹性解釋是最有力的科學解釋工具，因為

如果其前提為真，則結論必定為真，而且它們可以用來解釋獨
特的事件和一般的行為。

或然性解釋（probabilistic explanations）

1. **定義**

   或然性解釋，或稱為歸納性解釋（inductive explanation）。或然
   性解釋是從仔細地觀察這個世界開始，然後朝向更為抽象的通則與
   觀念前進。開始的時候，有的可能只是一個主題與若干模糊的概
   念，隨著觀察的進行，概念變得犀利，發展出經驗通則，並確認出
   一些初步的關係，而往上建構理論。或然性解釋透過觀察社會生活
   的容貌去建構理論，藉著所觀察得到的種種事項，可以歸納或發現
   可能具有幾分普遍法則的類型。

2. **質化研究對應或然性解釋及應用**

   (1) 在質化研究中，以使用或然性解釋為主。並非所有的科學解釋
   都是基於普遍性法則，社會科學就是屬於這類的情況，因為它
   甚少成立任何有意義的普遍性法則。社會科學家主要運用或然
   性解釋或稱為歸納性解釋。例如：政治科學家可以說明，由於
   政府過去經常在艱困的經濟情境下增加支出，以至於在惡劣經
   濟狀況下也有此一反應，用以解釋某國政府支出的增加。這個
   解釋將所要研究的現象，與早期發生的事件（全國經濟的狀
   況）發生聯想。因為我們可以發現經濟狀況與政府支出之間存
   在這樣的關係，所以科學家就提出此一解釋。

   (2) 然而，這種關係卻無法經由普遍性法則來表達，因為並非每一
   個惡劣經濟情境的案例，都將帶來政府支出的增加。科學家只
   能預估在艱困的經濟情境之下，有相當大的可能性，將引起政
   府支出的增加；或是在所有的調查案例中，在艱困的經濟情境
   之下，有極大比例導致政府支出的增加。這種一般性解釋稱為
   或然性解釋，或稱為歸納性解釋，而且它們是從或然性的通則
   中獲得。換言之，或然性解釋採用可以表達現象之間算術比例
   的通則（X造成Y的百分比），或是表達趨勢的通則（X傾向引發
   Y）。

申論題　Essay Question

二、請試述下列名詞之意涵：

（一）典範（paradigm）

（二）滾雪球取樣（snowball sampling）

（三）前測後測控制組設計（pretest-posttest control group design）

（四）參與式觀察者（observer-as-participant）

（五）次級分析（secondary analysis）　　　　（110年普考）

考點分析

本題五項解釋名詞，均為相當的簡單，且為常見考點。

【解析】

 典範（paradigm）

依孔恩對典範（Paradigms）定義，「典範」指的是「公認的科學成就，在某一段期間內，它們對於科學家社群而言，是研究工作所要解決問題的解答的範例。」符合典範的理論應具備的條件，包括：1.是一種公認的科學成就；2.在那個專業中，該理論對某種問題提供了解答；3.對該問題而言，該理論的解決方式，已被公認為是一範例。

 滾雪球取樣（snowball sampling）

滾雪球抽樣也稱為網絡、關係鎖鍊（聲望）抽樣，是一種辨識和抽取（或選擇）網絡中個案的方法，是運用在對某一特殊人口中，只熟知某一少部分人時，從已知的人數中去蒐集資料，並請他們介紹其周遭朋友或其他可能適合接受訪問的對象。其是建立在雪球的類比之上，雪開始的時候很小，但是當它在潮濕的雪地上滾動而增加額外的雪片

時就愈變愈大。雪球抽樣是一種多階段的技術，它開始於一個或少數的人或個案，然後根據和初始個案的連結而擴展開來。

三　前測後測控制組設計（pretest-posttest control group design）

此類實驗設計的主要特質是樣本被分派至實驗組或控制組是經由隨機的方法分配，而且觀察比較中，除了有實驗組與控制組的比較外，兩組都還有前後測的比較。因是以隨機分派法將受試者分成兩組，所以這兩組在理論上能力應該是一樣的。在進行實驗時，兩組均接受前測，其目的是要檢測O_1與O_3是否不同，而在實驗處理完時，再進行末測，比較其O_2與O_4之間的差異。

圖示

R	O_1	X	O_2
R	O_3		O_4

四　參與式觀察者（observer-as-participant）

參與式觀察者亦稱為觀察者一如參與者、部分觀察者。參與式觀察者之研究者不但表明研究者的身分，同時可以和被研究對象在互動過程不斷互動，而不需要有任何藉口。亦即，部分觀察者會表明自己是研究者，在社會過程中和參與者互動，但不去假裝自己是參與者。研究對象知道自己正在被觀察，而修正自己的行為，影響資料的信度、效度之情形發生。

五　次級分析（secondary analysis）

次級分析，亦稱為再次分析、二手分析法。次級分析是「對某現存已有的資料作更進一步的分析，以呈現新的結論或解釋的一種研究方法」。換句話說，再次分析法是一種研究方法，藉由別人所蒐集的資料，把適合我們研究的原始資料再拿來做分析。亦即，用不同於過去報告的方式，對已存在的資料再作分析，所呈現的說明、解釋、結論

或新增的知識，即為再次／次級分析法。因為對於資料之分析處理，有時並不一定都需要由研究者向被研究者直接獲取「第一手」的資料（Primary Data）才能做分析。如果研究者想要研究的題目已經由其他單位或個人蒐集到信效度良好的資料可供分析和回答的話，則研究者就沒有必要一定要靠自己去蒐集這些資料。因此，使用現有的資料作更進一步的分析，以呈現出新的結論或解釋的一種研究方法。

申論題　Essay Question

三、督導擬了解「新住民生活需求」，且預定採用量化研究方法，請你協助督導擬定本研究需要的理論、概念、變項及假設。

（112年地方三等）

考點分析

本題為考研究方法中的基礎觀念，屬於基礎型的考點。

【解析】

 理論

本研究為了解「新住民生活需求」，研究者以「多元文化觀點」為研究架構進行需求評估。

 概念

1. 新住民：係指外籍、中國大陸、港澳地區配偶。
2. 生活需求：係指新住民為能融入當地生活環境，讓心理、生理均能保持平衡的狀態的相關需求。

◆三 變項

1. 自變項：國籍、宗教、性別、教育程度。
2. 依變項：文化適應需求、家庭經營需求、就業需求、健康照護、語言學習需求。

◆四 假設

1. 新住民之「文化適應需求」會因「國籍」之不同而有顯著差異。
2. 新住民之「文化適應需求」會因「宗教」之不同而有顯著差異。
3. 新住民之「家庭經營需求」會因「性別」之不同而有顯著差異。
4. 新住民之「家庭經營需求」會因「教育程度」之不同而有顯著差異。
5. 新住民之「就業需求」會因「教育程度」之不同而有顯著差異。
6. 新住民之「健康照護需求」會因「性別」之不同而有顯著差異。
7. 新住民之「語言學習需求」會因「國籍」之不同而有顯著差異。

選擇題　Multiple Choice Question

1 下列那個選項裡所列出的都是變項？　　　　　（107年第一次專技社工師）

(A)男性、佛教、出生地　　　　　　　(B)社工員、教授、律師

(C)職業、政黨傾向、死亡率　　　　　(D)不誠實的、保守的、警察

答案：**C**

解析：1.變項所包含的所有屬性有周延性（Exhaustive），絕無遺漏。也就是說，所有可能的情形都會被包含在變項的所有屬性之中，例如：教育程度此一變項就包括「國小（含）以下」、「國中」、「高中」、「大專」、「研究所（含）以上」等屬性。

2.選項(A)有誤。男性、佛教，不是變項，其係分屬性別、信仰宗教變項的一種屬性。

3.選項(B)有誤。社工員、教授、律師，不是變項，其均屬職業的屬性。

4.選項(D)有誤。不誠實的、保守的、警察，不是變項，前面2個屬於態度的某些屬性，後1個則為職業的其中一個屬性。

2 如果我們知道變項A發生的時間在變項B之前，那麼我們可以很肯定地說下列何者是正確的？　　　　　　　　　　　　　（107年第一次專技社工師）

(A)變項A是變項B的原因　　　　　　(B)變項A不是變項B的原因

(C)變項B是變項A的原因　　　　　　(D)變項B不是變項A的原因

答案：**D**

解析：1.選項(A)有誤。變項A不一定是變項B的原因，有可能受中介變項的影響，致表面上看起來變項A是變項B的原因，實則不然。

2.選項(B)有誤。變項A有可能是變項B的原因。

3.選項(C)有誤。變項A發生的時間在變項B之前，所以變項B不會是變項A的原因。

3 當我們把「宗教信仰」此一變項作如下分類：佛教、道教、基督教、天主教、回教，則我們可以說此變項具備下列何種重要特質？

（107年第一次專技社工師）

(A)可互換性　　　　(B)周延　　　　(C)互斥　　　　(D)周延與互斥

答案：**C**

解析：變項所包含的所有屬性有周延性（Exhaustive），絕無遺漏。也就是說，所有可能的情形都會被包含在變項的所有屬性之中，例如：教育程度此一變項就包括「國小（含）以下」、「國中」、「高中」、「大專」、「研究所（含）以上」等屬性。而互斥性，是指屬性應具有獨特性，亦即唯一性與互斥性（Mutually Exclusive）。也就是在分類過程中，一個屬性就是一個唯一的選擇，同時彼此之間沒有重疊。例如：就業與失業不可能同時存在。題意所述具有互斥性。

4 一般認為，退休之後的生活滿意度，女性高於男性。某研究者欲驗證此說法，進行了抽樣調查。該研究的自變項是下列那一項？

（107年第二次專技社工師）

(A)女性　　　　　(B)男性　　　　　(C)性別　　　　　(D)生活滿意度

答案：**C**

解析：自變項屬於刺激變項，為研究者所操弄的因素，藉由操弄此因素，觀察它對另一變項所產生影響；自變項又稱為「獨立變項」。依變項為反應變項，隨自變項影響而改變。題意所述退休之後的生活滿意度，女性高於男性，性別為自變項。

5 有關研究架構圖的敘述，下列何者錯誤？　（107年第二次專技社工師）

(A)依變項置於圖的右邊，自變項置於左邊，單向箭頭的線條表示兩端的變項有因果關係，起點的變項為因，終點箭頭指向的變項為果

(B)單向箭頭的線條表示兩端的變項有因果關係，起點的變項為因，終點箭頭指向的變項為果

(C)雙向箭頭的線條表示兩端的變項相關

(D)沒有箭頭的線條表示兩端的變項沒有關係

答案：**D**

解析：選項(D)有誤。沒有箭頭的線條表示兩端的變項，不表示沒有關係，尚須經過研究檢定才能確定。

選擇題　Multiple Choice Question

6 關於理論與研究之間關係的說法，下列何者錯誤？

（107年第二次專技社工師）

(A)在社會工作實務研究中，由於是要整理實務工作經驗，因此理論沒有用處

(B)研究資料提供豐富與擴展理論發展的可能

(C)理論提供研究資料的可能解釋

(D)理論與研究間的互動類似一個循環過程

答案：**A**

解析：選項(A)有誤。在社會工作實務研究中，理論可以做為實務工作的架構，引導實務的進行；實務可做為理論修正的依據。理論與實務兩者相輔相成。

7 下述關於歸納法與演繹法的敘述，何者較為適當？

（107年第二次專技社工師）

(A)演繹法指的是從研究資料中整理出通則，以解釋資料

(B)歸納法指的是從假設擬定開始，藉由資料蒐集，以檢驗假設

(C)歸納法奠基於理論，進而推演出變項間可能的關係

(D)演繹法與歸納法都是建構理論時必要的過程

答案：**D**

解析：1.選項(A)有誤。演繹的主要功能是把抽象的概念現實化，也把形而上的概念操作化。在現實化、抽象化與操作化的過程，都是經過理論性的假設過程，進而藉由問卷的設計，把抽象的概念與現實的生活連結起來。亦即，演繹法是從一個抽象的合乎邏輯的概念關係開始，然後朝向具體的實證證據前進。

2.選項(B)、(C)有誤。歸納法是從仔細地觀察這個世界開始，然後朝向更為抽象的通則與觀念前進。開始的時候，有的可能只是一個主題與若干模糊的概念，隨著觀察的進行，概念變得犀利，發展出經驗通則，並確認出一些初步的關係，而往上建構理論。

8 下述關於典範（paradigm）的說法，何種較不適當？

（107年第二次專技社工師）

(A)批判論典範強調要看到既有權力結構如何形塑某些說法被視為真理

(B)詮釋論典範認為研究重點在於獲得每個人對於現象的不一樣解讀

(C)典範的不同不影響研究問題的提出與研究方法的選取

(D)實證論典範相信世界上有真理的存在，等待研究者發現

答案：**C**

解析：選項(C)有誤。依孔恩對典範（Paradigms）定義，「典範」指
　　　的是「公認的科學成就，在某一段期間內，它們對於科學家社
　　　群而言，是研究工作所要解決問題的解答的範例。」不同的典
　　　範，會影響研究問題的提出與研究方法的選取。

9 某社工訪談了30位高關懷少年，發現這些人若有老師或其他正向成人的關心，
比較不會出現偏差行為，因此認為正向社會支持能夠降低少年的風險行為，這
是何種推理過程？　　　　　　　　　　　　　　　　（108年第一次專技社工師）

(A)歸納法　　　　　(B)否證法　　　　　(C)演繹法　　　　　(D)辯證法

答案：**A**

解析：歸納法是從仔細地觀察這個世界開始，然後朝向更為抽象的通
　　　則與觀念前進。開始的時候，有的可能只是一個主題與若干模
　　　糊的概念，隨著觀察的進行，概念變得犀利，發展出經驗通
　　　則，並確認出一些初步的關係，而往上建構理論。歸納法透過
　　　觀察社會生活的容貌去建構理論，藉著所觀察得到的種種事
　　　項，可以歸納或發現可能具有幾分普遍法則的類型。題意所述
　　　屬之。

10 有關以律則式（nomothetic）模式解釋因果關係，下列敘述何者正確？

（108年第一次專技社工師）

(A)律則式模式使用相關且較多的變項，對特定現象獲得深度的認識

(B)律則式模式解釋因果關係時，是立基於或然率的高低

(C)律則式模式的目標是透過列舉特定現象背後的眾多原因，有些甚至可能是
　　很獨特的原因

(D)律則式模式想了解年輕人為何會犯罪，會儘可能完整地了解這個人所有的
　　特質傾向

選擇題　Multiple Choice Question

答案：**B**

解析：1. 選項(B)正確。對所有個人與情況之所有變化的普遍面向感到興趣，預設獨特的個人行為是可以普遍運用於全體之律則展現。試圖要展現人們、事件以及背景之間的相同之處，且依據這些共同特徵對人與事件提出解釋。藉由尋找變化與差異，並且試著把它們與其他觀察到的特質，例如：行為、行動與結果相連結甚至緊密聯繫。律則式解釋模型本身解釋因果關係時，必然充滿或然率的。藉由確認幾個成因常常很難提供完整的解釋，在所有最佳實務世界裡，律則式模型意味著，當符合具體條件的數量有限時，發生具體行動的機率或可能性是非常高（或非常低）的。

　　　　2. 選項(A)、(C)、(D)有誤，應為個殊式，而非律則式。個殊式（Idiographic）將個體（人物、地點、事件、背景等）視為獨特個案來研究，焦點在於那些對個體而言相當特別的因素之間的互動。即使二個個體擁有某些共同的特質，不可避免的，這些特質還是會顯著的受到彼此之間其他的差異所影響。因此，兩對異性戀夫妻可能擁有許多的相同點：相同年紀、相同文化、同樣數目的小孩、在同一地點相同的房子，然而他們卻仍有許多差異，例如：不同的工作、不同的社經背景、不同的興趣、孩子有不同的性格、不同的親子關係。對於夫妻的研究，必須承認前述的不同點會顯著的受到差異處的型塑，也因此每對伴侶都被視為獨一無二。

11 「人的壽命都有限，陳先生是人，所以陳先生的壽命有限」，這是何種推論過程？　　　　　　　　　　　　　　　　　　　　　　　　　（108年第一次專技社工師）

(A)辯證法　　　　　(B)相關法　　　　　(C)歸納法　　　　　(D)演繹法

答案：**D**

解析：演繹的主要功能是把抽象的概念現實化，也把形而上的概念操作化。在現實化、抽象化與操作化的過程，都是經過理論性的假設過程，進而藉由問卷的設計，把抽象的概念與現實的生活連結起來。亦即，演繹法是從一個抽象的合乎邏輯的概念關係開始，然後朝向具體的實證證據前進。題意所述屬之。

12 「對社會生活或人類在日常生活活動中建構與發現意義等現象,提供具有相互關聯性的陳述與系統性解釋」,上述是指下列何者?

（108年第二次專技社工師）

(A)研究　　　　　(B)理論　　　　　(C)概念　　　　　(D)變項

答案: **B**

解析:「理論」是對觀察到的某些或一系列的現象作有系統的解釋,而當理論愈「強」時,它所能解釋的範圍就愈廣。理論具有統合現有的知識、解釋觀察到的現象、預測未來的發展方向、指導研究的方向等功能。

13 研究者經過一段時間對A城市的觀察後,發現不同年齡、職業、以及宗教信仰的市民,對於各政黨的市長候選人有相當歧異的看法。該研究者擬針對此觀察心得提出一項研究,進一步了解這些因素是如何影響市民的投票行為。下列的研究問題何者為最正確的提問?①年齡對宗教信仰有影響,因此影響投票行為②宗教信仰會影響投票行為③年齡會影響宗教信仰,進而影響投票行為④年齡與職業對投票行為有交互作用的影響　　　（108年第二次專技社工師）

(A)①②③④　　　(B)僅①②③　　　(C)僅②③④　　　(D)僅①②④

答案: **A**

解析:本題題意的陳述為「發現不同年齡、職業、以及宗教信仰的市民,對於各政黨的市長候選人有『相當歧異』的看法」,亦即,各變項間的相關性並未作正相關、負相關、曲線相關陳述,因此無法判別變項間的相關性,故題意①、②、③、④均可為提問的陳述句。

14 研究者經過一段時間對A城市的觀察後,發現不同年齡、職業、以及宗教信仰的市民,對於各政黨的市長候選人有相當歧異的看法。該研究者擬針對此觀察心得提出一項研究,進一步了解這些因素是如何影響市民的投票行為。若研究者假設:不同年齡者,會透過宗教信仰的影響,進而影響其投票行為。在此假設中的「宗教信仰」,其性質係屬於下列何種變項?

（108年第二次專技社工師）

(A)外衍變項　　　(B)依變項　　　(C)中介變項　　　(D)調節變項

選擇題　Multiple Choice Question

答案：**C**

解析：題意「不同年齡者，會透過宗教信仰的影響，進而影響其投票行為。」則自變項為年齡、中介變項為宗教信仰、依變項為投票行為。

15 針對理論和研究的關係，下列有關演繹與歸納的說法何者錯誤？

（108年第二次專技社工師）

(A)理論演繹出假設，假設衍生出實證觀察和資料收集

(B)透過實證資料收集與分析，可歸納出一些通則

(C)演繹與歸納在研究歷程當中形成一個持續運轉的循環迴圈

(D)科學研究皆自歸納法開始，以演繹法作結束

答案：**D**

解析：1. 演繹的主要功能是把抽象的概念現實化，也把形而上的概念操作化。在現實化、抽象化與操作化的過程，都是經過理論性的假設過程，進而藉由問卷的設計，把抽象的概念與現實的生活連結起來。亦即，演繹法是從一個抽象的合乎邏輯的概念關係開始，然後朝向具體的實證證據前進。

2. 歸納法是從仔細地觀察這個世界開始，然後朝向更為抽象的通則與觀念前進。開始的時候，有的可能只是一個主題與若干模糊的概念，隨著觀察的進行，概念變得犀利，發展出經驗通則，並確認出一些初步的關係，而往上建構理論。歸納法透過觀察社會生活的容貌去建構理論，藉著所觀察得到的種種事項，可以歸納或發現可能具有幾分普遍法則的類型。

3. 選項(D)有誤。科學研究究竟是以歸納法或演繹法開始，或是以演繹法或歸納法作結束，端視研究的主題而定。

16 在量化研究中經常會提出研究架構，且會以箭頭（→）來說明各變項（variable）間的關係假設。若A變項在→的右邊時，則A變項不可能屬於下列何種變項性質？　　　　　　　　　　（108年第二次專技社工師）

(A)自變項　　　　(B)依變項　　　　(C)中介變項　　　　(D)調節變項

答案：**A**

解析：依因果關係的角度可分為「自變項」（Independent Variable）與「依變項」（Dependent Variable）兩類。自變項是「因」，而依變項是「果」。至於自變項與依變項之間的關係就是由「假設」來建構。量化研究中經常會提出研究架構，且會以箭頭（→）來說明各變項間的關係假設。若A變項在→的右邊時，則A變項不可能屬於自變項。

17 某社工員針對自己機構舉辦之照顧者支持團體進行一項評估研究，該社工先了解方案理論，其中認為「分享照顧經驗有助心理健康」，由此推導出「常參加支持團體分享活動的照顧者，心理健康狀況較佳」的假設，這是何種邏輯推理？　（108年第二次專技社工師）

(A)辯證邏輯　　　　(B)演繹邏輯　　　　(C)矛盾邏輯　　　　(D)歸納邏輯

答案：**B**

解析：演繹的主要功能是把抽象的概念現實化，也把形而上的概念操作化。在現實化、抽象化與操作化的過程，都是經過理論性的假設過程，進而藉由問卷的設計，把抽象的概念與現實的生活連結起來。亦即，演繹法是從一個抽象的合乎邏輯的概念關係開始，然後朝向具體的實證證據前進。演繹式理論陳述通常是以衍化式的理論（或稱通則）來表達。這種理論經常都包含著一些命題，命題的主要功能則是描述概念間的關係，也是由通則藉著邏輯的相互關係或推論，逐一衍化而來。例如題意的「分享照顧經驗有助心理健康」這個命題，因此，研究者從以上的命題衍化出：「常參加支持團體分享活動的照顧者，心理健康狀況較佳」的假設。這個假設可由研究加以驗證。

18 「當家庭收入越高，社會資本越多」，此二者屬於下列何種關係？　（109年第一次專技社工師）

(A)正向關係　　　　(B)負向關係　　　　(C)曲線關係　　　　(D)虛假關係

答案：**A**

解析：正相關是指依變項隨著自變項的增加而增加，或是依變項隨著

自變項的減少而減少，就是正相關，也就是兩個變項有相同的變化方向。題意所述屬之。

19 一位研究者假設年齡與大眾對身體健康的關注程度有關聯，下列有關此研究命題的「虛無假設」何者正確？　　　　　　　　（109年第一次專技社工師）

(A)年齡與健康關注程度無關　　　　　(B)年齡越大健康越差

(C)年齡與健康關注程度成正比　　　　(D)年齡越大越擔心身體健康

答案：**A**

解析：對立假設（rival hypothesis）是指自變項與依變項間的假設關係有存在；虛無假設就是設定，即使統計檢定的某種關係似乎存在於研究發現當中，但是該等關係仍有可能用巧合來解釋之，而不是真正存在於母群，也不具有理論意義，亦即指自變項與依變項間的假設關係不存在。選項(A)屬之。

20 有關「理論」與「研究」的關係，下列何者錯誤？

（109年第一次專技社工師）

(A)理論是研究的指引，可以避免研究毫無頭緒

(B)理論可能是在研究之後才發現的

(C)沒有理論也可能進行研究

(D)理論與研究假設沒有關係

答案：**D**

解析：在量化研究中，常以理論進行研究假設的陳述，亦即，研究假設是架構在理論基礎，因此，理論與研究假設間有關係。選項(D)有誤。

21 某社福機構正在進行一項實務研究，工作人員選擇一個常見的理論，從該理論出發擬定了一個服務方案，此階段運用了何種邏輯模式？

（109年第一次專技社工師）

(A)演繹模式　　　(B)相關模式　　　(C)歸納模式　　　(D)辯證模式

答案：**A**

解析：演繹法主要功能是把抽象的概念現實化，也把形而上的概念操

作化。在現實化、抽象化與操作化的過程，都是經過理論性的假設過程，進而藉由問卷的設計，把抽象的概念與現實的生活連結起來。亦即，演繹法是從一個抽象的合乎邏輯的概念關係開始，然後朝向具體的實證證據前進。題意所述屬之。

22 下列何者不是「從具體觀察當中發現概化模式」之案例？

（109年第一次專技社工師）

(A)分析機構去年所有開案紀錄以了解案主群體之特質

(B)逐戶進行家訪以收集社區需求

(C)從社會控制理論推導出對於某社區少年犯罪情況的預測

(D)閱讀各大報章雜誌，以勾勒社會工作者的媒體形象

答案：**C**

解析：選項(C)僅從「理論『推導』」出對於某社區少年犯罪情況的預測，並未進行調查或資料分析等具體觀察。

23 個殊式（idiographic）與律則式（nomothetic）是二種解釋現象的模式，下列敘述何者錯誤？　　　　　　　　　　（109年第一次專技社工師）

(A)個殊式模式的目標是透過列舉特定現象背後的眾多原因，有些原因可能很獨特

(B)律則式模式解釋因果關係時，是以或然率來表示

(C)個殊式模式想要找出許多成因，以認識特定個案的全貌

(D)律則式模式使用相關且較多的變項，對特定現象獲得深度的認識

答案：**D**

解析：個殊模式尋求透過找出許多成因，可能理解特定個案的每件事；而律則模式則致力於使用相對較少的變項，對普遍現象取得局部的概括理解。選項(D)有誤。

24 在量化研究中經常會提出研究架構，且會以箭頭（→）來說明各變項（variable）間的關係假設。若A變項係在→的左邊時，那A變項不可能是屬於下列那一種變項性質？　　　　　　　（109年第一次專技社工師）

(A)自變項　　　　(B)依變項　　　　(C)中介變項　　　　(D)外衍變項

選擇題 Multiple Choice Question

答案：**B**

解析：當研究假設的A變項係在→的左邊時，A變項不可能是屬於依變項，因為依變項通常係在→的右邊。

25 下列那一項敘述是「歸納邏輯」的步驟之一？　　（109年第二次專技社工師）

(A)先確定一個理論 　　　　　　　　　(B)理論發展假設

(C)蒐集資料驗證假設 　　　　　　　　(D)概念化蒐集到的資料

答案：**D**

解析：歸納邏輯是從仔細地觀察這個世界開始，然後朝向更為抽象的通則與觀念前進。開始的時候，有的可能只是一個主題與若干模糊的概念，隨著觀察的進行，概念變得犀利，研究者概念化蒐集到的資料，發展出經驗通則，並確認出一些初步的關係，而往上建構理論。

26 下列那一種研究方法符合「演繹邏輯」的研究設計？

（109年第二次專技社工師）

(A)焦點團體法　　　(B)自然觀察法　　　(C)介入實驗設計法　　　(D)敘事研究法

答案：**C**

解析：演繹邏輯的主要功能是把抽象的概念現實化，也把形而上的概念操作化。在現實化、抽象化與操作化的過程，都是經過理論性的假設過程，進而藉由問卷的設計，把抽象的概念與現實的生活連結起來。亦即，演繹法是從一個抽象的合乎邏輯的概念關係開始，然後朝向具體的實證證據前進。介入實驗設計乃是研究者為了解答研究問題，說明如何控制各種變異來源的一種扼要的計畫、架構和策略，為屬於演繹邏輯的研究設計。

27 有關概念、概念化與操作定義的說明，下列何者錯誤？

（109年第二次專技社工師）

(A)概念是無法直接測量的

(B)概念化的結果是可以測量的

(C)操作性定義可以引導調查變項的設計

(D)操作性定義並非是真實的定義

答案：**B**

解析：概念化是指捕捉一個建構或概念，並且藉由下概念或理論定義的方式，來提煉建構。概念化是無法測量的，只有操作化才可進行測量。操作化是指把抽象的定義予以實體化，使之可以用測量的方式來衡量。

28 現有證據指出，遭受同儕霸凌會損及身心健康。小明受到同學霸凌，因此我們推測他的心理健康應該會受到影響，這是何種邏輯的應用？

（110年第一次專技社工師）

(A)歸納邏輯　　　　(B)演繹邏輯　　　　(C)矛盾邏輯　　　　(D)實驗邏輯

答案：**B**

解析：演繹邏輯是從一個抽象的合乎邏輯的概念關係開始，然後朝向具體的實證證據前進。演繹邏輯通常都包含著一些命題，命題的主要功能則是描述概念間的關係，也是由通則藉著邏輯的相互關係或推論，逐一衍化而來。歸納邏輯是從仔細地觀察這個世界開始，然後朝向更為抽象的通則與觀念前進，歸納邏輯透過觀察社會生活的容貌去建構理論，藉著所觀察得到的種種事項，可以歸納或發現可能具有幾分普遍法則的類型。題意所述：小明受到同學霸凌→推測→他的心理健康應該會受到影響，屬於演繹邏輯。

29 有關研究過程中概念化與操作化之敘述，下列何者錯誤？

（110年第一次專技社工師）

(A)量化研究之概念化過程通常是接續在擬定研究問題之後
(B)質化研究通常不需要進行概念化過程
(C)概念化過程依研究者欲採用量化或質化方法而有差異
(D)質化研究偏向不在研究之初期即進行概念化和操作化過程

答案：**B**

解析：選項(B)有誤。質性研究仍需進行概念化的過程。質化研究一旦

選擇題 Multiple Choice Question

研究者沉浸在資料之中後，便展開捕捉與發掘意義的工作，概念是以主題、宗旨、通則、類型的形式存在。

30 Robert Merton 的緊張理論（Strain Theory）主張目標與手段間的衝突是導致偏差行為的重要因素。其所謂的「手段」與「偏差行為」，符合下列那一種說明？ （110年第二次專技社工師）

(A)前者是變項、後者是概念 　(B)前者是概念、後者是變項

(C)二者都是變項 　(D)二者都是概念

答案： **D**

解析：「概念」定義為「構思的一部分」。概念是理論的基石，再複雜的理論裡面都包含著非常多的「簡單」的概念。例如：任何與少年犯罪相關的理論中都必須包括「少年」、「犯罪」、「同儕團體」等相關概念。「變項」是由概念演化而來的；也可以說，變項是概念具體化的延伸。此外，變項是屬性的集合體，例如：性別這個變項就包含男性和女性。變項是一種特質，可以賦有一個以上的價值。從抽象層次來看，概念較抽象，變項則較具體。題意所述，「手段」與「偏差行為」，均是抽象性，故均是概念。

31 「從普遍原理的基礎上，推導出特定的預期假設」這是何種邏輯模式？

（110年第二次專技社工師）

(A)演繹法 　(B)否證法 　(C)歸納法 　(D)批判法

答案： **A**

解析：演繹的主要功能是把抽象的概念現實化，也把形而上的概念操作化。在現實化、抽象化與操作化的過程，都是經過理論性的假設過程，進而藉由問卷的設計，把抽象的概念與現實的生活聯結起來。亦即，演繹法是從一個抽象的合乎邏輯的概念關係開始，然後朝向具體的實證證據前進。

32 研究者以大學生「自主學習程度」與「學業成就」兩變項間的關係為例，說明因果關係形成的三大條件，下列敘述何者正確？ （110年第二次專技社工師）

(A) 若欲證實自主學習程度與學業成就之間有因果關係，務必先行確認兩者的

發生順序

(B) 若不同的學業成就會造成自主學習程度的差異，則表示自變項自主學習程度對依變項學業成就的影響是直接的

(C) 若自主學習程度與學業成就之間存在著因果關係，則兩者間不必然有關聯

(D) 自主學習程度能影響學業成就，而學業成就也影響自主學習

答案：**A**

解析：1. 選項(B)有誤。若不同的學業成就會造成自主學習程度的差異，並非一定表示自變項自主學習程度對依變項學業成就的影響是直接的，因為有可能受中介變項影響。

2. 選項(C)有誤。若自主學習程度與學業成就之間存在著因果關係，兩者間必然有關聯。因為既然選項(C)已陳述自主學習程度與學業成就之間存在著因果關係，則符合因果關係界定的意涵者，兩者間必然具有關聯。

3. 選項(D)有誤。選項(D)所述，自主學習程度能影響學業成就，表示自主學習是自變項，學業成就是依變項。因此，依變項不可能影響自變項，故學業成就不會影響自主學習。

33 一位研究者想進行一項有關社會上性別平權問題的研究，該選擇下列何種研究典範？　　　　　　　　　　　　　　　　　　（110年第二次專技社工師）

(A) 女性主義典範　　　　　　　　　(B) 建構典範

(C) 衝突典範　　　　　　　　　　　(D) 任何一種典範皆可能

答案：**D**

解析：「典範」指的是「公認的科學成就，在某一段期間內，它們對於科學家社群而言，是研究工作所要解決問題的解答的範例。」題意所述研究者想進行一項有關社會上性別平權問題的研究，因為研究者並未明確界定其理論觀點，所以任何一種典範均可能為其研究的範圍。

34 在相關研究設計中，將抽象構念轉化成具體測量的過程，依據下列所述，其進行的順序為何？①操作層次 ②實證層次 ③理論層次

（110年第二次專技社工師）

選擇題　Multiple Choice Question

(A)①②③　　　(B)③①②　　　(C)②①③　　　(D)①③②

答案：**B**

解析：「測量是根據某些準則，把一些對象或事件賦予數字的過程」。概念（Concept）指對某件事物的定義。例如：「成就感」是個概念。定義其相同或差異最簡單的方法，就是設法對其概念予以操作化。概念化（Conceptualization）是指捕捉一個建構或概念，並且藉由下概念或理論定義的方式，來提煉建構。把抽象的定義予以實體化，使之可以用測量的方式來衡量此概念時，即謂操作化。在相關研究設計中，將抽象構念轉化成具體測量的過程，進行的順序依序為：③理論層次→①操作層次→②實證層次。

35 下列那一組陳述的順序屬於「演繹邏輯」的進行程序？

（110年第二次專技社工師）

(A)先驗理論→建構假設→實地觀察→資料分析
(B)建構假設→實地觀察→資料分析→先驗理論
(C)實地觀察→資料分析→先驗理論→建構假設
(D)資料分析→先驗理論→建構假設→實地觀察

答案：**A**

解析：演繹的主要功能是把抽象的概念現實化，也把形而上的概念操作化。在現實化、抽象化與操作化的過程，都是經過理論性的假設過程，進而藉由問卷的設計，把抽象的概念與現實的生活聯結起來。亦即，演繹法是從一個抽象的合乎邏輯的概念關係開始，然後朝向具體的實證證據前進。演繹邏輯的進行程序，依序為：先驗理論→建構假設→實地觀察→資料分析。

36 有關演繹法的說明，下列何者錯誤？　　（111年第一次專技社工師）
(A)演繹法只能用於通則思考，無法用於個案解釋
(B)運用演繹邏輯，可由理論推導出假設，以供實證檢驗
(C)方案設計當中，由方案理論推導到具體服務的過程會用到演繹邏輯
(D)如果理論確定為真，那麼由其演繹出的結論也應該為真

答案：**A**

解析：演繹的主要功能是把抽象的概念現實化，也把形而上的概念操作化。在現實化、抽象化與操作化的過程，都是經過理論性的假設過程，進而藉由問卷的設計，把抽象的概念與現實的生活聯結起來。亦即，演繹法是從一個抽象的合乎邏輯的概念關係開始，然後朝向具體的實證證據前進。歸納法用於通則思考，演繹法適用於個案解釋。選項(A)有誤。

37 下列那一項研究結果是屬於「歸納邏輯」的敘述？

（111年第一次專技社工師）

(A)家長的教養方式會影響孩子外顯行為
(B)個人的壓力高低程度與攻擊性高低成正比
(C)宗教性醫院比非宗教性醫院的組織文化較重視臨終照顧品質
(D)任何少女都有被誘騙而成為性剝削對象的風險

答案：**D**

解析：歸納法是從仔細地觀察這個世界開始，然後朝向更為抽象的通則與觀念前進。開始的時候，有的可能只是一個主題與若干模糊的概念，隨著觀察的進行，概念變得犀利，發展出經驗通則，並確認出一些初步的關係，而往上建構理論。歸納法透過觀察社會生活的容貌去建構理論，藉著所觀察得到的種種事項，可以歸納或發現可能具有幾分普遍法則的類型。選項(D)屬於歸納邏輯，少女被誘騙→有受性剝削的風險。

38 研究者發現親子衝突導致子女偏差行為，但又發現生活壓力事件同時與前述二個變項有關係，那麼這二個變項存在下列那種關係？

（111年第一次專技社工師）

(A)對稱關係　　(B)中介關係　　(C)相關關係　　(D)虛假關係

答案：**D**

解析：稱變項間的關係為「虛假相關」，意味著這個關係是錯誤的，是種幻覺。由於兩個變項間任何關聯都有可能是虛假的，所以當研究者發現兩個變項有所關聯時就得特別提高警覺；因為進

一步探究之後，可能構不成因果關係的基礎。可能會是個幻覺。虛假相關發生在兩個變項有所關聯，但不是因果關聯之時，因為實際上尚有未被察覺的第三個因素，才可能是造成這個關係的真正原因。第三個變項同時是看似明顯的自變項與依變項的原因，它說明了觀察的關聯。以因果關係的條件來說，未被察覺的第三個因素代表另外一個強而有力的解釋。實際上虛假相關是根據某些你已經使用過的常識邏輯。題意中親子衝突導致子女偏差行為係屬虛假相關，因受生活壓力事件之變項影響。

39 假設大學生的學業表現會受每天花在閱讀時間長短的影響，同時也可能受到學生閱讀時專心程度的影響。若將上述假設轉為研究架構時，請問那一個是依變項？ （111年第一次專技社工師）

(A)學業表現　　　(B)閱讀時間　　　(C)專心程度　　　(D)學生年齡

答案：**A**

解析：自變項：閱讀時間的長短；依變項：學業表現。

40 假設大學生的學業表現會受每天花在閱讀時間長短的影響，同時也可能受到學生閱讀時專心程度的影響。若將上述假設轉為研究架構時，專心程度不可能是下列那一種變項？ （111年第一次專技社工師）

(A)調節變項　　　(B)依變項　　　(C)中介變項　　　(D)控制變項

答案：**B**

解析：調節（干擾）變項（moderating variable）可能影響自變項與依變項之間關係的強度或方向。例如，如果我們預測某一種介入只對女性有效，而對男性無效，性別就會是一種調節變項；另如果我們預測某一種介入只對於非暴力型的罪犯有效，犯罪類型就會是一種調節變項。中介變項（Intervening Variable）是指表面上以為依變項（Y）的變化是因為自變項（X）的變化所造成，但當控制Z變項後，自變項（X）與依變項（Y）的關係即消失，此Z變項即為中介變項。控制變項（Control Variable）是一種干擾變項，在研究設計中，我們使它保持不變而加以控

制。題意所述閱讀時間的長短，會影響學業表現，因此，學業
表現是依變項，但影響學業表現之變項，有可能是中介變項、
調節變項、控制變項，專心程度有可能是其中的一種變項，但
不可能是依變項。

41 有關傳統的科學實驗方法，下列何者錯誤？　　（111年第一次專技社工師）

(A)控制自變項，並找出其與依變項之間的確實關係

(B)規劃前測、後測，並計算兩者間有無顯著差異

(C)分配受測樣本至實驗組與控制組，並設法使其儘量相似

(D)僅需檢視自變項與依變項的差異關係

答案：**D**

解析：選項(D)有誤，除須檢視自變項與依變項的差異關係外，尚須解
　　　釋有無其他中介變項影響依變項，以免造成變項的虛假關係。

42 下列何者屬於研究的演繹階段？　　（111年第二次專技社工師）

(A)擬定知情同意書　　　　　(B)建立研究假設

(C)發展模式　　　　　　　　(D)資料轉換

答案：**B**

解析：演繹的主要功能是把抽象的概念現實化，也把形而上的概念操
　　　作化。在現實化、抽象化與操作化的過程，都是經過理論性的
　　　假設過程，進而藉由問卷的設計，把抽象的概念與現實的生活
　　　聯結起來。亦即，演繹法是從一個抽象的合乎邏輯的概念關係
　　　開始，然後朝向具體的實證證據前進。選項(B)建立研究假設，
　　　屬於演繹階段。

43 某社工引用優勢觀點的理論與研究結果，了解某位服務對象之態度與行為轉變
歷程，這樣的研究類型屬於下列何者？　　（111年第二次專技社工師）

(A)個殊模式（idiographic model）　(B)實驗設計（experimental design）

(C)律則模式（nomothetic model）　(D)個殊與律則模式

答案：**A**

解析：1.個殊式（Idiographic）是將個體（人物、地點、事件、背景

選擇題　Multiple Choice Question

等）視為獨特個案來研究，焦點在於那些對個體而言相當特別的因素之間的互動。即使二個個體擁有某些共同的特質，不可避免的，這些特質還是會顯著的受到彼此之間其他的差異所影響。題意之了解某位服務對象之態度與行為轉變歷程，為個殊式研究。

2. 律則式（Nomothetic）是對所有個人與情況之所有變化的普遍面向感到興趣，預設獨特的個人行為是可以普遍運用於全體之律則展現。試圖要展現人們、事件以及背景之間的相同之處，且依據這些共同特徵對人與事件提出解釋。藉由尋找變化與差異，並且試著把它們與其他觀察到的特質，例如：行為、行動與結果相連結甚至緊密聯繫。

44 自變項與依變項之間的因果關係，出現中介變項，這代表下列何種意義？
（111年第二次專技社工師）

(A)自變項與依變項中間的關係不存在
(B)自變項在不同條件下與依變項的關係不同
(C)自變項透過中介變項影響依變項
(D)自變項與依變項產生調節作用

答案：**C**

解析：中介變項表面上以為依變項（Y）的變化是因為自變項（X）的變化所造成，但當控制 Z 變項後，自變項（X）與依變項（Y）的關係即消失，此 Z 變項即為中介變項。自變項影響了中介變項，而中介變項則接著影響依變項。

45 關於概念與變項的敘述，下列何者錯誤？　（111年第二次專技社工師）
(A)概念可用肉眼直接或間接的觀察
(B)不同理論衍伸出來的概念也會有不同
(C)概念是一個被賦予特別語意學之意義的詞句
(D)研究的變項是將概念具體化

答案：**A**

解析：選項(A)有誤，概念無法肉眼直接或間接的觀察。「概念」的定

義為「構思的一部分」，是將抽象化的現象予以詞語化。

46 某醫務社會工作師想要檢驗家屬支持與病人心理狀態之關係，蒐集家屬陪同病人的時間，並以心理適應量表測量病人適應程度，發現家屬陪同病人的時間越多，病人的住院適應程度越好。有關概念與變項的敘述，下列何者正確？

（112年第一次專技社工師）

(A)病人的心理狀態為變項，病人的心理適應量表分數為概念
(B)病人的心理狀態為概念，病人的心理適應量表分數為變項
(C)家屬支持為變項，家屬陪同病人的時間為概念
(D)家屬支持為概念，家屬陪同病人的時間為概念

答案：**B**

解析：題意所述「家屬支持與病人心理狀態之關係」，家屬支持、病人的心理狀態為概念，病人的心理適應量表分數、家屬陪同病人的時間為變項。選項(B)正確。

47 下列敘述何者不是假設？　　　　（112年第一次專技社工師）
(A)每天所喝的咖啡量越多，則每天的睡眠時間越少
(B)不良的居住環境與酗酒量沒有相關
(C)享有社會福利是每一位國民之基本權利
(D)工作者之教育程度越高，其在工作上之滿意程度越低

答案：**C**

解析：假設（Hypothesize）是對研究的變項處理設定一個方向，不僅告知該變項與何種變項有關？還要預測它們會是何種關聯？其實就是要證明這些假設是否為真而已。選項(C)不屬於假設。

48 關於概念與變項之敘述，下列何者正確？　　（112年第一次專技社工師）
(A)所有變項均為概念，反之亦然
(B)某些變項為概念，而所有概念均為變項
(C)所有變項均為概念，但概念不一定為變項
(D)概念通常可以直接測量

選擇題　Multiple Choice Question

答案：**C**

解析：1. 選項(A)、(B)有誤；選項(C)正確。「變項」是由概念演化而來，變項是概念具體化的延伸。所有變項均為概念，但概念不一定為變項。

2. 選項(D)有誤。「概念」是一個被賦予一些特別語意學之意義的詞句，可以從想像、經驗、專業的憲章、規則或其他的概念轉化而來。「概念」思是構思的一部分。若要讓「概念」清楚、具體到可以被測量，那麼「變項化」就是必經之路了。

49 關於人類行為的解釋模式，下列敘述何者錯誤？

（112年第一次專技社工師）

(A)個殊模式（idiographic model）是探究人類主觀感受、經驗與歷程
(B)律則模式（nomothetic model）是找出人類行為普遍的因果關係
(C)個殊模式可了解個別服務對象的適用性
(D)律則模式無法提供社工服務的指引

答案：**D**

解析：1. 律則式（Nomothetic）：律則式對所有個人與情況之所有變化的普遍面向感到興趣，預設獨特的個人行為是可以普遍運用於全體之律則展現。試圖要展現人們、事件以及背景之間的相同之處，且依據這些共同特徵對人與事件提出解釋。藉由尋找變化與差異，並且試著把它們與其他觀察到的特質，例如：行為、行動與結果相連結甚至緊密聯繫。選項(D)有誤，律則式依據這些共同特徵對人與事件提出解釋，可提供社工服務的指引。

2. 個殊式（Idiographic）：個殊式尋求透過找出許多成因，可能理解特定個案的每件事；而律則模式則致力於使用相對較少的變項，對普遍現象取得局部的概括理解。個殊式將個體（人物、地點、事件、背景等）視為獨特個案來研究，焦點在於那些對個體而言相當特別的因素之間的互動。即使二個個體擁有某些共同的特質，不可避免的，這些特質還是會顯

著的受到彼此之間其他的差異所影響。

50 在一項研究中，研究者將社工員區分「資深社工」與「新進社工」二類，並定義「新進社工」指「工作3年以下的社工員」。「資深社工」與「新進社工」是屬於下列何者？　　　　　　　　　　（112年第一次專技社工師）

(A)概念　　　　　　　　　　　　(B)操作性定義

(C)法律定義　　　　　　　　　　(D)隨機定義

答案：**A**

解析：從抽象層次來看，概念較抽象，變項則較具體。「資深社工」與「新進社工」是屬於概念，因為並沒有清楚對「資深社工」與「新進社工」進行定義，例如：從事社會工作的年資。

51 實務智慧（practice wisdom）是社會工作者的專業知識、技能與經驗長期累積與應用所產生，此過程所指為何？　　　　　　（112年第二次專技社工師）

(A)演繹過程　　　　　　　　　　(B)操作化過程

(C)歸納過程　　　　　　　　　　(D)概念化過程

答案：**C**

解析：歸納是從仔細地觀察這個世界開始，然後朝向更為抽象的通則與觀念前進。開始的時候，有的可能只是一個主題與若干模糊的概念，隨著觀察的進行，概念變得犀利，發展出經驗通則，並確認出一些初步的關係，而往上建構理論。社會工作的實務智慧（practice wisdom）是社會工作者的專業知識、技能與經驗長期累積與應用所產生，即是一種歸納的過程。

52 下列何者係屬歸納過程？　　　　　　　　　（112年第二次專技社工師）

(A)概念化→測量　　　　　　　　(B)理論→概念化

(C)觀察→資料轉換　　　　　　　(D)問卷設計→測量

答案：**C**

解析：歸納法透過觀察社會生活的容貌去建構理論，藉著所觀察得到的種種事項，可以歸納或發現可能具有幾分普遍法則的類型。因此，歸納的過程起始於觀察，再透過資料轉換，歸納出所具

有的普遍性原則或類型。

53 某社會工作者長期協助目睹家暴孩童，發現這些小朋友常常有焦慮、憤怒、憂鬱等情緒，因此認為目睹家暴之經驗會造成心理創傷。這是何種邏輯推理？

（112年第二次專技社工師）

(A)否證邏輯　　　(B)演繹邏輯　　　(C)批判邏輯　　　(D)歸納邏輯

答案：**D**

解析：社會工作者在協助目睹家暴孩童，發現這些小朋友「常常有焦慮、憤怒、憂鬱等情緒」，因此，歸納出一個經驗通則為：「目睹家暴之經驗會造成心理創傷」此即為歸納邏輯，是社會工作者透過實務經驗所發展出經驗通則，並確認出一些初步的關係。

54 自變項與依變項之間的因果關係出現調節變項，下列敘述何者正確？

（112年第二次專技社工師）

(A)自變項對依變項有直接影響　　　(B)自變項與第三變項有交互作用
(C)多個自變項間有多元線性關係　　　(D)自變項與依變項有虛假關係

答案：**B**

解析：Moderating Variable，譯為干擾變項、調節變項，是指那些不受自變項影響的變項，但卻能影響自變項與依變項關係的強度與方向。例如：假如我們預測我們的方案只在女囚而不是男囚身上是有效的，那麼「性別」就是干擾變項/調節變項。選項(B)自變項與第三變項有交互作用正確，所述正確。

55 就研究操作而言，下列何者最具體？　　　（112年第二次專技社工師）

(A)概念　　　(B)變項　　　(C)構思　　　(D)理論

答案：**B**

解析：「變項」是由概念演化而來的；也可以說，變項是概念具體化的延伸。此外，變項是屬性的集合體，例如：性別這個變項就包含男性和女性。變項是一種特質，可以賦有一個以上的價值。從抽象層次來看，概念較抽象，變項則較具體。至於構

思，則為初步的想法，尚未具有具體性，而理論則是透過建構而成，通常較抽象。因此，就研究操作而言，變項最為具體。

56 研究者想瞭解具有大學、碩士與博士學位社會工作師的平均年所得是否有顯著差異。下列何者為該研究之自變項？ (112年第二次專技社工師)

(A)薪資所得　　　　(B)年資　　　　(C)縣市別　　　　(D)學歷

答案：**D**

解析：自變項：學歷；依變項：平均年所得。

57 關於「智力是一個人的聰明程度」這句話，下列何者正確？

(112年第二次專技社工師)

(A)屬於概念定義　　　　　　(B)屬於操作定義
(C)可歸納的　　　　　　　　(D)可直接觀察的

答案：**A**

解析：「概念」定義為「構思的一部分」。概念是理論的基石，再複雜的理論裡面都包含著非常多的「簡單」的概念。例如：任何與少年犯罪相關的理論中都必須包括「少年」、「犯罪」、「同儕團體」等相關概念。「智力是一個人的聰明程度」是指將「智力」這個概念所下的定義。

58 某醫務社工師長期觀察病人與家屬的互動情形，發現家屬陪同病人的時間越多，則病人的住院適應程度越好，因此他認為「家屬支持與病人適應程度有關」。此屬於下列何種推理？ (113年第一次專技社工師)

(A)實證推理　　　(B)演繹推理　　　(C)歸納推理　　　(D)統計推理

答案：**C**

解析：歸納推理是以所觀察的事實為依據，藉以發展出通則或概括（Generalization）。

59 某醫務社工師長期觀察病人與家屬的互動情形，發現家屬陪同病人的時間越多，則病人的住院適應程度越好，因此他認為「家屬支持與病人適應程度有關」。醫務社工師以此進行研究，其測量「家屬陪同病人的時間」，為下列何種變項？ (113年第一次專技社工師)

選擇題 Multiple Choice Question

(A)自變項　　　　　(B)依變項　　　　　(C)中介變項　　　　　(D)控制變項

答案：**A**

解析：自變項為「家屬陪同病人的時間」，依變項為「病人的住院適應程度」。

60 某研究者將研究變項社會工作者的「畢業科系」分成社會工作系畢業、社會工作相關科系畢業與其他三類時，此一分類具有下列何種特質？

（113年第一次專技社工師）

(A)既互斥又周延　　　　　　　　(B)互斥但不周延
(C)周延但不互斥　　　　　　　　(D)既不互斥又不周延

答案：**A**

解析：變項所包含的所有屬性有周延性（Exhaustive），絕無遺漏，亦即，所有可能的情形都會被包含在變項的所有屬性之中。屬性應具有獨特性，亦即唯一性與互斥性（Mutually Exclusive）。也就是在分類過程中，一個屬性就是一個唯一的選擇，同時彼此之間沒有重疊。題意所述既互斥又周延。

61 科學之輪（Wheel of Science）指出理論與研究是屬於那一種互動關係？

（113年第一次專技社工師）

(A)單向的因果關係　　　　　　　(B)非線性關係
(C)曲線關係　　　　　　　　　　(D)循環關係

答案：**D**

解析：在實際的科學研究中，理論和研究的互動乃是涉及演繹和歸納的交替循環，永無止境。Walter Wallace以「科學之輪」（Wheel of Science）的圓圈循環來形容此一歷程，說法相當貼切且傳神。在此一模式當中，理論產生假說，假說引發觀察，觀察形成概化，而概化又導致理論的修正。經過修正的理論接著又引發修改的假說和新的觀察，新的觀察又促使概化的修改，並進一步修正理論。很明顯地，這個模式裡沒有起點，也沒有終點，是一種循環關係。

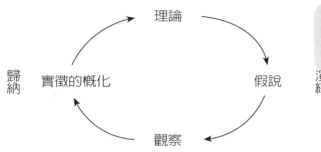

圖：科學之輪：科學的循環模式

62 在某一針對200位單親爸爸的研究中，研究者所擬定的研究假設為：單親爸爸對子女教育之期待會因其本身之教育程度而有所差異。下列敘述何者正確？

（113年第一次專技社工師）

(A)此研究中生理性別不是變項

(B)此研究之假設具有方向性

(C)此研究之自變項為對子女之教育期待

(D)此研究之假設為虛無假設

答案：**A**

解析：單親對象有單親媽媽、單親爸爸，本研究對象僅單親爸爸，生理性別一定是男性，因此，在此研究中生理性別不是變項。選項(A)有誤。

63 若某一研究之變項為：「施暴者當時所處的狀態」，而該變項測量的類別設為：①工作壓力 ②失業 ③精神疾病 ④外遇 ⑤失去親人，有關此一變項選項設計之敘述，下列何者正確？

（113年第一次專技社工師）

(A)周延性和互斥性都有　　　　　　(B)有互斥性，無周延性

(C)有周延性，無互斥性　　　　　　(D)周延性和互斥性都沒有

答案：**B**

解析：變項所包含的所有屬性有周延性（Exhaustive），絕無遺漏，亦即，所有可能的情形都會被包含在變項的所有屬性之中。屬性應具有獨特性，亦即唯一性與互斥性（Mutually

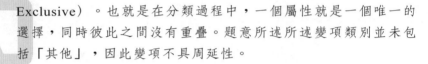

選擇題　Multiple Choice Question

Exclusive）。也就是在分類過程中，一個屬性就是一個唯一的選擇，同時彼此之間沒有重疊。題意所述所述變項類別並未包括「其他」，因此變項不具周延性。

64 對理論的敘述，下列何者錯誤？　　　　　　（113年第一次專技社工師）

(A)理論歷久彌新不會改變

(B)理論是針對特定社會現象的解釋

(C)理論可說是個整體世界觀，用以瞭解世界上各種事件

(D)理論嘗試說明社會現象的本質

答案：**A**

解析：選項（A）有誤。理論是由一組交互相關的概念或命題（Proposition）所組成。理論會因為社會的變遷等因素，而有所改變或修正。

Chapter 3

測量與抽樣

關 鍵 焦 點

1. 測量的四種尺度在申論題的命題，相當重要，因為觀念如果錯誤，則舉例錯誤，連帶地會影響到測驗題的正確選答，不可不慎。

2. 抽樣的方式是五星級重要考點，務必完全熟讀，不可疏漏，且要事先預備案例備用。

3. 測量尺度、量表、抽樣等相關內容，在歷屆測驗題，均為大量出題。

申論題　Essay Question

一、某地方政府想針對地方上的遊民（指無家可歸或長期露宿街頭者）進行一項調查，倘若你是研究計畫團隊的一員，你會如何設計此計畫之抽樣方法？請提出一種以上的抽樣設計方式，並說明不同抽樣方法之優點與缺點。

（107年普考）

考 點 分 析

本題是考非隨機抽樣的類型應用，屬於基礎題型。

【解析】

茲將針對地方上的遊民進行研究計畫，以立意抽樣、滾雪球抽樣等作為抽樣設計，並說明二種抽樣方法的優、缺點如下：

一　立意抽樣

1. 本研究研究者為因應研究的實際需求，以立意抽樣方式取得具代表性之個案，從遊民服務機構中選擇研究對象進行研究。

2. 立意抽樣的意涵：立意抽樣是指研究者依據自己的研究目的及對母群體了解來選取樣本，特別是當研究者有足夠的知識，可以選出具有代表性的人選時，就是立意抽樣。

3. 優點：在蒐集樣本時，較節省成本及時間。

4. 缺點
   (1) 在抽樣時可能會因主觀因素而影響了抽樣，進而造成偏差。
   (2) 由抽樣資料來推估母體時較不適合。

二　滾雪球抽樣

1. 本研究研究者為因應研究的需求，針對萬華地區的遊民，採取滾雪球的方式進行抽樣。

2. 滾雪球抽樣的意涵：是一種辨識和抽取（或選擇）網絡中個案的方法，是運用在對某一特殊人口中，只熟知某一少部分人時，從已知的人數中去蒐集資料，並請他們介紹其周遭朋友或其他可能適合接受訪問的對象。雪球抽樣是一種多階段的技術，它開始於一個或少數的人或個案，然後根據和初始個案的連結而擴展開來。

3. 優點：在尋找少數難以尋找的母體時，是一個很好的方法。

4. 缺點：
   (1) 因為抽樣單位不獨立，會產生較高的偏差。
   (2) 由抽樣資料來推估母體時較不適合。

申論題　Essay Question

二、任何測量都會有誤差，請詳述誤差來源有那些？某研究者想針對少年的偏差行為進行調查研究，採用集體自填方式進行資料蒐集，請論述在測量時可能有那些誤差？原因為何？又如何降低誤差？

（108年地方三等）

本題配分35分。應答前，審題時必須注意，題意分成二部分，第一的提問是針對測量誤差進行提問，屬於一般性的提問；但第二個提問則是針對集體自填方式進行提問，其後所提的各小項提問，均須與該測量方式有關，切勿離題。

【解析】

 測量誤差的來源

1. 系統誤差

系統誤差（Systematic Error）是指蒐集到的資料與原先預定測量的事物有所不同，即產生系統誤差。系統誤差產生的原因，包括：

(1) 資料蒐集的方法出差錯：例如：用面訪方式問牽涉到「性」、「所得」與「政治意向」等方面的敏感問題。

(2) 社會期望誤差／社會期望偏誤（Social Desirability Bias）：若受測者依據社會期望回答答案，則稱為「社會期望誤差」。例如：若訪員以面訪方式問到「你覺得政府應該投入更多的預算在社會福利項目上嗎？」則受訪者往往會被引導到回答「是」，以免被視為不重視社會福利、不關懷弱勢。要改善這樣的測量問題以減少系統誤差，可以一方面考慮將面訪改成郵寄問卷，以減少受訪者覺得自己的答案會「曝光」，因而趨向回答社會所期待的答案；另一方面就是修改問卷，將原本的「你覺得政府應該投入更多的預算在社會福利項目上嗎？」改成「你覺不覺得政府應該投入更多的預算在社會福利項目上？」如此是一個正反兼顧的陳述，比較不會有偏頗或引導的狀況。

(3) 文化差異：指在不同的文化環境下，同一語句所表達的概念可能有所不同；或是要用不同的資料蒐集方法才能蒐集到研究者想要的資料；例如：西方社會較東方社會開放，所以問句可為：「你／妳是否贊成婚前性行為？」

2. **隨機誤差**

如果過去測量的事物沒有改變，但是卻有不同的測量結果，亦即兩次測量結果不一致稱為隨機誤差。例如：如果問卷設計過於冗長，而受訪者因為疲累，以至於到後面即不能思考，所以隨意作答；如果問卷內容多用專業術語呈現，以至於受訪者不能了解題目意思。

◆ 集體自填方式進行資料蒐集可能產生的誤差、原因及降低誤差的方式

集體自填調查法是把樣本全部集中在一起，集體予以施測的方法為集體填答調查法，亦稱為集體填表法、集體施測法。茲將此種調查方式進行資料蒐集，可能產生的誤差、原因及降低誤差的方式，說明如下：

1. **可能產生的誤差**

集體填答調查是將個別的受訪者聚集為一個團體完成問卷。在這樣的調查中，問卷在一個團體場域中被發放及蒐集。會因為調查者在現場的說明，導致答案偏誤，或造成同個調查中不同團體間差異的講解。

2. **誤差發生的原因**

(1) 當研究者藉著行政系統動員受訪者全部到齊予以施測時，若太過強勢或要求太多，打斷正常作息而遭致反彈時，受訪者可能會覺得被迫參與，因此不會誠實地回答問題，使整個調查效果一定會產生偏差，

(2) 因為執行這種方式的調查需要當權者的同意，這種贊助關係是以調查機構為前提而執行，受訪者可能會認為，研究者是不可能完全獨立於贊助機構。

(3) 由於施測的時間有限，因此無法有充裕的時間思考。

(4) 集體填答調查法的受訪者可事先看到全部問卷，對某些特定主題的研究不甚妥當。

3. **降低誤差的方式**

(1) 在團體施測開始，應該先有一段標準的介紹聲明，謝謝他們的

參與、描述調查的步驟，以避免調查者在現場的說明導致答案偏誤，或造成同個調查中不同團體間的差異。

(2) 如果欲施測的單位因為某種原因無法配合，調查者切記「強勢動員」，以免招致反彈，以降低因為反彈而填答的測量誤差。

申論題　Essay Question

三、指標（indicator）及量表（scale）此兩個概念在社會科學研究詞彙常常被混用，試分述製作過程及比較其在測量變項的測量尺度。

（109年普考）

考點分析

1. 103年公務人員特種考試身心障礙考試的「社會行政」類科，考試科目「社會研究法概要」的申論題第二題為：「測量指標（index or indicator）或量表（scale）是問卷建構的基礎，試解釋並區分兩者之異同性？」由前述考題可知，index or indicator，經常被混用，可視為同義字，且被混用中譯為「指標」。

2. 依Earl Babbie著；林佳瑩審閱；蔡毓智譯《研究方法──基礎理論與技巧》一書中，指標的建立，可包括5個步驟：(1)題目的選定；(2)檢驗實證上的關係；(3)指標的計分；(4)遺漏資料的處理；(5)證實指標的效度。本題有關指標的製作過程採該書的步驟應答。

3. 另有關量表的製作過程，依Earl Babbie著；林佳瑩審閱；蔡毓智譯《研究方法──基礎理論與技巧》一書中，提及不同的量表有不同的建立方式，例如Thurstone Scale等距量表的製作方式，會與社會距離量的製作方式不同。另依簡春安、鄒平儀合著《社會工作研究方法》一書中，提及不同量表有不同的製作過程，該書分別說明總加量表、等距量表、累積量表，且說明加量表在社會調查中最常被使用；此外，王雲東著《社會研究方法──量化與質性取向及其應用》一書，則直接說明總加量表

示是最廣泛為社會調查所使用，是主流的量表，因此，該書僅介紹此一量表形式的製作步驟。鑒此，有關考題的量表製作過程，以總加量表作為論述內容。

【解析】

 指標

1. 指標的製作過程（建立步驟）

指標是指研究者選來做為要研究的變項的觀察對象。指標是個測量工具，是以累加或合併的方式將某個建構的數個指標變成一個分數。這個合成分數，通常是一個多指標分數的簡單總和，做內容效度與趨同效度之用。指標建立的五大製作過程（建立步驟），說明如下：

(1) 題目的選定

建立複合性指標目的，是為了測量某個變項，所以，第一步必須選出一些題目，藉以測量某些變項。包括：

①表面效度：選擇題目時的第一個判準，要選出其表面效度（face validity）或邏輯上效度（logical validity）的題目。

②單一面向性：在概念化和測量方法論文獻中，強調指標和量表的建立需謹守單一面向項目（unidimensionality）。亦即，一個複合性的測量，應該只代表概念的某一個面向。

③廣泛或特定：儘管在測量時研究者會要求須緊扣單一面向，但研究者想測量的這個面向，本身就包含有許多微小差異，研究者就必須採行平衡選取的原則，讓所選的提問能包含信仰虔誠的各種表現方式。而這些題目的本質，最終將會決定變項是以廣泛的方式還是特定的方式測量。

④變異量：在選定指標題目時，各題目所能提供的變異（variance）多寡，也須列入考量。

(2) 檢驗實證上的關係

指標建立的第二個步驟,就是檢驗題目與題目間是否有實證上的關係(empirical relationships)。若受訪者在某一題目上的回答——例如:一份問卷能幫助我們預測他在其他題目上的回答,則就稱題目間成立實證上的關係。若兩題目在實證上彼此相關,我們就可以合理地推論它們反映了同一個變項,且可納入同一指標中。說明如下:

①題目間的兩變項關係:所謂的兩變項關係(bivariate relationship),就是指兩個變項之間存在關係。

②題目間的多變項關係:多變項關係(multivariate relationships),是指同時處理兩個以上的變項。

(3) 指標的計分

若研究已為指標選定最適合的題目,下一個步驟就是為每種回答方式設定分數的計算方式,也就是藉由這些題目,建立起單一的複合性指標。在這個階段中,研究者須達成以下兩個基本的決定步驟:

①研究者必須決定所要指定的指標分數範圍。與單一題目相比,指標的最主要優勢在於它在測量變項時,能提供逐級的範圍。

②對每一個反應類型的配分方式。研究者必須決定,是否要給每個題目同樣比重的配分,或者給予不同的加權比重。除非有迫切的理由需對各題目作不同的加權,否則每一個題目都應該給予相同比重的配分。

(4) 遺漏資料的處理

不管研究者採用哪種方式蒐集資料,常必須面對遺漏資料(missing data)的問題。遺漏資料在進行分析的這個階段上,都會造成問題,在指標建立過程中遺漏資料這個問題造成很大的麻煩。研究者可以依研究情境,選擇以下的處理遺漏資料的方式加以處理:

①如果相較於整體個案數,遺漏資料僅零星少許,可以考慮直

接把它們排除在指標及分析的建立外。

②某些時候，你可以在既有基礎上，將遺漏資料作為可用的反應方式。

③對遺漏資料的仔細分析，可能產生一種對意義的詮釋。

(5) 證實指標的效度

確認指標的有效性，是依據確認有效性的基本邏輯，假設指標為某變項提供了測量。亦即，指標的積分可為研究者將所觀察的每個個案就該變項加以排序。確認指標有效程度的方式如下：

①題目分析：指標確認的第一步是進行內部驗證的確認，稱之為題目分析（item analysis）。進行題目分析，是要檢查研究者所建立的組合性指標與其所含括的題目間關聯的程度如何。

②外部驗證：在某項指標上顯示某一向度的人，若使用其他的方式測量（如：一份問卷中的其他題目），也應得到相同的向度。

③不佳的指標與不佳的效度驗證題目：幾乎每個指標建立者，都會在某個時候碰到無法運用外在題目來證實指標效度的情況。如果內部的題目分析顯示，指標本身與指標中包含的題目之間沒有一致的關係，那麼這個指標可能就有問題。但是如果指標無法有力地預測那些外在用來證實效度的題目，所得的結論就更加模糊不清了。外部驗證若不幸失敗，先別急著斷言研究者拿來驗證效度的題目有問題，研究者首要該做的是重新檢驗指標本身。而方法之一，是檢查效度證實題目與指標內各個題目間的關係。

2. **指標測量變項的測量尺度**

指標是個測量工具，通常是一個簡單的總和，做內容效度與趨同效度之用。指標通常是等距層次或等比層次的測量。

量表

1. 量表的製作過程（建立步驟）

量表的製作過程，會因不同的量表而有所不同。量表可分為總加量表、等距量表、累積量表、社會距離量表、語意差異法等。在社會調查中，以總加量表最被廣泛使用，茲以該量表類型為例，說明量表的製作過程如下。

(1) 總加量表主要是測量受訪者的「態度」時最容易使用的方法：基本上總加量表是由一組專門調查受訪者態度、意見或看法的一些題目所組成。

(2) 在這組量表中，每一個題目的份量都是等質的：在二十題的婚姻暴力研究問卷中，詢問「夫妻曾否口角？」的題目，與「夫妻曾否動粗？」的題目，若兩個回答都是「偶而」時，再統計分析，則這兩個答案所得的分數是相同的。

(3) 若干題目的總和，可以視為總量表的部分量表：亦即一個總加量表可以劃分成若干分量表。每一部分的分數總和，都可以視為整個量表的分量表。例如：對組織的向心力、對組織未來的關心、為組織努力的程度與組織目標符合的程度等單元。假設這些單元各有八題，但是「對組織的向心力」這八題的分數可以視為總量表「組織融入」的部分量表。

2. 量表測量變項的測量尺度

量表是個測量工具，研究者用以測量某個建構的強度、方向、層次與強勢，以一個連續體的方式來安排回答值或觀察值。一份量表可以使用單獨一個指標，也可以同時使用數個指標。大多數的量表屬於順序層次的測量。

申論題 Essay Question

四、試說明機率抽樣方法中，那種方法的抽樣誤差最小？並解釋該方法的抽樣步驟。 （109年普考）

1. 有關機率抽樣方法中，在Allen Rubin & Earl R. Babbie著、李政賢譯的《社會工作研究方法》一書中，有相關的說明，節錄如下：

(1) 簡單隨機抽樣：基於兩種理由，研究者很少採取隨機抽樣法：①除了適用於最簡單的抽樣架構外，在所有其他的狀況，簡單的隨機抽樣法都不可行；②可能會讓不少人驚訝，隨機抽樣法並不是最精確的抽樣法。

(2) 系統隨機抽樣：簡單隨機抽樣需要完整的名冊，不過在名冊可用的情況下，研究者通常會採取系統隨機抽樣，而不是簡單隨機抽樣。在實務上，系統隨機抽樣幾乎就等同於簡單隨機抽樣。如果，母群體的名冊在抽樣前就已經是隨機分布的，那麼系統抽樣選出的樣本，當然也就是隨機的樣本。關於兩種方法孰優孰劣的爭論，目前一般的看法是傾向支持系統隨機抽樣，因為比較簡單，而且實際效果幾乎沒有差別。但如果系統抽樣的母群體名冊呈現週期性排列，就會發生很嚴重的抽樣偏差。

(3) 分層隨機抽樣：簡單隨機抽樣、系統隨機抽樣，都是從一份名單中抽選樣本的方式，分層抽樣雖不是前述兩種方法的替代選擇做法，但卻可視為前述兩種方法的局部調整而來。簡單隨機抽樣及系統隨機抽樣，均確保了母群體某種程度的代表性，而且可以推估抽樣誤差。分層隨機抽樣，則是透過減低可能的抽樣誤差，而選出代表性更高的樣本。分層隨機抽樣的設計，可以確保某個變項分層抽選具有適當代表性的樣本，以增加對於其他相關變項的代表性。整體而言，即使簡單隨機樣本向來被視為社會科學研究中不容挑戰的神聖地位，但分層樣本卻比較有可能具有多個變項的代表性，就此而言，分層隨機抽樣還是略勝一籌。

(4) 叢集隨機抽樣：叢集隨機抽樣非常有效率，但樣本準確度卻容易被犧牲，因為從母群體的名冊中簡單隨機抽出一個樣本，就會產生一次的抽樣誤差，兩階段的叢集樣本就會受到

> 　　兩次抽樣誤差的影響。
>
> 2. 從以上的節錄可知，在機率抽樣方法中，以分層隨機抽樣的抽
> 　　樣誤差最小。

【解析】

在機率抽樣方法中，以分層隨機抽樣的抽樣誤差最小，茲解釋該方法的抽樣步驟如下：

分層隨機抽樣之步驟

1. 首先研究者需將母群體分成不同的層／類，每一層／類都必須明確，而且類與類之間必須有顯著的互斥性，因此每一個個體都只能歸在其中一類。同時最好符合：「層間異質性高，而層內同質性高」的前提。

2. 經過歸類以後，每一層／類中的樣本彼此之間相似性很大，而類與類之間卻差異性很大，也因此研究者在每一類別中選取較少數的樣本時就足具代表性，抽樣的效率可以增加。

3. 抽取的樣本數，最好能按母數各層人數比例來計算抽取，以便整個樣本的結構與母群體的結構差異不大。不過若母群體的人口資料中，各層人數比例差異太大的話，則此時恐不易完全按照母群體各層人數比例來抽取樣本。也就是說，此時是適合使用加權（Weighting）的狀況。

在分層抽樣中，研究者亦常會使用「等比例」與「非等比例」的分層抽樣方法進行抽樣。方式如下：

1. 等比例分層抽樣（Proportionate Stratified Sampling）：使用分層隨機抽樣法從同質性的組別中抽取固定比例的樣本，稱為等比例分層抽樣。例如：某機構中有案主1,000人，其中600名為白人、300名非裔美國人、40名西班牙人、30名亞裔、20名美國原住民、10名為其他種族的案主。假如研究者計畫從母群體中抽取10%的樣本，就必須從各個分組的類別中各抽取10%，則各組分別抽出的樣本為

60名為白人、30名非裔美國人、4名西班牙人、3名亞裔、2名美國原住民、1名為其他種族的案主。因此,這樣的抽樣方法可以比例性的反映出機構整體個案的分層比例。

2. 非等比例分層抽樣(Disproportionate Stratified Sampling):但在某些研究中,某些組別因為過少的個案,可能就不具有代表性,因此必須增加較少個案組別的抽樣比例,這就是非等比例分層抽樣。例如:研究者的研究目的要細部的分析出服務滿意度會不會因為種族不同而有差異,則過少的個案可能就無法代表某一種族的滿意情形。因此,研究者必須增加較少個案的抽樣比例,在這抽樣的過程中,較少個案的組別反而有較高被選為樣本的機率。例如:從黑人及白人案主中各取10%為樣本,其中團體中各取50%為樣本,最後的樣本數分別為20名西班牙人、15名亞裔美國人、10名美國原住民、5名其他種族的案主,以便進行個別組別的深入分析。

申論題　Essay Question

五、何謂鮑氏社會距離量表(Bogardus social distance scale)?請舉
　　例說明適合用鮑氏社會距離量表測量之研究議題。

（109年地方四等）

量表的類型,包括總加量表、等距量表、累積量表、語意差異法、鮑氏社會距離量表等,本考題僅考其中一種,其他類型的量表考生請一併準備。

【解析】

一　鮑氏社會距離量表之說明

鮑氏(波加德)社會距離量表(Bogardus Social Distance Scale)是

用來測量分隔民族或其他團體的社會距離。它是用來測量一個團體，從而決定這個團體對某個目標或「外團體」所感覺的距離。這種量表的邏輯很簡單，人們回答一系列帶有順序的陳述句，最具威脅性的或有最大距離的陳述句位在一端，最沒有威脅性或社會親密度最高的陳述句則在另一端，這種量表的邏輯是假設會拒絕接觸或會對社會距離感到不舒服的人，將會拒絕社會親密度較高的問項。研究者可以使用鮑氏量表來觀察人們對某個外團體所感覺到的距離，與對另一個團體的距離有何差異。社會距離的測量值可以做為自變項，也可以做為依變項，社會距離量表是個判斷回答者感覺某個社會團體親密程度的便捷方法。

適合用鮑氏社會距離量表測量之研究議題之舉例說明

案例：研究者相信具有某些特性的人會對某個團體有最大的社會距離，假設白人對越南人民的社會距離感與教育程度呈負相關，也就是說，教育程度越低的人所感覺到的距離最大，這時，對越南人民的社會距離是依變項，而教育程度是自變項。

研究者想要發現大學新生對來自兩個不同國家——奈及利亞與德國——的交換學生的社會距離有何不同。她想要看看學生對來自黑人非洲的交換學生有比較大的社會距離，還是對來自歐洲的交換學生有比較大的社會距離。在訪談中，她問到下列問題：

請你給我你最直接的反應——是與否。你個人是否覺得自在，如果有一個來自（某個國家）的交換學生：

1. 到你學校做一個星期的訪客？ □是　　□否

2. 在你學校註冊入學，做全職學生？ □是　　□否

3. 與你選修相同的數門課程？ □是　　□否

4. 在課堂上坐在你的旁邊，和你一起準備考試？ □是　　□否

5. 和你住在宿舍的同一層樓隔壁幾間的房間內？ □是　　□否

6. 和你一起住在學校宿舍，成為同性室友？ □是　　□否

7. 要和你約會的異性朋友？ □是　　□否

圖：鮑氏（波加德）社會距離量表範例

申論題　Essay Question

六、抽樣方式之選擇應該基於研究議題與研究對象之特殊性與研究目的
　　等考量，必要時採取特定之非隨機取樣來選取具有某種特性之個體
　　作為研究對象反而更為適宜。請針對非隨機取樣方法中之「配額取
　　樣」與「滾雪球取樣」，先說明其抽樣概念，並分別具體說明其適
　　用時機與操作方式。　　　　　　　　　　　　　　　（110年地方三等）

考
點
分
析

抽樣（取樣）分為隨機抽樣、非隨機抽樣兩種類型，本題考的是非
隨機抽樣的其中二種方式。抽樣向來均是金榜考點，請考生務必周
延準備，請考生詳讀編者著《社會（工作）研究方法》第3章「測
量與抽樣」，考用出版。

【解析】

一　配額取樣

1. 抽樣概念：配額取樣是指根據某些標準將母群體分組，然後用非隨
　機的方法來抽取樣本直到額滿為止。配額抽樣的樣本是指依據某些
　既定的標準或特色抽樣（如：以週三早上來上課的各年級學生）。

2. 適用時機：配額取樣是為了要彌補便利性抽樣的明顯缺點；便利性
　取樣樣本成分可以是任何的人或事物，只要方便取得就好，而不考
　慮對母群體的相似性。配額取樣最顯著的特點是要設定配額，以確
　保樣本任母群體的普遍性比例，可以代表其特定的特質。

3. 操作方式：首先，配額取樣必須先建立一個矩陣（matrix），用以
　描述標的母群之特徵，例如：母群體的性別男女分布比例、年齡層
　的分布比例、教育程度的分布比例、種族類別分布比例等。如果，
　是要建立全國層級的配額樣本，可能就需要知道城鄉、區域、性
　別、年齡層、種族類別以及其他與研究主題相關分類交叉組合的人
　口分布比例，以建立取樣矩陣。一旦建立好抽樣矩陣，並且把相對

比例的配額，放到矩陣的對應欄位（cell），接下來，就要開始蒐集符合各欄位全部特徵元素的資料。然後，再根據不同欄位特定元長占總母群體之比例，給予該等資料加權（weighing）。當所有樣本的元素都經過如此權處理完畢後，就應該能夠運用這些資料來代表母群體。

■ 滾雪球取樣

1. 抽樣概念：滾雪球取樣也稱為網絡、關係鎖鍊（聲望）取樣，是一種辨識和抽取（或選擇）網絡中個案的方法，是運用在對某一特殊人口中，只熟知某一少部分人時，從已知的人數中去蒐集資料，並請他們介紹其周遭朋友或其他可能適合接受訪問的對象。其是建立在雪球的類比之上，雪開始的時候很小，但是當它在潮濕的雪地上滾動而增加額外的雪片時就愈變愈大。雪球抽樣是一種多階段的技術，它開始於一個或少數的人或個案，然後根據和初始個案的連結而擴展開來。

2. 適用時機：滾雪球取樣適用於難以尋找的特殊母群體，例如：街友、外籍勞工、非法移民等、弱勢、受壓迫群體等。

3. 操作方式：首先，我們找出已知其所在或去向之標的母群體成員，並請其提供可茲尋其他成員的資訊。「滾雪球」就是形容這種樣本堆積的過程，透過找到的研究對進一步再經由他們提供資訊找出更多的研究對象。

申論題　Essay Question

七、量化和質化研究在測量過程中都要思考和處理如何使抽象構念（abstract construct）和具體測量（concrete measure）產生連結。試問在研究方法的範疇裡有那兩個主要的概念在說明此一測量過程？請指出、解釋這兩個概念並舉例。另外，量化和質化研究的測量過程有不同嗎？

(110年地方四等)

本題審題時，題意「量化和質化研究在測量過程中都要思考和處理如何使抽象構念（abstract construct）和具體測量（concrete measure）產生連結。」，其中所述的「測量過程」是重要的關鍵字，其次為「抽象構念（abstract construct）和具體測量（concrete measure）產生連結」。此為審題時必須看懂之處，即可瞭解命題所要考的兩個概念，即為概念化、操作化。

【解析】

 抽象構念和具體測量產生連結之測量過程的兩個主要概念：概念化、操作化

1. 概念化：是指將我們研究所使用一些特定名詞，明確界定其所指意義的過程，就稱為概念化。所謂概念化，即是為了研究的目的，而對某一概念建構特定的、具共識的意義。概念化針對想法或是概念發展出清楚的、嚴謹的，以及系統得概念性定義的過程。例如：「社會控制」之概念化，可定義為「人們定義和回應偏差行為的所有過程」。

2. 操作化：操作化係從一個構念的概念性定義，轉化成為具體或是測量方法的過程，而這些具體活動或是測量方法，可以讓研究者以實徵的方式去進行觀察。操作化能夠將概念性定義連結到一組測量的技術或是程序。進行概念化時，需對所指事物賦予明確的意義；進行操作化時，需對於所指經驗事實中的概念，具體說明其特定測量方法。意即透過操作化，研究者將腦中抽象的想法（概念）和真實世界中具體的指標加以連緒。例如：「社會控制」之操作化，係要去指稱哪些觀察能夠顯示社會控制的概念化？標示酒駕判刑的廣告看板？在某一社區中居民被逮捕的比例？因犯罪被判刑的平均時間？旁觀者對當眾酒醉的反應類型？鄰居之間的閒言閒語？還是前述的部分組合呢？

量化和質化研究的測量過程之說明

1. 量化研究之測量過程：在量化研究中，概念化通常是出現在問題形成的最後階段，在該階段，研究者從原本對於所想研究的事項，只有些模糊的想法，逐漸變成越來越能夠辨識的事項，也越來越清楚可能需要測量些什麼。這當中，便是涉及概念化與操作化的過程。這些過程會促使量化研究越來越接近具體的觀察，因為操作化為真實資料蒐集的階段做好準備，讓研究者確認將會如何觀察概念，以及如何蒐集資料。

2. 質化研究的測量過程：相對地，在質化研究中，研究者往往不會預先設定具體、明確的變項與指標，然後才展開觀察與資料蒐集程序。質化研究強調的是方法論上的自由與彈性，所以研究者通常會埋首於想研究的現象，許多顯著的變項及其深層的意義，將因此而逐漸浮現成形。質化研究者不會像量化研究者那樣，預先針對可能相關的變項，擬好可量化的操作型定義。他們也相信，預先擬好定義會讓他們無從探知該等定義未能捕捉的重要意涵。

申論題 Essay Question

八、何謂隨機抽樣？何謂抽樣分配？另請用文字解釋系統抽樣、分層抽樣和叢集抽樣並舉例。　　　　　　　　　　　　　　　（110年地方四等）

考點分析

各種抽樣類型，向來即是金榜考點，在編者著《社會工作研究方法》第3章「測量與抽樣」，考用出版，即已為考生畫上榜首提點。另抽樣類型，亦常以解釋名詞方式命題。

【解析】

 隨機抽樣

當研究者運用亂數表或電腦程式軟體，按一定的機率抽取樣本，使每一個樣本有均等機會被抽中時，即可稱為隨機抽樣；反之，如果每個人被抽到的機會是不完全平等的，每個樣本不是處在一個絕對一樣的機率中被選為研究樣本。這種抽樣方法適用於獨特性的研究資料中，研究本質所需，非得取到某種樣本不可，因此無法在隨機取樣中獲得，則為非隨機抽樣。

抽樣分配

由母群體中抽取所有可能同次數樣本的同一種統計量的機率分配，稱為樣本統計量的抽樣分配，簡稱為抽樣分配。樣本統計量為隨機樣本的函數，而隨機樣本是由n個隨機變數（$X_1, X_2, ... X_n$）所組成的，故樣本統計量亦為一隨機變數，其機率分配稱為抽樣分配。

系統抽樣、分層抽樣和叢集抽樣之說明並舉例

1. 系統抽樣：系統抽樣是簡單隨機抽樣的一種變化型態。第一個元素是從名單或連續性檔案中隨機還取出來，接著選出每第k個元素。當母群體元素是按順序安排時，這是一個方便選取隨機樣本的方法。系統抽樣根據所需樣本的大小，從名冊中每隔k個元素抽樣。例如：名冊中含有10,000個元素，而你要抽取1,000個元素的樣本，那你就可以名冊當中每隔10個元素抽出一個，當作你的樣本。為避免可能的人為偏誤，你必須隨機選出第一個元素的號碼。以本例而言，研究者先從1到10號中隨機選擇一個號碼作為起點，這個隨機起點號碼的元素連同往後每隔10個號碼的所有元素，總合就是樣本。這種抽樣方法取得的樣本，通常就稱為隨機起點的系統樣本。

2. 分層抽樣：分層抽樣是在抽樣之前，利用所有已知的母群體資訊，讓抽樣過程更有效率。分層抽樣是先將所有的群體（抽樣架構）中的元素加以區分，根據某些相關特質加以區分，此種特質形成

抽樣層級。接著，就從這些層級內抽取元素。要使用這種方法，比起簡單隨機抽樣，在抽樣之前需要有更多的資訊，它必須有可能將每一個元素加以歸類，而且只有一個層級，每一個層級在母群體的規模必須是已知的。例如：等比例的分層抽樣法係從同質的組別中抽取相同比例的樣本，稱為等比例分層抽樣。例如：案例：研究計劃從母群體抽取10%的樣本，我們就是從各分組中各抽取100%。假如，某機構總共有案主1,000人，其中包含600名白人、300名非裔、40名中南美裔、30名亞裔、20名美國原住民、10名其他種族。採用等比例分層抽樣，即是從每一種族各抽出10%的案主，則樣本將有60名白人、30名非裔、4名中南美裔、3名亞裔、2名美國原住民、1名其他種族。

3. 叢集抽樣：通常因為大型母群體的個案散布在廣大地區或分屬不同組織時，抽樣架構無法建立，這時叢集隨機抽樣，便是個有效的方法。叢集（cluster）是母群體元素自然產生的集合體，每一個元素都只在一個，而且是唯一的叢集中出現。當先選出若干子團體（subgroup）作為樣本，如此的子團體就稱之為叢集（cluster），再從各個叢集中選取元素，這種多階段的抽樣設計，就稱為叢集抽樣。例如：學校可以是抽樣學生的叢集。在叢集抽樣時，經常使用多階段叢集抽樣。此方式大致重複兩個步驟：造冊及抽樣。第一階段，先針對初級抽樣單位（例如：地方教會、街廓）造冊，然後採用諸如分層抽樣之類的方式，先抽出該等初級抽樣單位的叢集樣本。接著，第二階段，將第一階段抽出的叢集樣本造冊，再用諸如分層抽樣之類的方式從中抽樣。依此類推，每一階段先以前一階段的單集樣本造冊，然後再抽樣。如此，先造冊再抽樣的程序如法炮製，重複直到完成所需的最終樣本。

申論題　Essay Question

九、請詳述隨機抽樣過程中，抽樣架構（sampling frame）之意涵及其重要性為何？　　　　　　　　　　　　　（110年第二次專技社工師）

抽樣架構的考題，多以測驗題命題，本次係受首次以申論題命題，請考生藉本題詳加準備。

【解析】

 抽樣架構之意涵

「抽樣架構」係根據研究主題與對象的範圍，列出一份包含所有合乎抽樣條件者的名單；也就是說，在不同抽樣階段中抽樣單位的集合體。亦即抽樣架構（Sampling Frame）是選出樣本之元素的列表或類似表。假如：一個學生樣本從學生名冊中選出，此名冊即為抽樣架構。假如一個複雜母群體的主要樣本單位是為統計區，那麼統計區的列表即為抽樣架構。例如：在臺中市進行選舉行為調查時，研究者先在八個區中隨機抽取四區，因此這八個區就是第一階段的抽樣架構；其餘依此類推。

 抽樣架構之重要性

一個好的抽樣架構對於正確的抽樣是非常重要的。在抽樣架構以及概念上定義的母群體之間，若足有任何搭配不當的地方，都有可能會造成誤差。正如同在變項的理論性定義和操作性定義之間的錯誤搭配會減弱測量效度一樣，在抽象母群體以及抽樣架構之間的錯誤搭配，也會對我們的抽樣效度造成傷害。根據樣本所做的研究結果，只能用來代表該樣本所從出的抽樣架構與其構成元素。如果研究結果要推論到母群體，抽樣架構中的每個元素都必須有同等的代表性。如果某些元素比其他元素有較高的抽樣機率，則就會有過度代表的問題。

申論題　Essay Question

十、試敘述分層（stratified）抽樣法和集群（clusters）抽樣法為何？並
　　比較兩者之異同。　　　　　　　　　　　　　　　　（111年地方三等）

隨機抽樣的類型包括簡單隨機抽樣、系統隨機抽樣、分層隨機抽
樣、集叢（集群）隨機抽樣等，其中，分層隨機抽樣、集叢（集
群）隨機抽樣是最常被命題的考點。

【解析】

 分層（stratified）抽樣法

1. 在進行分層抽樣時，首先研究者需將母群體分成不同的層／類，每
　一層／類都必須明確，而且類與類之間必須有顯著的互斥性，因此
　每一個個體都只能歸在其中一類。同時最好符合：「層間異質性
　高，而層內同質性高」的前提。

2. 經過歸類以後，每一層／類中的樣本彼此之間相似性很大，而類與
　類之間卻差異性很大，也因此研究者在每一類別中選取較少數的樣
　本時就足具代表性，抽樣的效率可以增加。

3. 抽取的樣本數，最好能按母數各層人數比例來計算抽取，以便整
　個樣本的結構與母群體的結構差異不大。不過若母群體的人口資
　料中，各層人數比例差異太大的話，則此時恐不易完全按照母群
　體各層人數比例來抽取樣本。也就是說，此時是適合使用加權
　（Weighting）的狀況。

集群（clusters）抽樣法

1. 集群抽樣，亦稱為集叢抽樣。當調查對象符合：「層（叢）間同質
　性高、而層（叢）內異質性高」的前提時，集群隨機抽樣（Cluster
　Random Sampling）是很好的抽樣方法。

2. 在進行集群抽樣時，先將母群分類或分層。例如：大學生對調高學雜費的態度與看法，假設各大學間並無很大差異（此即層間同質性高），因此該研究者可隨機抽取大學準備進行施測。其次，擴大每一集群的選擇數。若總數還是太大的話（不需要調查整所大學裡全部的學生），每一個集群裡又可以再做集群隨機抽樣，選取一至兩個學院進行集群隨機抽樣；或可再細分至以系為單位亦可。與分層抽樣不同，分層抽樣，每個「層」裡面最好同質性愈高愈好；而集群抽樣時，最好每個集群的異質性愈大愈好。

三　分層抽樣法和集群抽樣之異同

1. 相同點：無論是分層抽樣法或集群抽樣，均採隨機方式進行抽樣。
2. 相異點：分層抽樣法和集群抽樣之抽樣程序不同。分層抽樣係將母體依研究所要了解之特性分成若干層，再自每一層中依簡單隨機抽樣抽出一定之比例形成所需之樣本；而集群抽樣則是先將母群體依某種特性分為若干個群體，再以簡單隨機抽樣的方式抽出一群或數群為樣本。

申論題　Essay Question

十一、李克特量表（Likert scale）是目前調查研究使用最廣泛的量表，請說明其定義、假設及測量尺度，並請舉例說明之。

（111年地方四等）

考
點
分
析

量表的類型，包括：總加量表／李克特量表、等距量表、累積量表、語意差異法、鮑氏社會距離量表等，本次係考其中一種量表，為基礎的考點。

【解析】

茲將李克特量表（Likert scale）之定義、假設及測量尺度及舉例說明如下：

 定義

李克特量表（Likert Scale）亦稱為為總加評定（Summated Rating）或總和量表（Additive Scales），因為一個人在量表上的分數是以加總這個人回答的每個答案所具有的分數。包含一組陳述，根據受試者回答同意與不同意的程度給予不同的分數，所有項目陳述分數的總和即為受試者的態度量表分數，分數的高低代表同意或不同意的程度。這是社會研究中最常用來測量態度的方法，為**R. A. Likert**於1932年所創，所以稱為**Likert**（李克特）量表。主要是測量受訪者的「態度」時最容易使用的方法。基本上，李克特量表是由一組專門調查受訪者態度、意見或看法的一些題目所組成。

假設

1. 至少需要兩個類別：例如：「同意」與「不同意」；但使用兩個選項只能創造一個粗略的測量工具，可以加上像是「非常同意」、「有點同意」、「非常同意」等類別，來增加量表類別的數量。

2. 每一個題目的份量都是等值的：例如，在二十題的婚姻暴力研究問卷中，詢問「夫妻曾否口角？」的題目，與「夫妻曾否動粗？」的題目，若兩個回答都是「偶而」時，在統計分析，則這兩個答案所得的分數是相同的。

3. 若干題目的總和，可以視為李克特量表的部分量表：亦即一個李克特量表可以劃分成若干分量表。每一部分的分數總和，都可以視為整個量表的分量表。例如：為對組織的向心力、對組織未來的關心、為組織努力的程度與組織目標符合的程度等單元。假設這些單元各有八題，但是「對組織的向心力」這八題的分數可以視為李克特量表「組織融入」的部分量表。

4. 各個問卷題目（Items）所得的權數（分數）不是由受訪者來決

定，而是由研究者主觀判斷來決定：基於研究的假設還必須根據問題的正向或負向來決定分數是多少。調查婚姻關係時，問「夫妻每天都有十分鐘以上的溝通嗎？」回答如果是「天天有」是五分，「經常有」為四分，從來沒有一分，正向或負向的決定是由研究的假設而定。

5. 分數的計算依研究者主觀判斷其正負性質後，方式雖有不同，但等距的觀念則是一致的：例如：正向的題目可依非常同意、同意、無意見、不同意，與非常不同意等，給予5，4，3，2，1的計分；若為負向題，則反過來為1，2，3，4，5。受試者對不同項目有不同的回答並不重要，重要的是量表／分量表的總分，態度的傾向主要不是看個別問題的得分，而是看量表／分量表的總分。

三 測量尺度

李克特量表採取不同等級的選項，其測量尺度為次序尺度／次序變項（Ordinal）。例如，五點量表從數值1表示強烈反對的態度（非常不同意）；強度2是不同意；強度3是既不同意也不反對；強度4是同意；強度5是非常同意等強烈有利的態度。

四 舉例

市場研究漱口水評量表

品牌	完全不喜歡	有點不喜歡	一點不喜歡	一點喜歡	有點喜歡	完全喜歡
X	——	——	——	——	——	——
Y	——	——	——	——	——	——

工作團體督導員評量表

我的督導員	從不	很少	偶爾	時常	總是
讓成員知道他期望他們做些什麼	1	2	3	4	5
友善／和藹可親	1	2	3	4	5
對單位成員都一視同仁	1	2	3	4	5

十二、近年來有研究者於臉書中公開徵求研究受試者，寫道：「因研究需求，故以線上問卷進行調查，本研究採不記名方式進行，希望邀請具有○○身分者協助填寫問卷，或是請您協助轉發給您身邊的○○朋友，……」請問依前述說明，這樣研究的取樣方法為何？並請說明該取樣方法之優點及缺點。　　（111年地方四等）

本題所述之情境，在現今的自媒體是常見的情況。基本上，本題是基礎觀念題，用以考驗考生是否具有隨機取樣（抽樣）及非隨機取樣（抽樣）之基礎能力。

【解析】

題意之取樣方法

題意所述屬於非隨機取樣。隨機取樣（抽樣）係研究者按一定的機率抽取樣本，使每一個樣本有均等機會被抽中，惟題意所述為非隨機取樣（抽樣）。在非隨機取樣（抽樣）中，每個人被抽到的機會是不完全平等的，每個樣本不是處在一個絕對一樣的機率中被選為研究樣本。題意所述略以：「……希望邀請具有○○身分者協助填寫問卷，或是請您協助轉發給您身邊的○○朋友，……」，即為非隨機取樣。題意所述較屬於非隨機取樣（抽樣）之滾雪球抽樣（Snowball Sampling）及便利抽樣（Convenience Sampling）類型。

二 非隨機取樣（抽樣）之優缺點

1. 優點
   (1) 先蒐集目標母體的少數成員，再由這些成員引出其他的母體成員，故在尋找少數難以尋找的母體時，是一個很好的方法。
   (2) 不需要母體的名冊，是較方便及經濟的取樣方法。

2. 缺點

(1) 樣本的客觀性與代表性都不足，所選出的樣本可能不是很適合代表母體，因此用以推估母群體時較不適合，研究結果的效度與參考價值均因此而大打折扣。

(2) 正確性和估計偏差不能衡量或控制；抽樣單位不獨立，會產生較高的偏差。

申論題　Essay Question

十三、在量化研究中針對抽象概念給予操作性定義，可能會發生測量誤差以致於無法精準呈現想要測量的概念。請說明兩種常見的測量誤差，系統誤差（**systematic error**）與隨機誤差（**randomerror**）發生的情況及來源為何？　　　（112年普考）

考點分析

本題的系統誤差（systematic error）與隨機誤差（random error）係屬基本觀念，且在歷屆試題中即有命題之紀錄，在編者著《社會工作研究方法》第3章「測量與抽樣」章節中，即已畫上金榜提點標記，考生考前詳讀，應答毫無懸念。

【解析】

◆ 一　系統誤差（systematic error）發生的情況及來源

系統誤差（Systematic Error）是指蒐集到的資料與原先預定測量的事物有所不同，即產生系統誤差，其發生的情況及來源如下：

1. 資料蒐集的方法出差錯：例如：用面訪方式問牽涉到「性」、「所得」與「政治意向」等方面的敏感問題。

2. 社會期望誤差／社會期望偏誤（Social Desirability Bias）：若受測者依據社會期望回答答案，則稱為「社會期望誤差」。例如：若訪員以面訪方式問到「你覺得政府應該投入更多的預算在社會福利

項目上嗎？」則受訪者往往會被引導到回答「是」，以免被視為不重視社會福利、不關懷弱勢。要改善這樣的測量問題以減少系統誤差，可以一方面考慮將面訪改成郵寄問卷，以減少受訪者覺得自己的答案會「曝光」，因而趨向回答社會所期待的答案；另一方面就是修改問卷，將原本的「你覺得政府應該投入更多的預算在社會福利項目上嗎？」改成「你覺不覺得政府應該投入更多的預算在社會福利項目上？」如此是一個正反兼顧的陳述，比較不會有偏頗或引導的狀況。

3. 文化差異：指在不同的文化環境下，同一語句所表達的概念可能有所不同；或是要用不同的資料蒐集方法才能蒐集到研究者想要的資料；例如：西方社會較東方社會開放，所以問句可為：「你／妳是否贊成婚前性行為？」

◆ 隨機誤差（random error）發生的情況及來源

如果過去測量的事物沒有改變，但是卻有不同的測量結果，亦即兩次測量結果不一致稱為隨機誤差。例如：如果問卷設計過於冗長，而受訪者因為疲累，以至於到後面即不能思考，所以隨意作答；如果問卷內容多用專業術語呈現，以至於受訪者不能了解題目意思。謹慎設計測量工具（問卷或量表）與安排測量（觀察）情境，例如：要設計一份問卷或量表，儘量避免用有偏見的字眼，這樣可以減少系統誤差（當然也可透過預試結果來加以調整）；同時儘量用受訪者能夠了解的語句，因為這樣可以減少隨機誤差。

申論題　Essay Question

Q 十四、請說明類別尺度（nominal scale）、順序尺度（ordinal scale）、等距尺度（interval scale）及等比尺度（ratio scale），這四種測量尺度的差異及在統計上的應用。

（112年地方四等）

考
點
分
析

四種測量尺度，向來即是金榜考點，編者在所著《社會工作研究方法》第3章「測量與抽樣」章節中，在榜首提點即已提醒考生，考前詳加準備，即可順利應答。

【解析】

一　四種測量尺度的差異

1. 類別尺度／類別變項（名義尺度／名義變項）（**Nominal**）：變項的屬性只具有周延性和互斥性就是類別尺度。例如：性別、宗教信仰、婚姻狀態、出生地、主修科系、職業等。分析類別尺度的資料時不能用量化方式計算平均數、標準差、中數等，這是沒有意義的，但是，我們可以陳述出，例如：個案數量的**40%**是男性，**60%**是女性等。

2. 次序尺度／次序變項（**Ordinal**）：尺度變項的屬性具有邏輯的層次與次序的大小，但是沒有相等的單位稱之。例如：以名次為例，第一名與第二名的成績差異，不一定等於第二名與第三名的成績差異；但是第一名一定成績高於第二名，而第二名成績也一定高於第三名。教育程度可分為不識字、國小、國中、高中、大專、研究所及以上等。階級尺度，可分低層階級、中低階級、中層階級、中上層階級，以及上層階級。

3. 等距尺度／等距變項（**Interval**）：變項的屬性具有邏輯的層次與次序的大小，同時有相等的單位稱之。在等距尺度／等距變項中可以計算平均數與標準差，因為它們只是表示分數的集中與離散趨勢，但卻不能計算倍數關係（因為缺乏絕對的零基點，**Zero-Based Point**）。例如：攝氏80度到攝氏90度的差距（10度）和攝氏40度到攝氏50度的差距（10度）是一樣的，但是80度絕不是40度熱度的兩倍。其原因就在於華氏和攝氏的零度都不是「絕對零度」；也就是說，華氏和攝氏都容許有「負」的溫度存在。年代（西元）、

海拔（公尺）等也是等距尺度／等距變項的例子。

4. 等比尺度/比率尺度／比率變項（**Ratio**）：變項的屬性不但具有邏輯的層次與次序的大小、相等的單位，同時有「絕對的零點」，可說是變項尺度中最「嚴謹」、位階最高的一種。例如：年齡、身高、體重、居住時間、子女數、住院日數、結婚次數等，亦即在比率變項中絕不會有「負值」出現。因此只有在比率變項中，才能計算倍數關係（例如：體重100公斤是體重50公斤的兩倍）。

四種測量尺度在統計上的應用

1. 不同的測量尺度之間差異，在統計方法上的應用，有不同的蘊義。例如：如果想要計算樣本年齡的平均數，那就需要採用等比尺度；只測量區分幼兒、成年或是青少年、老年的類別（亦即次序尺度），那就沒辦法計算年齡平均數。因為等比尺度提供最多的統計選擇，因此可視為最高層次的測量。如前所述，例如：年齡可以是等比尺度、等距尺度或次序尺度，甚至可以是類別尺度，例如：區分為嬰兒潮世代（1945至60年代出生）VS.非嬰兒潮世代兩個類別分類。因此，如果我們知道等比尺度的年齡測量資料，我們可以將之轉化成為其他較低層次的尺度。例如：60幾歲的人比20幾歲的人年長，並且是屬於嬰兒潮世代。

2. 相較於等比尺度，次序尺度的變項有較少的統計選擇；但相較於類別尺度，次序尺度則有較多的統計選擇。因此，次序尺度的測量層次比等比尺度低，但是比類別尺度高。例如：假如我們問：最近加入藥物濫用方案的案主，使用各種藥物（例如：鴉片類藥物、迷幻藥物、酒類）的頻率是「經常」、「很少」、「從來沒有」。在次序尺度的測量層次，我們會知道，選答「經常」者比「從來沒有」者使用該等藥物的頻率較高。在類別尺度的測量層次，我們會知道，案主若是選答「從來沒有」使用鴉片和迷幻藥物，並且選答「經常」使用酒類，就可以歸類為酒精濫用的類別。雖然，層次較高的尺度可能轉化成低層次較低的尺度，但是一般而言，反向轉化則是不可能的，例如：等比尺度可能轉化成為次序尺度，但是次序尺度則不可能轉化成為等比尺度。

十五、試述下列名詞之意涵：

　　（一）中央極限定理（central limit theorem）

　　（二）效標關聯效度（criterion-related validity）

　　（三）雙盲實驗（double-blind experiment）

　　（四）理論抽樣（theoretical sampling）

　　（五）信賴區間（confidence interval）　　　（112年地方四等）

考點分析

本題所考的專有名詞，均是基礎觀念，均收錄在編者所著所著《社會工作研究方法小辭典》中，考生可隨身攜帶、隨身讀，有效運用零碎時間準備，對提升專有名詞的觀念與應答，非常有幫助。

【解析】

中央極限定理（central limit theorem）

數學的中央極限定理，為說明在抽樣分配中，不同的隨機樣本會隨著組數的增加，乃至於增加到無限大時，樣本的模式和母群體參數將變得越來越可以預測。在相當多組的隨機樣本下，抽樣分配會呈現出一條常態曲線，而且這個曲線的中點，隨著抽出的樣本組數的增加，就會越接近母群體的參數。

效標關聯效度（criterion-related validity）

「效標」（criterion）是指足以顯示所欲測量的概念或變數的指標稱之。例如：設計一憂鬱量表，其中建立幾個主要的效標，包括：睡眠狀況（是否失眠）、食量（是否食慾不振）、是否頭痛、是否不想與人談話、是否有厭世的想法等。若某位老人在憂鬱量表上的得分頗高（或說自覺憂鬱狀況嚴重），同時也確有以上所指效標的狀況，就可以說此測驗的效標關聯效度良好。

三 雙盲實驗（double-blind experiment）

雙盲實驗是設計用來控制「研究者期望」的一種內在效度控制方式。這時與受試者直接接觸的人，並不知道關於假設或處理的細節，這種方法稱為雙面障礙眼法實驗，是因為受試者與和他接觸的人，雙方都不知實驗的細節。例如：研究者想要檢視一種新藥是否有效，研究者使用三種顏色的藥丸—綠色、黃色、粉紅色，然後將新藥放入黃色藥丸內，將舊藥放入粉紅藥丸之內，將安撫劑—看似真實的假處理（例如：不會產生任何生理作用的糖丸），做成綠色藥丸。發藥丸與記錄效應的助手並不知道哪種顏色的藥丸包含哪種藥，也由研究者來檢視研究成果。

四 理論抽樣（theoretical sampling）

理論抽樣始於挑選新的個案，這些新個案看起來和產出先前發現的概念、假設的個案很類似，直到研究者認為觀察這些個案再也得不到新的洞見，便開始挑選完全不同類型的個案，重複同樣的過程，直到這些不同類型的個案再也得不到新的洞見為止。所以，理論抽樣法融合了同質性樣本抽樣法和特殊個案抽樣法。亦即，理論抽樣是指研究者在資料蒐集與分析之後，根據其所歸納出來的理論性概念，來決定下一個訪談對象，重視的是資料的豐富性，而非在於數量的多寡。採用理論性取樣，可使概念的理論特質越完整，概念與概念之間的理論關聯越清楚。

五 信賴區間（confidence interval）

信賴區間是指「一段標示出包含被估計的母數機率值的數值間」，而此機率值就稱為信賴水準／信心水準，而此區間的兩端點數值就稱為信賴界限（confidence limits）。例如：某大學全校同學真實托福平均成績（被估計的母數）落在530分到570分的機率為95%。則「530分」及「570分」為信賴界限，「95%」為信賴水準／信心水準，530分到570分的間隔為95%的信賴區間。

申論題　Essay Question

十六、一位研究者想調查社會大眾的「性別平權意識」，請說明如何將此抽象概念轉化成可具體測量此概念的過程與步驟。

（112年第二次專技社工師）

考點分析

本題主要是考測量的過程，主要是觀念題，基本上，屬於概念型題型。考題重點在考驗考生針對題意所提出「性別平權意識」在測量上運用所學相關學理的能力。

【解析】

一位研究者想調查社會大眾的「性別平權意識」，必須先對此「性別平權意識」進行概念化之後，然後進行操作型定義等過程與步驟，才能進行具體的測量，說明如下：

 一　「性別平權意識」的概念化

1. 概念（concept）是指對某件事的定義，例如：「性別平權意識」就是個概念。概念化（conceptualization）是針對所要研究的抽象概念，進行具體明確與優化的過程。概念化指在研究中所使用的特定詞語時，研究者明確定義其意義的過程。概念化是指捕捉一個建構或概念，並且藉由下概念或理論的定義，來提煉建構。

2. 對於「性別平權意識」的概念化，可將之定義為：「性別平權是指能尊重男女先天性別上的差異，並且不被錯誤的性別刻板印象拘束，而能做出適當的選擇，也就是與他人應對互動時，不受他人的性別因素而影響態度。」

 二　「性別平權意識」的操作化

1. 把抽象的定義予以實體化，使之可以用測量的方式來衡量此概念，即操作化。而所謂操作性定義（Operational Definitions）是指「當

界定概念或變項時，不直接描述該被界定項的性質或特徵，而是舉出測量該被界定項所作的操作活動。」亦即就是「可具體測量的變項定義」。例如：在滿意度或態度等問卷中的1-非常不滿意，2-不滿意，3-尚可，4-滿意，5-非常滿意。

2. 對於「性別平權意識」的操作化，研究者可使用性別平權意識量表作為測量性別平權測量的量表。此性別平權意識量表包括三大構面：(1)主從尊卑：指一個人對於家庭內外的男女其尊卑、主從差異之觀念所抱持的態度；(2)角色期待差異：指一個人堅信傳統中所期待男女扮演符合其性別角色之程度；(3)平等一致，指一個人對於兩性在享有機會與享有自由的平等、一致上所抱持的態度。此三大構面作為測量性別平權態度之內涵。

3. 為瞭解受試者對題項的反應程度，本量表採用Likert五點量表的方式，受試者依據自己的想法，判斷每一個敘述句符合自己觀念的程度，以五點量表作自我評量，由「非常不同意」、「有些不同意」、「無意見」、「有些同意」到「非常同意」，分別給予1、2、3、4、5分；反向題則從「非常不同意」、「有些不同意」、「無意見」、「有些符合」到「非常符合」分別給予5、4、3、2、1分。計分方式是根據受試者在各向度之項目得分加總，及該向度之總得分，受試者在該向度總得分越高，代表他在該向度上的性別平權態度越趨平權。另將性別平權態度的三個構面得分相加總即為總體性別平權態度，表示個人在性別平權上的總體態度。

申論題　Essay Question

十七、某縣政府想進行「婦女生活狀況與福利需求調查」，預定採用系統抽樣法或分層隨機抽樣法（stratified random sampling），試從樣本分布情形、施測成本、適用時機來比較二者的差異。

（113年第一次專技社工師）

在歷屆試題中，系統抽樣法（systematic sampling）、分層隨機抽樣法（stratified random sampling）均是經典考題，更是金榜考題，在編者著《社會工作研究方法》第3章「測量與抽樣」的榜首提點中，即已叮嚀考生詳加準備。

【解析】

茲將系統抽樣法（systematic sampling）與分層隨機抽樣法（stratified random sampling）之樣本分布情形、施測成本、適用時機加以比較二者的差異如下：

◆ 一 樣本分布情形

1. 系統抽樣法（systematic sampling）：亦即每隔固定的抽樣間隔（K）就抽取出一個樣本來。在使用此方法時要特別注意的是必須避免單位的次序和抽樣間隔一致，亦即，使用系統抽樣時，應注意一個危險性，即當母群體的名冊排列和抽樣區間的間隔一樣，又稱為週期性（Periodicity），樣本的抽樣偏誤就會發生。

2. 分層隨機抽樣法（stratified random sampling）：研究者需將母群體分成不同的層／類，每一層／類都必須明確，而且類與類之間必須有顯著的互斥性，因此每一個個體都只能歸在其中一類。同時最好符合：「層間異質性高，而層內同質性高」的前提。經過歸類以後，每一層／類中的樣本彼此之間相似性很大，而類與類之間卻差異性很大，也因此研究者在每一類別中選取較少數的樣本時就足具代表性，抽樣的效率可以增加。取的樣本數，最好能按母數各層人數比例來計算抽取，以便整個樣本的結構與母群體的結構差異不大。不過若母群體的人口資料中，各層人數比例差異太大的話，則此時恐不易完全按照母群體各層人數比例來抽取樣本。也就是說，此時是適合使用加權（Weighting）的狀況。

施測成本

1. 系統抽樣法：在實務上，系統隨機抽樣幾乎等同於隨機抽樣。如果，母群體的名冊在抽樣前就已經是隨機分布，那麼系統抽樣選出的樣本當然也是隨機樣本。但亦如同簡單隨機抽樣（simple random sampling），研究者須名冊中的每一個元素編號（不可跳號），全部元素編號完畢之後，不同於簡單隨機抽樣以亂數表抽樣，系統抽樣是根據所需的樣本大小，從名冊中每隔k個元素抽樣。當系統抽樣要將所有的名冊加以編後，在母群體名冊數量龐大時，逐一編列名冊，耗時費工，增加施測成本。

2. 分層隨機抽樣：在母群體龐大時，逐一編列母群體名冊耗費大量施測成本，而如樣本符合分層抽樣的適用時機，分層抽樣可以依照分層的各母群相關比例，進行抽樣。此種抽樣方法不須事先編致母體名冊編後，與系統抽樣法相較，較為減省成本。

適用時機

1. 系統抽樣法：經檢視母群體名冊的特性，如果名冊的排列未具有某種特別的順序，可以視研究的需要採用系統抽樣。但如名冊的元素有某種特別的順序，就必須評估採用該等順序對抽樣的影響，研擬對策來降低可能的誤差，或是改用其他抽樣方法。

2. 分層隨機抽樣：當研究的母群體數量龐大及具有可分層的特性時，可評估採用分層隨機抽樣。使用分層隨機抽樣時，必須要能獲得分層的資料，且樣本分層後，每一個分層間要具有異質性，而每一個分層中要具有異質性。

選擇題 | Multiple Choice Question

1 研究者決定了抽樣架構，給予名冊中的每個元素一個身分號碼，再依據亂數表（random numbers table）的數字來抽樣，是指何種抽樣方法？

（107年第一次專技社工師）

(A)分層比例抽樣　　　　　　　(B)系統抽樣
(C)簡單隨機抽樣　　　　　　　(D)多階段叢集抽樣

答案：**C**

解析：簡單隨機抽樣最常使用的方式是利用亂數表（Random Numbers Table）進行抽樣。優點是使用容易，但缺點則是當母群體的名單無法獲得時，此法便不可行；因為研究者無法把號碼附在每一個樣本上，也因此在實際的應用上並不常被使用。

2 下列何種抽樣方式不屬於非機率抽樣（nonprobability sampling）？

（107年第一次專技社工師）

(A)系統抽樣　　　　　　　　　(B)配額抽樣
(C)立意或判斷抽樣　　　　　　(D)滾雪球抽樣

答案：**A**

解析：選項(A)為機率抽樣之一種類型；選項(B)、(C)、(D)均屬於非機率抽樣。

3 關於測量的具體過程，其順序下列何者正確？ （107年第一次專技社工師）
(A)名義（類別）定義→概念化→操作性定義→真實世界的測量
(B)概念化→名義（類別）定義→操作性定義→真實世界的測量
(C)概念化→操作性定義→名義（類別）定義→真實世界的測量
(D)名義（類別）定義→操作性定義→概念化→真實世界的測量

答案：**B**

解析：測量的具體過程之順序為：概念化→名義（類別）定義→操作性定義→真實世界的測量。

4 小朱想要測量變項「對同性婚姻的態度」，他將此變項的屬性分成：非常同意、同意、沒意見、不同意、非常不同意，請問小朱針對此變項是使用何種測量水準？

（107年第一次專技社工師）

(A)名義測量／類別測量　　　　(B)順序測量／次序測量
(C)等距測量　　　　　　　　　(D)等比測量／比率測量

答案：**B**

解析：次序尺度／次序變項（Ordinal）：變項的屬性具有邏輯的層次
　　　與次序的大小，但是沒有相等的單位稱之。題意所述屬之。

5 針對家庭的兒童虐待風險，採取由社會工作人員在觀察家庭後完成家庭風險
量表得分，是指下列何者？　　　　　　　　　　（107年第一次專技社工師）
(A)驗證化　　　　(B)概念化　　　　(C)操作化　　　　(D)通則化

答案：**C**

解析：操作化：把抽象的定義予以實體化，使之可以用測量的方式來
　　　衡量此概念時，即謂操作化。

6 研究者想要研究個案管理過程，他可能挑選大、中、小個案量的方案，都
市、郊區、鄉鎮的方案，以及一些新的、舊的方案等，這是何種質性抽樣？
　　　　　　　　　　　　　　　　　　　　　　（107年第一次專技社工師）

(A)深度抽樣　　　(B)同質性抽樣　　(C)理論抽樣　　　(D)最大變異抽樣

答案：**D**

解析：最大變異抽樣：此抽樣法的主要目的，在於抓住並描述大量參
　　　加人員或方案變化的中心論題和重大結果，藉著小數額的樣本
　　　就能夠看出如何產生大的變異數，這種大量變異中呈現的任何
　　　共同性均有其特殊的意義和價值。題意所述屬之。

7 研究者想研究新移民婦女社會適應的程度，透過接受訪問的新移民婦女介紹
其認識的其他新移民婦女以選取研究對象，這是屬於何種抽樣方法？
　　　　　　　　　　　　　　　　　　　　　　（107年第一次專技社工師）

(A)立意抽樣　　　(B)叢聚抽樣　　　(C)配額抽樣　　　(D)滾雪球抽樣

答案：**D**

解析：雪球或鏈式抽樣：研究者根據研究主題，向有關人員詢問：
　　　「誰對這事了解最多？」或「我應該找誰談？」透過向許多人

選擇題 Multiple Choice Question

詢問應該再向誰請教，來增加擁有豐富資訊的個案，雪球也因此愈滾愈大。題意所述屬之。

8 「將概念轉化為可觀察變項的過程」是下列那個選項的說明？

（107年第二次專技社工師）

(A)概念化　　　　(B)操作化　　　　(C)具象化　　　　(D)變項化

答案：**B**

解析：當把抽象的定義予以實體化，使之可以用測量的方式來衡量此概念時，即謂操作化。

9 情況：睡眠對健康至關重要。但研究發現，多數大學生睡眠品質不佳。葉教授想了解影響大學生睡眠品質的因素，他從自己任教的大學裡，以系級名單隨機抽取20個班級，到這些班級發放問卷，請全班同學填寫。問卷中，睡眠品質以「匹茲堡睡眠品質量表」（是由7題，每題4點尺度的李克特（Likert）量表所構成，分數越高代表睡眠品質越差）來測量，其他變項包括受訪者性別、每週運動時數、每天上網時數等。此研究的抽樣方法為：

（107年第二次專技社工師）

(A)叢集抽樣法（cluster sampling）
(B)簡單隨機抽樣法（simple random sampling）
(C)便利抽樣法（convenience sampling）
(D)配額抽樣法（quota sampling）

答案：**A**

解析：集叢隨機抽樣／叢集隨機抽樣 Cluster Random Sampling）：當調查對象符合：「層（叢）間同質性高、而層（叢）內異質性高」的前提時，集叢隨機抽樣（Cluster Random Sampling）是很好的抽樣方法。抽樣時先將母群分類或分層。例如：大學生對調高學雜費的態度與看法，假設各大學間並無很大差異（此即層間同質性高），因此該研究者可隨機抽取大學準備進行施測；然後擴大每一集叢的選擇數。若總數還是太大的話（不需要調查整所大學裡全部的學生），每一個集叢裡又可以再做集叢隨機抽樣，選取一至兩個學院進行集叢隨機抽樣；或可再細分至以系為單位亦可。題意所述屬之。

10 下列抽樣方式，何者未採隨機抽樣的原則？　（107年第二次專技社工師）

(A)立意抽樣（purposive sampling）

(B)系統化隨機抽樣（systematic random sampling）

(C)集群隨機抽樣（cluster random sampling）

(D)簡單隨機抽樣（simple random sampling）

答案：**A**

解析：1. 隨機抽樣：簡單隨機抽樣、系統隨機抽樣、分層隨機抽樣、集叢／集群隨機抽樣。選項(B)、(C)、(D)屬之。

　　　2. 非隨機抽樣：具備樣本抽樣、配額抽樣、立意抽樣、滾雪球抽樣、便利抽樣。選項(A)屬之。

11 在研究中，「將原本模糊，不精確的想法，使其明確、精確的心智過程」，是下列那個選項的說明？　（107年第二次專技社工師）

(A)標準化（standardization）　　　(B)概念化（conceptualization）

(C)操作化（operationalization）　(D)概推化（generalizability）

答案：**B**

解析：概念化（Conceptualization）是指捕捉一個建構或概念，並且藉由下概念或理論定義的方式，來提煉建構。

12 下列那項不是決定樣本規模的原則？　（107年第二次專技社工師）

(A)信賴水準　　　　　　　　　　(B)研究時可用的資源

(C)預計使用的統計分析方法　　　(D)顯著水準

答案：**C**

解析：選項(C)有誤。研究者可以依據樣本的規模，選擇適當的統計分析方法，但統計方法不是決定樣本規模的先決條件。而信賴水準、顯著水準則需有一定規模的樣本才能使統計結果達到統計上的意義；另研究資源的多寡，亦會影響樣本規模的決定。

13 在問卷中詢問「生理性別」時，請問這是那種測量尺度？

　（107年第二次專技社工師）

(A)比率尺度（ratio）　　　　　　(B)名義尺度（nominal）

(C)次序尺度（ordinal） (D)等距尺度（interval）

答案：**B**

解析：名義尺度：變項的屬性只具有周延性和互斥性就是名義尺度。
例如性別、宗教信仰、婚姻狀態、出生地、主修科系、職業
等。

14 請問學習「測量尺度」的用意為何？ （108年第一次專技社工師）

(A)了解是否有絕對零點 (B)了解加減乘除法的運算

(C)了解不同統計方法的使用狀況 (D)了解變項的好壞標準

答案：**C**

解析：測量尺度係用以了解不同統計方法的使用狀況。測量尺度包括
四種類型：(1)類別變項；(2)連續變項；(3)等距變項；(4)比率
變項。

15 下列那一種資料蒐集方法最有助於降低社會期望誤差？

（108年第一次專技社工師）

(A)面訪 (B)電話訪談 (C)自填問卷 (D)深度訪談

答案：**C**

解析：若受測者依據社會期望回答答案，則稱為「社會期望誤差」。
例如：若訪員以面訪方式問到「你覺得政府應該投入更多的
預算在社會福利項目上嗎？」則受訪者往往會被引導到回答
「是」，以免被視為不重視社會福利、不關懷弱勢。要改善這
樣的測量問題以減少系統誤差，可以考慮將面訪改成郵寄問卷
或自填問卷，以減少受訪者覺得自己的答案會「曝光」，因而
趨向回答社會所期待的答案。

16 某研究以面訪方式進行全國大規模的婦女生活狀況調查，下列何種抽樣方法
最適當？ （108年第一次專技社工師）

(A)簡單隨機抽樣（simple random sampling）

(B)滾雪球抽樣（snowball sampling）

(C)多階段的叢集抽樣（multistage cluster sampling）

(D)理論抽樣（theoretical sampling）

答案：**C**

解析：集叢隨機抽樣／叢集隨機抽樣（Cluster Random Sampling）：當調查對象符合：「層（叢）間同質性高、而層（叢）內異質性高」的前提時，集叢隨機抽樣是很好的抽樣方法。抽樣時先將母群分類或分層。例如：大學生對調高學雜費的態度與看法，假設各大學間並無很大差異（此即層間同質性高），因此該研究者可隨機抽取大學準備進行施測；然後擴大每一集叢的選擇數。若總數還是太大的話（不需要調查整所大學裡全部的學生），每一個集叢裡又可以再做集叢隨機抽樣，選取一至兩個學院進行集叢隨機抽樣；或可再細分至以系為單位亦可，此為分階段採取集叢抽樣方式，為多階段的叢集抽樣。

17 下列何者不是系統抽樣（systematic sampling）過程中必要的步驟？

（108年第一次專技社工師）

(A)要有母群體元素的重要特徵屬性　(B)要有抽樣間距
(C)要有抽樣比　(D)要有抽樣架構

答案：**A**

解析：系統抽樣（系統隨機抽樣）又稱間隔隨機抽樣（Interval Random Sampling），亦即每隔固定的抽樣間隔（K）就抽取出一個樣本來（選項(B)屬之）。在使用此方法時要特別注意的是必須避免單位的次序和抽樣間隔一致，亦即，使用系統抽樣時，應注意一個危險性，即當母群體的名冊排列和抽樣區間的間隔一樣，又稱為週期性（Periodicity），樣本的抽樣偏誤就會發生。系統隨機抽樣必須有抽樣架構、抽樣比例，選項(C)、(D)屬之。利用母體清冊進行系統抽樣時，必須謹慎檢視清冊的特性，是否以某種特定的次序排列；至於母體元素的重要特徵屬性，非系統抽樣過程中的必要步驟。

18 一位研究者想探討大學生與中學生對於性別偏見是否存有差異，研究者在定義「性別偏見」時，採用的方法是進行直接觀察，記錄大學生與中學生在互

選擇題　Multiple Choice Question

動過程中對於性別議題的陳述、對話與反應,並根據紀錄作為對「性別偏見」的測量內容說明。此過程符合下列何項敘述?

（108年第二次專技社工師）

(A)將抽象構念予以概念化　　　　(B)對概念進行操作化定義
(C)蒐集測量資料　　　　　　　　(D)理解抽象概念

答案:**B**

解析:操作性定義（Operational Definitions）是指「當界定概念或變項時,不直接描述該被界定項的性質或特徵,而是舉出測量該被界定項所作的操作活動。」,亦即就是「可具體測量的變項定義」。題意所述即為對概念化進行操作化的過程。

19 對一個概念進行操作化找出操作性定義時,下列方法何者錯誤?

（108年第二次專技社工師）

(A)從既有的測量量表中獲得
(B)藉由觀察、訪談的資料歸納而獲得
(C)從理論、文獻中演繹而獲得
(D)從常識中獲得

答案:**D**

解析:對一個概念進行操作化找出操作性定義時,可以採取直接觀察、閱覽官方文件、問卷法、文獻資料查閱、理論演繹、以現存的量表檢測等。選項(A)、(B)、(C)屬之。

20 有關「隨機誤差」之敘述,下列何者錯誤?　（108年第二次專技社工師）

(A)指測量結果和欲測量的事物間有差異,且每次差異方向不一致
(B)提升測量工具信度可以減少隨機誤差
(C)社會期望會造成隨機誤差
(D)如果樣本較大,隨機誤差可能互相抵消

答案:**C**

解析:如果過去測量的事物沒有改變,但是卻有不同的測量結果,亦即兩次測量結果不一致稱為隨機誤差。若受測者依據社會期望

回答答案，則稱為「社會期望誤差」。例如：若訪員以面訪方式問到「你覺得政府應該投入更多的預算在社會福利項目上嗎？」則受訪者往往會被引導到回答「是」，以免被視為不重視社會福利、不關懷弱勢。社會期望而可能會產生調查偏誤，而非隨機誤差。選項(C)有誤。

21 有關抽樣架構（sampling frame）之敘述，下列何者錯誤？

（108年第二次專技社工師）

(A)是被選取的研究元素名單

(B)抽樣架構中所有的元素都具有相同的代表性

(C)抽樣架構是進行隨機抽樣時重要的工具

(D)抽樣架構的元素一定等於母群體

答案：**D**

解析：「抽樣架構」係根據研究主題與對象的範圍，列出一份包含所有合乎抽樣條件者的名單；也就是說，在不同抽樣階段中抽樣單位的集合體。亦即抽樣架構（Sampling Frame）是選出樣本之元素的列表或類似表，但抽樣的元素並非等同母群體。假如一個學生樣本從學生名冊中選出，此名冊即為抽樣架構。假如一個複雜母體樣本的主要樣本單位是為統計區，那麼統計區的列表即為抽樣架構。選項(D)有誤。

22 下列何者抽樣方法的抽樣結果代表性，最容易受到抽樣架構元素週期性排列之影響？

（108年第二次專技社工師）

(A)系統抽樣（systematic sampling）

(B)叢集抽樣（cluster sampling）

(C)配額抽樣（quota sampling）

(D)簡單隨機抽樣（simple random sampling）

答案：**A**

解析：系統抽樣，亦即每隔固定的抽樣間隔(K)就抽取出一個樣本來。在使用此方法時要特別注意的是必須避免單位的次序和抽樣間隔一致，亦即，使用系統抽樣時，應注意一個危險性，即

選擇題　Multiple Choice Question

當母群體的名冊排列和抽樣區間的間隔一樣，又稱為週期性（Periodicity），樣本的抽樣偏誤就會發生。系統抽樣的抽樣結果代表性，最容易受到抽樣架構元素週期性排列之影響。

23 兩個變項間存在因果關係的條件，不包括下列何項？

（109年第一次專技社工師）

(A)非虛假關係　　(B)時間先後順序　(C)互為因果　　　(D)二者有相關

答案：**C**

解析：選項(C)有誤。因果關係的條件，不包括互為因果，例如A是B的因，則B為A的果，但果(B)不能成為因(A)。

24 一位研究者想探討大學生與中學生對於性別偏見是否存有差異，則在規劃測量「性別偏見」時，正確的操作順序為何？　　　（109年第一次專技社工師）

(A)理解抽象概念→操作化定義→概念定義→發展測量指標

(B)操作化定義→定義抽象概念→概念定義→發展測量指標

(C)理解抽象概念→概念定義→操作化定義→發展測量指標

(D)概念定義→操作化定義→概念化→發展測量指標

答案：**C**

解析：測量是根據某些準則，把一些對象或事件賦予數字的過程。測量的操作順序，依序為理解抽象概念→概念定義→操作化定義→發展測量指標。

25 某生請問一位長輩年齡，長輩回答80歲，事實上這位長輩已經98歲，請問如何避免這種回答誤差？　　　（109年第一次專技社工師）

(A)增加訪員訓練　　　　　　　　(B)重覆檢測

(C)增加樣本數　　　　　　　　　(D)增加受訪者訓練

答案：**B**

解析：所測量的事物去測量的事物沒有改變（題意的年齡），但是卻有不同的測量結果，如題意因為受訪者的記憶問題所產生的誤差，可透過重複檢測方式以減少誤差。

26 機構工作人員在將需求調查問卷資料輸入電腦時，因為精神不濟，有時將4
打成3，有時將2打成3，此種錯誤稱為：　　　（109年第一次專技社工師）

(A)系統誤差　　　(B)隨機誤差　　　(C)理論誤差　　　(D)抽樣誤差

答案：**B**

解析：隨機誤差是指如果過去測量的事物沒有改變，但是卻有不同的
　　　測量結果，亦即兩次測量結果不一致稱為隨機誤差。題意機構
　　　工作人員在將需求調查問卷資料輸入電腦時，因為精神不濟，
　　　有時將4打成3，有時將2打成3，此種錯誤即是。

27 下列何種抽樣方法所抽取出來的樣本最具有母體代表性？

（109年第一次專技社工師）

(A)理論抽樣（theortical sampling）

(B)滾雪球抽樣（snowball sampling）

(C)深度抽樣（intensity sampling）

(D)分層抽樣（stratified sampling）

答案：**D**

解析：選項(D)分層抽樣為隨機抽樣，所抽取出來的樣本具有母體代表
　　　性；其餘選項均為非隨機抽樣，樣本不具有母群代表性。

28 有關隨機抽樣（probability sampling）之敘述，下列何者錯誤？

（109年第一次專技社工師）

(A)可透過電腦程式產生的亂數表進行簡單隨機抽樣

(B)每一個研究元素被挑選為樣本的機會是相同的

(C)必須有清楚的抽樣架構

(D)進行分層抽樣時，必須先計算出抽樣間距

答案：**D**

解析：進行分層抽樣時，應先將母群體分成不同的層／類，每一層／
　　　類都必須明確，而且類與類之間必須有顯著的互斥性，因此每
　　　一個個體都只能歸在其中一類。同時最好符合：「層間異質性
　　　高，而層內同質性高」的前提。選項(D)有誤。

29 某位社工員想全盤有效了解轄區內多數少年的生活狀況，做為規劃新服務方案的參考。下列何種抽樣方法可以獲得具有代表性的樣本，又可以在有限的時間內完成？ （109年第一次專技社工師）

(A)立意抽樣（purposive sampling）

(B)叢集抽樣（cluster sampling）

(C)滾雪球抽樣（snowball sampling）

(D)簡單隨機抽樣（simple random sampling）

答案：**B**

解析：當調查對象符合：「層（叢）間同質性高、而層（叢）內異質性高」的前提時，集叢（叢集）隨機抽樣（Cluster Random Sampling）是很好的抽樣方法。叢集抽樣時，先將母群分類或分層（樣本具有代表性），再擴大每一集叢的選擇數。若總數還是太大的話，每一個集叢裡又可以再做集叢隨機抽樣，可節省抽樣時間。

30 下列有關「標準開放式訪談」（standardized open-ended interview）的敘述，何者正確？ （109年第一次專技社工師）

(A)訪談問題是在互動過程中激盪而成

(B)訪談問題並非預先設定的

(C)題目的順序與實際問法可彈性調整

(D)是一種高度結構化的訪談

答案：**D**

解析：標準開放式訪談是指研究者事前就把訪問的問題內容、字組與順序作好規劃。所有的受訪者都按標準化的字句與順序來回答，當然這些問題仍然都是以開放式的方式來設計。用這種方式所得到的資料當然很容易作相互的比較，因為每一個受訪者都被問同樣的問題（連問題的次序也一樣）。可以預想的是每一個受訪者的回答資料都是完整的，研究者在訪問結束後，也應該很容易對這些資料作組織和分析。

31 進行一項貧窮狀況的研究時，在操作順序上，下列何者為先？

（109年第二次專技社工師）

(A)需先概念化何謂貧窮　　　　　　(B)需先規劃貧窮的測量範圍
(C)需先進行民眾收入的調查　　　　(D)需先進行問卷效度檢定

答案：**A**

解析：概念化（Conceptualization）是指捕捉一個建構或概念，並且藉由下概念或理論定義的方式，來提煉建構。題意所述，進行一項貧窮狀況的研究，應先對何謂「貧窮」先給予概念化，才能進行後續的操作化、調查、檢定等研究程序。

32 某研究生進行一項單親家庭子女照顧的研究，受試者大多認同照顧子女的重要性，這樣的回答容易產生什麼誤差？　（109年第二次專技社工師）

(A)社會期望誤差　(B)觀察者誤差　(C)樣本誤差　(D)隨機誤差

答案：**A**

解析：若受測者依據社會期望回答答案，則稱為「社會期望誤差」。例如：若訪員以面訪方式問到「你覺得政府應該投入更多的預算在社會福利項目上嗎？」則受訪者往往會被引導到回答「是」，以免被視為不重視社會福利、不關懷弱勢。題意所述亦同，容易產生社會期望誤差。

33 計算抽樣間距（sampling interval）是那種抽樣方法的步驟？

（109年第二次專技社工師）

(A)定額抽樣　　(B)系統抽樣　　(C)分層抽樣　　(D)簡單抽樣

答案：**B**

解析：抽樣間距係指如何從抽樣架構中選取構成要素。例如：要從900名單中抽出300個，隨機的起始點選出以後，在900個名單中，每隔2個選出第3個名單，總共得到300個樣本，抽樣間距是3，亦即900/300＝3。計算抽樣間距是系統抽樣的步驟。

34 在估計抽樣誤差時，不需要下列那個因素？　（109年第二次專技社工師）

(A)抽樣比率　　(B)標準誤　　(C)樣本規模　　(D)母體參數

選擇題　Multiple Choice Question

答案：**A**

解析：「抽樣誤差」係母數真值與樣本統計數估計值之間的誤差值，因此，在估計抽樣誤差時，需考慮的因素包括樣本規模、母體參數、標準誤等。

35 下列那種方法無法提升母群體估計值的正確性？

（109年第二次專技社工師）

(A)加大樣本　　　　　　　　　　　(B)提升抽樣母群體的異質性
(C)進行隨機抽樣　　　　　　　　　(D)提升抽樣架構的完整性

答案：**B**

解析：提升抽樣母群體的異質性，會造成抽樣誤差，使得母數真值與樣本統計數估計值之間的誤差值加大。

36 研究結果受到無法控制的機會因素所帶來的影響，是指下列何者？

（109年第二次專技社工師）

(A)樣本偏誤　　(B)固定誤差　　(C)隨機誤差　　(D)推論錯誤

答案：**C**

解析：如果過去測量的事物沒有改變，但是卻有不同的測量結果，亦即兩次測量結果不一致稱為隨機誤差。隨機誤差是無法控制的機會因素。

37 抽樣間距與抽樣比，是下列那一種抽樣方法必須配合使用的兩個數據？

（110年第一次專技社工師）

(A)叢集抽樣（cluster sampling）
(B)簡單隨機抽樣（simple random sampling）
(C)配額抽樣（quota sampling）
(D)系統抽樣（systematic sampling）

答案：**D**

解析：系統抽樣（Systematic Sampling）亦即系統隨機抽樣（Systematic Random Sampling）又稱間隔隨機抽樣（Interval Random Sampling），亦即每隔固定的抽樣間隔（K）就抽取出一個樣

本來，樣本數量除以抽樣間隔，即為抽樣比。在使用此方法時要特別注意的是必須避免單位的次序和抽樣間隔一致。此抽樣方法必須配合抽樣間距與抽樣比兩項數據。

38 某研究生蒐集訪談紀錄共有200份，他預定從這200份當中抽出15份進行分析，他將這200份訪談紀錄從1-200予以編號，再採用相同間距抽出預定分析的樣本，請問抽樣間距是多少？　　　　　（110年第一次專技社工師）

(A)13　　　　　(B)13.3　　　　　(C)13.4　　　　　(D)14

答案：**A**

解析：抽樣間距 = 樣本數／樣本數 = 200/15 = 13.3。但因為抽樣間距不會有小數點，且為滿足需抽樣15份，故抽樣間距應為13。

39 某研究生蒐集訪談紀錄共有200份，他預定從這200份當中抽出15份進行分析，他將這200份訪談紀錄從1-200予以編號，再採用相同間距抽出預定分析的樣本，這樣的抽樣方法是下列那一項？　　　　　（110年第一次專技社工師）

(A)簡單隨機抽樣　　(B)系統抽樣　　　(C)分層抽樣　　　(D)立意抽樣

答案：**B**

解析：系統抽樣（Systematic Sampling）亦即系統隨機抽樣（Systematic Random Sampling）又稱間隔隨機抽樣（Interval Random Sampling），亦即每隔固定的抽樣間隔（K）就抽取出一個樣本來，樣本數量除以抽樣間隔，即為抽樣比。在使用此方法時要特別注意的是必須避免單位的次序和抽樣間隔一致。

40 某位社工員計畫透過質性研究，探討其服務機構所在的社區內失能老人家庭照顧者之情緒調適過程，下列何種抽樣方法較為適合？

　　　　　（110年第二次專技社工師）

(A)簡單隨機抽樣（simple random sampling）

(B)配額抽樣（quota sampling）

(C)叢集抽樣（cluster sampling）

(D)立意抽樣（purposive sampling）

選擇題　Multiple Choice Question

答案：**D**

解析：1. 量化研究抽樣方法：選項(A)、(B)、(C)屬之。

　　　2. 質性研究抽樣方法：選項(D)。

41 將某一變項轉化成可以觀察與測量的定義，是指下列何者？

（110年第二次專技社工師）

(A)操作性定義　　　(B)語意性定義　　　(C)概念性定義　　　(D)理論性定義

答案：**A**

解析：操作性定義（Operational Definitions）是指「當界定概念或變項時，不直接描述該被界定項的性質或特徵，而是舉出測量該被界定項所作的操作活動。」，亦即就是「可具體測量的變項定義」。

42 有關研究之概念化與操作化的敘述，下列何者正確？

（110年第二次專技社工師）

(A)一個變項只能有一種操作性定義

(B)一個變項只能有一種概念性定義

(C)從變項的語意性定義可知如何測量該變項

(D)從變項的操作性定義可知如何測量該變項

答案：**D**

解析：1. 選項(A)有誤。操作性定義（Operational Definitions）是指「當界定概念或變項時，不直接描述該被界定項的性質或特徵，而是舉出測量該被界定項所作的操作活動。」，亦即就是「可具體測量的變項定義」。一個變項並非只能有一種操作性定義，研究者常會視各研究主題，而給予一個變項由多種組合而成的操作性定義。

　　　2. 選項(B)有誤。概念型定義（Conceptual Definition）是透過其他比較不抽象的概念來描述某一個抽象概念，這時候它的抽象層次已經比原始的概念降低許多。一種概念性定義，可能包括多個變項。

3.選項(C)有誤。語意性定義無法測量變項，必須以操作性定義才能測量。

43 下列那一項測量尺度具有一個絕對的零值？　　（110年第二次專技社工師）

(A)類別尺度　　　　(B)順序尺度　　　　(C)等距尺度　　　　(D)比例尺度

答案：**D**

解析：比率尺度／比例尺度/比率變項（Ratio）：比率變項的屬性不但具有邏輯的層次與次序的大小、相等的單位，同時有「絕對的零點」，可說是變項尺度中最「嚴謹」、位階最高的一種。例如：年齡、身高、體重、居住時間、子女數、住院日數、結婚次數等，亦即在比率變項中絕不會有「負值」出現。因此只有在比率變項中，才能計算倍數關係（例如：體重100公斤是體重50公斤的兩倍）。

44 某研究生採深度訪談法進行「目睹兒童身心嚴重受創之研究」碩士論文，下列何種抽樣方法比較適合？　　　　　　　（110年第二次專技社工師）

(A)分層比例抽樣　　　　　　　(B)配額抽樣

(C)簡單隨機抽樣　　　　　　　(D)極端個案抽樣

答案：**D**

解析：極端個案取樣是立意抽樣的一種類型。極端或異常個案經常含有豐富之資訊，這些個案可能極為棘手，但也因此具有特別的啟發性，都可成為質性研究中極其可貴的研究樣本，在深度訪談中相當適合。

45 有關概念、概念化與操作性定義的說明，下列何者正確？

　　　　　　　　　　　　　　　　　（111年第一次專技社工師）

(A)概念化的結果是可以直接測量的

(B)概念是一種建構

(C)操作性定義無法轉成直接測量的內容

(D)操作性定義的步驟在概念化之前

答案：**B**

解析：1. 選項(A)有誤。概念化（Conceptualization）是指捕捉一個建構或概念，並且藉由下概念或理論定義的方式，來提煉建構。概念化的結果無法直接測量。

2. 選項(C)、(D)有誤。把抽象的定義予以實體化，使之可以用測量的方式來衡量此概念時，即謂操作化。操作化是在概念化之後。

46 「請問您在目前的工作場所工作多久？年月」，請問這是什麼測量尺度？

（111年第一次專技社工師）

(A)名義尺度　　　(B)順序尺度　　　(C)等距尺度　　　(D)等比尺度

答案：**D**

解析：等比尺度／比率尺度／比率變項（Ratio）：比率變項的屬性不但具有邏輯的層次與次序的大小、相等的單位，同時有「絕對的零點」，可說是變項尺度中最「嚴謹」、位階最高的一種。例如：年齡、身高、體重、居住時間、子女數、工作年資、住院日數、結婚次數等，亦即在比率變項中絕不會有「負值」出現。因此只有在比率變項中，才能計算倍數關係（例如：體重100公斤是體重50公斤的兩倍）。

47 當研究者要進行的研究主題無法取得完整的研究母體名單，如街友。請問適合採用下列那種抽樣方法？　　　　（111年第一次專技社工師）

(A)簡單隨機抽樣　　　　　　　　　(B)系統抽樣

(C)滾雪球抽樣　　　　　　　　　　(D)分層抽樣

答案：**C**

解析：滾雪球抽樣也稱為網絡、關係鎖錬（聲望）抽樣，是一種辨識和抽取（或選擇）網絡中個案的方法，是運用在對某一特殊人口中，只熟知某一少部分人時，從已知的人數中去蒐集資料，並請他們介紹其周遭朋友或其他可能適合接受訪問的對象。滾雪球抽樣先是蒐集目標母體的少數成員，再由這些成員引出其他的母體成員。在尋找少數難以尋找的母體時，是一個很好的方法。

48 有關抽樣架構，下列敘述何者正確？　　　　　　（111年第一次專技社工師）

(A)一定是等同於母體　　　　　　(B)是蒐集資料的單位

(C)是抽樣過程中被選取的那個元素　(D)是所有元素的表列清單

答案：**D**

解析：1.「抽樣架構」係根據研究主題與對象的範圍，列出一份包含
　　　　所有合乎抽樣條件者的名單；也就是說，在不同抽樣階段中
　　　　抽樣單位的集合體。亦即抽樣架構（Sampling Frame）是選
　　　　出樣本之元素的列表或類似表。假如一個學生樣本從學生名
　　　　冊中選出，此名冊即為抽樣架構。假如一個複雜母體樣本
　　　　的主要樣本單位是為統計區，那麼統計區的列表即為抽樣架
　　　　構。例如：在臺中市作選舉行為調查時，研究者先在八個區
　　　　中隨機抽取四區，因此這八個區就是第一階段的抽樣架構；
　　　　其餘依此類推。

　　　2.選項(A)有誤。抽樣架構並非母體。

　　　3.選項(B)有誤。抽樣架構並非資料蒐集的單位，而係抽樣單位
　　　　的集合體。

　　　4.選項(C)有誤。抽樣架構是選出樣本之元素的列表或類似表，
　　　　並非所有元素的列表清單。

49 研究母體名單出現排列方式的週期性（periodicity）現象，是使用那種抽樣
方法會擔心的風險？　　　　　　　　　　　　（111年第一次專技社工師）

(A)簡單隨機抽樣　　　　　　　　(B)定額抽樣

(C)分層抽樣　　　　　　　　　　(D)系統抽樣

答案：**D**

解析：系統抽樣（系統隨機抽樣）又稱間隔隨機抽樣（Interval
　　　Random Sampling），亦即每隔固定的抽樣間隔（K）就抽取
　　　出一個樣本來（選項(B)屬之）。在使用此方法時要特別注意的
　　　是必須避免單位的次序和抽樣間隔一致，亦即，使用系統抽樣
　　　時，應注意一個危險性，即當母群體的名冊排列和抽樣區間的
　　　間隔一樣，又稱為週期性（Periodicity），樣本的抽樣偏誤就
　　　會發生。

選擇題 Multiple Choice Question

50 下列何者不是抽樣時需考量的重要因素？ （111年第一次專技社工師）

(A)樣本代表性 　　　　　　　　(B)樣本一致性

(C)樣本可推論性 　　　　　　　(D)樣本資料豐富性

答案：**B**

解析：在部分的研究中，樣本必須具有特殊性，例如：異例抽樣
（Deviant Case Sampling）／極端個案抽樣（extreme case
sampling），是要找出和主要模式大異其趣的個案，或者和其
他個案主要特質迥然不同的個案。這種抽樣和立意抽樣類似，
是由研究者使用各種技術，找出具有特定性質的個案。因此，
樣本的一致性並非抽樣時需考量的重要因素。

51 詮釋性研究比較會採用立意抽樣，因其較不強調下列何者？

（111年第一次專技社工師）

(A)正確性　　　　(B)有效性　　　　(C)可推論性　　　　(D)可信性

答案：**C**

解析：立意抽樣之邏輯和效力，在於選擇資訊豐富之個案（Information-
Rich Cases）作深度的研究，因為這些個案含有大量對研究目
的相當重要的訊息與內容。亦即，質化研究所抽的樣本，必須
以能提供「深度」的資料為標準，並傾向從以往的經驗和理論
的角度出發來選擇樣本。由於質性研究者重視動態過程之特
質，故在抽樣上亦須具備「彈性化」和「隨研究發展而演變的
特質」，即下一個樣本可能會視已進行的狀況和需要而定，以
避免重複的現象。因此，立意抽樣較不強調可推論性。

52 關於「社會支持是指社會支持量表上的分數」，下列敘述何者正確？

（111年第二次專技社工師）

(A)屬於概念定義 　　　　　　　(B)屬於操作定義

(C)抽象化的 　　　　　　　　　(D)質化資料的分析

答案：**B**

解析：操作性定義（Operational Definitions）是指「當界定概念或變

項時，不直接描述該被界定項的性質或特徵，而是舉出測量該被界定項所作的操作活動。」，亦即就是「可具體測量的變項定義」。題意所述屬之。

53 下列那個選項不是等比尺度（ratio level）？　　（111年第二次專技社工師）

(A)子女數　　　　　　　　　　(B)每月收入
(C)智力測驗分數　　　　　　　(D)年齡

答案：**C**

解析：

比率尺度/等比變項（Ratio）的屬性不但具有邏輯的層次與次序的大小、相等的單位，同時有「絕對的零點」，可說是變項尺度中最「嚴謹」、位階最高的一種。例如：年齡、身高、體重、居住時間、子女數、住院日數、結婚次數等，亦即在比率變項中絕不會有「負值」出現。因此只有在比率變項中，才能計算倍數關係（例如：體重100公斤是體重50公斤的兩倍）。選項(C)智力測驗分數，無法計算倍數關係，因此，並非是等比尺度，係屬等距尺度（Interval）。

54 某社工想了解北部地區受聘在家中的外籍看護工照顧及生活適應的現況，他設計了一份網路問卷放到外籍移工常聯絡的群組或瀏覽的網站（Facebook或Line）上，讓在群組或網站看到此問卷的外籍看護工自由填寫。上述社工所採用的抽樣方法為何？　　　　　　　（111年第二次專技社工師）

(A)簡單隨機抽樣法（simple random sampling）
(B)便利抽樣法（convenience sampling）
(C)配額抽樣法（quota sampling）
(D)叢集抽樣法（cluster sampling）

答案：**B**

解析：便利抽樣（Convenience Sampling）：若研究者將手邊現有的樣本拿來作研究，例如：社工師以本身所負責的個案作為研究的對象，即為便利抽樣。

55 某社工想了解北部地區受聘在家中的外籍看護工照顧及生活適應的現況，他設計了一份網路問卷放到外籍移工常聯絡的群組或瀏覽的網站（Facebook

選擇題　Multiple Choice Question

或Line）上，讓在群組或網站看到此問卷的外籍看護工自由填寫。若該社工也想要進一步了解北部地區移工失聯的現象，由於受訪對象隱匿（難以尋覓）的特性，下列何種方法適合？ （111年第二次專技社工師）

(A)簡單隨機抽樣（simple random sampling）

(B)分層抽樣（stratified sampling）

(C)滾雪球抽樣（snowball sampling）

(D)叢集抽樣（cluster sampling）

答案：**C**

解析：滾雪球抽樣（Snowball Sampling）也稱為網絡、關係鎖鍊（聲望）抽樣，是一種辨識和抽取（或選擇）網絡中個案的方法，是運用在對某一特殊人口中，只熟知某一少部分人時，從已知的人數中去蒐集資料，並請他們介紹其周遭朋友或其他可能適合接受訪問的對象。其是建立在雪球的類比之上，雪開始的時候很小，但是當它在潮濕的雪地上滾動而增加額外的雪片時就愈變愈大。雪球抽樣是一種多階段的技術，它開始於一個或少數的人或個案，然後根據和初始個案的連結而擴展開來。

56 這個研究所採用的抽樣方法為何？某學者想要針對4家平面媒體對於政府開放移工引進臺灣後這16年間（1992～2018年）8,248則相關報導為母體，研究者先將每篇報導以時間順序排列，形成一個抽樣架構後，以每4則抽取一則的方式抽出2,062篇新聞報導作為研究樣本，進而整理出臺灣主流媒體報導所塑造的移工形象。 （111年第二次專技社工師）

(A)系統隨機抽樣　　　　　　　　(B)簡單隨機抽樣

(C)分層隨機抽樣　　　　　　　　(D)立意抽樣

答案：**A**

解析：系統抽樣（系統隨機抽樣）又稱間隔隨機抽樣（Interval Random Sampling），亦即每隔固定的抽樣間隔（K）就抽取出一個樣本。例如：題意之每4則抽取一則的方式。

57 在一項研究中，研究者將社工員區分「資深社工」與「新進社工」二類，並定義「新進社工」指「工作3年以下的社工員」。新進社工的定義係屬於下列何者？ （112年第一次專技社工師）

(A)概念　　　　(B)操作性定義　　(C)法律定義　　　(D)隨機定義

答案：**B**

解析：新進社工是概念，但如果對新進社工進行定義，例如：從事社會工作年資3年以下，則為對新進社工這個概念的操作定義。

58 下列何者與問卷設計的關聯性最強？　　　　　（112年第一次專技社工師）

(A)概念化　　　(B)理論化　　　(C)脈絡化　　　(D)操作化

答案：**D**

解析：把抽象的定義予以實體化，使之可以用測量的方式來衡量此概念時，即謂操作化。藉由問卷設計向受訪者進行訪問，即是一種操作化的過程，其與問卷設計的關聯性最強。

59 某安養中心欲進行服務品質改善之調查，設計一份簡易問卷訪談該中心住民。調查者在服務台等待經過的住民，針對有意願者進行訪談，這是下列何種抽樣方法？　　　　　（112年第一次專技社工師）

(A)滾雪球抽樣法　　　　　　(B)便利抽樣法
(C)配額抽樣法　　　　　　　(D)系統抽樣法

答案：**B**

解析：便利抽樣（Convenience Sampling）是指研究者將手邊現有的樣本拿來作研究，例如：社工師以本身所負責的個案作為研究的對象，即為便利抽樣。便利抽樣樣本的選取標準是選擇即時可取到的，其優點是方便，但最嚴重的缺點為：因為樣本的客觀性與代表性都不足，研究結果的效度與參考價值均因此而大打折扣。

60 有關研究之抽樣方法與母群體推論的描述，下列何者正確？

（112年第一次專技社工師）

(A)量化研究多數採用隨機抽樣，比較能將樣本測量結果推論母群體特質
(B)量化研究只能採用一種機率抽樣方法，才能推論母群體特質
(C)質性研究有時可採用機率抽樣方法，因此可以推論母群體特質
(D)同時採用隨機抽樣和非隨機抽樣方法，才能推論母群體特質

選擇題 Multiple Choice Question

答案：A

解析：1. 選項(B)有誤。量化研究可採多種機率抽樣方法推論母群體特質。例如：針對某縣市高三學生生的課業壓力調查，可先採分層隨機抽樣，抽樣出一定數量的高中學校後，再針對被抽出之學校之高三學生，進行簡單隨機抽樣。

2. 選項(C)有誤。質性研究係採非隨機抽樣，推論母群體特質並非質性研究的研究目的。

3. 選項(D)有誤。只有採取隨機抽樣，才能推論母群體特質。

61 如果一個題目以五點尺度方式測量「需求」，也就是從「非常需要（5）」到「非常不需要（1）」，該變項測量最大的缺點為何？

（112年第二次專技社工師）

(A)不容易填答　　　(B)信度偏高　　　(C)效度偏低　　　(D)選項過於複雜

答案：C

解析：五點尺度的測量方式，同時包含了正面、反面、極端與中間等各種狀況。例如：「你對公共場合不准抽菸的規定有何意見？」受訪者就在研究者所預備的五個答案：非常同意、同意、無意見、不同意，與非常不同意中，圈一個作答。此種測量方式的缺點：很多受訪者因為根本沒有仔細思考，或是因為題目太艱深，或問得不具體，以至於受訪者不知從何答起，因此乾脆拿中間的答案（「尚可」／「普通」）或是「沒有意見」來作答，使得問卷的效度不足，無法清楚地探討受訪者真正的心態。

62 界定或設定某變項測量之層次（level of measurement），最主要目的是下列何者？　　　（112年第二次專技社工師）

(A)澄清概念化（conceptualization）的過程

(B)澄清操作化（operationalization）的過程

(C)將同一概念的測量以不同層次來表現

(D)決定使用何種統計程序最為適當

答案：**D**

解析：變項的測量層次，例如：類別變項、次序變項，屬於間斷變項；等距變項、比率變項，屬於連續變項。不同測量層次的變項，所能使用的統計方法有所不同，因此，界定或設定某變項測量之層次，最主要目的是決定使用何種統計程序最為適當。

63 研究初期研究者通常需要藉由相關文獻的探討，試圖澄清研究問題中研究概念的真正意義，此一過程為下列何者？ （112年第二次專技社工師）

(A)操作化過程（operationalization） (B)概念化過程（conceptualization）

(C)理論化過程（theoreticalization） (D)概推化過程（generalization）

答案：**B**

解析：概念（concept）是指對某件事的定義，例如：「成就感」就是個概念。概念化（conceptualization）是針對所要研究的抽象概念，進行具體明確與優化的過程。概念化指在研究中所使用的特定詞語時，研究者明確定義其意義的過程。概念化是指捕捉一個建構或概念，並且藉由下概念或理論的定義，來提煉建構，以澄清研究問題中研究概念的真正意義。

64 關於誤差（error）與偏誤（bias）的敘述，下列何者錯誤？

（112年第二次專技社工師）

(A)誤差包括隨機誤差（randomerror）與系統性誤差（systematic error），系統性誤差會造成偏誤問題

(B)配額抽樣（quota sampling）注重樣本代表性，不會有偏誤問題

(C)依循機率原則抽取樣本，可以降低抽樣偏誤

(D)測量過程中的選樣偏誤，會影響樣本的代表性

答案：**B**

解析：選項(B)有誤。配額抽樣有一些先天上的問題：(1)配額的架構（不同欄位所代表的元素比例）必須是正確的，但隨時需要更新這方面的資訊絕非易事；(2)各欄位樣本元素的選擇可能會產生偏誤，即使此欄位元素在母群所占比例估計已經相當正確，錯誤還是有可能發生。例如：當訪員要尋找5個滿足所有配額

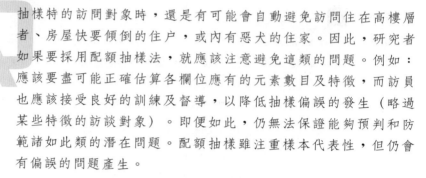

選擇題　Multiple Choice Question

抽樣特的訪問對象時，還是有可能會自動避免訪問住在高樓層者、房屋快要傾倒的住戶，或內有惡犬的住家。因此，研究者如果要採用配額抽樣法，就應該注意避免這類的問題。例如：應該要盡可能正確估算各欄位應有的元素數目及特徵，而訪員也應該接受良好的訓練及督導，以降低抽樣偏誤的發生（略過某些特徵的訪談對象）。即便如此，仍無法保證能夠預判和防範諸如此類的潛在問題。配額抽樣雖注重樣本代表性，但仍會有偏誤的問題產生。

65 某國中發放記名問卷給學生，請他們填寫自己抽菸和喝酒的頻率，結果很多學生填的答案都比實際情況為低。此為下列何種誤差？

（113年第一次專技社工師）

(A)隨機誤差　　　(B)相關誤差　　　(C)系統誤差　　　(D)三角誤差

答案：**C**

解析：系統誤差（Systematic Error）是指蒐集到的資料與原先預定測量的事物有所不同，即產生系統誤差。題意所述問卷結果，學生的抽菸和喝酒的頻率，填的答案都比實際情況為低，即為系統誤差。

66 當樣本數從100增加到500時，下列敘述何者正確？

（113年第一次專技社工師）

(A)抽樣分配的標準誤會增加　　　(B)抽樣分配的標準誤會降低
(C)不會影響樣本分配的標準誤　　　(D)抽樣分配不會趨近常態分布

答案：**B**

解析：抽選重複樣本平均數的分布，此樣本分布的標準差稱為「標準誤」（Standard Error）。標準誤愈小表示樣本的平均數與母群體平均數愈接近。當樣本被重複使用或當樣本很大時，樣本平均數的抽樣分配趨近於「常態曲線」（選項(D)有誤）。標準誤受母數變異數及樣本「中央極限定理」（Central Limit Theory）所影響。因為每個樣本平均數的變異數須除以樣本大小，所以樣本數愈大，變異數愈小；在一個抽樣分配中，標準誤隨著樣本增加而減少（選項(A)、(C)有誤、選項(B)正確）。

67 某學者想邀請校園性騷擾被害者進行研究，下列何種抽樣方法最適當？

(113年第一次專技社工師)

(A)系統隨機抽樣　　　　　　　(B)簡單隨機抽樣
(C)分層隨機抽樣　　　　　　　(D)立意抽樣

答案：**D**

解析：1.立意抽樣是指研究者依據自己的研究目的及對母群體了解來
　　　　選取樣本，特別是當研究者有足夠的知識，可以選出具有代
　　　　表性的人選時，就是立意抽樣。

　　　2.立意抽樣適用之情況，包括：研究者使用它來選擇特別能提
　　　　供訊息的獨特個案；研究者可能使用立意抽樣來選取很難以
　　　　接近、屬性特殊的母群中的成員；研究者想要確認特殊個案
　　　　類型，以便進行深入探究。題意所述進行校園性騷擾被害者
　　　　進行研究，適合使用立意抽樣。

68 下列那一種抽樣設計可能產生較大的抽樣誤差？

(113年第一次專技社工師)

(A)簡單隨機抽樣　　　　　　　(B)立意抽樣
(C)等比例隨機抽樣法　　　　　(D)叢集隨機抽樣法

答案：**B**

解析：選項(A)、(C)、(D)均為隨機抽樣。選項(D)為非隨機抽樣。立
　　　意抽樣是指研究者依據自己的研究目的及對母群體了解來選取
　　　樣本，特別是當研究者有足夠的知識，可以選出具有代表性的
　　　人選時，就是立意抽樣。立意抽樣相較於其他選項之研究設
　　　計，可能會產生較大的抽樣誤差。

69 進行調查研究時，應該針對訪員進行訓練。下列何者不是訪員訓練的內容？

(113年第一次專技社工師)

(A)讓訪員了解調查內容與研究目的　(B)提醒適當的服裝儀容和應對禮節
(C)說明可能遇到的狀況與處理方式　(D)練習如何遊說以讓對方同意受訪

答案：**D**

解析：1. 訪員訓練課程一開始應該要介紹該研究，即使訪員只是參與研究的資料蒐集階段，如果他們知道研究的目的與研究設計將有助於訪談的進行，而訪員如果不知道研究的來龍去脈，士氣和動機通常比較低落。選項(A)屬之。

2. 訪員訓練必須讓讓訪員對調查資料都徹底了解、對整個調查都要負責任（投入與委身）（Commitment）、把個人特質所造成的影響減到最低程度、根據常識當機立斷，處理問題。此外，必須穿著適當的服裝及適當的應對禮儀。選項(B)、(C)屬之。

70 有關如何在調查研究中測量抽象概念，下列敘述何者正確？

（113年第一次專技社工師）

(A)必須經過定義概念化與操作化後，方可測量

(B)只要研究者設計好研究問題，就可測量

(C)可以根據抽象概念直接在問卷中詢問

(D)抽象的東西基本上無法測量，必須捨棄

答案：**A**

解析：測量是根據某些準則，把一些對象或事件賦予數字的過程。測量過程係以演繹的方式從抽象到具體。研究者間概念化一個變項，賦予它一個清楚的概念定義，然後進行操作化，發展出一個操作型定義，或一組指標，最後使用這些指標，把這些指標用到經驗世界上。而操作化究是把抽象的定義予以實體化，使之可以用測量的方式來衡量此概念時，即謂操作化。選項(B)、(C)、(D)有誤。

71 下列結論是從某社會工作研究報告中摘錄出來：「在分析社會工作者提供服務所依據的實務工作模式時，有**15%**表示其所使用的是社會心理模式；**25%**為問題解決模式；另外有**60%**則是使用生態區位之觀點。」此研究者是用何種層次來測量「使用模式」這個變項？　（113年第一次專技社工師）

(A)等比（ratio）　　　　　　　　(B)類別（nominal）

(C)等距（interval）　　　　　　(D)等級（ordinal）

答案：**B**

解析：類別尺度／類別變項（名義尺度／名義變項）（Nominal）：
　　　變項的屬性只具有周延性和互斥性就是類別尺度。例如：性
　　　別、宗教信仰、婚姻狀態、出生地、主修科系、職業等。分析
　　　類別尺度的資料時不能用量化方式計算平均數、標準差、中數
　　　等，這是沒有意義的，但是，我們可以陳述出，例如：個案數
　　　量的40%是男性，60%是女性等。題意所述之實務工作模式有
　　　社會心理模式、問題解決模式、生態區位之觀點，即是類別尺
　　　度。

問卷設計與調查

·關·鍵·焦·點·

1. 問卷的信度、效度之定義、各類型的說明，以及增加信度、效度的方法，是本章的五顆星重量級考點，萬不可疏漏。

2. 各種調查方法的內容、優缺點，除經常出題外，亦常有各種方法的比較，請建立比較能力，同樣為五顆星重量級考點。

3. 信度、效度、調查方法，亦均在歷屆測驗題大量出題。

申論題　Essay Question

一、請說明在一對一的面訪過程中，造成訪談偏誤（bias）的來源有那些？並以例子說明如何減少這些偏誤的發生。　　（107年高考）

就題目的骨幹而言，提問為對於造成訪談偏誤（bias）的來源有那些，屬於基本的提問；但如何減少這些偏誤的發生，要論述完整，請考生藉本題詳加準備。

【解析】

茲將面訪過程中造成訪談偏誤的來源，並舉例說明如何減少這些偏誤的發生如下：

 回答者的錯誤：忘記、尷尬、誤解或是因某人在附近出現而說謊。例如：在家裡或是在學校進行訪談的不同環境，高中學生的答案可能就

會有所差異。有其他人在場通常也會影響答案，所以我們一般不希望有其他人出現在現場。根據研究，當配偶也在訪談現場中的時候，夫妻雙方在許多關於態度的問題上面會有比較大的一致性，也就是說，太太會修正她們的答案以配合先生的答案，而先生的答案則幾乎沒有太大的改變。因此，訪員必須判斷訪談環境中是否出現干擾受訪者的人，以減少偏誤的發生。

二 不是刻意的錯誤與訪員的疏忽：聯絡到不正確的回答者、讀錯問題、漏掉該問的問題、按照錯誤的順序問問題、記錄一個錯誤的答案或是誤解回答者的意思。為減少偏誤的發生，以進行具有專業品質的訪談，就必須仔細地挑選訪談者，並且為他們提供嚴謹的訓練。良好的訪談者是親切的、誠實的、精確的、成熟的、負責任的、相當機靈的、穩定的且積極的。

三 訪員有意的破壞：有意地更改答案、刪掉問題或用不同措詞來問問題、選擇另外的回答者。例如，大規模的調查當中，研究機構通常會再僱用一名管理訪談者的督導員。督導員熟悉訪談的地理位置、協助處理問題、監督訪談者、並且確保訪談者能夠準時完成工作。督導員可透過電話確認訪談者抵達以及離開的時間，並且監督訪談的電話內容。在面對面的訪談中，督導員會去確認訪談者是不是真的去進行了訪談，而這意味著督導員可能會打電話給受訪者，或者是寄一封確認的明信片給被抽樣的受訪者。督導員也可以確認回收率以及未完成的問卷，以了解訪談者是否取得受訪者的合作，此外，督導員或許會重新訪談一個小型的次樣本並且分析答案，或者是觀察訪談過程，以了解訪談者是否正確地提出問題並且記錄答案。

四 訪員因為回答者的外貌、生活狀況或是其他的答案，而對回答者的答案產生某種期待，於是影響了答案。訪談者的特質可能會以許多方式來影響答案。例如，當訪談者是一位身心障礙者時，受訪者在自我回報的「快樂」程度方面，會比他們在單獨完成一份自填問卷時還要更低。顯而易見的，這是因為受訪者不想要讓人覺得和訪談者相較之下，他們聽起來太過於幸福。然而，如果有一名身心障礙者在同一個房間裡，當受訪者在完成一份自填問卷時，他們所回報的快樂程度則會比較高。很顯

然的，相較於一個沒有任何直接提醒受訪者其他人的生活狀況的情境，當一名身心障礙者在場時，受訪者會覺得相較之下自己的處境好多了。因此，訪員在進行訪談時，需覺察這種情形，以減少偏誤的發生。

五 訪員未能深入探問或者深入探問不當。可透過訪員訓練，包括上課以及閱讀、觀摩專業的訪談者、在辦公室以及田野中進行模擬訪談，並加以記錄與接受評判的訪談的練習，且角色扮演訪談者在這些課程當中學習關於調查研究的內容，以及訪談者所扮演的角色。除此之外，必須熟悉問卷以及每個問題的目的，以及追問的技巧，以減少偏誤的發生。

六 由於訪員的外表、語氣、態度、對答案的反應或是在訪談之外所做的評論，影響到回答者的答案。訪談者外顯的身體特質，包括種族以及性別等等，都可能會影響受訪者的答案，尤其是在關於種族或是性別的問題方面。例如，非裔美國人以及西班牙裔的美國人，會因為訪談者在外表上明顯的種族差異，而對那些與種族相關的議題表達出不同的政策立場。一般而言，具有和受訪者相同種族背景的訪談者，會比來自於不同背景的訪談者更有可能得到較為正確的答案。

申論題　Essay Question

二、在進行調查研究時，對於調查對象的測量結果，不可避免的會產生誤差，請說明何謂調查的統計值產生誤差（error）？並進一步說明產生這些誤差（error）的可能原因或誤差的來源？　　（107年普考）

考點分析

本題審題時必須明辨，是考「調查的統計值產生誤差」，而非「測量時產生的測量誤差」，兩者雖均為金榜考點，但應答內容不同。本題以往即有命題紀錄，考題出處為王佳煌等譯《當代社會研究法：質化與量化取向》。

【解析】

 ## 調查的統計值產生誤差之意涵

誤差（error）所指的是在所得到的值以及「真正的值」（true value）之間的差異。當調查資料（得到的值）無法正確地反映出在一個母體中的受訪者的真正行為、信念，以及理解時（真正的值），就是發生了誤差。而這些真正的行為、信念，以及理解，才是研究者所試圖要去了解的資訊。

調查研究中的誤差來源

1. **選擇受訪者時的誤差**
   (1) 抽樣誤差（sampling errors）：例如，使用了非機率的抽樣方法。
   (2) 涵蓋誤差（coverage error）：例如，使用了一個較差的抽樣架構，而遺漏了某些群體的人。
   (3) 在抽樣單位的層次上所發生的無回應誤差（nonresponse error）：例如一名受訪者拒絕回答。

2. **回答調查問題時的誤差**
   (1) 針對特定調查問題的無回應誤差：例如，受訪者跳過或是忽略某些問題。
   (2) 由受訪者所引起的測量誤差：例如，受訪者沒有用心在聽指示。
   (3) 由訪談者所引起的測量誤差：例如，訪談者在念問題或是記錄答案時過於草率。

3. **調查執行的誤差**
   (1) 調查後誤差（postsurvey errors）：例如，在整理資料時或是把資料轉換為電子格式時犯下一些錯誤。
   (2) 模式效應（mode effects）：例如，由於調查方法所產生的差異，像是透過信函、親自訪談，或是透過網路等不同的方法。
   (3) 可比較性誤差（comparability errors）：例如，在針對同一群受

訪者調查相同的議題時，不同的調查組織、國家，或者是調查時
間所得到的資料卻不相同。

申論題　Essay Question

三、採用問卷收集受訪者之資料，為調查研究常用之方式之一。請問
　　下面那種調查方式，較不容易產生問卷題目的次序效應（question
　　order effects）：面對面訪問、電話訪問、或郵寄問卷？請說明你
　　的理由。　　　　　　　　　　　　　　　　　　　　　　（107年普考）

本題是三種調查法的實施優缺點的延伸考點，掌握此核心觀念即可
順利應答。

【解析】

問卷題目的次序效應（question order effects），是指問題的排序可能對受
訪者（特別是立場未定或教育程度低者）的答題產生影響，也就是說，這
類受訪者會以前面的問題，做為回答後面問題的基礎。茲將面對面訪問、
電話訪問或郵寄問卷對產生問卷題目的次序效應比較說明如下：

一 面對面調查：係訪問員依據訪談大綱，對受訪者面對面的，以口語的方
　　式，去蒐集問卷上所欲蒐集的資料。面訪調查的問卷結構，多為半結構
　　問卷，或是質化研究的開放性問卷，因此，受訪對象最不容易受卷題目
　　的次序的影響。

二 電話訪問：是一種用電話作為訪談工具的訪問調查法。不用問卷，不
　　當面訪問受訪者，只用電話作為訪談的工具，是為電話調查法，一般
　　以結構性問卷為主。由於電話調查所問的問題不能太多（一般都不超過
　　十一、二題），以便能在極短的時間內完成訪問，因此，受訪者較無時
　　間思考問卷題目的前後順序關聯，但其產生問卷題目的次序效應的機率

仍略高於面對面調查。

 郵寄問卷：是指研究者將問卷郵寄給被抽樣到的填答者，藉由填答者回覆的問卷，去蒐集到所欲蒐集資料的方法。郵寄問卷由於受訪者收到問卷，因此，可以在閱覽全部問卷題目後，可了解各問項之間的關聯程度，再決定次一問項所填答的答案。因此，郵寄問卷最容易產生問卷題目的次序效應。

申論題　Essay Question

四、請論述測量之信度和效度的內涵。若欲針對老人之生活滿意度加以測量，你會如何確保該測量之信度和效度？

（107年第一次專技社工師）

考
點
分
析

本題分為二個提問，均為重要的考點，在編者著《社會（工作）研究方法》第4章〈問卷設計與測量〉章節中，即已為考生畫上榜首提點的重要叮嚀符號，考前詳加研讀的考生，本題應答毫無懸念。

【解析】

信度和效度的內涵說明

1. 信度：信度是指一個指標的可信賴程度。信度指研究的信賴度（Dependability）與一致性（Consistency）。受訪者被訪問時的回答或受測時的分數，若再施測一次，或再訪問一次時，其結果應該相同。

2. 效度：效度是指研究的準確性，也就是真正測出研究者想要測量的概念或變項的能力。

確保老人之生活滿意度測量之信度和效度的方式

老人之生活滿意度是指，高齡者對目前生活主觀評估過程中，包括高齡者對整體生活適應感到滿足快樂的程度，及其生命過程中期望目標和實際成就之間一致的程度。生活滿意度可從老人的社會、心理、生理等構面加以測量。茲將確保老人之生活滿意度測量之信度和效度的方法，說明如下：

1. **確保測量問卷的方法**

(1) 清楚地概念化所有建構：如果是對單獨的一個建構或建構的某個次面向進行測量，那會提高信度。這意味著研究者應努力發展沒有任何模糊不清之處的理論定義。建構應該要有清楚明確的定義，以消除來自其他建構的「雜音（Noise）」。例如：老人滿意度的測量應包括社會、心理、生理等構面。

(2) 增加測量等級：測量等級比較高或比較精確的指標，會比測量等級較不精確的指標可能具有較高的信度，這是因為後者所獲得資訊不詳細之故。

(3) 使用多重指標來測量一個變項：對同一個建構，使用兩個（或多個）指標會比只用一個來得好。多重指標有兩項功能。第一，允許研究者對一個概念定義的內容進行廣泛的測量。某些作者稱這個作法為從概念範疇中抽樣。可以對建構的不同層面進行測量，每個層面都有自己的指標。第二，一個指標（例如：老人滿意度問卷上的一個問項）可能不夠完美，但是數個測量工具就比較不可能犯下同樣（系統）的錯誤。多重指標測量工具會比單獨一個項目的測量工具更為穩定。

(4) 進行測試：先行使用前測或測試版的測量工具。在正式使用最終版本進行檢定之前，先就某個測量工具發展出一個或多個草案或測試版進行測試，以提升信度。可針對老人進行問卷預測，以了解問卷的信度。

2. **確保測量效度的方法**

(1) 確保測量外在效度的方法

　　A.研究目的澄清：調查時，若受訪者拒絕回覆時，訪問者必須澄

清研究的目的，而且最好能與受訪者的目的一致。否則受訪者
與調查本身有距離，所給的答案無法做為研究的參考，所做的
推論當然無法正確。了解了研究者的研究目的後，回答時文不
對題的情況就可以減少，效度自然提高。

B.敏感問題的減少：避免受訪者覺得焦慮或隱私權受到侵害，最
好事先保證保密而且用匿名的方式來處理資料，使受訪者可以
放心作答。

C.避免社會性期待答案的產生：不要讓受訪者覺得應該做那些回
答才是正確的答案，也不要使受訪者有為討研究者喜歡，所以
只好揣摩調查心意的情事產生，如此一來，誤差在所難免，所
以事先就必須予以說明，回答並無對錯之分。

D.相關問題的處理：因問題多有相關，可能會讓他以為不必在乎
答案的題數，便自作聰明選擇自己喜歡的題目作答。因此必須
強調每題均要作答的重要性，並且不要問一些不相干的問題，
加重受訪者的負擔。

(2) 確保測量內在效度的方法

A.問題要明確：須與研究主題有關，字眼不能曖昧。

B.字語要簡單：不能難以理解。例如：對於老人的問卷，用詞必
須簡單，避免用詞艱深不易懂

C.避免雙載的問法：兩個問題不要問在一起。

D.問題要精簡：讓填寫者很快讀通，馬上可以作答。避免負向的
陳述。

E.受訪者的知識水準要加以考慮，依據受訪者的程度與背景設計
問卷。

F.利用試測檢定問卷的好壞。

申論題　Essay Question

五、信度（reliability）是科學測量的核心議題之一，請列舉並說明增進
測量工具信度的可行原則？　　　　　　　　　　　（108年地方四等）

本題有關增進信度的原則（方法），屬於記憶型題型，簡單易答。考前詳讀編者著《社會工作研究法》第4章〈問卷設計與測量〉章節，編者在該書中即已畫上榜首提點提醒考生，應答不費吹灰之力。

【解析】

茲將增進測量工具信度的可行原則列舉並說明如下：

 ## 將所有的構念加以概念化

如果是對單獨的一個建構或建構的某個次面向進行測量，那會提高信度。這意味著研究者應努力發展沒有任何模糊不清之處的理論定義。建構應該要有清楚明確的定義，以消除來自其他建構的「雜音（Noise）」（例如令人分心或干擾思考的資訊）。

使用精確的測量尺度

測量等級比較高或比較精確的指標，會比測量等級較不精確的指標可能具有較高的信度，這是因為後者所獲得資訊不詳細之故。

 ## 使用多重的指標

對同一個建構，使用兩個（或多個）指標會比只用一個來得好。多重指標有兩項功能。第一，允許研究者對一個概念定義的內容進行廣泛的測量。某些作者稱這個作法為從概念範疇中抽樣。可以對建構的不同層面進行測量，每個層面都有自己的指標。第二，一個指標（例如：問卷上的一個問項）可能不夠完美，但是數個測量工具就比較不可能犯下同樣（系統）的錯誤。多重指標測量工具會比單獨一個項目的測量工具更為穩定。

使用前導研究及複製

先行使用前測或測試版的測量工具。在正式使用最終版本進行檢定之前，先就某個測量工具發展出一個或多個草案或測試版進行測試，以提升信度。

申論題 Essay Question

六、在「面對面訪談式調查」（或稱「訪問調查」）中，訪談偏誤
（interview bias）是影響調查品質的重要來源。請列舉五類並說明
訪談偏誤的類別。 （108年地方四等）

考
點
分
析

本題題型於小而美，屬記憶型題型，無變化性，簡單易答。考前詳
讀編者著《社會工作研究法》第4章〈問卷設計與測量〉章節，編
者在該書中即已4顆星提醒考生加強準備。

【解析】

茲將訪談偏誤的類別，列舉五類如下：

 回答者的錯誤：忘記、尷尬、誤解或是因某人在附近出現而說謊。

 不是刻意的錯誤與訪員的疏忽：聯絡到不正確的回答者、讀錯問題、漏
掉該問的問題、按照錯誤的順序問問題、記錄一個錯誤的答案或是誤解
回答者的意思。

三 訪員有意的破壞：有意地更改答案、刪掉問題或用不同措詞來問問題、
選擇另外的回答者。

四 訪員因為回答者的外貌、生活狀況或是其他的答案，而對回答者的答案
產生某種期待，於是影響了答案。

五 訪員未能深入探問或者深入探問不當。

申論題 Essay Question

七、信度的誤差來源為何？試以其來源選擇適合的信度類型，並舉例說
明之。 （109年高考）

考點分析　本題雖然主要是考信度的類型，但與以往的歷屆試題命題方式，本題係從信度的誤差來源反向命題，請考生推導出各誤差類型來源適合使用的信度類型，需要多加思考。本題難度稍高，請考生藉本題建立完整觀念。

【解析】

信度是指一個指標的可信賴程度。信度（Reliability）指研究的信賴度（Dependability）與一致性（Consistency）。受訪者被訪問時的回答或受測時的分數，若再施測一次，或再訪問一次時，其結果應該相同。茲將信度的誤差來源，及以其誤差來源，選擇適合的信度類型並舉例說明，如下：

 誤差來源為「時間取樣」：適合的信度類型為「重測信度」

重測信度要解答的主要問題，包括相關內容樣本所得分數受到不同測驗情境的影響如何？在不同測量時間所得分數的穩定性如何？重測信度（Test-Retest Reliability）係指用同一測驗，對同一群受試者前後測驗兩次，再根據受試者兩次測驗的分數，計算其相關係數，此係數即為該測量的信度係數。此法的目的主要是要了解該測量的穩定性。相關係數最好能達到0.8以上，但至少也要有0.7才算是良好穩定的測量工具。

 誤差來源為「內容取樣」：適合的信度類型為「折半信度」

折半信度要解決的主要問題，包括測驗分數在相同情境下是否受不同內容取樣的影響？複本形式的信度係數為多少？折半信度（Split-Half Reliability）就是把問卷「折」成一半，然後再看受訪者在這兩半測驗上的分數彼此之間的相關係數，即為其折半信度值。

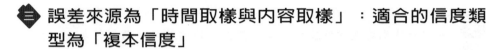

三 誤差來源為「時間取樣與內容取樣」：適合的信度類型為「複本信度」

複本信度要解決的主要問題，包括不管使用的複本測驗或實施的情境怎樣，測驗的一致性如何？在不同測量時間所得分數的穩定性如何？測驗分數在相同情境下，是否受不同內容取樣的影響？兩份仔細配合的複本測驗是否相等、平行或可交互使用？複本信度（Alternate-Form Reliability），亦即同方向信度，主要是適用於教育領域。複本是指與正本本質相同、結構也相同的問卷或測驗卷，它是另外設計的問卷，與正本「一致」但不「一樣」。所以理論上此兩種版本的考卷所測量的結果應該相同或近似，而此時即表示複本信度較高。

四 誤差來源為「內容取樣與內容異質」

1. **適合的信度類型：「庫李信度」**

   庫李信度要解決的主要問題，包括測驗分數在相同情境下是否受不同內容取樣的影響？測驗的同質性如何？每一個題目的反應一致性如何？測驗分數在相同情境下是否受不同內容取樣的影響？庫李信度主要依據受試者對所有題目的反應，分析題目間的一致性，以確定測驗中的題目是否測量相同的特性；題目間的一致性主要受兩種誤差的影響：內容取樣、取樣內容的異質性。而所謂的「內容」的同質性，係指測驗中所有題目均測量同樣的性質；「內容」的異質性係指測驗中的題目所測量的特質超過兩種以上。

2. **適合的信度類型：「Cronbach's α 係數」**

   Cronbach's α 係數要解決的主要問題，為測驗分數在相同情境下是否受不同內容取樣的影響？Cronbach's α 係數係測量不同「題」一致性的方法。一般來說，Cronbach's α 信度係數值在0.8以上，就表示內部一致性信度頗佳，但至少要大於0.7。

五 誤差來源為「評分者誤差」：適合的信度類型為「評分者信度」

評分者信度要解決的主要問題，包括如果使用不同評分者，分數差異

的程度如何？測驗的客觀程度如何？不同評分者所得的結果是否可替換？「評分者間信度」（Inter-Rater Reliability）通常是指觀察者間信度（Inter-Observer Reliability），關心測驗是如何計分一致或由兩位評分者評定行為。

申論題 Essay Question

八、調查研究法涉及之倫理議題有那些？試分述，並說明如何因應以防患未然。

（109年普考）

倫理議題是本考科常見的考點，本題考題屬記憶型題型，考題無變化性，考前詳加準備，即可順利應答。

【解析】

倫理議題是源自於對研究的適當方法的關切、兩難與衝突，倫理界定了什麼是正當、什麼是不正當，或者說什麼是「合乎道德」的研究程序。茲將調查研究法涉及之倫理議題分述並說明因應之道如下：

自願參與和知情同意

1. 社會工作研究常常意味著侵入他人的生活。訪談者的登門拜訪與信件中夾帶的問卷對受訪者來說，意味著一種不請自來並常需要耗費他／她相當多的時間與精力來應付的活動。參與研究會中斷受訪者日常的活動。

2. 社會工作研究常需要受訪者透露他們的個人訊息——那些或許連朋友或同事都不知道的資訊。而社會工作研究常需要將這樣的個人資訊透露給陌生人。研究倫理的主要原則是參與者必須是自願的。沒有人可以被迫參加。所有的參與者必須知道他們正在參與一項研

究，被告知所有研究的後果並同意加入。

二 不傷害參與者

1. 社會工作研究不該在研究中傷害參與者，不管參與者是否自願參與研究。或許實務中最能清楚說明這個規範的例子是資訊的透露使參與者困窘或危及他們家庭生活、友誼、工作等等。
2. 研究對象在研究進行過程中可能會受到心理上的傷害，研究者必須注意到那些細微的危險並且對它們保持警戒。

三 匿名性與保密性

1. 匿名性：當研究者無法區分那一個回答屬於那一個受訪者時，該受訪者會被認為是匿名的。這意味著訪問調查的受訪者永遠不會是匿名的，因為訪問者是從可資識別的受訪者蒐集資訊。問卷在回收至研究辦公室前，每份問卷都是沒有識別號碼的調查信件，可以做為一個匿名性的例子。確保匿名性使得記錄誰有交回或誰沒交回問卷變得困難。儘管有這個問題，一般還是會建議在某些情形下，這種代價是必要的。
2. 保密性：在一項保密研究中，研究者能夠識別每個受訪者的答案，但基本上不得將之公開。舉例來說，在一項訪問調查中，研究者能夠將某特定受訪者的收入資料公開，但受訪者需獲得保證這樣的事不會發生。可採取相關技巧來加強這些保證，訪問者和其他能獲得受訪對象個人身分者，應該接受倫理責任的訓練。所有姓名和地址資料應該儘快地從問卷上消除，並替換上識別號碼。應該設計一個主要識別檔案來連接識別號碼與姓名，以便稍後可以校正遺失或矛盾的資料，但除非有正當目的，否則這份檔案不是任何人都可以接觸得到。每當一項調查是保密而非匿名的時候，確保這些實情受訪者都清楚是研究者的責任。

四 欺瞞參與者

對研究對象表明你是研究者的身分，有些時候是有用且甚至必要的。你必須精於話術以在不洩漏你正進行研究的情況下，使受訪者完成冗

長的問卷。甚至當隱藏你的研究身分是合理並且重要的時候，還有一個重要的倫理面向必須要考慮。欺騙是不道德的，在社會研究中，欺騙需要有令人信服的科學或管理考量來證明其正當性。

五 分析與報告

在任何嚴謹的研究中，研究者應該比其他任何人更熟悉其研究在技術上的缺點和不足。你有義務將這些缺點讓讀者知道。雖然你可能會覺得承認錯誤是很愚蠢的一件事，無論如何你都應該這麼做。如果真的跟你的分析有關，研究的負面發現應該被報告出來。

申論題　Essay Question

九、為求研究測量的精確性和正確性，研究者會採用信度及效度技術來檢視。請問信度的定義為何？信度有那三種類型？請各舉一例說明。

(109年地方三等)

---

1. 本題考信度的基本觀念及類型，是常見的金榜考點，屬記憶型題型；另效度的定義、類型請一併準備。
2. 信度有相當多的類型，國內外學者的分類也不盡相同。本題題意所指稱的信度有那三種類型？係依據Allen Rubin、Earl R. Babbie著、李政賢譯，《社會工作研究方法》書中的分類。

【解析】

 ### 信度的定義

信度是指一個指標的可信賴程度。信度（Reliability）指研究的信賴度（Dependability）與一致性（Consistency）。受訪者被訪問時的回答或受測時的分數，若再施測一次，或再訪問一次時，其結果應該相同。

三 信度的三種類型與舉例

1. 訪員或觀察者間際的信度

觀察者間際信度（inter observer reliability），或評分者間際信度（inter rater reliability）是指，觀察者或和評分者之間相互同意或一致性的程度。假設，研究者在研究志工或半專業人員的在職訓練方案，是否增進他們在錄影紀錄裡角色扮演情境的同理表現。為了評估研究者所訓練的兩位觀察者之間的信度，研究者可以讓他們看相同的錄影帶，然後他們獨立評估所觀察到的同理程度。如果他們評估結果的一致性達到**80%**以上，那就可以假設，測量的隨機誤差並不會太嚴重。有些研究者甚至主張，**70%**的一致性就可以接受。

2. 再測信度

有些研究是在不同時間點使用量表，用以評估研究測量的事項是否有改變，對於這樣的研究，測量的穩定性就很重要。亦即，量表在不同的時間點測量，應該具有一致性。如果，測量缺乏跨時間的穩定性，那麼所觀察到的改變，可能是由於測量過程的誤差所造成，而不是研究對象或現象本身真正發生改變。再測信度（test-retest reliability）就是評估跨時間測量的穩定性。例如：對於大學生婚前性行為的態度研究，進行二次的測量。要評估再測信度，簡單的做法就是，在不同的場合，對相同的人使用相同的測量工具，如果兩次測量結果的相關高於**0.70**或**0.80**（越高越好），這份工具的信度就可以接受。

3. 內部一致性信度

(1) 不管是否計劃要評估測量的跨時間改變，評估測量內部題目是否一致，都是很重要的，這即是所謂的內部一致性信度（internal consistency reliability）。其基本假設是，測量工具的內容是由很多題目組成的，每一個題目都有一個分數，與其他分數組成為整個測量的總分數。研究者可以簡單地評估，每個題目的分數與其他題目的分數是否相關，或者，研究者也可以將所有題目分成幾分組，計算各個分組總和之間的相關。例

如：折半信度（split-half reliability），即是把相同問卷的所有題目分成兩組，分別施測，並評估獲得資料之間的相關；由於這種方式只需要對受試者團體施測一次，所以這是測量信度中最常見的方式。例如：對於老人日常生活的身體活動能力評估，將評估指標分為單數題指標、雙數題指標分成二組進行測量。

(2) 此外，電腦的發明使得計算內部一致性簡單多了，在這之前，用來檢驗研究信度的方式既一時且執行困難，我們稱為複本信度（parallel-forms reliability），這需要建構與研究測量工具（亦即正本）相當的第二份測量工具（亦即複本），可能是包含比較少的題目，但兩者要測量的東西是相當的。我們將正本、複本對於同一群人進行施測，然後比較測得的結果是否相關。例如：大學教授期中考出的試題A、B試卷。在社會工作的研究中，很少使用這種方式，因為要建構和測量工具確實相當的副本，這既複雜又有風險。正本、複本之間不一致不必然代表，正本的測量工具是沒有信度的，可能只是因為建構的副本並沒有真正達到相當於正本的程度而已。目前，在測量內部一致信度時，最常使用和最有效的方法就是計算 α 係數（coefficient alpha）。

申論題　Essay Question

十、請說明電話訪問調查法與面對面訪問調查法內容為何？各有何優、
　　缺點？　　　　　　　　　　　　　　　　　　　　　　（109年地方三等）

考
點
分
析

本題考電話訪問調查法與面對面訪問調查法，是相當基礎的考點，簡單易答；另郵寄問卷調查、線上調查亦應一併準備。

【解析】

電話訪問調查法與面對面訪問調查法的內容

1. 電話訪問調查法是一種用電話作為訪談工具的訪問調查法。不用問卷，不當面訪問受訪者，只用電話作為訪談的工具，是為電話調查法。目前各民調中心均使用「電腦輔助電話問卷調查／電腦作業電話會談」（Computer Assisted Telephone Interview, CATI）。CATI系統可協助訪問者作撥號、戶中取樣、題序隨機出現、選項答案隨機出現以及資料登錄與分析等工作。

2. 面對面訪問（面訪）是訪問員依據訪談大綱，對受訪者面對面的、以口語的方式，去蒐集問卷上所欲蒐集的資料，即為訪問調查。在面訪調查前，研究者須先進行訪員訓練，以使訪員訪問過程中將有標準化的問題適用到各式各樣的受訪者身上，且訪員也必須對所要訪問的題目完全掌握，以提升面訪品質。

電話訪問調查法與面對面訪問調查法的優、缺點

1. **電訪之優缺點**

   (1) 優點：省時、省錢、回答率高、效率也不錯。

   (2) 缺點：所問的問題不能太多（一般都不超過11至12題），以便能在極短的時間內完成訪問；所問的問題也不能太深入，否則受訪者無從回答；研究者對受訪者的反應也很難探測等，以及無法確定接聽電話的人，是否是研究所需要的樣本。

2. **面訪之優缺點**

   (1) 優點：訪問調查回答率高、訪問的品質也較好，因為能使調查者可以較深入的探索受訪者的意見和行為，藉著較好的訪談技巧可以蒐集較深入的資料。但是訪問調查的成敗關鍵是調查者與受訪者之間的關係是否能順利建立，否則訪問調查無法進行。

   (2) 缺點：訪問調查必須按著樣本的名單挨家挨戶的訪問，所以它最大的缺點是成本太高。

十一、面訪、電訪、郵寄和網路都是常見的問卷調查形式，請比較此四種調查法之優缺點。如果你想要進行一項家庭照顧者心理適應相關調查，請問你會採用那種方式？請說明理由。

（110年第一次專技社工師）

面訪、電訪、郵寄和網路都是常見的問卷調查形式，係經常性命題的考點，編者在所著《社會工作研究方法》第4章〈問卷設計與調查〉章節中，即已畫上榜首提點考生加強準備；另第二個考點，為調查方法案例之應用，考生平時在準備考試時，即應備有1至2個案例備用，屆時在考場上稍加修改即可應用，節省在考場上重新構思的時間，考場臨危不亂。

【解析】

面訪、電訪、郵寄和網路問卷調查之優缺點說明

1. **面訪**

   面訪是訪問員依據訪談大綱，對受訪者面對面的、以口語的方式，去蒐集問卷上所欲蒐集的資料，即為訪問調查。優缺點如下：

   (1) 優點：訪問調查回答率高、訪問的品質也較好，因為能使調查者可以較深入的探索受訪者的意見和行為，藉著較好的訪談技巧可以蒐集較深入的資料。但是訪問調查的成敗關鍵是調查者與受訪者之間的關係是否能順利建立，否則訪問調查無法進行。

   (2) 缺點：訪問調查必須按著樣本的名單挨家挨戶的訪問，所以它最大的缺點是成本太高。

2. **電訪**

   電話訪問調查法是一種用電話作為訪談工具的訪問調查法。不用問卷，不當面訪問受訪者，只用電話作為訪談的工具，是為電話調查

法。優缺點如下：

(1) 優點：省時、省錢、回答率高、效率也不錯。

(2) 缺點：所問的問題不能太多（一般都不超過11至12題），以便能在極短的時間內完成訪問；所問的問題也不能太深入，否則受訪者無從回答；研究者對受訪者的反應也很難探測等，以及無法確定接聽電話的人，是否是研究所需要的樣本。

3. **郵寄**

郵寄問卷法是指研究者將問卷郵寄給被抽樣到的填答者，藉由填答者回覆的問卷，去蒐集到所欲蒐集資料的方法，傳統上此法多為一般郵寄（Mail by Post）。優缺點如下：

(1) 優點：郵寄問卷有省時、省錢、保有受訪者的隱私等優點。

(2) 缺點：回收率低，經常不到一半，若時機不對或問題不妥，可能連20%都有問題；更嚴重的是受訪者是否了解題意？是否由其本人填寫等研究者不得而知，但當受訪者對題目不甚明了或產生誤會時，經常不能完成問卷，就算勉強完成其問卷，結果也是錯誤百出，因此對問卷的指示和說明都較其他方法來得重要。

4. **網路**

網路／線上調查是指透過網路以及全球資訊網來進行。有一部分線上調查（Online Surveys）是完全透過電子郵件來完成，其他則是透過網站。優缺點如下：

(1) 優點：能夠快速地且廉價地將該訊息大量地傳送到世界上各個角落的受訪者；所蒐集到的問卷會自動地以電腦處理，能夠免去手動輸入問卷的問題，並且能夠在線上快速地製作出圖表來標示結果；線上調查軟體能夠檢查受訪者是否跳過了一個選項，或以其他因素不正確的填答，進而提示他們在進行下一個步驟前修正任何的遺漏或其他錯誤。

(2) 缺點：受訪者的代表性問題，因為窮人與老年人，一般來說較年輕人、富裕的人及受過高等教育的人，有較少接觸網路的機會，因此受訪者較少有上網或填答網路問卷的傾向；且由於垃圾信

件篩選機制的使用率增加，導致線上調查電子郵件容易被標示為垃圾郵件的機率增加，因而造成許多的收件者可能從不曾收到線上問卷，而研究者也無法知道有多少比例的人收到以及沒收到該信件。如果很多人沒有收到，則必然會大大地降低填答率，或許會使結果產生較大的偏差；另常見的問題是，一個人往往有好幾個e-mail帳號，使得樣本的代表性與回收率產生問題。

進行一項家庭照顧者心理適應相關調查會採用的問卷調查方式說明

研究者如果要進行一項家庭照顧者心理適應相關調查，在面訪、電訪、郵寄和網路問卷等四種調查方式中，研究者會採取面訪方式進行。如以長期照顧家庭的家庭照顧者心理適應調查為例，說明如下：

1. 面訪能確實訪問到照顧者本人：研究者可透過各縣市的長期照顧管理中心，就申請長照服務的家庭取得名冊，藉由居服員前往提供服務的時候，一同前往案家對家庭照顧者進行調查，相較於其他調查方式，面訪可確保調查的對象確實為家庭照顧者。

2. 面訪問卷回收率較其他調查方式為高：藉由研究者隨同居服員前往的面訪調查，可提升問卷回收率；且如果採取郵寄調查，家庭照顧者因照顧壓力大，恐無閒暇可回覆，問卷回收率勢必相當低；另電話訪問除受限於調查題目的長度之外，因照顧事項繁忙，易較無時間接受電訪，致電訪成效不佳；而網路調查，對家庭照顧者而言，亦具有非經常性接觸的特性，無法真確的訪問到家庭照顧者。

申 論 題　Essay Question

十二、調查研究法常用問卷設計蒐集適於分析的資料，試說明研究者編製一份良好的問卷有那些基本原則？　　　　　（110年高考）

考
點
分
析

本題考優質問卷設計的基本原則，為記憶性考點，且非首次命題，考題無變化性。

【解析】

茲說明研究者編製一份良好的問卷的基本原則如下：

避免行話、俚語和簡寫

除非調查的是某個特殊的群體，否則應該避免使用行話與俚語。應該使用回答者的字彙與文法。對一般大眾而言，這是指電視與報紙上所使用的語言。

避免模稜兩可、混淆與模糊不清

1. 模稜兩可與模糊不清使研究者可能做了潛在的假定，而沒有考慮到回答者的想法。例如：「你有多少收入？」這個問項可以指週薪、月薪或年薪；稅前或是稅後的收入；光指薪水還指所有的收入來源。這種混淆形成了不同回答者各自對問項出現不同的解釋，因而也提出了不同的答案。如果研究者要的資料是去年的稅前家庭收入，則應該照實詢問之。

2. 另一個模稜兩可的狀況是使用不明確的字眼或答案選項。例如：對於這個問題「你定期慢跑嗎？是＿＿否＿＿」的答案繫之於「定期」這個詞的含意。有些回答者把「定期」界定為每天，其他人的定義可能是一週一次。為了減少回答者搞不清楚狀況的情形，並從而得到更多的資訊，應該儘可能使用明確的字眼——是否大約一天慢跑一次，一星期數次、一週一次等等。

避免情緒性的言語，以及聲望所產生的偏見

文字有表面的意義，也有內含的意義。同樣的，社會上的頭銜和職位（例如：總統、專家）帶有聲望或地位。帶有強烈情緒性含意的字

眼，以及高社會地位的人在相關的議題上所持的立場，都會影響到回答者聽取與回答者問項的方式。使用中立的語言。避免使用帶有情感「包袱」的字眼，因為會引起回答者答案的可能是這個帶有情感的字眼，而不是議題本身。也要避免聲望偏誤（**Prestige Bias**），存在於某項陳述與某個有名望的個人或團體之間的連結。回答者可能會根據他們對這個人或團體的感覺，而不是根據那個議題來作答。例如：：「大部分的醫生說，香菸的煙霧會使吸菸者周圍的人產生肺病。你同意嗎？」就會影響那些同意醫生看法的回答者的作答模式。

四 避免雙重負載問題

1. 使每個問項只問一個主題。一個雙重負載（**Double-Barreled**）的問項把兩個或者更多個問項合成一個問項。這使回答者的答案模稜兩可。例如：如果回答者被問：「這家公司有年金與健康保險的福利嗎？」而回答者所在的公司如只有健康保險的福利制度，他可能回答有，也可能回答沒有。這個答案的意義有點模稜兩可，研究者無法確定回答者的意向。一個問項中應該只包括一個概念、主題或意義」。研究者如果想要詢問兩件一同發生的事」，如同時提供年金福利與健康保險福利的公司，應該以兩個分開來的問題來詢問回答者。

2. 也不要把回答者相信兩個變項間是否有關係存在的想法和實際測量某個關係的變項給混淆一談。例如：研究者想要發現學生對課堂上講比較多笑話的老師，是否給予較高的評價。這兩個變項是「老師講笑話」與「給老師的評價」。切入這個主題時，錯誤的作法是詢問學生：「如果老師講很多笑話，你會給這個老師很高的評價嗎？」這個問項測量的是，學生是否相信他們對老師的評價是根據笑話的多寡，而不是測量變項間的關係。正確的問法是問兩個獨立的問題「你如何評價老師？」以及「老師在課堂上說了多少個笑話？」然後研究者可以檢視這兩個問題的答案，察看兩者間是否有所關聯。相信某個關係存在與這個關係是否實際存在是兩碼子的事。

五　避免誘導性的問題

使回答者感覺所有答案都是正當的。不要使回答者意識到研究者想要的是某個答案。誘導性的問項（或另有所指的問項）是透過措辭用字，引導回答者選擇某個答案而不是其他答案的問項。誘導性問項有許多種形式。例如：「你不抽菸，是吧？」這個問項就有誘導回答者回答他們不抽菸的傾向。別有所指的問項依其陳述的方式，可以得出正面或負面的答案。例如：「市長應該花更多納稅人的錢，而使道路保持最佳狀態嗎？」會誘導回答者回答不同意，而「市長應該修護我們城市中坑坑洞洞的危險街道嗎？」會誘使回答者回答同意。

六　避免超過回答者能力的問題

1. 問一些只有少數回答者知道的問題，會使回答者有挫折感，而且會得到劣質的答案。回答者並不是總是能夠記得起過去事情的細節，而且他們有可能根本不知道許多某些特定的事實資訊。例如：詢問某個成年人：「當你六歲時，你對你兄弟有何感覺？」可能毫無意義。要求回答者對其毫無所知的事物做選擇（例如：外交事務上的某個技術問題或是某個組織的內部政策），是可以得到某個答案，但卻是個不可靠與毫無意義的答案。如果可能遇到有許多回答者對某個議題毫無所知，可以使用一個全過濾題（Full-Filter）的問項。

2. 透過回答者思考事物的模式來製作問項。例如：很少回答者能夠回答「去年你的車加了多少加侖的汽油？」但是回答者可能可以回答正常情況，他一週加了多少加侖的汽油的問項。有了這個答案，研究者只要把它乘上五十二，就可以估算出一年的購買量。

七　避免錯誤的前提

問題不要以一個回答者可能會不同意的前提開始，然後再問回答者對於這個問題的答案。不同意這個前提的回答者可能會感到挫折，而且不知道該如何回答。舉例來說，問項：「郵局營業的時間太長。你要它每天晚四個小時開門、還是早四個小時關門呢？」使反對這個前提或反對這個方案的回答者，找不到一個有意義的選項可答。比較好的

問項是直接要求回答者認定某個前提為真，然後再問回答者偏好那個選項。例如：「假定郵局要縮減營業時間，你認為下列何者對你較方便？每天晚四個小時開門，還是早四個小時關門？」對某個假設狀況的答案不是非常可靠，但是語意明確可以減少挫折。

八 避免詢問有關未來的意向

避免詢問人們在假設的情況下，他可能會做的事情或決定。即使有答案也是相當差勁的行為指標。諸如：「假如街尾開了一家雜貨店，你會到那裡去買東西嗎？」之類的問項，是白白浪費時間的。最好是詢問現在的態度與行為。一般而言，回答者對與其經驗有關的特定問題所提供的答案，比回答那些不是他們可以直接經驗到的抽象事物來得可靠。

九 避免雙重的否定

雙重否定在一般用語中，不是文法錯誤就是易於混淆的。例如：「我並沒有一個工作都沒得到」，邏輯上意指回答者沒有工作，第二個否定是做為強調用的。這種赤裸裸的錯誤是頂少見的，但是更複雜的雙重否定形式也把人搞得糊里糊塗。它們發生在要求回答者回答同意或不同意之時。舉例來說，不同意以下敘述的回答者，「不應該要求學生參加考過所有的科目才能畢業」，在邏輯上則表達一種雙重否定，他們對不做某件事情，表示不同意見的意見。

十 避免重疊和不平衡的選項分類

1. 使回答類屬或選項、互斥、窮盡、且達到平衡。互斥（Mutually Exclusive）是指回答類屬不會重疊。數字重疊的答項（例如：5-10, 10-20, 20-30）很容易就可加以矯正（例如：5-9, 10-19, 20-29）。

2. 字選項的模稜兩可是另一種類型的答案重疊，例如：「你滿足重疊選項分類的另一種形式，例如：「你對你現在的工作感到滿意嗎？還是有些令你不盡如意之處？」窮盡（Exhaustive）是指每個回答者有一個選項可以作答。例如：問回答者「你在工作，還是正在

失業當中？」使沒有工作但不認為自己是失業回答者，無答案可選（像是全職的家庭主婦、渡假中的人、學生、殘障以及退休的人）。研究者先思考他要測量什麼，再思索回答者可能的狀況。例如：當詢問回答者有關就業問題時，研究者要問的是關於第一個工作、還是所有做過的工作的資訊呢？是要一份全職工作、還是義務自願性的工作呢？

3. 使答項保持平衡。答項選擇不平衡的例子，例如：這個問項：「市長工作做得如何？傑出的、很好的、令人滿意的？」

申論題　Essay Question

十三、建構問卷是調查訪問方法中的主要測量工具，研究者對問卷的問題主要有那兩種類型？請分別舉例說明其意義及設計要點。

（110年普考）

考點分析

問卷問題設計的型式雖然是基礎類型的考題，但卻是金榜的考點。考生在準備考試的過程中，必須準備幾題封閉式與開放式的問項備用。

【解析】

研究者對問卷的問題的建構主要有兩種類型，茲說明意義及設計要點、舉例說如下：

 結構式問卷

1. 意義：結構式問卷又名封閉式問卷（Closed-Ended Questionnaires），研究者預先設計好各題所有可供回答的答案，讓受試者選擇。換言之，受試者所有可能的狀況，都包含在研究者設計的選項之中。結構式問卷大多用於量化研究之中，受訪者只能

就研究者事先提供的答案中勾選。

2. 設計要點並舉例

(1) 周延性，把所有可能的答案都考慮進去，或是增設「其他（請填寫）_____」的方式，以便廣納意見。例如：信仰宗教的選項，列出佛教、道教、基督教、天主教，但並不周延，可增列出「其他宗教：」選項，則具有周延性。

(2) 互斥性，預設的答案不能讓填答者同時填寫兩個答案以上，也就是覺得甲答案可以，乙答案也可以的重複選擇（複選題例外），若是如此，在作資料整理和分析時必定相當困難。例如：教育程度選項，列出國小、國中以上、大學、研究所。但大學、研究所，教育程度都是國中以上，選項不具互斥性，可修正為：國小、國中、高中、大學以上。

二 非結構式問卷

1. 意義：非結構式問卷又名開放式問卷（Open-Ended Questionnaires），是指研究者於整份問卷中完全不設定選項來限制受試者的選擇，而讓受試者可以完全自由發揮來作答。開放式問卷大多用於質性研究。

2. 設計要點並舉例：非結構式問卷是開放式問項，受訪者可針對問題回答自己想的答案，例如：問卷題目可能會問受訪者：「你覺得當今美國面臨的重大議題是什麼？」並有一空白處可供填寫答案（或者口頭回答訪員）；或是：你認為目前臺灣最大的社會問題為何？

申論題 Essay Question

十四、問卷調查和質化田野研究都運用了面對面訪談（survey interview or field interview），請比較這兩者的差異。 （110年地方四等）

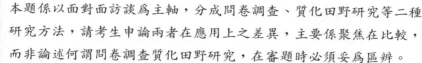

【解析】

面對面訪談係訪問員對受訪者面對面的、以口語的方式，去蒐集問卷上所欲蒐集的資料，即為訪問調查。茲就問卷調查和質化田野研究的面對面訪談之差異，綜整說明如下：

 問卷形式

問卷調查的面對面訪談，通常以使用結構性問卷為主；質化田野研究通常使用非結構性問卷。

 訪談形式

問卷調查的面對面訪談，訪員的訪問係採用標準化訪談方式，要求訪問者按照書面正確無誤地唸出每一個調查問題，把每一次的訪談情境都變成完全相同的經驗。質性田野研究的面對面訪談，主張揚棄標準化的方式，並且使用一種替代的訪談形式，也就是一種有彈性，或者是對話式的訪談。

 互動關係

訪談者問卷調查的面對面訪談，因係使用結構性問卷為主，所以訪談者係記錄正受訪者所回答之標準化答案選項，例如：非常不同意、不同意、沒意見、同意、非常同意等，因此訪員與受訪者之間的關係，係屬標準化訪談，訪員與受訪者的互動關係較淺。質化田野研究通常係用以深入發掘社會現象或深入某議題之研究，因此多採非結構性問卷，訪員在訪問時，會採用追問技巧，進一步深入訪問，在訪談過程中，非常重視彈性原則，強調訪員在整個訪談過程中，必須根據訪談的實際狀況，對訪談的問題、形式或地點做彈性調整，因此，多採非

標準化訪談為主，訪員與受訪者有較深入的互動關係。

申論題　Essay Question

十五、透過訪員來進行問卷調查，其優點與缺點各為何？請各列舉5項
　　　說明之。　　　　　　　　　　　　　　　　　　　　　（111年普考）

考點分析

本題考面訪的優缺點，是非常基礎的記憶型考點，題型小而美，簡
單易答。

【解析】

一　透過訪員來進行問卷調查之優點

1. 面對面訪談回覆率最高。
2. 面對面訪談容許冗長的問卷。
3. 面對面訪談，訪員可觀察四周，並且使用非語言溝通和視覺輔助。
   訓練有素的訪談者會詢問各種類型問題、複雜的問題，並且更廣泛
   的探詢；且訪員在談訪的問答過程中富彈性，對受訪者不了解某些
   問題或用語，訪問員可加以解釋，因此，訪問的品質較好。
4. 面對面訪談，訪員可刺探問法/追問問題（probes）技巧，獲得更
   詳細的、深入的答案。
5. 可以訪問到低社經地位、未裝設電話、不識字或無網路的受訪者。

二　透過訪員來進行問卷調查之缺點

1. 面對面訪談的花費太高，訪員訪談中的訓練、監督、員工花費很
   高。
2. 面對面訪談的訪員偏誤最嚴重。訪談員的外表、語調、問題措辭等
   可能會影響受訪者。

3. 訪員需與受訪者建立良好的關係，否則會影響訪談結果。

4. 比起使用監聽的電話訪問，訪員的監看可能性較小。

5. 不適合進行較為敏感性議題的調查。例如：性行為。

申論題　Essay Question

十六、社會調查研究法常用的預試（**pretest**），試申述其功能。

（111年地方三等）

考點分析

本題考預試（pretest），在以往歷屆試題中，已有命題紀錄，屬於小而美的考題類型。

【解析】

預試乃是指在問卷製作完成後，選擇以符合樣本群之背景資料者作為預試樣本，或是了解此領域的同僚來做施測，以作為修正問卷內容的標準，當問卷製作完成後，最好先找一小部分的樣本先作試測。茲將預試的功能（目的），申論如下：

 所設計的問題能不能測到所要測的？亦即，是否具有效度。

二 所有的題意、字眼都能被了解嗎？亦即，用語是否符合受測者的教育程度、能瞭解語意所代表的意思、淺顯易懂。

三 問題能夠被理解嗎？亦即，問題的敘述是否清楚。

 封閉式的答案類別合適嗎？能把各式答案都全部涵蓋嗎？亦即，問卷的選項是否具有適當性、互斥性。

 能夠使人願意回答嗎？亦即，問句或問題是否會引起受測者的心理防衛。

六 問題能被正確的回答嗎？亦即，問句的描述是否能讓受測者正確的瞭解。

七 有沒有遺漏的問題？會不會引發一些不易判斷或說明的答案？亦即，問句是否具有周延性，或是問句否因具有雙重負載（Double-Barreled），而使受測者無法判斷或回答。

八 有沒有研究者本身的偏見或觀念夾在其中？亦即，問句中是否有夾帶研究者個人的偏見，致使受測者從問句中就可以看出研究者內心對該問題的態度傾向。

申論題 Essay Question

十七、某教授承接政府委託的「老人生活狀況與福利需求調查」，將採用面對面訪問調查方法，預定訪問900位65歲以上長輩，將培訓20位訪員以協助面訪工作，請擬訂訪員訓練的內容。

（111年第一次專技社工師）

依據最近10年本考科之各類型考試的命題紀錄，訪員訓練本次係第二次命題，請考生藉本題詳加準備。

【解析】

茲說明進行「老人生活狀況與福利需求調查」，採面對面訪問調查之訪員訓練內容如下。

一 訪員訓練課程一開始應該要介紹該研究，即使訪員只是參與研究的資料蒐集階段，如果他們知道研究的目的與研究設計將有助於訪談的進行，而訪員如果不知道研究的來龍去脈，士氣和動機通常比較低落。例如：說明本研究「老人生活狀況與福利需求調查」，係承接政府部門之訪問調查案，並介紹研究主持人、協同主持人、督導人員，並說明研究之目

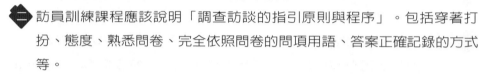

的、計畫執行期間、預計訪問的樣本數等。

二 訪員訓練課程應該說明「調查訪談的指引原則與程序」。包括穿著打扮、態度、熟悉問卷、完全依照問卷的問項用語、答案正確記錄的方式等。

三 將注意力帶到問卷的本身，整個訪員團體要一起閱讀問卷，一個問項接著一個問項閱讀，不要只詢問訪員們對問卷第一頁的問項是否有疑問，要大聲的朗讀第一個問項，解釋其目的，並回答訪員所提的問題或意見，直到有關第一頁問項的問題和意見都獲得處理，才再看問卷中的下一頁問項。

四 閱讀這些訪談注意事項，以確定訪員都徹底了解這些事項說明、逐項問項內容及問卷設計理由。訓練者應說明本研究「老人生活狀況與福利需求調查」係採結構式問卷之量化研究，要求訪問必須標準化，以減少訪問偏差，與質化研究之非結構問卷之訪問訪截然不同。

五 閱讀完整份問卷後，要求每位訪員實際做一、兩次的演練，最好是彼此的訪談演練。對訓練的人而言，這個訪談演練就是真正訪談的一個範本，演練訪問最好盡可能的真實，即使是一個複雜的情境也不要停頓下來，示範先處理、後解釋的原則。假設訪員認為受訪者給的是真實的答案或採取假設性的認定，只要答案是一致的，都和訪員的認定無關。

六 在訪談演練之後，將訪員每兩人分成一組，讓他們互相練習，完成一份問卷訪談後，兩人交換角色再做一次。訪談訓練是對訪員最好的訓練，當訪員互相練習時，你要隨時走動並聽他們的練習情形，這樣你才會知道他們的練習狀況。練習完畢後，每個人再回到大團體裡討論彼此的經過，並提出問題討論。且要提醒訪員，本研究「老人生活狀況與福利需求調查」對象為65歲以上的老人，因其年齡較大，有可能聽力較不好，因此必須調整說話的速度，必要時配合肢體語言表達，且必須具備有說閩南語之語言能力，以利訪問之溝通；此外，訪員的穿著打扮必須得體，態度必須真誠。

七 訓練訪員的最後步驟，應該進行「真實的」（**Real**）訪談，讓訪員到真實的調查狀況下訪談。可以指派一些人接受他們的訪問，或讓他們自己選擇受訪者，但不要讓訪員從你的樣本裡選擇受訪者訪談。每位訪員完

成三到五個真實的訪談後，繳回已完成的問卷給你，看看問卷回答的情形是否有不當之處，並再次接受訪員所提出的任何問題。當你確定所有的訪員都知道各項步驟時，就可以安排真正的訪問了，並使用「老人生活狀況與福利需求」研究的樣本來進行訪談。

選擇題　Multiple Choice Question

1 研究者設計的問卷問項可以正確地測量出所欲測量概念的程度，是指問卷問
項具備：　　　　　　　　　　　　　　　　　　　（107年第一次專技社工師）

(A)效度　　　　　(B)敏感度　　　　(C)區辨度　　　　(D)信度

答案：**A**

解析：效度是指研究的準確性，也就是真正測出研究者想要測量的概
念或變項的能力。

2 研究者為建立信度採取檢視測量的內部一致性的方法，是下列何種信度？
　　　　　　　　　　　　　　　　　　　　　　　（107年第一次專技社工師）

(A)複本信度　　　(B)折半信度　　　(C)評分者間信度　(D)重測信度

答案：**B**

解析：折半信度（Split-Half Reliability），是把問卷「折」成一半，
然後再看受訪者在這兩半測驗上的分數彼此之間的相關係數，
即為其折半信度值。

3 某研究者聲稱他所做的調查研究保證是匿名，他寄出1500份郵寄問卷，結果
回收500份，為了提高問卷回收率，他決定寄出催覆問卷，請問他應該再寄
出幾份問卷？　　　　　　　　　　　　　　　　　（107年第一次專技社工師）

(A)1500份　　　　(B)1000份　　　　(C)500份　　　　(D)250份

答案：**A**

解析：匿名性是指當研究者無法區分那一個回答屬於那一個受訪者
時，該受訪者會被認為是匿名的。確保匿名性使得記錄誰有交
回或誰沒交回問卷變得困難。儘管有這個問題，一般還是會建
議在某些情形下，這種代價是必要的。因此，題意所述某研究
者聲稱他所做的調查研究保證是匿名，他寄出1500份郵寄問
卷，結果回收500份，為了提高問卷回收率，他決定寄出催覆
問卷，他應該再寄1500份，這是因為匿名的問卷，每份問卷都
沒有識別號碼。

4 某不管研究者如何小心設計問卷，仍可能會犯錯。為避免犯錯，預試
（pretest）問卷很重要，下列關於預試問卷敘述何者正確？
　　　　　　　　　　　　　　　　　　　　　　　（107年第一次專技社工師）

(A)人數可以10個左右或更少，對象的背景需相似於正式問卷要調查的對象

(B)要用隨機抽樣的方式選取預試對象

(C)參加過預試問卷的對象須再受測正式問卷

(D)進行預試問卷時只要單純挑出錯誤就好

答案：**A**

解析：1.選項(B)有誤。預試的填答者沒有隨機抽樣的限制。

2.選項(C)有誤。參與預試的人最後就不會成為真正問卷施測的對象，因為他對於問卷題目已有填答的印象，此與其他受試者的立足點就不相同。

3.選項(D)有誤。預試的目的除了希望了解不同問題之間的內部一致性信度之外，對於問卷的長度、內容與使用字句是否能為受試者了解、是否所有的變項都有問題予以測量、封閉式選項是否已包括了所有的可能，甚至有沒有研究者本身的偏見夾雜其中等，研究者都要參考預試受試者的意見和建議來進行修改。

5 對不同調查方法的比較，下列敘述何者錯誤？　　（107年第一次專技社工師）

(A)面對面訪問調查回覆率高

(B)電話調查比面對面訪問成本高

(C)線上調查對敏感問題有匿名功能

(D)郵寄問卷調查比線上調查成本高又費時

答案：**B**

解析：選項(B)有誤。電話調查的優點之一為省錢（相較於面訪）。

6 研究者在訪談之前並沒有預先決定問題主題或文字資料，訪問時的問題都是由立即的情境脈絡中在自然進行中提出的，屬質性訪談中最開放的模式，是指下列何種？　　（107年第一次專技社工師）

(A)非正式會話式訪談　　　　　(B)導引式訪談

(C)標準化開放式訪談　　　　　(D)情境訪談

答案：**A**

解析：「非結構式訪談」（Unstructured Interviews）又稱為「非

選擇題　Multiple Choice Question

標準化訪談」（Un-Standardized Interviews）、「開放式訪談」（Open Interviews）與「非正式訪談」（Informal Interview）。非結構式訪談是指研究者在進行訪談的過程中，毋需預先設計一套標準化的訪談大綱作為訪談的引導指南，而是隨著受訪者的談話內容，自然而深入地與受訪者溝通對談。

7 研究者對「生活滿意度」量表進行了因素分析，目的是檢測此量表的：

（107年第二次專技社工師）

(A)再測信度（test-retest reliability）　(B)同時效度（concurrent validity）

(C)分數信度（score reliability）　(D)構念效度（construct validity）

答案：**D**

解析：建構效度／構念效度，是指測驗能否測量理論的概念或特質的程度。一個好的問卷，其結果不僅可以反映出現實，其結構也應符合理論。所以問卷的設計應該從一個建構的理論出發，先導出各項關於該理論的各樣假設，衍化出各種相關的概念與變項，據以設計和編製問卷。

8 有關信度與效度的敘述，下列何者正確？　（107年第二次專技社工師）

(A)提高測量的效度，會帶來信度的提高

(B)提高測量的信度，會帶來效度的提高

(C)提高測量的效度，會帶來信度的降低

(D)提高測量的信度，會帶來效度的降低

答案：**A**

解析：1.信度與效度關係圖示

正中靶心＝完美的測量工具

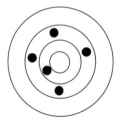
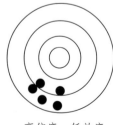
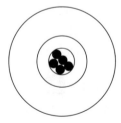

低信度、低效度　　　高信度、低效度　　　高信度、高效度

2. 信度是效度的必要條件，也比效度更容易達到。雖然要成為某個概念的有效測量之前，必須先具有信度，但是有了信度並不保證每個測量工具一定具有效度。信度不是效度的充分條件。測量工具可以每次都產生相同的結果（具有信度），但是它測量的東西可能完全不符合建構的定義（即效度）。

3. 測量的工具可能只具有信度，卻不具有效度。例如，站在體重計上量體重，每次站上站下，體重計顯示的體重都一樣，但是當站上另一台體重計（測量真正體重的「正式」體重計）時，它卻顯示體重是原先的二倍多。第一個體重計具有信度的結果（即可信賴與一致的結果），但是它對於體重卻沒有給予一個有效的測量值。

4. 信度與效度經常是互補的概念，但在某些特殊的情況下它們也會互相牴觸。有些時候當效度增加時，會比較難以確保信度；反之，有些時候當信度增加時，效度會變得難以掌握。這是發生在當某個建構過於抽象、缺乏容易觀察的定義之時。當測量值相當明確、便於觀察時，信度最容易達到。因此，在極抽象的建構之真實本相與用具體方式測量它之間，是存在一種緊張關係的。例如，「疏離」是個非常抽象、高度主觀的建構，經常被界定成一種深層的、喪失人之所以為人的內在感受，而且這個感受經常擴散到個人生活的許多層面（例如，社會關係、自我的感覺、對自然的取向），問卷中十分明確的問項可能得出具有信度的測量值，但也有捕捉不到該概念主觀本相的風險。

5. 選項(A)提高測量的效度，會帶來信度的提高，所述正確。

9 欲了解學齡前兒童社會互動能力的發展，研究者請家長與老師填寫問卷。這種作法比較傾向下列那一種研究方法？　　　（107年第二次專技社工師）
(A)非介入性研究　　(B)田野調查　　(C)調查研究　　(D)間接研究

答案：**C**

解析：調查研究法是以抽樣的方式，探討樣本的狀況與現象（即樣本的屬性），把樣本所得之資料推論到整個樣本。調查法的研究

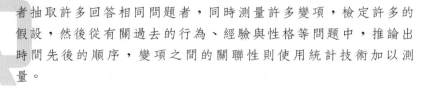

選擇題　Multiple Choice Question

者抽取許多回答相同問題者，同時測量許多變項，檢定許多的假設，然後從有關過去的行為、經驗與性格等問題中，推論出時間先後的順序，變項之間的關聯性則使用統計技術加以測量。

10 下列有關面訪（訪員面對面訪問）、電訪（電話訪問）、郵寄問卷（由受訪者自填）三種調查研究類型的敘述，何者錯誤？

（107年第二次專技社工師）

(A)敏感問題回答的可信度上，面訪優於郵寄

(B)速度上，電訪優於面訪

(C)成本上，郵寄優於（低於）面訪

(D)回覆率上，面訪優於郵寄

答案：**A**

解析：選項(A)有誤。面訪調查僅適用時機於一般性的問題（不要敏感與禁忌），郵寄問卷適用時機為敏感性與禁忌性問題（例如：性、所得、政治意向等）。

11 下列有關網路調查法（internet survey）優點的敘述，何者錯誤？

（107年第二次專技社工師）

(A)比其它調查法更易獲得不易接近社群的樣本

(B)可以獲得具代表性的樣本

(C)減少資料分析過程所需的資源與時間

(D)讓填答者可以在方便的時間與地點回答問卷

答案：**B**

解析：選項(B)有誤。網路調查／線上問卷的缺點：1.受訪者的代表性，選項(B)有誤，不利於窮人與老人；2.容易被標示為垃圾郵件，影響答題率；3.同一人有多個e-mail帳號。

12 下列有關訪談法的說明，何者錯誤？　（107年第二次專技社工師）

(A)使用訪談法時，研究者與進行訪談者可能是不同的人

(B)訪談法有很多種形式

(C)訪談法較不會用在量性研究中

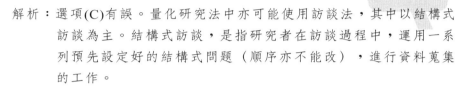

(D)訪談能力與品質決定獲得的資料品質

答案：**C**

解析：選項(C)有誤。量化研究法中亦可能使用訪談法，其中以結構式訪談為主。結構式訪談，是指研究者在訪談過程中，運用一系列預先設定好的結構式問題（順序亦不能改），進行資料蒐集的工作。

13 在某份問卷中，如果有「您認為，應該為病人或老人設立更多的短期照顧中心與日間照顧中心嗎？」這種題項，它可能犯了下列那類錯誤？

（107年第二次專技社工師）

(A)引導性的問題　　　　　　　(B)混雜了兩個以上的問題
(C)說明過於籠統　　　　　　　(D)需要回憶生活細節

答案：**B**

解析：問卷設計的基本原則：「雙重問題」原則。也就是說不要一次問兩個問題（複合問題）。例如：如果問卷題目為「您是否同意台灣應該放棄軍購，將經費用到國內社會福利建設？」題意所述「病人」或「老人」設立更多的「短期照顧中心」與「日間照顧中心」，即為雙重問題。

14 有關面訪和自填問卷方法的差異，下列敘述何者錯誤？

（108年第一次專技社工師）

(A)自填問卷比較不會有遺漏值的問題
(B)面訪可以觀察到研究對象的非語言訊息
(C)一般而言，面訪調查的成本比較高
(D)針對敏感問題，匿名自填問卷引發的社會期望壓力通常較小

答案：**A**

解析：選項(A)有誤。自填問卷較會有遺漏值的問題，主要係受訪者自填時，可以係疏忽或刻意針對某些問題不填答；而在面訪時，則可藉由訪員針對遺漏的部分加以詢問填答。

選擇題　Multiple Choice Question

15 下列有關網路調查的敘述，何者錯誤？　　　（108年第一次專技社工師）

(A)較難觸及某些對象，可能影響樣本代表性

(B)資料整理和分析較為容易

(C)不易確定填答者是否為欲調查對象本人

(D)相較於其他問卷調查方式，成本較高

答案：**D**

解析：1. 線上調查的優點

(1) 能夠快速地且廉價地將該訊息大量地傳送到世界上各個角落的受訪者。選項(D)有誤。

(2) 所蒐集到的問卷會自動地以電腦處理，能夠免去手動輸入問卷的問題，並且能夠在線上快速地製作出圖表來標示結果。選項(B)屬之。

(3) 線上調查軟體能夠檢查受訪者是否跳過了一個選項，或以其他因素不正確的填答，進而提示他們在進行下一個步驟前修正任何的遺漏或其他錯誤。

2. 線上調查的缺點

(1) 受訪者的代表性。對於社會工作者而言，窮人與老年人，一般來說較年輕人、富裕的人及受過高等教育的人，有較少接觸網路的機會，因此受訪者較少有上網或填答網路問卷的傾向。且不易確定填答者是否為本人。選項(A)、(C)屬之。

(2) 由於垃圾信件篩選機制的使用率增加，導致線上調查電子郵件容易被標示為垃圾郵件的機率增加，因而造成許多的收件者可能從不曾收到線上問卷，而研究者也無法知道有多少比例的人收到以及沒收到該信件。如果很多人沒有收到，則必然會大大地降低填答率，或許會使結果產生較大的偏差。

(3) 須注意被抽樣到的填答者是否固定使用此一帳號？因為現代人往往有好幾個e-mail帳號，而常用的卻只有其中一兩個，如果不能確定這點，則樣本的代表性與回收率就會發生問題。

16 有關問卷設計的注意事項,下列敘述何者錯誤?

（108年第一次專技社工師）

(A)問題儘量明確,避免籠統模糊　　(B)應清楚表達研究者的價值取向

(C)措辭須注重文化敏感度　　(D)要留意受訪者是否有能力回答

答案:**B**

解析:選項(B)有誤。問卷設計之問題設計,應以價值中立的方式設計。不應清楚表達研究者的價值取向。

17 有關電話調查的特性,下列敘述何者錯誤?　（108年第一次專技社工師）

(A)電話調查法容易找到預定的受訪對象

(B)電話調查問題題目不能太多

(C)受訪者接受電話訪問時的狀況無從得知,反應很難控制

(D)電話調查問題題意不能太深入

答案:**A**

解析:電話調查的缺點:

1.所問的問題不能太多。選項(B)屬之。

2.所問的問題不能太深入。選項(D)屬之。

3.研究者對於受訪者的反應很難控制。選項(C)屬之。

4.電話調查法無法確定接聽電話的本人,是否是中選樣本本人。選項(A)有誤。

5.電訪母體的先天涵蓋率不足。

18 有關執行需求評估的原因,下列何者錯誤?　（108年第一次專技社工師）

(A)證明未來可能發生的社會問題　　(B)瞭解案主使用服務的障礙

(C)瞭解服務是否存在　　(D)瞭解誰是服務的使用者

答案:**A**

解析:需求評估是為了計畫制定目的,而系統化研究關於母體需求的特徵問題。亦即針對需求所做的研究過程被稱為需求評估,適用於各種以計畫為目的而蒐集的研究方法,以獲致研究的服務對象為何、需求的種類、需求量等。選項(B)、(C)、(D)屬之。

選擇題　Multiple Choice Question

19 某位研究者想了解社工員開案時的會談取向對於案主的影響。該研究者收集了30個開案會談錄音，轉成逐字稿，並依理論架構界定出五大類別，然後將這些會談分類。再請另外兩位研究者針對這30個開案會談資料分到五大類中。此舉可評估下列何種信度？　（108年第二次專技社工師）

(A)折半信度　　　(B)再測信度　　　(C)複本信度　　　(D)評分者間信度

答案：**D**

解析：1. 折半信度：以折半法（Split-Half Method）來檢視試題與長篇問卷的等值信度。這涉及將同一個建構的指標分成兩組，通常分組是採取隨機的過程，然後再行判斷這兩半指標是否得出相同的結果。

2. 再測信度：係指用同一測驗，對同一群受試者前後測驗兩次，再根據受試者兩次測驗的分數，計算其相關係數，此係數即為該測量的信度係數。此法的目的主要是要了解該測量的穩定性。相關係數最好能達到0.8以上，但至少也要有0.7才算是良好穩定的測量工具。

3. 複本信度：亦即同方向信度，主要是適用於教育領域。複本是指與正本本質相同、結構也相同的問卷或測驗卷，它是另外設計的問卷，與正本「一致」但不「一樣」。所以理論上此兩種版本的考卷所測量的結果應該相同或近似，而此時即表示複本信度較高。複本信度的理論與折半信度大同小異，只不過是折半信度的A卷和B卷，現在改成正本、複本；複本是與正本本質相同、結構也相同的問卷，它是另外設計的問卷，它與正本「一致」（但非「一樣」），所以理論上兩者所測量的結果應該相同，其「信度」應該高，其信度則為複本信度。

4. 評分者間信度：通常是指觀察者間信度（Inter-Observer Reliability），有時又稱為計分者間信度（InterscorerReliability）。關心測驗是如何計分一致或由兩位評分者評定行為。題意所述屬之。

20 下列何者不是了解問卷量表信度的方式？　（108年第二次專技社工師）

Multiple Choice Question 選擇題

(A)找一群人填寫一次，過段時間再填一次，比較兩次分數

(B)將量表分成兩半，找人填寫，比較兩邊的分數

(C)邀請專家審查，看看問卷內容是否包含此概念各重要層面

(D)找一群人填寫量表，利用電腦計算其 α 係數

答案：**C**

解析：邀請專家審查，看看問卷內容是否包含此概念各重要層面，係
　　　屬於效度，而非信度。

21 下列何者不是提升郵寄問卷回覆率的適當做法？

（108年第二次專技社工師）

(A)附上清楚懇切的說明信

(B)為追求研究的完整性，要儘量包含開放性的問題

(C)附上回郵信封讓民眾可以不費力地寄回問卷

(D)寄發追蹤信鼓勵受訪者回覆問卷

答案：**B**

解析：1. 如何提高郵寄問卷回收率：

　　　(1) 應注意問卷的外觀。

　　　(2) 對填寫者有所說明。選項(A)屬之。

　　　(3) 激起受訪者個人的共鳴。

　　　(4) 最好得到贊助。

　　　(5) 給予參與者誘因。

　　　(6) 一定要強調匿名和保密的維護。

　　　(7) 回寄的形式必須講究設計。選項(C)屬之。

　　　(8) 郵寄程序也要注意。

　　　(9) 追蹤。選項(D)屬之。

　　　(10)要設法成為一個好的訪問員。

　　　2. 郵寄問卷多為結構性問卷，研究者在設計問卷時，即應將研
　　　　究相關的問卷設計含括在內，以免因開放性問卷影響填答，
　　　　致降低問卷回覆率。研究者如為追求研究的完整性，應在設
　　　　計問卷時即詳加考量，而非以開放性問題作為追求研究完整

選擇題　Multiple Choice Question

性的方法；且開放性問題在以郵寄問卷進行調查時，與結構性問卷相較，其回覆率偏低。選項(B)不是提升郵寄問卷回覆率的適當作法。

22 針對「請問你國中是否曾經作弊？」這個問項的陳述，下列何者正確？

（108年第二次專技社工師）

(A)此題目適合放在問卷開頭　　　　(B)30歲者會比20歲者回答更為精確

(C)問題缺乏明確時間框架　　　　　(D)答案容易受社會期許影響

答案：**D**

解析：若受測者依據社會期望回答答案，則稱為「社會期望誤差」。例如：若訪員以面訪方式問到「你覺得政府應該投入更多的預算在社會福利項目上嗎？」則受訪者往往會被引導到回答「是」，以免被視為不重視社會福利、不關懷弱勢。本題題意所述答案容易受社會期許影響。

23 設計問卷時，有關開放式和封閉式問題的敘述，下列何者錯誤？

（108年第二次專技社工師）

(A)開放式問題允許受訪者以自己的語句作答

(B)封閉式問題的資料較方便整理，且易於量化分析

(C)開放式問題只能用於口頭訪談，不適合自填問卷

(D)封閉式問題的選項需要具備周延性和互斥性

答案：**C**

解析：開放式問題可用於口頭訪談，亦可用於自填問卷。但通常自填問卷，以結構性問卷為主，但會保留少量的問題以開放性問題進行調查。

24 網路問卷是現今常見的問卷調查方式，下列何者不是其特點？

（109年第一次專技社工師）

(A)較不受交通和距離影響　　　　　(B)成本較低

(C)資料易於整理　　　　　　　　　(D)較能確保樣本代表性

答案：**D**

解析：1. 線上調查的優點：

(1) 能夠快速地且廉價地將該訊息大量地傳送到世界上各個角落的受訪者。選項(A)、(B)屬之。

(2) 所蒐集到的問卷會自動地以電腦處理，能夠免去手動輸入問卷的問題，並且能夠在線上快速地製作出圖表來標示結果。選項(C)屬之。

(3) 線上調查軟體能夠檢查受訪者是否跳過了一個選項，或以其他因素不正確的填答，進而提示他們在進行下一個步驟前修正任何的遺漏或其他錯誤。

2. 線上調查的缺點：

(1) 受訪者的代表性。對於社會工作者而言，窮人與老年人，一般來說較年輕人、富裕的人及受過高等教育的人，有較少接觸網路的機會，因此受訪者較少有上網或填答網路問卷的傾向。且不易確定填答者是否為本人。選項(D)屬之。

(2) 由於垃圾信件篩選機制的使用率增加，導致線上調查電子郵件容易被標示為垃圾郵件的機率增加，因而造成許多的收件者可能從不曾收到線上問卷，而研究者也無法知道有多少比例的人收到以及沒收到該信件。如果很多人沒有收到，則必然會大大地降低填答率，或許會使結果產生較大的偏差。

(3) 須注意被抽樣到的填答者是否固定使用此一帳號？因為現代人往往有好幾個e-mail帳號，而常用的卻只有其中一兩個，如果不能確定這點，則樣本的代表性與回收率就會發生問題。

25 某機構想詢問有關案主宗教信仰的資料，列出「佛教、基督教、伊斯蘭教、天主教」四個項目請案主勾選，請問此舉最明顯的缺點可能是：

（109年第一次專技社工師）

(A)易有社會期許問題　　　　(B)選項過於籠統

(C)選項不周延　　　　　　　(D)未說明時間框架

答案：**C**

解析：周延性是指要把東西或事務分類，最重要的是，該有的類別是否都涵蓋了？題意所述宗教選項並不周延，因為除了題意的宗教類型外，尚有其他的宗教類型，因此，應增加一項「其他」的選項，以更為周延。

26 預試（pre-testing）是問卷設計的一個常見步驟，下列有關預試的說法何者錯誤？　　　　　　　　　　　　　　　　　（109年第一次專技社工師）

(A)參加預試的人不應再成為正式施測的受訪者

(B)預試樣本數以百人以上為佳

(C)試樣本的特質應該要與預定研究對象相似

(D)預試有助於確保問卷工具的品質

答案：**B**

解析：預試的填答者沒有人數或隨機抽樣的限制，不過一般以三十至四十人為最常見。選項(B)有誤。

27 下列那種問卷調查方法最容易發生反應性（reactivity）誤差？

（109年第二次專技社工師）

(A)面對面訪談法　　　　　　　(B)電話訪問法

(C)郵寄問卷法　　　　　　　　(D)集體問卷法

答案：**A**

解析：進行面對面訪談法，訪員的語氣上小小的差異，或強調某些字眼，都會改變受訪者對問題題意的解釋，致容易發生反應性的誤差。

28 下列何者不是影響外在效度的因素？　　（109年第二次專技社工師）

(A)研究樣本的代表性　　　　　(B)成熟或時間歷程

(C)程序　　　　　　　　　　　(D)情境

答案：**B**

解析：外在效度（external validity）是指研究發現的因果關係可概化或推論到研究情境以外場域和母群的程度。選項(B)成熟或時間

歷程，為影響研究設計內在效度的因素，而非外在效度。選項
(B)有誤。

29 研究者藉由量表的設計來測量人們的態度、意見、信念等，這種測量類型稱
之為：　　　　　　　　　　　　　　　　　　（109年第二次專技社工師）

(A)行為測量法　　　(B)生理測量法　　　(C)主觀測量法　　　(D)自我報告法

答案： **A**

解析：人類的態度、意見、信念等，會表現在行為層面，因此，研究
　　　者藉由量表的設計來測量人們的態度、意見、信念等，這種測
　　　量類型稱之為行為測量法。

30 有關集群／叢集抽樣（cluster sampling），下列敘述何者正確？
　　　　　　　　　　　　　　　　　　　　　　（109年第二次專技社工師）

(A)需要先獲得研究母體的所有名單

(B)每一個叢集單位內個體的同質性愈大愈好

(C)每一個叢集單位內個體的異質性愈大愈好

(D)先要計算出抽樣間距

答案： **C**

解析：1.選項(A)有誤。叢集抽樣為無法取得研究母體時使用的抽樣方
　　　　　法。

　　　2.選項(B)有誤，選項(C)正確。叢集抽樣時，最好每個集叢內
　　　　　個體的異質性愈大愈好。

　　　3.選項(D)有誤。計算抽樣間距是系統抽樣的步驟。

31 下列那一種資料蒐集方法能最快獲得學生學習態度的資料？
　　　　　　　　　　　　　　　　　　　　　　（109年第二次專技社工師）

(A)面對面訪談法　　　　　　　　(B)電話訪問法

(C)郵寄問卷法　　　　　　　　　(D)集體問卷調查法

答案： **D**

解析：集體問卷調查法是把樣本全部集中在一起，集體予以施測的方
　　　法為集體填表法。這種方法因為是集體樣本，可以當場分發問

選擇題　Multiple Choice Question

卷，不僅省時、省錢、能快速獲得受訪者資格、回收率又高、受訪者又確實為本人是其優點。

32 研究結果能夠概推到其他情境或人口群的程度，是指下列何者？

（109年第二次專技社工師）

(A)實證效度　　　(B)外在效度　　　(C)生態效度　　　(D)區別效度

答案：**B**

解析：外在效度（External Validity）：主要用在實驗研究，是指把某個特定情境與小團體得到的發現，通則化到涵蓋範圍極廣的情境與人群的能力，亦即，研究發現的因果關係可概化或推論到研究情境以外的場域和母群的程度。

33 郵寄問卷法是一種方便的資料蒐集方法，下列敘述何者正確？

（109年第二次專技社工師）

(A)適合採用開放式問題　　　　　(B)受訪者願意回覆
(C)成本較為低廉　　　　　　　　(D)適合較長的問卷設計

答案：**C**

解析：1. 選項(A)有誤。郵寄問卷僅適合採取封閉式／結構性問題。
2. 選項(B)有誤。郵寄問卷的缺點是受訪者填答問卷的回收率低。
3. 選項(D)有誤。郵寄問卷因為係由訪者自行填答，問卷長度不宜過長，以免受訪者失去填答的耐心，以降低問卷回覆率。

34 某調查問卷中的一個題項：「你覺得你家的經濟狀況是？①富裕②小康③不足」，請問這是什麼類型的問項？　　　（109年第二次專技社工師）

(A)態度量表問項　(B)多層次問項　(C)封閉性問項　(D)開放性問項

答案：**C**

解析：結構式問項又名封閉式問項，研究者預先設計好各題所有可供回答的答案，讓受試者選擇。題意所述屬之。

35 下列那一項敘述不是調查研究法的必要設計？　（109年第二次專技社工師）

(A)機率抽樣　　　　　　　　　　(B)豐富經驗的樣本

(C)標準化測量　　　　　　　　　(D)特定調查目的

答案：B

解析：調查研究法是量化的研究方法，選項(A)、(C)、(D)均屬量化研究的必要設計；選項(B)為質性研究的設計。

36 下列那一項敘述不是調查研究法的準備工作？　（109年第二次專技社工師）

(A)設計一份訪談問卷　　　　　　(B)訪員

(C)問卷的預試（pilot study）　　(D)統計檢驗顯著水準的選擇

答案：D

解析：選項(D)非屬調查研究法的「準備工作」，而係「統計分析」工作。

37 下列那一種資料蒐集的設計最有可能保障研究參與者的身分匿名性？

（109年第二次專技社工師）

(A)無記名問卷設計　　　　　　　(B)採用郵寄問卷方式

(C)個資和問卷分開儲存　　　　　(D)深度訪談法

答案：A

解析：匿名性是指當研究者無法區分那一個回答屬於那一個受訪者時，該受訪者會被認為是匿名的。無記名問卷設計即可保障參與者的身分匿名性。

38 測量工具所測量的結果與其他變項間的關係，支持了理論的預期，這是下列那一種效度？　（110年第一次專技社工師）

(A)效標關聯效度　　(B)預測效度　　　(C)區辨效度　　　　(D)建構效度

答案：D

解析：建構效度（Construct Validity）是指測驗能否測量理論的概念或特質的程度。一個好的問卷，其結果不僅可以反映出現實，其結構也應符合理論。所以問卷的設計應該從一個建構的理論出發，先導出各項關於該理論的各樣假設，衍化出各種相關的概念與變項，據之以設計和編製問卷。問卷調查結束後，更應

選擇題　Multiple Choice Question

由果求因，以相關、以實驗、以因素分析等方法，查核調查的結果是否符合理論上的結構與見解。

39 影響外在效度（external validity）的主要因素，下列何者正確？

（110年第一次專技社工師）

(A)變項的關聯性　　　　　　　(B)研究資料變異性

(C)成熟或時間歷程　　　　　　(D)研究樣本的代表性

答案：**D**

解析：外在效度（External Validity）主要用在實驗研究，是指把某個特定情境與小團體得到的發現，通則化到涵蓋範圍極廣的情境與人群的能力，亦即，研究發現的因果關係可概化或推論到研究情境以外的場域和母群的程度。因此，研究樣本的代表性非常重要，將會影響外在效度的有效性。

40 某研究者設計了一份學業能力量表，發現高一學生在這份量表上的分數和他們的大學學測成績有很強的正相關，表示該量表具有何種效度？

（110年第一次專技社工師）

(A)區別效度　　　(B)同時效度　　　(C)建構效度　　　(D)預測效度

答案：**D**

解析：預測效度（Predictive Validity）是指經由問卷或測驗所得到的調查結果，若能預測當事者的「未來」，即表示該問卷或測驗具有良好的預測效度。例如：於國小階段測量IQ高的人，若於國中階段在校的學業成績確實較佳，則我們可以說：IQ測驗具有高度的預測效度。

41 下列何種信度和效度的問題是質性研究取向最常被人質疑的地方？

（110年第一次專技社工師）

(A)內在效度不高　　(B)內在信度不高　　(C)外在效度不高　　(D)外在信度不高

答案：**C**

解析：質性研究則較常使用深度訪談法、焦點團體法、行動研究法、參與觀察法與德菲法等去蒐集資料，同時仰賴參與者細心觀

察、深入理解研究結果的意義。因此，質性研究的外在效度受到較大的限制。

42 下列何者不是面訪問卷的優點？　　　　　（110年第一次專技社工師）

(A)較易標準化施測

(B)填答內容較完整

(C)問卷回收率較高

(D)具有爭議性的議題受訪者較願意表態

答案：**D**

解析：面訪調查對於涉及爭議性的議題，受訪者表態的意願較低，是面訪問卷的缺點。改進的方式為針對爭議性的議題，可採取郵寄問卷的方式進行調查。

43 若要提升研究結果的外在效度，下列何者錯誤？

（110年第一次專技社工師）

(A)設定嚴謹的抽樣流程　　　　　(B)使用合宜的抽樣架構

(C)加大研究樣本　　　　　　　　(D)擴展研究母體

答案：**D**

解析：外在效度（external validity）是指研究發現的因果關係可概化或推論到研究情境以外場域和母群的程度。選項(D)有誤，擴展研究母體並非提升研究結果的有效方式，主要在於研究母體必須是與研究有關的母體，才是最重要的，否則，即使擴展研究母體，仍對提升研究結果的外在效度無助益。

44 某次民意調查當中，有一題為「社會救助金額應該增加，並且以提高所得稅的方式籌措財源」，此一題項違反了下列那個提問準則？

（110年第一次專技社工師）

(A)題項文字應該去除偏見用語　　(B)不問受訪者無法回答的題目

(C)儘量減少使用否定的題項　　　(D)避免出現一題兩問的情況

答案：**D**

解析：避免一個題目中載有雙重題意：封閉式的問卷中，每一題都只

有一個答案，但若是題意中同時表達了兩種訊息，當然會使受訪者不知從何作答。例如題意中「社會救助金額應該增加」、「以提高所得稅的方式籌措財源」等兩項提問。

45 針對調查研究進行問卷試測（pre-test），下列敘述何者錯誤？

（110年第一次專技社工師）

(A)有助了解研究對象對於題項的可能反應

(B)可以找出問卷中不清楚或難以理解的題項

(C)試測的人數應該與正式施測預定人數相同

(D)試測問卷填寫者不應納入正式調查的樣本

答案：**C**

解析：預試乃是指在問卷製作完成後，選擇以符合樣本群之背景資料者作為預試樣本，或是了解此領域的同僚來做施測，以作為修正問卷內容的標準，當問卷製作完成後，最好先找一小部分的樣本先作試測，而非與正式施測預定人數相同。選項(C)有誤。

46 為了追蹤離院返家兒童的調適狀況，研究人員設計問卷量表，聯絡這些人進行個別電訪，並在撰寫報告時僅呈現樣本加總後的整體數據，這份報告呈現的方式符合下列那種敘述？　　　　　（110年第一次專技社工師）

(A)既不匿名也不保密　　　　　　(B)匿名但不保密

(C)保密但不匿名　　　　　　　　(D)匿名且保密

答案：**D**

解析：對參與者身分的保護，是在調查研究中保護其利益與福祉之最明顯不過的關係。如果透露他們在調查中所提供的回答，無論如何都會傷害到他們，嚴守匿名性與保密性是非常重要的。當研究者無法區分那一個回答屬於那一個受訪者時，研究即具有匿名性；而僅呈現整體數據，不呈現受訪者個人資料，即具有保密性。

47 某位社工員設計了一份量表，以評估青少年的學業表現，為確保此量表真能有效測量此概念，他將量表上的分數和學童段考成績做比較，屬於何種效度？　　　　　　　　　　　　　（110年第二次專技社工師）

Multiple Choice Question 選擇題

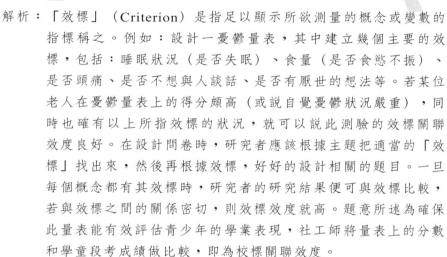

(A)效標關聯效度　　　　　　　(B)理論效度
(C)表面效度　　　　　　　　　(D)專家效度

答案： A

解析：「效標」（Criterion）是指足以顯示所欲測量的概念或變數的
　　　指標稱之。例如：設計一憂鬱量表，其中建立幾個主要的效
　　　標，包括：睡眠狀況（是否失眠）、食量（是否食慾不振）、
　　　是否頭痛、是否不想與人談話、是否有厭世的想法等。若某位
　　　老人在憂鬱量表上的得分頗高（或說自覺憂鬱狀況嚴重），同
　　　時也確有以上所指效標的狀況，就可以說此測驗的效標關聯
　　　效度良好。在設計問卷時，研究者應該根據主題把適當的「效
　　　標」找出來，然後再根據效標，好好的設計相關的題目。一旦
　　　每個概念都有其效標時，研究者的研究結果便可與效標比較，
　　　若與效標之間的關係密切，則效標效度就高。題意所述為確保
　　　此量表能有效評估青少年的學業表現，社工師將量表上的分數
　　　和學童段考成績做比較，即為校標關聯效度。

48 下列何項主題不適合運用調查研究法？　　　　（110年第二次專技社工師）
(A)事實問題　　　　　　　　　(B)意見態度
(C)行為經驗　　　　　　　　　(D)事件發生的過程

答案： D

解析：調查研究的內容：
　　　1.事實：調查受訪者、區域、情境現象或特質，包括：年齡、
　　　　種族、性別、收入和教育等，這些特質亦即本文所謂的「屬
　　　　性變項」。選項(A)屬之。
　　　2.意見：調查受訪者的喜愛、感情或行為意向等，這些意見可
　　　　以客觀的被測量。選項(B)屬之。
　　　3.行為：指受訪者的行動，藉著對行為的操作性定義，確定某
　　　　種「活動」或「現象」就是受訪者的「行為」。選項(D)屬
　　　　之。

選擇題 Multiple Choice Question

49 針對集體施測的問卷調查，下列敘述何者錯誤？

（110年第二次專技社工師）

(A)依據每次施測的現場氣氛，用不同方式宣讀說明和指導語

(B)有些受訪者可能覺得被迫參加

(C)可提供裝問卷的信封等方式，保障填寫者的隱私

(D)在學校、機構或軍隊等特定場域較易執行

答案：**A**

解析：集體施測是把樣本全部集中在一起，集體予以施測的方法為集體填表法。這種方法因為是集體樣本，可以當場分發問卷，不僅省時、省錢、回收率又高、受訪者又確實為本人是其優點，是最理想的調查方法。進行集體施測時，由調查者以齊一的標準宣讀說明和指導語，以免因不同的方式宣讀說明和指導語，影響調查結果。

50 下列有關電話調查的敘述，何者錯誤？　　（110年第二次專技社工師）

(A)應答率可能受到來電過濾軟體等因素的影響

(B)訪員的人身安全有較好的保障

(C)可運用電腦輔助以提升效率

(D)調查題目的順序可彈性調整

答案：**D**

解析：選項(D)有誤。電話調查是以電話作為訪談的工具。電話調查省時、省錢、回答率高、效率也不錯。但電話調查所問的問題不能太多，以便能在極短的時間內完成訪問；所問的問題也不能太深入，否則受訪者無從回答；且不能隨意變更題目順序，以免影響調查結果。另電話調查對受訪者的反應也很難探測等，以及無法確定接聽電話的人，是否是研究所需要的樣本，這些都是電話調查的缺點。

51 下列何者不是威脅研究內在效度的來源之一？　（110年第二次專技社工師）

(A)樣本無代表性　　　　　　　　(B)樣本過小

(C)違反統計基本假定　　　　　　(D)測量工具的信度低

答案：**A**

解析：內在效度（internal validity）是指我們有多少把握可以推論，研究結果正確描述一變項是否為另一變項的原因，選項(B)、(C)、(D)均是威脅內在效度的來源之一。選項(A)樣本無代表性，威脅的是外在效度。

52 下列那一種資料蒐集方法，可以做到較高程度的匿名性？

(110年第二次專技社工師)

(A)焦點團體 　　　　　　　(B)一對一個別訪談
(C)參與觀察 　　　　　　　(D)網路線上問卷作答

答案：**D**

解析：線上調查是指透過網路以及全球資訊網來進行，有一部分線上調查（Online Surveys）是完全透過電子郵件來完成，其他則是透過網站。相較於選項(A)、(B)、(C)為實際對受測者進行不同型式接觸的調查，選項(D)網路線上問卷調查，具有較高程度的匿名性。

53 從研究程序來看，下列何者與效度的優劣無關？

(110年第二次專技社工師)

(A)研究假設的複雜度 　　　(B)研究設計的優劣
(C)測量品質的好壞 　　　　(D)統計分析的正確性

答案：**A**

解析：效度（Validity）是指研究的準確性，也就是真正測出研究者想要測量的概念或變項的能力。而研究假設（Research Hypothesis）是研究者根據理論或現象的觀察所建構出的「等待驗證的暫時性答案」，也就是說對研究問題所作的「暫時回答」。研究假設係藉由統計檢定，以考驗假設是否成立，研究假設之複雜度，與效度的優劣無關。

54 關於問卷編製的注意事項，下列何者正確？ (110年第二次專技社工師)

(A)同一行裡面儘量多放一些題目，以節省問卷空間
(B)如果題目只適合部分受訪者填答，可以設計成條件式問項

(C)使用矩陣式問項可以減少「同一回應傾向」（response set）

(D)應該把敏感或具威脅性的題項放在問卷較前段的地方

答案：**B**

解析：1. 選項(A)有誤。問卷編製應避免一個題目中載有雙重題意。封閉式的問卷中，每一題都只有一個答案，但若是題意中同時表達了兩種訊息，當然會使受訪者不知從何作答。

2. 選項(C)有誤。矩陣式的題目是把相關的一組題目都整齊排列，右邊的空間則列出一組很相似的答案讓受訪者選擇（如：非常贊成、贊成、不贊成、非常不贊成、沒意見等）。這種型式的問卷可以讓受訪者較容易回答，而且節省問卷很多的空間，文字的敘述也較為簡單，不必每題都重複敘述，但要提防他會全部給同樣的答案，亦即為填答時具有「同一回應傾向」（response set）的現象。

3. 選項(D)有誤。問卷編製時，應該把敏感或具威脅性的題項放在問卷較後段的地方。

55 研究中所發現的因果關係可概化或推論到研究以外的情境和母群體的程度，是指下列那種效度？　　　　　　　　（111年第一次專技社工師）

(A)內在效度　　　(B)同時效度　　　(C)外在效度　　　(D)建構效度

答案：**C**

解析：外在效度（external validity）是指研究發現的因果關係可概化或推論到研究情境以外場域和母群的程度。

56 某研究生的碩士論文採量化研究方法，他希望確保測量工具的品質，下列那一項分析最能達到他的期待？　　　　　　　（111年第一次專技社工師）

(A)只進行信度分析

(B)進行效度分析

(C)先進行項目分析，再進行信度分析

(D)先進行相關分析，再進行信度分析

答案：**B**

解析：效度（Validity）是指研究的準確性，也就是真正測出研究者想

要測量的概念或變項的能力。題意所述研究者希望確保測量工具的品質，應進行效度分析。

57 下列那一種資料蒐集方法最不適合用來蒐集性剝削少女的誘騙歷程？

（111年第一次專技社工師）

(A)問卷調查法　　(B)深度訪談法　　(C)實驗設計法　　(D)焦點團體法

答案：**C**

解析：實驗設計法（Experimental Design）乃是研究者為了解答研究問題，說明如何控制各種變異來源的一種扼要的計畫、架構和策略。是指，為了要達到研究目的所設計的一種研究方法，期使研究能在準確、省時、省力的狀況下順利進行所做之設計。題意所述蒐集性剝削少女的「詐騙歷程」，不適合使用實驗設計進行資料蒐集。

58 有關調查研究法的回覆率，下列組合何者最正確？

（111年第一次專技社工師）

(A)面訪＞團體填答＞電話訪問＞郵寄問卷
(B)團體填答＞面訪＞郵寄問卷＞電話訪問
(C)電話訪問＞團體填答＞郵寄問卷＞面訪
(D)電話訪問＞面訪＞郵寄問卷＞團體填答

答案：**A**

解析：面訪為訪員個別進行訪問，問卷回覆率最高；其次為團體填答，為訪員同時針對多位受訪者，問卷回覆率亦高，但低於面訪；電話訪問是用電話作為訪談的工具，回答率低於面訪、團體填答，但較郵寄問卷為高。郵寄問卷是指研究者將問卷郵寄給被抽樣到的填答者，藉由填答者回覆的問卷，去蒐集到所欲蒐集資料的方法，問卷回覆率最低。

59 電話調查法和網路調查法比較，下列敘述何者正確？

（111年第一次專技社工師）

(A)電話調查法成本較低
(B)電話調查法較能詢問隱私問題

(C)路調查法比較沒辦法分辨填答者的身分

(D)網路調查法有填答時間的限制

答案：**C**

解析：1. 選項(A)有誤。網路調成本最為低廉。

2. 選項(B)有誤。電話調查所問的問題不能太多，且所問的問題不能太深入，尤其是涉及隱私的事項。

3. 選項(D)有誤。網路調查法透過網路進行，沒有填答時間的限制。

60 問卷題目設計中對於開放式與封閉式問題的敘述，下列何者錯誤？

(A)所有開放式問題的答案都可以用規格化的方式分析

(B)開放式問題可以補充研究者在封閉式問題中無法獲得的資訊

(C)封閉式問題容易統計分析

(D)封閉式問題的答案一切都在研究者規劃的範圍內

答案：**A**

解析：非結構式問卷又名開放式問卷（Open-Ended Questionnaires），是指研究者於整份問卷中完全不設定選項來限制受試者的選擇，而讓受試者可以完全自由發揮來作答。選項(A)有誤，開放式問題的答案雖可依據填答內容進行歸類後以規格化方式分析，但有時並非全部均可採用規格化方式分析。

61 某社工想了解北部地區受聘在家中的外籍看護工照顧及生活適應的現況，他設計了一份網路問卷放到外籍移工常聯絡的群組或瀏覽的網站（Facebook或Line）上，讓在群組或網站看到此問卷的外籍看護工自由填寫。此研究的資料蒐集方法最大的缺點為何？　　　　　　　（111年第二次專技社工師）

(A)樣本偏誤　　　　　　　　　　(B)地理範圍受限

(C)成本過高　　　　　　　　　　(D)回收率低

答案：**A**

解析：題意所述係採便利抽樣（Convenience Sampling）本的選取標準是選擇即時可取到的，其優點是方便，但最嚴重的缺點為：

因為樣本的客觀性與代表性都不足，研究結果的效度與參考價值均因此而大打折扣。

62 某研究者欲進行全國社會工作師之薪資所得相關因素探究，但研究經費有限。研究者應以何種資料蒐集方法最為適當？　（111年第二次專技社工師）

(A)面對面訪問法　(B)參與觀察法　(C)田野調查法　(D)郵寄問卷法

答案：**D**

解析：1. 郵寄問卷法（Mailing Questionnaire）是指研究者將問卷郵寄給被抽樣到的填答者，藉由填答者回覆的問卷，去蒐集到所欲蒐集資料的方法，傳統上此法多為一般郵寄（Mail by Post）。

2. 郵寄問卷有省時、省錢、保有受訪者的隱私等優點，但缺點也不少，如：回收率低，經常不到一半，若時機不對或問題不妥，可能連百分之二十都有問題；更嚴重的是受訪者是否了解題意？是否由其本人填寫等研究者不得而知，但當受訪者對題目不甚明瞭或產生誤會時，經常不能完成問卷，就算勉強完成其問卷，結果也是錯誤百出，因此對問卷的指示和說明都較其他方法來得重要。郵寄訪問最好提供附有回郵的信封或告知受訪者，當研究完成後，受訪者將可獲得調查研究的結果，當作回饋。

63 關於網路調查的敘述，下列何者錯誤？　（111年第二次專技社工師）

(A)網路調查的主要缺點是樣本的代表性

(B)網路調查的缺點之一是無法完全確定填答者的身分

(C)網路調查的優點之一是快速，未來將取代舊有的調查方法

(D)網路調查的優點在於可進行低成本、大規模的調查

答案：**C**

解析：線上調查／網路調查是指透過網路以及全球資訊網來進行，有一部分是完全透過電子郵件來完成，其他則是透過網站。線上調查／網路調查的優點優點之一，是能夠快速地且廉價地將該訊息大量地傳送到世界上各個角落的受訪者，但其缺點之一，

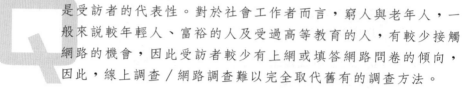

選擇題　Multiple Choice Question

是受訪者的代表性。對於社會工作者而言，窮人與老年人，一般來說較年輕人、富裕的人及受過高等教育的人，有較少接觸網路的機會，因此受訪者較少有上網或填答網路問卷的傾向，因此，線上調查／網路調查難以完全取代舊有的調查方法。

64 下列那個問卷題項會使受訪者在回答時想要符合社會期望（social desirability）？　　　　　　　　　（111年第二次專技社工師）

(A)請問您是西元那一年出生的

(B)請問您的教育程度是

(C)請問您支持選舉制度設定婦女保障名額嗎

(D)請問您目前的婚姻狀況是

答案：**C**

解析：若受測者依據社會期望回答答案，則稱為「社會期望誤差」。例如：若訪員以面訪方式問到「你覺得政府應該投入更多的預算在社會福利項目上嗎？」則受訪者往往會被引導到回答「是」，以免被視為不重視社會福利、不關懷弱勢。要改善這樣的測量問題以減少系統誤差，可以考慮將面訪改成郵寄問卷或自填問卷，以減少受訪者覺得自己的答案會「曝光」，因而趨向回答社會所期待的答案。

65 關於調查研究的回覆率，下列何者錯誤？　　　（111年第二次專技社工師）

(A)回覆率會影響調查資料的品質

(B)大多數郵寄問卷調查的回覆率是低於70%

(C)網路調查的回覆率與郵寄問卷調查的回覆率差不多

(D)現金報酬無法提升郵寄問卷調查的回覆率

答案：**D**

解析：如何提高郵寄問卷回收率：

　　1.應注意問卷的外觀。

　　2.對填寫者有所說明。

　　3.激起受訪者個人的共鳴。

　　4.最好得到贊助。

5.給予參與者誘因。選項(D)有誤。

6.一定要強調匿名和保密的維護。

7.回寄的型式必須講究設計。

8.郵寄程序也要注意。

9.追蹤。

10.要設法成為一個好的訪問員。

66 下列何者不是建構指數（index）的步驟？　　（112年第一次專技社工師）

(A)檢視指數各題項之間的關係

(B)指數的各題項應涵蓋變項的多重層面性（multi-dimensionality）

(C)指數的各題項應考量其變異幅度

(D)處理指數各題項的遺漏資料

答案：**B**

解析：在發展建構量表的過程中，指數的各題項應具有單一向度性（Unidimensionality）。單一向度性的意思是指所有的這些資訊都應該是測量同樣的一件事物。選項(B)有誤。

67 在建構指數（index）時，若遇到相對多數的遺漏資料，下列處理方式何者不適切？　　（112年第一次專技社工師）

(A)指定中間值給有遺漏資料的受訪者

(B)指定平均值給有遺漏資料的受訪者

(C)將有遺漏資料的受訪者排除在指數建構的過程

(D)運用一個以上的方法來建構指數

答案：**C**

解析：選項(C)有誤。假如只有少數幾個個案有遺漏值，則自分析時可將其剔除，但如果是重要變項，會導致其他樣本的偏差，就不應該這樣做。

68 使用網路問卷調查方法取得之資料，最大的缺點為何？

（112年第一次專技社工師）

(A)無法確定回收資料之完整性　　(B)代表性可能不足

(C)耗費研究時程　　(D)回收率低

選擇題　Multiple Choice Question

答案：**B**

解析：線上調查／網路調查是指透過網路以及全球資訊網來進行。有一部分線上調查（Online Surveys）是完全透過電子郵件來完成，其他則是透過網站。網路問卷調查方法取得之資料，最大的缺點為受訪者的代表性。對於社會工作者而言，窮人與老年人，一般來說較年輕人、富裕的人及受過高等教育的人，有較少接觸網路的機會，因此受訪者較少有上網或填答網路問卷的傾向。另須注意被抽樣到的填答者是否固定使用此一帳號？因為現代人往往有好幾個e-mail 帳號，而常用的卻只有其中一兩個，如果不能確定這點，則樣本的代表性就會發生問題。選項(B)屬之。

69 關於問卷施測，下列敘述何者錯誤？　　　　（112年第一次專技社工師）

(A)問卷施測廣泛運用於調查研究法

(B)問卷施測廣泛運用於實驗法

(C)問卷的矩陣式問項有可能面臨「同一回應傾向」（response-set）的缺點

(D)訪問調查問卷的題項順序通常是以具有敏感性的題項開始

答案：**D**

解析：選項(D)有誤。為較低受訪者對敏感性問題的防衛，訪問調查問卷的題項順序通常是以不具敏感性的題項開始。

70 關於自填式問卷的敘述，下列何者錯誤？　　　　（112年第一次專技社工師）

(A)自填式問卷最經常運用於郵寄問卷調查

(B)自填式問卷同時運用親自遞送與郵寄，其問卷回覆率比單用郵寄方式來得高

(C)提供金錢報酬可以提高郵寄問卷的回覆率

(D)為提高匿名郵寄問卷的回覆率，僅針對未回覆者催收（follow-up）

答案：**D**

解析：選項(D)有誤。自填式問卷如採匿名郵寄調查，則研究者不應在問卷上做記號，以事後追蹤是否填覆，因此，無法針對未回覆者催收（follow-up）；如要提高匿名郵寄問卷的回覆率，在回

覆催收程序上，應對所有受訪者全部催復。

71 關於考試或測驗次數越多所造成之效應，下列何者錯誤？

（112年第一次專技社工師）

(A)信度越高　　　　　　　　　　(B)效度越高

(C)測驗效應越高　　　　　　　　(D)一致性越高

答案：**B**

解析：1. 信度（Reliability）指研究的信賴度（Dependability）與一致性（Consistency）。受訪者被訪問時的回答或受測時的分數，若再施測一次，或再訪問一次時，其結果應該相同。考試或測驗次數越多所造成之效應，選項(A)、(C)、(D)屬之。

　　　2. 效度（Validity）是指研究的準確性，也就是真正測出研究者想要測量的概念或變項的能力。考試或測驗次數越多，如果測驗的內容不具效度，則無論測驗次數多少，均不會因此而提高效度。選項(B)有誤。

72 有關問卷的結構，下列敘述何者錯誤？　　　（112年第一次專技社工師）

(A) 問卷題次的安排，較容易回答的題項通常置於前面

(B) 基本資料通常是屬自變項，無論如何一定要放在問卷前面

(C) 問卷通常以問候與說明開始，必要時附上研究主持人簽名以減少受訪者的疑慮

(D) 問卷內容會有不同單元，單元之間研究者須做指示說明，以利受訪者作答

答案：**B**

解析：選項(B)有誤。按照一般問卷設計邏輯，基本資料通常是放在問卷的最後段。

73 下列何種研究主題不適合調查研究法？　　　（112年第一次專技社工師）

(A)探討描述性或解釋性的研究主題

(B)需要測量民眾的態度與民意取向

(C)需要理解社會情境脈絡的研究主題

(D)研究母體很龐大時，採用機率抽樣的調查研究法

答案：**C**

解析：調查研究法屬於量化研究方法，但如果屬於需要理解社會情境脈絡的研究主題，較適合採取質性研究法，例如：常見的質性研究方法有：深度訪談法、焦點團體法、行動研究法、參與觀察法與德菲法等。選項(C)不適合使用調查研究法。

74 下列敘述何者是適切的深度訪談方式？　　　　　(112年第二次專技社工師)

(A)訪談者的提問較精簡開放，受訪者的述說較多

(B)訪談者常打斷受訪者的談話

(C)訪談者常提封閉式問題

(D)受訪者的述說與訪談者的述說長短相似

答案：**A**

解析：1. 選項(B)有誤。訪談者常打斷受訪者的談話，無法達到深度訪談。

　　　2. 選項(C)有誤。封閉式問題無法達成深度訪談的目的，採用開放式問題才能達成深度訪談。

　　　3. 選項(D)有誤。深度訪談時，通常受訪者的述說長短，會較訪談者為長。

75 下列何者不適合評估研究效度（validity）的品質？

(112年第二次專技社工師)

(A)研究人員　　　　　　　　　　(B)研究對象

(C)研究人員之同儕　　　　　　　(D)研究倫理審查委員

答案：**D**

解析：效度（Validity）是指研究的準確性，也就是真正測出研究者想要測量的概念或變項的能力。選項(A)、(B)、(C)均適合評估研究效度。選項(D)研究倫理審查委員，是針對研究之研究倫理進行審議，而非對研究之效度進行評估。

76 關於進行面對面訪問調查的一般性守則，下列敘述何者錯誤？

(112年第二次專技社工師)

(A) 訪員應完全遵循問項的遣詞用句

(B) 當受訪者提供不完整的答案時，為保持中立，訪員不宜進一步追問答案（probe）

(C) 訪員的穿著應該儘量保持整齊與清潔

(D) 訪員應精確無誤地記錄受訪者的答案，不可擅自摘述

答案：**B**

解析：選項(B)有誤。有時受訪者會答非所問，在開放性問題中，刺探法（Probes）是常見的誘發回答的方法。例如詢問一個有關交通狀況時，受訪者可能會簡單的說：「很糟。」訪員可以用多個刺探法來獲得更詳細的答案。適時的詢問可以是：「這怎麼說呢？」或「哪方面不同呢？」來加以刺探。刺探法的目的是為了獲得充足的資訊以供分析，但這類的刺探詢問，一定要保持中立，以不影響受訪者的答案為要。

77 下列何者不是配額抽樣（quota sampling）的特徵？

(112年第二次專技社工師)

(A) 依照研究母群體的重要特徵之比例來設定配額

(B) 是根據隨機原則抽樣

(C) 抽樣的樣本組成結構只能反映出研究母群體某些特徵屬性之結構

(D) 要建立研究母群體重要特徵的矩陣表

答案：**B**

解析：選項(B)有誤，配額抽樣為為非隨機抽樣。

78 若想要瞭解學校霸凌的現象是否存在著城鄉差距、公私立學校類別、學校規模的影響、導師班級經營影響而產生差異，下列那一種抽樣方法可以讓樣本最具代表性？

(112年第二次專技社工師)

(A) 分層抽樣　　　(B) 配額抽樣　　　(C) 系統抽樣　　　(D) 簡單隨機抽樣

答案：**A**

解析：題意所述要瞭解學校霸凌的現象是否存在著城鄉差距、公私立學校類別、學校規模的影響、導師班級經營影響而產生差異，適合使用分層隨機抽樣。分層隨機抽樣之步驟：1.首先研究者

選擇題　Multiple Choice Question

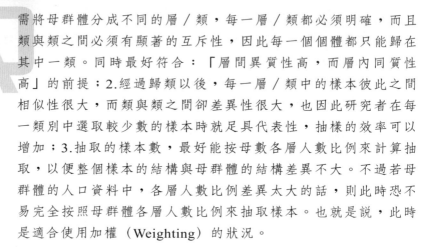

需將母群體分成不同的層／類，每一層／類都必須明確，而且類與類之間必須有顯著的互斥性，因此每一個個體都只能歸在其中一類。同時最好符合：「層間異質性高，而層內同質性高」的前提；2.經過歸類以後，每一層／類中的樣本彼此之間相似性很大，而類與類之間卻差異性很大，也因此研究者在每一類別中選取較少數的樣本時就足具代表性，抽樣的效率可以增加；3.抽取的樣本數，最好能按母數各層人數比例來計算抽取，以便整個樣本的結構與母群體的結構差異不大。不過若母群體的人口資料中，各層人數比例差異太大的話，則此時恐不易完全按照母群體各層人數比例來抽取樣本。也就是說，此時是適合使用加權（Weighting）的狀況。

79 關於電話訪問調查的敘述，下列何者錯誤？　　（112年第二次專技社工師）

(A) 電腦輔助電話訪問（computer-assisted telephone interviewing, CATI），在調查資料的編碼上較具優勢

(B) 透過手機進行電話訪問調查，有可能會面臨選樣的偏誤

(C) 電話訪問調查不會有訪員的人為操作問題

(D) 自動控制民調（robo-polls）節省僱用訪員的人力成本

答案：**C**

解析：目前各民調中心均使用「電腦輔助電話問卷調查／電腦作業電話會談」（Computer Assisted Telephone Interview, CATI）。CATI系統可協助訪問者作撥號、戶中取樣、題序隨機出現、選項答案隨機出現以及資料登錄與分析等工作。但在電話訪問調查的同時，訪員必須將受訪者的回應登錄在系統上，因此，仍會有訪員的人為操作致登錄錯誤的問題。

80 關於研究信度和效度之敘述，下列何者正確？　　（112年第二次專技社工師）

(A) 外在效度高代表此研究設計能夠推論到其他的研究情境

(B) 系統性誤差（systematic error）所影響的是研究之信度

(C) 系統性誤差與研究效度無關

(D) 外在效度是指除了X（自變項）以外，研究者能否控制其他影響因素之程度

答案：**A**

解析：1. 選項(B)、(C)有誤。在研究設計、執行和分析的過程中，有時候會因人為操作或篩檢工具等因素造成誤差，而產生效度問題，這類誤差即為系統性誤差（Systematic Error），是指蒐集到的資料與原先預定測量的事物有所不同，即產生系統誤差。

　　　2. 選項(D)有誤。外在效度（External Validity）是指把某個特定情境與小團體得到的發現，通則化到涵蓋範圍極廣的情境與人群的能力，亦即，研究發現的因果關係可概化或推論到研究情境以外的場域和母群的程度。

81 關於調查研究在設計問卷時的提問準則，下列敘述何者錯誤？

（112年第二次專技社工師）

(A)題項大多數為封閉式問項

(B)題項應避免一題兩問（double-barreled questions）

(C)題項的陳述長一點才能完整表達題意

(D)題項應避免否定用語的問項

答案：**C**

解析：選項(C)有誤。問項的陳述應扼要、清楚，盡量以簡明的方式陳述，過長的問項，將會影響受訪者的填答意願。

82 下列何者不是網路調查的研究工具？　（112年第二次專技社工師）

(A)桌上型電腦　　(B)筆記型電腦　　(C)智慧型手機　　(D)虛擬實境設備

答案：**D**

解析：網路／線上調查是指透過網路以及全球資訊網來進行。選項(A)、(B)、(C)均是網路調查的研究工具。

83 關於半結構性訪談，下列何者正確？　（112年第二次專技社工師）

(A)非正式會話訪談　　　　　(B)導引式訪談

(C)標準化開放式訪談　　　　(D)封閉而固定順序的訪談

選擇題 Multiple Choice Question

答案：**B**

解析：半結構式問卷是一種混合形式的問卷設計，也就是說在整份問卷中同時包括封閉式與開放式的問題。開放式問卷多用於探索性研究，也就是說研究者對選項的全面性無法完全掌握，而且時間及金錢都許可的情況之下。至於封閉式問卷則多用於因果性研究／解釋性研究，因為希望能以統計分析的方法，明確建立變項之間的關係。當然兩種方法亦可用於同一問卷之中（半結構式問卷），這主要就是以問題性質作為考量的依據。半結構式問卷可用於導引式訪談。

84 甲、量表僅施測一次，分兩半套分別計分，再計算兩半套間的相關。乙、量表施測一次，交由兩人評分，計算兩項分數的相關。丙、將同一量表的兩套組題連續於同一團體施測，計算兩項分數的相關。以上三種測量信度的方法分別為何？ （113年第一次專技社工師）

(A)交互評分者信度、複本信度、重測信度

(B)折半信度、複本信度、內部一致性信度

(C)折半信度、交互評分者信度、複本信度

(D)折半信度、交互觀察者信度、平行信度

答案：**C**

解析：1. 折半信度（Split-Half Reliability）：就是把問卷「折」成一半，然後再看受訪者在這兩半測驗上的分數彼此之間的相關係數，即為其折半信度值。題意甲屬之。

2. 交互評分者信度/評分者間信度（Inter-Rater Reliability）通常是指觀察者間信度（Inter-Observer Reliability），有時又稱為計分者間信度（InterscorerReliability）。關心測驗是如何計分一致或由兩位評分者評定行為。題意乙屬之。

3. 複本信度（Alternate-Form Reliability），亦即同方向信度，主要是適用於教育領域。複本是指與正本本質相同、結構也相同的問卷或測驗卷，它是另外設計的問卷，與正本「一致」但不「一樣」。所以理論上此兩種版本的考卷所測量的結果應該相同或近似，而此時即表示複本信度較高。題意丙屬之。

85 對於電話訪問的敘述，下列何者正確？　（113年第一次專技社工師）

(A)相較於面對面訪問，較不易召募到訪員

(B)訪問品質較好控制，訪員效應較低

(C)不容易產生樣本涵蓋誤差

(D)電話訪問的問卷長度一般以50分鐘為限

答案：**B**

解析：1.選項(A)有誤，電話訪問的訪員因不須直接面對受訪者，故訪員的招募較面對項訪問容易。

2.選項(C)有誤。電話調查法無法確定接聽電話的本人，是否是中選樣本人，以及電話訪問母體的先天涵蓋率不足等因素，容易產生樣本涵蓋誤差。

3.選項(D)有誤。電話調查所問的問題不能太多（一般都不超過十一、二題），以便能在極短的時間內完成訪問。

86 社工想了解個案接受服務後自我效能感是否提升，因此使用量表在服務前進行前測，在服務半年後進行後測。請問下列何者不會對內在效度造成威脅？

（113年第一次專技社工師）

(A)過程中發生重大事件　　　　　　(B)成熟因素

(C)個案隨機分派　　　　　　　　　(D)測量工具品質

答案：**C**

解析：影響實驗設計（研究設計）內在效度的因素：

1.歷史效應：是指在研究過程中，是否發生一些外在的特殊事件左右。選項(A)屬之。

2.了受測者的反應。

3.個人的身心成熟。選項(B)屬之。

4.熟悉測驗內容（測驗效應）。

5.測量工具有問題（工具效應）。選項(D)屬之。

6.統計迴歸。

7.差異選擇（選擇偏差）。

8.實驗過程中的傷亡問題（參與者損耗）。

9.受訪者被選擇參與研究與本身成熟度之間的交互作用。

10.因果的時間次序問題。

11.實驗、控制兩組之間相互學習的混淆（處理汙染／處置擴散）。

12.實驗者的期望。

13.對控制組所作的補償（犒賞行為）。

14.士氣低落。

87 為了解一個量表是否具有建構效度（construct validity），常用下列何種統計方法分析？ （113年第一次專技社工師）

(A)相關係數檢定　　　　　　　(B)變異數分析

(C)因素分析　　　　　　　　　(D)迴歸分析

答案：**C**

解析：建構效度（Construct Validity）是指測驗能否測量理論的概念或特質的程度。一個好的問卷，其結果不僅可以反映出現實，其結構也應符合理論。所以問卷的設計應該從一個建構的理論出發，先導出各項關於該理論的各樣假設，衍化出各種相關的概念與變項，據之以設計和編製問卷。問卷調結束後，更應由果求因，以相關、實驗、因素分析等方法，查核調查的結果是否符合理論上的結構與見解。

88 若我們將某社會福利機構（甲）之志願服務人員當成實驗組，而給予某種同理心訓練課程，同時又選擇另一機構（乙）的志願服務人員為控制組。在沒有前測的狀況下，若三個月之後，我們發現甲機構的志願服務人員在同理心量表的平均分數大於乙機構之平均分數，則下列何種因素最可能威脅此一研究設計之內在效度？ （113年第一次專技社工師）

(A)統計迴歸趨中效應　　　　　(B)經歷其他事件（歷史效應）

(C)選樣效應　　　　　　　　　(D)測驗效應

答案：**C**

解析：差異選擇（選擇偏差），即為選樣效應。選擇偏差是受試者未能形成相等組別所產生的威脅，這個問題之所以發生，是因為

設計時沒有做好隨機指派，亦即，實驗組中的受試者帶有影響依變項的特性。實驗計畫裡一定要把樣本分成兩組：實驗組與控制組，這兩組最好愈相似愈好，所以才會設法用隨機抽樣或隨機分派的方式，把樣本公平的區分為兩組。這種差異的選擇當然會造成實驗結果的「顯著差異」，但是這種差異是由差異的選擇而來，而不是由實驗的影響而來。題意所述並未對志願服務人員進行隨機指派會產生選樣效應，而威脅研究的內在效度。

89 對於調查研究方法的敘述，下列何者錯誤？　　　（113年第一次專技社工師）

(A) 又稱抽樣調查方法，乃經由標準化過程收集有關樣本具有信度和效度的資料

(B) 以電話進行調查時，訪員必須要依照相同的次序問每一個受訪者同樣的問題，用同樣的方式做記錄

(C) 調查研究所蒐集的資料，可運用統計分析技術進行母體狀況的推估

(D) 調查研究的抽樣一定要採用簡單隨機抽樣

答案：**D**

解析：選項(D)有誤。調查研究（Survey Research Method）是以抽樣的方式，探討樣本的狀況與現象（即樣本的屬性），把樣本所得之資料推論到整個樣本。隨機抽樣方法包括簡單隨機抽樣、系統隨機抽樣、分層隨機抽樣、集叢隨機抽樣等。調查研究之研究者可依研究需求選擇適合的隨機抽樣方法。

Chapter 5

資料統計與分析

關鍵焦點

1. 資料統計與分析的章節，申論題以實際案例的數據解析為主，是考驗考生的統計分析概念，通常在考場上失分的原因，乃是因為不會解讀數據所代表的意義，每一個數據中，都有其統計意涵，因此，請加強對統計資料分析解讀的能力可參編者另著：陳思緯，《社會（工作）研究法（含概要）》，考用出版社，第五章〈資料統計與分析〉。

2. 相當多的統計名詞，會在解釋名詞出題，請建立清析觀念。

3. 測驗題亦多為實務案例之數據解析，在準備申論題時紮實準備，即可正確選答。

申論題　Essay Question

一、某位研究者欲針對某社區患有語言障礙兒童（28位，含實驗組15位，控制組13位），為實驗組提供療育方案；此研究者針對28位兒童施測，每分鐘答對正確語音的字數作為兩組的比較，分別以中位數（median）考驗及曼-惠特尼U（Mann-Whitney U）的無母數統計方法作為統計分析策略。請分別敘述此兩種分析方法所適用的分析測量尺度？並解釋與比較下列兩表的結果。　（107年高考）

A.中位數考驗

次數分配表		
分數	實驗組	控制組
＞中位數	14	0
≦中位數	1	13

中位數＝3.50，P＜.000

B.曼-惠特尼 U 考驗

次數分配表				
	分組	個數	等級平均數	等級總和
分數	實驗組	15	21.00	315.00
	控制組	13	7.00	91.00

Z 檢定＝-4.49，P＜.000

1. 以本考科而言，差異檢定的數據判讀，以往多所出題；但以本題的二種檢定方法命題，則為首次。
2. 另本題題意並強調方向性，意即無謂何者為優的假設，故非單尾檢定，應為雙尾檢定；既為雙尾檢定，則僅能在論述說明兩者具有顯著差異性，不應論述何者為優。

【解析】

中位數考驗（median test）

1. 中數考驗適用於兩個獨立樣本時的次序變數的資料。主要目的在於考驗兩個彼此獨立的樣本是否來自中數相等的母群。換言之，要考驗兩者的集中趨勢是否相同。在中數考驗中，虛無假設為：兩群體的中數相等；對立假設為：兩個母群的中數不相等（雙側考驗），或一個母群的中數大於另一個母群的中數（單側考驗）。可見，中數考驗在無母數統計法中的地位，約相當於考驗兩個獨立樣本平均數之差異的 t考驗在母數統計法中的地位 。
2. 表A檢定結果，P值落入拒絕域，應拒絕虛無假設，對立假設成立。即為實驗組每分鐘答對正確語音的字數與控制組有顯著的差異，意即，中數具有顯著差異。

曼-惠特尼U考驗（Mann-Whitney U test）

1. 當t考驗的基本假定無法滿足時，如果我們有兩個獨立樣本，而且

樣本資料是屬於次序變數時，我們便可以使用曼-惠特尼U考驗。在研究者發現他的資料不屬於等距變數和比率變數時，或者當他認為他的資料不能符合 t考驗的基本假定時，U考驗是代替 t考驗法來考驗兩個母群差異的好方法。曼-惠特尼U考驗的基本假定是：(1)兩母群都是連續分配，而且變異程度相同；(2)兩樣本都是隨機樣本，樣本大小分別為n1和n2。虛無假設為：兩樣本是來自性質相同之母群體；對立假設為：兩樣本是來自性質不同之母群體。可見，U考驗法也相當於考驗兩個獨立樣本平均數之差異的t考驗法。

2. 表B檢定結果，P值落入拒絕域，應拒絕虛無假設，對立假設成立。即為實驗組每分鐘答對正確語音的字數與控制組有顯著差異，意即，兩者來自不同的母群體。

申論題　Essay Question

二、下表係衛生福利部統計處106年老人狀況調查，其中一項65歲以上老人休閒活動的性別分析，請描述該表的統計數字，並說明其性別差異。

（108年普考）

65歲以上休閒活動情形—按性別分

106年9月　　　　　　　　　　　　　　　　　　　　單位：%

項目別	總計	男	女	女-男
有休閒活動	97.3	97.6	97.1	-0.5
看電視	80.7	78.4	82.7	4.3
戶外健身、運動	52.9	55.7	50.5	-5.2
聊天、泡茶、唱歌	46.9	49.0	45.2	-3.8
園藝	15.6	15.7	15.4	-0.3
踏青、旅遊或進香團	14.7	15.6	14.0	-1.6
聽廣播或聽音樂	11.8	12.0	11.7	-0.3
閱讀書報雜誌	9.8	14.6	5.8	-8.8

項目別	總計	男	女	女-男
逛街、購物	8.6	6.0	10.9	4.9
團體運（活）動	8.3	6.7	9.6	2.9
室內運動、健身	7.8	6.8	8.7	1.9
上網（聊天或找資料）	7.3	9.4	5.5	-3.9
玩線上或手機遊戲	2.0	2.4	1.7	-0.7
和朋友下棋或打牌	3.0	4.2	2.0	-2.2
其他	5.5	5.4	5.6	0.2
無休閒活動	2.7	2.4	2.9	0.5

資料來源：衛生福利部統計處106年老人狀況調查性別分析

本題即是數據的判讀，考生如經常瀏覽編者的部落格，編者曾提醒考生，看數據要從數據高的、差距大的依次著手判讀，即可了解數據的意義，以及判讀其中的差異。本題應用前述觀念，即可順利應答。

【解析】

一 65歲以上休閒活動項目以「看電視」最多80.7%最高

65歲以上97.3%有從事休閒活動，最主要的休閒活動項目以「看電視」80.7%最多，其次為「戶外健身、運動」占52.9%，「聊天、泡茶、唱歌」占46.9%再次之，為前3名。

二 65歲以上前3名休閒活動項目男女差距為3.8%～4.3%

在前3名休閒活動項目中，男性與女性從事的休閒活動項目排序相同。惟女性「看電視」佔82.7%，男性為78.4%，女性較男性高出4.3%；而在「戶外健身、運動」的休閒項目，男性（55.7%）較女性（50.5%）高出5.2%；在「聊天、泡茶、唱歌」的休閒項目，與女性（45.2%）

相較，男性（49.0%）高出女性3.8%。

女性與男性從事的休閒項目，差距最大者達8.8%

男性與女性從事的休閒項目，以「閱讀書報雜誌」差距最大，達8.8%。其中男性為14.6%，女性為5.8%。另在「逛街、購物」，女性高出男性4.9%，分別為女性10.9%、男性6.0%。

申論題　Essay Question

三、下表係衛生福利部（107）「106年老人狀況調查」主要家庭照顧者問卷回收情形－按被照顧者性別、被照顧者年齡、與被照顧者關係、照顧者性別及照顧者年齡分，請描述該表的統計數字，並解釋數字對長照政策的意義。　　　　　　　　（109年地方四等）

項目別	65歲以上問卷有主要家庭照顧者人數（人）	完成樣本數（人）	占樣本百分比（%）	回收率（%）
總計	773	469	100.00	60.67
被照顧者性別				
男	320	202	43.07	63.13
女	453	267	56.93	58.94
被照顧者年齡				
65～69歲	105	52	11.09	49.52
70～74歲	116	70	14.93	60.34
75～79歲	171	101	21.54	59.06
80歲以上	381	246	52.45	64.57
與被照顧者關係				
配偶或同居人	245	165	35.18	67.35
子女	387	208	44.35	53.75

項目別	65歲以上問卷有主要家庭照顧者人數（人）	完成樣本數（人）	占樣本百分比（%）	回收率（%）
媳婿	109	78	16.63	71.56
其他	32	18	3.84	56.25
照顧者性別				
男	353	183	39.02	51.84
女	420	286	60.98	68.10
照顧者年齡				
未滿55歲	321	164	34.97	51.09
55～64歲	187	131	27.72	69.52
65～69歲	91	57	12.37	63.74
70～74歲	61	46	9.81	75.41
75～79歲	61	35	7.46	57.38
80歲以上	52	36	7.68	69.23

考點分析

本題可看表格數據解釋，是一個相當好的命題方式。考生在看表格時，請從數據最高、次高的數據著手，因為此類數據才具有參考的價值，尤其在資源有限的情況下，政策通常係針對影響層面較大的數據優先進行。考生掌握前述看數據的訣竅，即可輕易的分析數據所代表的意義。

【解析】

被照顧者的性別反映女性需要長照的人口數較多

表中被照顧者性別，女性占56.93%，高於男性的43.07%。對照內政部2020年公布的「108年簡易生命表」，國人的平均壽命為80.9歲，其中

男性77.7歲、女性84.2歲，顯示女性因平均餘命較男性多6.5歲，在不健康餘命的平均存活年數中，需要長照的人口數亦隨之增加。

▶ 被照顧者年齡反映高齡化社會的照顧需求

從表中可以知道，被照顧者年齡已80歲以上占52.45%最高，其次為75-79歲占21.54%，兩者共73.99%，居需要長照服務人口的近8成。對照110年1月底我國老年人口（65歲以上）380.4萬人，占總人口比率至16.2%，顯示高齡化社會的到來，對長照的需求持續增加。

▶ 家庭成員為主要照顧者

從表中的照顧者關係分析，以子女照顧占44.35%最高，其次為配偶或同居人占35.18%，兩者合計79.53%，已近8成。顯示現有的長照服務，主要的提供服務仍是以家庭成員為主，呈現出長照政策正式資源提供之不足。

▶ 女性為家庭主要照顧者

從表中可以得知，照顧者的性別以女性居多，占60.98%，這反映出「家庭照顧女性化」的現象。因為女性在職場從事有酬工作，其業多半為職位及技術較低的性質，或是就業型態為較不穩定的部分工時、按件或按時計酬、派遣員工，因此，女性常被要求離職照顧家庭被照顧者，或是在家庭中的長照負擔較重的責任，顯示長照政策對照顧者家庭系統性別支持之不足。

▶ 就業人口群為主要的家庭照顧者

從表中可以得知，照顧者以未滿65歲的就業人口為主，其中未滿55歲占34.97%，55-64歲占27.72%，合計共62.69%。且根據衛部2011年國民長期照顧需要調查結果推估，全台隱形失能人口約131.3人，照顧失能、失智家人的勞工約231.4人，其中每年更有13.3萬人因照顧應接不暇而離職。隨台灣社會更加老化、失能人口持續增加，因照顧離職的人數恐更多，這反映出長照人力的提供問題，以及因長照資源的不足，降低國家的勞動競爭力的問題。

申論題　Essay Question

四、有位社工員進行一項問卷調查，希望了解一個地區的男性與女性居民，對規劃中的三種社會福利住宅型態（A、B、C三種類型）的選擇是否有差異。你會如何設計「對三種社會福利住宅型態偏好」的測量方法？另外，就你的測量方法，你會選用那一種統計方法來分析？請說明之。　　　　　　　　　　　（109年第一次專技社工師）

考
點
分
析

本題係考研究方法，主要是測量及統計，均屬基本觀念，考題難度不高。

【解析】

測量方法

1. 研究目的：期望透過研究了解某一個地區的男性與女性居民，對規劃中的三種社會福利住宅型態（A、B、C三種類型）的選擇，以作為未來社會福利住宅規劃之參考。

2. 研究假設：不同的性別對住宅型態的偏好有差異。

3. 調查對象：該區域內年滿30歲之居民。

4. 抽象架構：以該地區的行政區域為抽樣母體，進行該區域內男女性別比例的統計，以了解性別的比例，其次，採用以里為單位進行分層抽樣，依照要抽樣的樣本數，於各里進行抽樣人數的分配，並依照性別比例以等比例抽樣。

5. 調查方式：以電話問卷調查法進行。向電話公司購買區域內的家戶電話號碼資料，再依照抽樣架構抽出受訪的家戶電話進行電訪；電訪時亦應受訪者的性別納入考量，以確保樣本與母體性別比例的相似性。

統計分析

以統計軟體進行分析，先進行敘述性統計，了解樣本的分布情形；本研究的自變項（性別）與依變項（社會福利的住宅型態）均屬名義（名目）變項，適合採用卡方檢定的獨立性檢定，可設定在95%的信賴水準下，進行獨立性檢定，以檢定不同的性別對住宅型態的偏好是否有差異。

申論題　Essay Question

五、研究者想比較都會地區與農村地區的老人對長照資源的滿意度（總加式量表），透過分層隨機抽樣，在二地區各抽取200位老人進行問卷調查。請依序回答下列問題：

1. 研究者假設這二地區老人的滿意度有差異，請說明統計分析時的「虛無假設」為何？
2. 要用那一種統計方法進行上述假設的檢驗？為什麼？
3. 若所設定的顯著水準為0.01，統計分析計算出來的p值為0.002，請問此分析結果代表的意義是什麼？
4. 研究者根據文獻，認為除了地區差異之外，「性別」也可能是影響滿意度的重要因素，若要將性別也納入分析，請問要用那一種統計方法進行檢定？分析步驟為何？　　（109年第二次專技社工師）

本題題目言簡意賅，卻可了解考生對統計分析是否有正確的觀念。考題屬概念型題型，題目難度不高。

【解析】

　對立假設（Alternative Hypothesis, H_1）是指與研究假設的意思一樣，

而虛無假設（Null Hypothesis, H_0）則是指與對立假設的意思完全相反。題意所述，研究者假設這「都會地區與農村地區二地區老人對長照資源的滿意度有差異」（即為對立假設），則虛無假設為「都會地區與農村地區二地區老人對長照資源的滿意度無差異」。

◆二 依題意，檢定的二個變項為類別變項（地區別）、連續變項（滿意度），因此採用獨立樣本t檢定進行假設檢定的統計考驗。

◆三 題意之顯著水準（Significant Level）為0.01，經統計分析計算出來的p值為0.002，小於顯著水準（Significant Level）為0.01，落入虛無假設，則表示接受對立假設（亦即研究假設），因此，此分析的結果代表「都會地區與農村地區二地區老人對長照資源的滿意度有差異」的假設成立。

◆四 題意自變項為兩個間斷變項：地區、性別；依變項有一個連續變項：滿意度。當自變項為間斷變項（一個或兩個），而依變項為連續變項（一個），可採用「獨立樣本t檢定」（Independent Samples t-test）統計分析方法來加以檢證。分析的步驟為將兩個自變項在依變項的平均數差異，除以估計的理論抽樣分部標準差，以計算出t值，並須考量自由度，然後查詢t值表格，找到研究結果是由機率使然的t值為多少，以判斷是否有各變項是否有達到顯著。在t檢定中，自由度為全部樣本數（總加兩地區的個案數）減去2。

申論題　Essay Question

六、請計算列聯表的百分比，以表格呈現並解釋資料。

（110年地方四等）

職業別	個人月收入		
	等於或低於三萬元	高於三萬元	總計
勞力型職業	309	200	509
非勞力型職業	246	245	491
總計	555	445	1000

考
點
分
析

列聯表分析必須要清楚如何計算百分比，這是最重要的核心觀念。列聯表的比較，通常係相同欄數據，或是相同列數據各自比較，因為其所算之數據基礎係立基同一基礎上。如果將某一個數據與表中的對角線，或不欄、列之數據型比較，則為錯誤之數據比較觀念。

【解析】

◆ 一 以「職業別」分析

1. 列聯表百分比

職業別	個人月收入		
	等於或低於三萬元	高於三萬元	總計
勞力型職業	309 （60.7%）	200 （39.3%）	509 （100.0%）
非勞力型職業	246 （50.1%）	245 （49.9%）	491 （100.0%）

2. 資料解釋

(1) 勞力型職業有60.7%個人月收入「等於或低於三萬元」；僅有39.3%的勞力型職業個人月收入「高於三萬元」。勞力型職業個人月收入差距達21.4個百分點。

(2) 非勞力型職業有50.1%個人月收入「等於或低於三萬元」，49.9%的非勞力型職業個人月收入「高於三萬元」。非勞力型職業之百分點差距極微，僅0.2個百分點。

二 以「個人月收入」分析

1. 列聯表的百分比

職業別	個人月收入	
	等於或低於三萬元	高於三萬元
勞力型職業	309 （55.7%）	200 （44.9%）
非勞力型職業	246 （44.3%）	245 （55.1%）
總計	555 （100.0%）	445 （100.0）

2. 資料解釋

(1) 個人月收入「等於或低於三萬元」，勞力型職業占55.7%居多，與非勞力型職業的44.3%相較，高出11.4個百分點。

(2) 個人月收入「高於三萬元」，以勞力型職業占55.1居多%，較非勞力型職業的44.9%，高出10.2個百分點。

申論題 Essay Question

七、在量化研究中，通常會對擬用的數據資料做：遺漏值（missing values）、離群值（outliers）、可能性檢核（wild code checks/illegal value）、一致性檢核（consistency checks）、跳答檢核（skip/filter checks）等等查察，以確保原始數據資料品質。請舉例說明上述5種數據檢核方式的意涵，並且指出如下虛擬資料中，符合上述5種檢核方式的數值（表中若有實例數值請舉一例即可）。

（111年高考）

樣本序號	變項名稱				
	sex	age	eduY	pregnantN	childN
SN1	1	20	14	1	1
SN2	0	15	9	10	1
SN3	0	30	31	1	0
SN4	1	18	18	777	0
SN5	0	60	6	0	1
SN6	0	65	5	2	10
SN7	2	28	10	0	0
SN8	1	19	777	999	0

變項數值說明：生理性別（sex），0＝女性，1＝男性；年齡（age），0-100歲；教育年數（eduY），0-30年；懷孕次數（pregnantN）：0-10；親生子女數（childN），1-10人；適用於各變項值：777＝不適用，999＝遺漏值。為方便說明起見，可視上表為一Mx N矩陣，矩陣中元素（數值）可以Var[row, column]表示之，例如：Var[2,3]＝9, Var[3,2]＝30, Var[3,3]＝31……。

本題是考有關量化資料分析過程中，針對觀察值完成登錄後，進行描述性分析時，對於資料的各項檢核本題是簡單的考點，只要考生具有統計分析的基礎觀念，或是曾經有跑過統計資料，即可順利應答。

【解析】

◆ 一 遺漏值（missing values）

1. 意涵：遺漏值指的是在蒐集數據的過程中發生人為或機器上的疏失，導致資料缺失的情況。遺漏值有可能是受訪者的漏填資料，或是問卷作業人員的疏忽，造成資料無法完整輸入而產生的遺漏值，亦有可是機器上故障的問題或是資料傳輸時網路不穩定，產生斷

訊現象等，這也是造成遺漏值的原因。遺漏值的出現可能導致樣本訊息的減少、檢驗效能的降低，以及增加統計分析的複雜度。當遺漏值過多時，可能完全失去其利用價值。假使是在可以的處理範圍內，若處理的不適當，亦可能造成分析結果的偏誤或是無法對資料訊息的充分掌握。

2. 案例中符合之實例數值：案例Var[8,4]＝999，即為編碼登錄所定義的遺漏值。

🔷 離群值（outliers）

1. 意涵：所蒐集的觀察值，與其他觀察值比較，呈現不正常者，即為離群值，或稱為偏離值。一般研究者在收集資料的過程中，可能會因為測量方法的變異、人為的疏失或是實驗誤差，導致所蒐集到的資料中會有極度異於其它資料的值產生，稱之為離群值。由於離群值的存在，可能會導致分析的結果產生難以解釋的情況，因此適時的找出這些離群值，討論造成這些離群值的原因，能有助於統計分析的解釋。連續變項可以用是否出現離群值的方式來檢查資料的正確性。偏離值是指偏離常態分布的數值，若是數值落在三個標準差之外，即屬於偏離值。

2. 案例中符合之實例數值：案例Var[6,5]＝10，即為離群值。因為，其他的childN多為1或0。

🔷 可能性檢核（wild code checks/illegal value）

1. 意涵：不合理值（illegal value）是指資料檔的類別變項中，所出現研究者事先定義以外的數值，Barbie將這種檢查資料的方式稱為「可能性檢核」（possible code cleaning）。不合理值（illegal value）也有人稱為超過範圍的數值（wild code或out-of-range value），若是某個變項的過錄碼只有三種時，資料檔中就不應該出現這三種之外的數值，例如：問到性別的題目時，研究者在過錄編碼簿中只採用1代表男性，2代表女性，9代表不知道或沒有填答，若研究者在檢查資料檔時，發現性別的資料欄位中出現4或5時，4或5就稱為不合理值。出現不合理值的可能原因是：過錄員過錄錯

誤、資料鍵入時按錯鍵，或是還有一個可能性是，已有新增過錄碼，但在過錄編碼簿上未及記載，以致進行資料檢核的人員將之視為不合理值。對於不合理值的處理，一般會建議研究者利用其樣本編號，找出原來的問卷來加以更正資料。

2. 案例中符合之實例數值：案例Var[7,1]＝2，透過可能性檢核即可發現錯誤。因為性別0＝女性、1＝男性，並無2。其他的childN觀察值多為1或0。

四　一致性檢核（consistency checks）

1. 意涵：一致性檢核為針對問卷中並未註明跳答或不適合設計為跳答題，但是問題的答案有前後邏輯關係的變項進行檢核。亦即受訪者回答了某一類的答案後，便不可能會回答另一類的答案。例如：問卷前半部提到是否有購買彩券的習慣，若受訪者答否時，在問卷後半問到受訪者每週的固定支出時，就不應在支出項目上出現樂透彩。

2. 案例Var[2,2]＝15，表示年齡為15歲，但Var[2,4]＝10，表示懷孕次數15次，但同一樣本為15歲小孩，是不可能懷孕15次的，因此，違反填答一致性。

五　跳答檢核（skip/filter checks）

1. 意涵：跳答檢核是指在問卷中出現跳答題，受訪者若回答了某些特定答案後，則不須要再回答續問的問題，例如：當我們詢問受訪者家中有無桌上型個人電腦，若受訪者回答沒有時，就不會再續問有關家中個人電腦的等級。這類的跳答檢核，可依問卷中所設計的跳答方式進行。

2. 案例中符合之實例數值：案例Var[1,1]＝1，表示性別為男性，則不須回答有關懷孕次數，但Var[1,4]＝1，表示受訪者填答有1次懷孕次數，這是不符合跳答檢核邏輯的填答。

申論題 Essay Question

八、假設寶可夢小學全校僅有10名小朋友，第一次月考的數學成績如下：9, 8, 8, 7, 7, 6, 6, 6, 5, 3。

（一）試求算全距、算術平均數、中位數、眾數。

（二）若資料變為：30, 8, 8, 7, 7, 6, 6, 6, 5, 3。請重新計算「算術平均數、中位數、眾數」。

（三）試問：一組資料中若出現有極端大（或小）的數值，則那個集中趨勢指標（算術平均數、中位數、眾數）會受到影響，那個不受影響？

（四）「一組資料中，無論算術平均數、中位數、眾數都只有一個。」此敘述是否正確？請說明之。

（111年普考）

考點分析

本題為考描述性統計計算及觀念的運用，屬於相當基礎的量化統計資料分析考題。

【解析】

 計算全距、算術平均數、中位數、眾數

1. 全距（range）：為最大值與最小值之間的差額，即最大值減最小值後所得數值。題意最大值9，最小值3，全距＝最大值減最小值＝9-3＝6。

2. 算術平均數（arithmetic mean）：所有資料數值的總和除以資料的個數，即為算術平均數，一般都簡稱為平均數。觀察值個數10個，算術平均數＝所有觀察值總和／個數＝(9＋8＋8＋7＋7＋6＋6＋6＋5＋3)/10＝6.5

3. 中位數（median）：中位數代表「中間」（middle）值，有一半高於它，有一半低於它。將觀察值資料由小到大排列，最中間的

數值即為中位數。其中，若有奇數個資料，則取最中間的數值為中位數；若有偶數個資料，則取最中間兩個數值的算術平均數為中位數。將題意將題意觀察值依序排列為：3, 5, 6, 6, 6, 7, 7, 8, 8, 9，觀察共10個，因此，最中間的兩筆資料是第5個和第6個觀察值，分別為6、7，中位數＝(6+7)/2＝6.5

4. 眾數（mode）：是指觀察值中出現最多次數的值。題意觀察值6出現3次，故眾數為6。

 ## 若資料變為：30, 8, 8, 7, 7, 6, 6, 6, 5, 3之算術平均數、中位數、眾數

1. 算術平均數（arithmetic mean）：觀察值個數10個，算術平均數＝所有觀察值總和／個數＝(30+8+8+7+7+6+6+6+5+3)/10＝8.6

2. 中位數（median）：將題意將題意觀察值依序排列為：3, 5, 6, 6, 6, 7, 7, 8, 8, 30，觀察共10個，因此，最中間的兩筆資料是第5個和第6個觀察值，分別為6、7，中位數＝(6+7)/2＝6.5

3. 眾數（mode）：是指觀察值中出現最多次數的值。題意觀察值6出現3次，故眾數為6。

 ## 一組資料中若出現有極端大（或小）的數值，則那個集中趨勢指標（算術平均數、中位數、眾數）會受到影響，那個不受影響之說明

1. 會受極端值影響之數值：算術平均。因為算術平均數係所有資料數值的總和除以資料的個數，故會受極端值之影響。

2. 不受極端值影響之數值：中位數。將觀察值資料由小到大排列，最中間的數值即為中位數，在即使一組資料中出現極端值（極大或極小），但個案數並未改變的情況下，因此，在排序後，極端值仍居於最左或最右位置數，對中位數無影響。

3. 影響程度視極端值個數情況而定：眾數。如果極端值出現1以上的個案數，當其他的觀察值出現次數僅為1次時，此時的眾數就會是該極端值。因此，極端值是否影響眾數，端視極端值的出現次數與其他觀察值次數之比較後而定。

四 「一組資料中，無論算術平均數、中位數、眾數都只有一個。」敘述是否正確之說明

1. 題意所述有誤：題意所述為「一組資料」，即表示觀察值超過1個，因此，即使是只有2個觀察值的情況下，眾數就會是2，而非只有1個。

2. 題意所述正確：算術平均數，無論觀察值數量，計算後的數值永遠只有1個；而將個案數依序排列後，所計算出的中位數，亦僅會有1個。

申論題 Essay Question

九、有位研究者想瞭解影響社工人員離職傾向的相關因素，於是進行一個問卷調查。離職傾向量表的分數是從1至5分，得分越高，表示填答者的離職傾向程度越高。以下請根據各統計分析數據說明研究結果。（每小題5分，共25分）

（一）男生在離職傾向量表的平均數是2.75，女生在離職傾向量表的平均數是2.70；檢驗數據為$t=.412$，$p>.05$。

（二）未婚者在離職傾向量表的平均數是2.75，已婚者在離職傾向量表的平均數是2.52；檢驗數據為$t=2.272$，$p<.05$。

（三）教育程度：專科以下社工人員的離職傾向平均數是2.95，學院／大學的離職傾向平均數是2.68，研究所以上的離職傾向平均數是3.06；檢驗數據為$F=.412$，$p>.05$。

（四）機構服務年資：1.未滿1年的離職傾向平均數是2.51，2.滿1年～未滿3年的離職傾向平均數是2.91，3.滿3年～未滿6年的離職傾向平均數是2.81，4.滿6年以上的離職傾向平均數是2.72；檢驗數據為$F=3.047$，$p<.05$。事後比較結果：第1組與第2組有顯著差異。

（五）社工人員的主管關係（分數愈高代表關係愈好）與離職傾向的相關係數為$r=-.394$，$p<.001$；社工人員的同事關係（分數愈高代表關係愈好）與離職傾向的相關係數為$r=-.019$，$p>.05$。

（112年第二次專技社工師）

本題係考推論統計，雖題意為敘明顯著水準為.05、.01，然依一般常用的檢定顯著水準為.05，但各題項有出現p<.05、p>.05、p<.001，即為該題項之檢定水準。另各題項並未敘明單尾檢定（亦即檢地方向性），則即可判定為屬於雙尾檢定。就本題而言，屬於推論統計觀念之應用，難度並不高。

【解析】

一　男生在離職傾向量表的平均數是2.75，女生在離職傾向量表的平均數是2.70；檢驗數據為t=.412，p>.05。

本題項在α=.05顯著水準下，p>.05，表示檢定結果未達顯著，亦即，社工人員的性別與離職傾向無顯著差異。

二　未婚者在離職傾向量表的平均數是2.75，已婚者在離職傾向量表的平均數是2.52；檢驗數據為t=2.272，p<.05。

本題項在α=.05顯著水準下，p<.05，表示檢定結果達到顯著，亦即，社工人員的婚姻情況與離職傾向有顯著差異，未婚者的離職傾向高於已婚者。

三　教育程度：專科以下社工人員的離職傾向平均數是2.95，學院／大學的離職傾向平均數是2.68，研究所以上的離職傾向平均數是3.06；檢驗數據為F=.412，p>.05。

本題項在α=.05顯著水準下，p>.05，表示檢定結果未達顯著，亦即，社工人員的教育程度與離職傾向無顯著差異。

四　機構服務年資：1.未滿1年的離職傾向平均數是2.51，2.滿1年～未滿3年的離職傾向平均數是2.91，3.滿3年～未滿6年的離職傾向平均數是2.81，4.滿6年以上的離職傾向平均數是2.72；檢驗數據為F=3.047，p<.05。事後比較結果：第1組與第2組有顯著差異。

本題項在α=.05顯著水準下，p＜.05，檢定結果表示社工人員在機構服務的年資，在各服務年資組間達到顯著。再經事後比較結果，第1組與第2組有顯著差異，亦即，年資滿1年～未滿3年的社工人員，其離職傾向高於未滿1年的社工人員。

社工人員的主管關係（分數愈高代表關係愈好）與離職傾向的相關係數為r=-.394，p<.001；社工人員的同事關係（分數愈高代表關係愈好）與離職傾向的相關係數為r=-.019，p>.05。

本題項社工人員的主管關係與離職傾向，在 α =.001顯著水準下，p<.001，顯示社工人員的主管關係與離職傾向達到顯著，亦即，社工人員與主管的關係愈好，其離職傾向愈低，達到顯著相關；在 α =.001顯著水準下，p>.05，顯示社工人員的同事關係與離職傾未達到顯著，亦即，社工人員與同事的關係，與離職傾向無顯著相關。

1 某研究算出決定係數（R^2）= .49，這代表下列何者？

（107年第一次專技社工師）

(A)70%的最後分數之變異已經被解釋

(B)49%的最後分數之變異已經被解釋

(C)7%的最後分數之變異已經被解釋

(D)51%的最後分數之變異已經被解釋

答案：**B**

解析：決定係數（coefficient of determination，γ^2），是指依變項受自變項影響的變異比例。題意所述決定係數：（R^2）= .49，係指49%的最後分數之變異已經被解釋。

2 在社會科學研究中，把兩個或兩個以上的變項，依其互動的功能，有效簡單的陳列其類別一起交叉分析，就可在概念上創造新的類型。是屬於那一種理論模式？

（107年第一次專技社工師）

(A)類別模式（classificatory model）

(B)列聯模式（contingency model）

(C)類型模式（typological model）

(D)共變模式（association model）

答案：**C**

解析：類型模式（Typological Model）係把兩個（或兩個以上）類別交叉分析比對時，就可以在概念上創造新的類型。例如：依人的財富狀況，我們把人分為富人、窮人；依人的好壞，我們也分為好人、壞人，當我們把這兩組類別交叉配對分析時，可以創造新的類型：

財務狀況＼類型	富人	窮人
好人	大善士	安份者
壞人	惡霸	小混混

選擇題　Multiple Choice Question

3 在複迴歸／多變量迴歸分析（multiple regression analysis）當中，三個自變項的相關係數，其分別是：①$r_{12} = 0.85$；②$r_{23} = 0.73$；③$r_{13} = 0.65$，請問下列那一對變項最可能發生多元共線性（multicollinearity）？

（107年第一次專技社工師）

(A)①　　　　　(B)②　　　　　(C)③　　　　　(D)①和②

答案：**A**

解析：複迴歸要注意共線性（Collinarity）問題。當預測變數間高度相關時，對迴歸式的估計可能造成誤判，稱此現象為多元共線性現象。題意①$r_{12} = 0.85$，表示變項1與變項2的相關達0.85，高於題意的其他選項，因此，題意①最可能發生多元共線性。

4 下列那一種集中趨勢的測量可以使用在任何一種測量尺度？

（107年第一次專技社工師）

(A)平均數　　　(B)中位數　　　(C)眾數　　　　(D)標準差

答案：**C**

解析：1. 集中量數：包括算數平均數、中位數、眾數；變異量數包括全距、平均差、標準差（選項(D)為變異量數，非題意測量集中趨勢的集中量數）、四方差。

2. 資料的度量尺度

(1) 名目尺度：資料分類、屬性無大小之分。例如：性別、職業等。根據特徵的性質做分類，每類答案的代表數字只作為分類用，目的在求分類（此類資料可計算眾數）。

(2) 順序尺度：資料有順序大小之分，但無差異程度。例如：名次、喜好程度等。在順序尺度中只能看出高低次序，但無法確定各類別之間的差距（此類資料可計算中位數）。

(3) 區間尺度：資料有大小、差異程度、無倍數等關係。兩個元素之資料值之間的比較，不僅可以表示順序的關係，尚能測量各順序位置的距離。另外，區間尺度沒有自然原點0。例如，溫度（此類資料可計算眾數、中位數、算術平均數）。

　　(4) 比例尺度：資料有大小、差異和倍數關係，且比例尺度必
　　　　包含零值。例如：身高、體重（此類資料可計算眾數、中
　　　　位數、算術平均數）。

　3. 選項(C)眾數可使用在任何一種測量尺度。

5 黃同學參加2017年2月的全民英檢中級聽讀測驗，他的成績位在第95百分
位；他於2017年8月再次參加全民英檢中級聽讀測驗，這次他的成績位於第
82百分位，請問黃同學第二次得到較低的成績最可能是因為下列那一種內在
無效度（internal invalidity）的來源？　　　　　　（107年第一次專技社工師）

(A)測驗　　　　　　(B)測量工具　　　　(C)統計迴歸　　　　(D)自暴自棄

答案：**C**

解析：統計迴歸，是指調查受訪者對某些事情的意見時，縱使其意見
　　　　相當極端，但是經由多次的訪問與調查之後，總會有趨中的現
　　　　象。群體受訪時也經常會互相左右，在統計上稱為迴歸的趨中
　　　　現象，這種情形當然會影響研究的內在效度。

6 對於假設檢定的關係進行顯著性決策時的敘述，下列何者錯誤？

　　　　　　　　　　　　　　　　　　　　　　　（107年第一次專技社工師）

(A)檢定無方向性的假設可以採雙尾的顯著性檢定
(B)接受一個錯誤的虛無假設可能產生型二誤差
(C)增加樣本數會降低型一誤差
(D)拒絕一個真實的虛無假設可能產生型一誤差

答案：**C**

解析：1. 型Ⅰ錯誤發生在當研究者說有關係存在，但是事實上並沒有
　　　　　關係存在的情形，這意味著犯下拒絕虛無假設的錯誤；型Ⅱ
　　　　　錯誤發生在當研究者說關係不存在，但是事實上它存在的情
　　　　　況，這意味著犯下接受虛無假設的錯誤。

　　　2. 把統計顯著與這兩個錯誤的概念結合起來。過分小心的研究
　　　　　者訂出一個高的顯著水準，因此很可能會犯下某一類型的錯
　　　　　誤。例如：他可能使用0.0001的顯著水準。他把結果全歸諸
　　　　　於機會，除非結果非常罕見到出現了一萬次中的那一次。這

選擇題　Multiple Choice Question

種高標準意味著研究者將非常可能犯下說結果是由機會造成的，而事實上並非如此的錯誤。他可能會犯了在確實有因果關係的情形之下，接受虛無假設（型 II 錯誤）。相反的，勇於冒險的研究者設定一個低的顯著水準，例如：.10的結果指出某個關係發生的機會是十次中會中一次。他就很可能會犯下說有某個因果關係存在，但實際上這個結果只是隨機因素（例如：隨機取樣誤差）造成的。研究者很可能犯下拒絕虛無假設（型 I 錯誤）的錯誤。

3.選項(C)有誤。影響型 I 誤差的發生機率，係由研究者所訂定的顯著水準高低所決定，而非樣本數的降低。

7 研究者測量老人安養機構的性質，測量變項以1代表公立，2代表私立，公立安養機構有30個，私立安養機構有55個，試問這項資料顯示的眾數，下列何者正確？　　　　　　　　　　　　　　　　　　　　　　　（107年第一次專技社工師）

(A)1　　　　　　　　(B)2　　　　　　　　(C)30　　　　　　　　(D)55

答案：**B**

解析：眾數（mode）是指所有數據中出現頻率最高的數值。機構以私立安養機構55個最多，而其測量變項以2作為編碼，因此，眾數應為2，亦即統計編碼2的個案數，共有55個。

8 有關常態分配（Normal Distribution）的特性，下列何者錯誤？

（107年第一次專技社工師）

(A)常態分配曲線由μ、σ決定

(B)常態分配的曲線兩端和X 軸相交

(C)常態分配形狀呈左右對稱鐘形

(D)常態分配中心是眾數、平均數及中位數三者一致

答案：**B**

解析：常態曲線最重要的特性是其形狀為左右對稱若鐘形之曲線。此曲線只有一個眾數，並與中位數及平均數是三合一的。其區線的兩尾是向兩端無限延伸（選項(B)有誤）。

9 當一個自變項是超過兩個類別時，和一個等距（interval）或等比（ratio）尺度的依變項進行分析，適合何種檢定？　　　　（107年第一次專技社工師）

(A)變異數分析　　　　　　　　　(B)t檢定

(C)卡方檢定　　　　　　　　　　(D)皮爾森相關檢定

答案：**A**

解析：變異數分析的適用時機之一為，自變項為類別或順序變項，依變項為等距或比率變項之平均數差異顯著性檢定；通常用以檢定自變項類別在三組或三組以上之母體平均數差異性考驗。

10 情況：睡眠對健康至關重要。但研究發現，多數大學生睡眠品質不佳。葉教授想了解影響大學生睡眠品質的因素，他從自己任教的大學裡，以系級名單隨機抽取20個班級，到這些班級發放問卷，請全班同學填寫。問卷中，睡眠品質以「匹茲堡睡眠品質量表」（是由7題，每題4點尺度的李克特（Likert）量表所構成，分數越高代表睡眠品質越差）來測量，其他變項包括受訪者性別、每週運動時數、每天上網時數等。研究發現，「每天上網時數」與「睡眠品質」的相關係數pearson r=0.64（p=.002）。若顯著水準α=0.05，以下敘述何者正確？　　　　（107年第二次專技社工師）

(A)「每天上網時數」與「睡眠品質」具有因果關係，兩者間的因果關係達統計上的顯著

(B)「每天上網時數」與「睡眠品質」，兩者相關達統計上的顯著

(C)「每天上網時數」和「睡眠品質」，沒有顯著相關

(D)「每天上網時數」可以解釋「睡眠品質」64%的變異量

答案：**B**

解析：題意顯著水準α=0.05，p=.002，落入拒斥域，拒絕虛無假設，接受對立假設，「每天上網時數」與「睡眠品質」，兩者相關達統計上的顯著。

11 資料顯示，前測平均68分，後測平均72分，林社工最可能採取什麼統計分析？　　　　（107年第二次專技社工師）

(A)卡方檢定　　　　　　　　　　(B)雙因子變異數分析

(C)迴歸分析　　　　　　　　　　(D)關聯分組t檢定

答案：**D**

解析：t檢定是一種相當強韌的統計考驗方法，較常使用於兩個小樣本群平均數差異性檢定，包含獨立樣本與相依樣本兩種特性的分析。題意為使用關聯分組／相依樣本t檢定。

12 推論檢定中，若臨界值 α 從0.01提高為0.05，則：①犯第一類型錯誤的機會變大 ②犯第二類型錯誤的機會變小 ③拒絕虛無假設的機率增加 ④自變項實際效果增加。以上敘述何者正確？　（107年第二次專技社工師）

(A)僅①④　　　　(B)僅②③　　　　(C)僅①②　　　　(D)①②③

答案：**D**

解析：1. 過分小心的研究者訂出一個高的顯著水準，因此很可能會犯下某一類型的錯誤。例如，他可能使用0.0001的顯著水準。他把結果全歸諸於機會，除非結果非常罕見到出現了一萬次中的那一次。這種高標準意味著研究者將非常可能犯下說結果是由機會造成的，而事實上並非如此的錯誤。他可能會犯了在確實有因果關係的情形之下，接受虛無假設（型Ⅱ錯誤）。

2. 相反的，勇於冒險的研究者設定一個低的顯著水準，例如，.10的結果指出某個關係發生的機會是十次中會中一次。他就很可能會犯下說有某個因果關係存在，但實際上這個結果只是隨機因素（例如，隨機取樣誤差）造成的。研究者很可能犯下拒絕虛無假設（型Ⅰ錯誤）的錯誤。亦即，犯第一類型錯誤的機會變大、犯第二類型錯誤的機會變小、拒絕虛無假設的機率增加。題意①②③屬之。

13 下列關於變異數分析（ANOVA）的說明，何者錯誤？

（107年第二次專技社工師）

(A)用來比較超過兩組以上的資料

(B)用來處理資料的離散狀況

(C)是假設檢定的方式

(D)單因子變異數分析將總變異量分成組內變異量與組間變異量

答案：**B**

解析：選項(B)有誤。變異數分析為統計學家費雪（Fisher, R. A.）首創，其主要目的乃用於檢定各組樣本所代表之母體平均數間是否不同。一般以變異（離差平方和，SS，sum ofsquares）來表示差異，而變異的來源通常包含兩方面的原因：一為已知原因之變異（如處遇方案），另一則為抽樣誤差及未知原因之變異（或稱為實驗誤差距）。變異數分析亦稱為F統計法。

14 下述關於顯著水準的說法，何者錯誤？　　（107年第二次專技社工師）

(A)在社會學科中，慣用的顯著水準是 α = 0.05和0.01

(B)顯著水準在研究開始前就必須先設定

(C)顯著水準表達了科學家願容忍犯第一類型錯誤的機率

(D)顯著水準提供我們拒絕對立假設的判斷基礎

答案：**D**

解析：顯著水準（Significant Level）：研究者經常以水準（例如：某個檢定達到某個水準的統計顯著）來表達統計顯著，而不是使用某種機率。統計顯著水準（經常用0.05、0.01或0.001）是一種方式，說明結果乃出於機會因素的可能性，亦即，一個不存在於母群體的關係出現在樣本中的機會。例如：如果研究者說結果達0.05的顯著水準，這是意味著：(1)由機會因素造成類似這種結果，100次中只有5次；(2)有百分之九十五的機會樣本結果不是純粹由機會因素造成，而且能精確地反映母群性質；(3)純粹由機會造成這種結果的可能性為0.05或百分之五；(4)我們有百分之九十五的信心認為結果是出於母群中的真實關係，而不是機會因素造成的。選項(D)有誤，顯著水準係提供我們拒絕虛無假設的判斷基礎，而非對立假設。

15 下列那項不是算術平均數（arithmetic mean）的特徵？

　　（107年第二次專技社工師）

(A)受極端數值影響

(B)處理資料離散狀況的指標

(C)資料內各個觀察值與算術平均數差距的平方總和會是最小值

(D)資料內各個觀察值與算術平均數差距的總和恆等於零

答案：**B**

解析：選項(B)有誤。算術平均數是處理資料集中狀況的指標。

16 下列那項不是標準分數（z score）的特徵？　（107年第二次專技社工師）

(A)是資料的標準差

(B)與原始分數分配型態相同

(C)標準分數本身也會有平均數與標準差

(D)標準分數的平均數恆等於零

答案：**A**

解析：標準分數是比較不同群體在某一行為表現上的差異，或者某一特定群體在不同行為上表現的優、劣（相較於各行為表現變項的平均狀況）情形。資料標準化方法是將原來資料中的分數變成Z scores（Z分數），一種標準常態分配之分數。原來的分數可以是任何單位測量到的，如「元」、「歲」或「分」。在轉變成Z分數後，這些單位就消失了，而原來的平均數會成為0，原來的標準差則成為1。選項(A)有誤，標準分數不是資料的標準差。

17 有位研究者想要驗證一種新的治療方法的效果，於是找一群急症期的患者參與團體，並以標準化的篩檢工具來進行前後測，下列敘述何者正確？

（108年第一次專技社工師）

(A)研究者應運用單樣本t檢定來進行前後測的平均數差異檢定

(B)前後測可能影響受試者填答的正確性，這是測量工具（instrumentation）的影響

(C)社會期望效果可能影響受試者填答的正確性，這是受試者的選擇偏差

(D)時間可能使前後測有顯著差異

答案：**D**

解析：1.選項(A)有誤。應使用無母數統計法，這種統計法特別適用於小樣本的情境。例如：在正式實驗之前所進行的前導研究

（Pilot Study）。

2. 選項(B)有誤。前後測可能影響受試者填答的正確性，可能是研究過程的歷史效應，或是研究過程中，發生一些外在的特殊事件左右了受測者的反應的個人的身心成熟效應，並非測量工具的影響。

3. 選項(C)有誤。社會期望效果係指研究者可能非常相信某個假設，並且間接地把這個假設或想要看到的結果傳遞給受試者；但受試者的選擇偏差係指受試者未能形成相等組別所產生的威脅，這個問題之所以發生，是因為設計時沒有做好隨機指派，亦即，實驗組中的受試者帶有影響依變項的特性。

18 在古典實驗設計當中，為了解實驗效果，研究者通常不希望下列那一種檢定達到統計上的顯著差異？　　　　　　　（108年第一次專技社工師）

(A)控制組前後測的平均數差異檢定

(B)實驗組與控制組後測的平均數差異檢定

(C)實驗組前後測的平均數差異檢定

(D)以實驗組前測為共變數的共變數分析

答案：**A**

解析：古典實驗設計（Classic Experimental Design）方法又稱為前後控制組的設計（Pretest-Posttest Control Group Design）。控制組的單位是不接受實驗變數的單位，我們只在實驗的過程中觀察並記錄其相依變數數值的變化情形。由於控制組的單位不受實驗變數的影響，因此我們可假定控制組之相依變數數值的任何變動都非來自實驗變數的效果；實驗組的單位是指接受實驗變數的單位，在接受實驗變數之後，實驗組的相依變數數值可能會有所變動，但這些變動不一定能代表實驗變數的效果，實驗變數以外的許多外在因素也可能使相依變數的數值發生變動。故在古典實驗設計當中，為了解實驗效果，研究者通常不希望控制組前後測的平均數差異檢定達到統計上的顯著差異。

19 下列那些檢驗，研究者會期待統計結果有顯著差異？

　　　　　　　　　　　　　　　　　（108年第一次專技社工師）

(A)兩個樣本的變異數同質性檢驗

(B)實驗組與控制組的前測平均數差異檢驗

(C)抽樣樣本特質與母群體的適合度考驗

(D)單因子變異數分析的事後比較

答案：**D**

解析：1.選項(A)：研究者進行兩個樣本的變異數同質性檢驗，係希望兩個樣本具有同質性，如達到統計顯著，即表示不具有同質性，故研究者並不期待統計結果達到顯著差異。

2.選項(B)：在實驗設計中，研究者期待的實驗的前測平均數差異檢驗，以檢驗處遇介入的成效，若實驗組與控制組的前測平均數差異檢驗達到顯著，表示處遇介入之效果無法確認，故研究者並不期待統計結果達到顯著差異。

3.選項(C)：研究者進行抽樣樣本特質與母群體的適合度考驗，係希望抽樣樣本與同群體具有適合度，如達到統計顯著，即表示不具有適合度，故研究者並不期待統計結果達到顯著差異。

20 一項研究發現，準備時間多寡和考試成績沒有顯著差異，但認真程度和考試成績則有顯著差異，下列敘述何者正確？　　　（108年第一次專技社工師）

(A)準備時間多寡會影響考試成績

(B)準備時間多寡與考試成績沒有任何關係

(C)認真程度和考試成績有因果關係

(D)認真程度和考試成績有關係

答案：**D**

解析：題意所述，一項研究發現，準備時間多寡和考試成績沒有顯著差異，即表示準備時間多寡是否會影響考試成績有關係並無法獲得驗證；另題意認真程度和考試成績則有顯著差異，則表示認真程度和考試成績有關係已獲得研究的驗證。

21 若研究者要檢定一個大學不同學院（文學院、理學院、教育學院）的學生，對於宗教信仰（佛教、基督教、道教、其他）的選擇是否有差異，下列何種

統計方法適合檢定此命題？　　　　　　　　（108年第一次專技社工師）

(A)t檢定　　　　　　　　　　　　(B)皮爾森積差相關

(C)卡方檢定　　　　　　　　　　　(D)ANOVA

答案：**C**

解析：自變項為間斷變項（一個），而依變項亦為間斷變項（一
　　　個），可採用卡方檢定。題意的大學不同學院（文學院、理學
　　　院、教育學院）的學生、宗教信仰（佛教、基督教、道教、其
　　　他）等均為間斷變項。

22 散佈圖是指研究者將兩個變項的每一個觀察值都呈現在圖形中。有關散佈圖
的敘述下列何者錯誤？　　　　　　　　　（108年第一次專技社工師）

(A)研究者常會用名目或次序變項畫出散佈圖

(B)散佈圖可以呈現兩個變項是無關、線性或曲線關係

(C)從散佈圖可以看見兩個變項間關係的方向

(D)從散佈圖可以看見兩個變項間關係的程度

答案：**A**

解析：散佈圖（Scatter Diagram）是針對兩個連續變數所繪製的圖
　　　（選項(A)有誤，不使用名目變項，因其並非連續變數），在於
　　　表示兩個變數間的關係，其中自變數列於橫軸（X軸），依變
　　　數則列於縱軸（Y軸）。在兩變數之間，經由散佈圖，研究者
　　　可以觀察出兩組資料間之關係，y可能會是隨著x增加而增加的
　　　正相關，或y隨x增加但y而遞減之負相關，亦可能無法察覺二
　　　者間變化趨勢的零相關。

選擇題　Multiple Choice Question

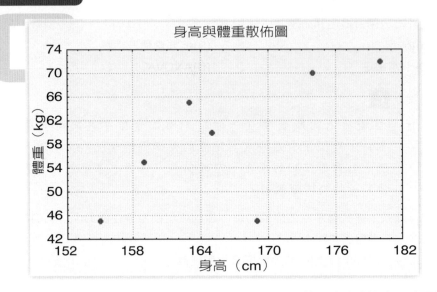

23 進行雙因子變異數分析（two-way ANOVA）時，若整體模式檢定已達顯著，接續須先進行下列那一種檢定？　　　　　　　　　（108年第一次專技社工師）

(A)交互效果檢定　　　　　　　　(B)單純主要效果檢定

(C)係數檢定　　　　　　　　　　(D)顯著性檢定

答案：**A**

解析：當自變項為一個時，且該自變項的屬性為兩類（例如：性別變項包括男與女兩個屬性），則此時可採用t檢定統計分析方法。若自變項為一個，且該自變項的屬性為兩類以上，則此時通常採用單因子變異數分析（One-Way ANOVA）來檢證自變項與依變項間的關係。例如：啟發、自學與填鴨等三種教學方法（三個屬性的類別變項，屬間斷變項）與學生成績（比率變項，屬連續變項）間存在顯著相關，因此採用單因子變異數分析方法來檢證。當自變項為兩個時，通常採取二因子變異數分析（Two-Way ANOVA）。在進行雙因子變異數分析時，若整體模式檢定已達顯著，接續須先進行交互效果檢定，亦即先找出差異的組別。

24 研究者試圖尋找變項間的因果關係，下列何種研究設計最能夠確立因果關係？　　　　　　　　　　　　　　　　　　（108年第二次專技社工師）

(A)內容分析設計　(B)古典實驗設計　(C)非實驗設計　(D)準實驗設計

答案：**B**

解析：古典實驗設計（Classic Experimental Design）方法又稱為前後控制組的設計（Pretest-Posttest Control GroupDesign），古典實驗設計最能夠確立因果關係。基本之實驗設計圖如下：

25 一位研究者進行一項問卷調查，比較三個鄉鎮居民的月平均收入，若研究者分析不同鄉鎮對居民收入的影響時控制性別變項，應採用下列那一種統計分析方法？　　　　　　　　　　　　　　　　　　　　（108年第二次專技社工師）

(A)皮爾森績差相關　　　　　　　　(B)單因子變異數分析

(C)雙因子變異數分析　　　　　　　(D)因素分析

答案：**C**

解析：若研究二個因子對依變數會如何被影響的過程，稱為雙因子變異數分析。題意的二個因子鄉鎮別、性別，依變項為月平均收入，若研究者分析不同鄉鎮對居民收入的影響時控制性別變項，應採用雙因子變異數分析。

26 下列有關複迴歸分析（multiple regression analysis）的應用，何者錯誤？　　　　　　　　　　　　　　　　　　　　　　（108年第二次專技社工師）

(A)用於分析教育程度、工作年數、以及擁有的證照數對每月工作時數的影響

(B)用於分析性別、職業類別、以及工作年數對每月薪資金額的影響

(C)用於分析性別、年齡、每月工作時數對職業類別的影響

(D)用於分析年齡、工作時數、性別對每月飲酒量的影響

選擇題　Multiple Choice Question

答案：**C**

解析：複迴歸亦稱為多元迴歸，是一種統計方法，只適用於等距或比率資料，主要的功能是它可以同時控制許多替代解釋與變項。複迴歸主要用於確定數個預測變項與效標變項間的關係，在研究中的應用主要在於預測，且綜合多個變項預測效標變項，其正確性較根據一個變項預測高。例如：智力、動機、學習習慣、自我觀念、社經地位等變項與學業成績之相關。複迴歸與相關分析之差別，在於複迴歸為單向不對稱關係（區分變項關係的影響方向），相關分析為雙向的對稱關係（相互影響，不區分影響方向）。選項(C)有誤，職業類別通常為自變項，而非依變項，無法用於分析性別、年齡、每月工作時數對職業類別的影響，邏輯有誤。

27 有位研究者想要驗證一種憂鬱治療團體的效果，於是找一群急症期的重度憂鬱患者參與團體，並以標準化的憂鬱篩檢工具來進行前後測。下列敘述何者錯誤？　　　　　　　　　　　　　　　　　　　（109年第一次專技社工師）

(A)研究結果前後測無顯著差異，研究者表示該憂鬱治療團體的效果不明顯

(B)研究結果前後測無顯著差異，研究者宣稱可能因測量工具不靈敏，無法發現該憂鬱治療團體的效果

(C)研究結果前後測有顯著差異，批評者認為可能僅是因統計迴歸造成的結果

(D)研究結果前後測有顯著差異，研究者宣稱其證實該憂鬱治療團體確實有療效

答案：**D**

解析：選項(D)有誤。研究對象當時的重度憂鬱處於「急症期」，依照病程發展，在急症期時，即使無處置介入，亦有大部分會趨緩。因此，研究者以研究結果前後測有顯著差異，宣稱其證實該憂鬱治療團體確實有療效，有誤。

28 假如將所得前25%與後25%的人的年收入金額分別做成次數分配，下列何者錯誤？　　　　　　　　　　　　　　　　　　　（109年第一次專技社工師）

(A)所得前25%的次數分配看起來較分散

(B)所得後25%的次數分配的平均數較低

(C)所得後25%的次數分配的標準差較小

(D)所得前25%的次數分配會是一個鐘型曲線

答案：**D**

解析：依照鐘型曲線的次數分配，常態分布的次數分配，才能形成鐘型曲線，且係由4個25%的常態分布次數分配所組成。選項(D)有誤，前25%的次數分配不會是一個鐘型曲線。

29 有關相對量數（measure of relative position）的敘述，下列何者正確？

（109年第一次專技社工師）

(A)百分等級是從某一等級來推算原始分數

(B)有一個學生數學成績的百分等級為1，代表他的成績全班最好

(C)有一個班級的數學期中考成績，P70 = 60，可見該班有超過三分之二的同學不及格

(D)計算百分等級的方法與計算百分位數的方法一致

答案：**C**

解析：1. 選項(A)有誤。百分等級（percentile rank，簡記為PR），係指在一群參加人數眾多的測驗中，用99個百分位數可以將所有測驗者的資料平均分為100個群體，每個小群體稱為一個等級，共可分為100個等級，稱為百分等級，並以PR值表示。亦即PR = 0、PR = 1、PR = 2……、PR = 99，共100個等級。

2. 選項(B)有誤。百分等級的PR值愈小，表示成績愈不好。

3. 選項(C)有誤。百分位數（percentile，簡記為P）是利用累積相對次數，用1%、2%、3%、……、99%將資料均分成100等份，中間99個分割點所得到對應的數值，稱為該資料的第1、2、3……、99百分位數。因此，與百分位數與百分等級的計算方法不同。並非表示在P70 = 60的陳述中，該班有三分之二的同學不及格。

30 A縣市人口數有100萬人，其中老人有150,000人；B縣市人口數有50萬人，其中老人有90,000人。下列敘述何者正確？　（109年第一次專技社工師）

(A)A縣市人口老化比例低於B縣市

(B)A縣市人口老化比例高於B縣市

(C)A縣市老人人口數多，老化程度比較嚴重

(D)B縣市老人人口數少，老化程度較不嚴重

答案：**A**

解析：A縣市老年人口比例：150,000÷100萬＝15%；B縣市老年人口比例：90,000÷5萬＝18%。選項(A)正確。

31 研究者試圖從研究中驗證因果關係，當無法執行實驗或準實驗設計可使用橫斷性研究（cross-sectional studies）時，如何增加由橫斷性資料進行因果推論的可能性，下列何者正確？ （109年第二次專技社工師）

(A)藉由多變項統計分析程序來控制干擾變項

(B)降低測量偏誤

(C)增加研究的反應性

(D)處置擴散或仿效的威脅

答案：**A**

解析：橫斷性研究為研究某一特殊定點時間內的社會事實與現象，並且形成一種社會生活的快照（snapshot）。橫斷性研究對於社會世界的描述，都是採取瞬間取景，如同照片般的描述方式，在特定的時間點上進行觀察。因此，橫斷性資料可藉由多變項統計分析程序來控制干擾變項，以增加橫斷性資料的因果推論可行性。選項(B)降低測量偏誤，為減少測量誤差，選項(C)增加研究的反應性，為增加測量誤差，均屬測量層次，並非因果推論之用；另選項(D)處置擴散或仿效的威脅，則為對內在效度的威脅，亦非因果推論之用。

32 在研究態度與意向時，下列何者的測量變異幅度（range of variation）最大？ （109年第二次專技社工師）

(A)是／否

(B)同意／沒意見／不同意

(C)非常同意／同意／不同意／非常不同意

(D)非常同意／同意／沒意見／反對／非常反對

答案：**D**

解析：選項(D)的測量有五種測量選項，因此測量的變異幅度最大。

33 下列何者可以了解資料的集中趨勢？①眾數 ②平均數 ③中位數 ④變異數

（109年第二次專技社工師）

(A)①②③　　　　(B)①③④　　　　(C)①②④　　　　(D)僅①③

答案：**A**

解析：1. 集中量數：算術平均數、中位數、眾數。題意①②③屬之。

　　　2. 變異量數：全距、平均差、標準差、四分差。另變異數為測量資料的變異（離散）程度的量數。

34 根據司法統計資料，A市一年的少年犯罪件數是1,000件，B市一年的少年犯罪件數是800件，若要比較A市與B市少年犯罪的發生狀況，下列何者正確？

（109年第二次專技社工師）

(A)A市的少年犯罪率比較高

(B)B市的少年犯罪率比較高

(C)無法得知那一個縣市的少年犯罪率高

(D)A、B二市的少年犯罪率跟成人比較都比較嚴重

答案：**C**

解析：1. 選項(A)、(B)有誤。題意無法得知各城市的市民總數，無法計算出各城市的犯罪率加以比較。

　　　2. 選項(D)有誤。題意為提及成人犯罪數據，無法與少年犯罪加以比較。

35 A縣市家戶的收入分配近於常態分配，研究者想了解A縣市家戶的平均收入是否與全國家戶的月平均收入60,000元一致，在A縣市隨機抽取1,000個家庭進行調查，分析結果顯示，Z值 = 2，大於臨界值1.96（$\sigma = 0.05$）。下列說明何者正確？

（109年第二次專技社工師）

(A)A縣市的平均家戶收入也是60,000元

(B)A縣市的平均家戶收入是62,000元

(C)A縣市的平均家戶收入是58,000元

(D)A縣市的平均家戶收入不是60,000元

選擇題　Multiple Choice Question

答案：**D**

解析：題意所述，Z值＝2，大於臨界值1.96，研究者應拒絕虛無假設（A縣市的平均家戶收入＝60,000元），接受對立假設（A縣市的平均家戶收入≠60,000元）。選項(D)正確。

36 若一位社工員進行一項方案成效評估的研究，採用一份李克特量表（Likert Scale），於方案實施前與結束後各進行一次施測，分別獲得前、後二次施測的總分，接受施測人數皆為15人。社工員為比較前後測成績，以作為方案成效佐證的資料來源之一，該社工員應選擇下列何種統計方法較為適當？

　　　　　　　　　　　　　　　　　　　　　　（110年第一次專技社工師）

(A)ANOVA　　　　　　　　　　　　(B)卡方檢定
(C)獨立樣本t檢定　　　　　　　　　(D)相同樣本t檢定

答案：**D**

解析：單一樣本／相同樣本t檢定（One-Sample t Test）是適用於用單一變數的平均數作檢定，也就是說，檢定樣本數中某一個變數的平均數是否與母體的平均數有無顯著的不同。題意所述屬之。

37 某機構統計過去三年收到的捐款資料，發現小額捐款比例逐年降低，機構想了解原因，逐指派一位社工員進行研究，這位社工員撰寫研究計畫時，提出的研究問題應該是什麼？　　　　　　　　（110年第一次專技社工師）

(A)小額捐款者的年齡與背景因素　　(B)小額捐款減少的相關因素
(C)機構服務成效與責信關係　　　　(D)影響機構服務成效的相關因素

答案：**B**

解析：「研究問題」是研究者在這個研究中所要探究與回答的主要問題。題意提到的重點為「小額捐款比例逐年降低」，所以研究問題必須與「小額捐款比例逐年降低」有關，選項(B)屬之。

38 若研究問題為「老年人之居住狀況（與配偶同住或單獨居住）與其每月需要送餐服務的平均次數之間是否具有顯著之差異」，則研究者應該使用何種統計分析程序？　　　　　　　　（110年第一次專技社工師）

(A)$\chi 2$檢定　　　　　　　　　　　(B)獨立樣本t檢定

(C)積差相關係數檢定　　　　　　　(D)配對樣本t檢定

答案：B

解析：獨立樣本t檢定（Independent-Sample t test）：獨立樣本是受測者隨機分派至不同組別，各組別的受測者沒有任何關係，也稱為完全隨機化設計；t test（t檢定）是用來檢定2個獨立樣本的平均數差異是否達到顯著的水準。也就是說，這二個獨立樣本可以透過分組來達成，計算t檢定時，會需要2個變數，我們會將自變數x分為2個組別，檢定2個獨立樣本的平均數是否有差異（達顯著水準）得考慮從2個母體隨機抽樣本後，計算其平均數μ差異的各種情形。題意所述屬之。

39 為了解一群人每週工作時數的離散分布情形，下列方法何者正確？

（110年第二次專技社工師）

(A)找出極端值　　　　　　　　　　(B)計算中位數
(C)計算眾數　　　　　　　　　　　(D)計算平均數與標準差

答案：D

解析：計算平均數可以看出一群人各自工作時數與平均數的差異，了解分散情形；而標準差則可以看出變異，即為離散情形。

40 若研究問題為「社會福利機構之規模（以聘用之所有社會工作師人數為指標）與其在該年所承接政府委託服務方案件數之關連性為何」，則研究者應該使用何種統計分析程序？　　　　　（110年第二次專技社工師）

(A)χ^2檢定　　　　　　　　　　　(B)獨立樣本t檢定
(C)積差相關係數檢定　　　　　　　(D)變異量分析F 檢定

答案：C

解析：分析雙項資料之相關性測量，最重要者為皮爾遜（Pearson）的積差相關法。其統計量以R表示；R係數的範圍介於±1之間，包括完全負相關、負相關、零相關、正相關及完全正相關等線性關係程度。適用時機：X、Y兩項均為等距或等比測量層次時。題意所述應使用積差相關係數檢定進行檢定。

41 研究者想了解三個地區民眾對該地社會福利服務的滿意度,設計一份滿意度量表進行調查,以量表加總得分作為滿意度高低的依據。研究者為比較三個地區滿意度的差異,應使用下列何種統計方法進行檢定?

(111年第一次專技社工師)

(A)卡方分析　　　　　　　　　　(B)獨立樣本t 檢定
(C)皮爾森績差相關分析　　　　　　(D)變異數分析

答案:**D**

解析:變異數分析:以自變項為類別或順序變項,依變項為等距或比率變項之平均數差異顯著性檢定;通常用以檢定自變項類別在三組或三組以上之母體平均數差異性考驗。題意所述比較三個地區滿意度的差異,適用變異數分析統計方法。

42 研究者想了解三個地區民眾對該地社會福利服務的滿意度,設計一份滿意度量表進行調查,以量表加總得分作為滿意度高低的依據。研究者想將該三個地區民眾的「年齡(歲)」與「年收入(元)」變項作為影響服務滿意度的控制變項,納入分析,請問應使用下列何種統計方法進行檢定較為恰當?

(111年第一次專技社工師)

(A)卡方分析　　　　　　　　　　(B)因素分析
(C)雙變項變異數分析　　　　　　(D)迴歸分析

答案:**D**

解析:迴歸分析是運用一個或一組變項來預測另一個變項的統計技術總稱,被預測的變項稱為效標變項或依變項,預測變項也可稱為自變項。只根據一個預測變項來預測效標變項的迴歸分析稱為「簡單迴歸」(simple regression),若預測變項為兩個或兩個以上則稱為「多元迴歸」(multiple regression),例如題意之三個地區民眾的「年齡(歲)」與「年收入(元)」變項作為影響服務滿意度的控制變項之分析。

43 為發展長照政策滿意度量表,量表的題項共計有25 個,為縮減資料向度建立構面,下列何種統計方法較適當?　　　(111年第一次專技社工師)

(A)迴歸分析　　　　　　　　　　(B)判別分析

(C)探索性因素分析　　　　　　　(D)驗證性因素分析

答案：**C**

解析：探索性因素分析（exploratory factor analysis, EFA）係指研究者在設計量表題項時，對於題項的因素結構之間關係尚未有特定見解，而所進行的初始研究，目的在於釐清與定義問題的本質，找出因素的結構，使研究者對一項新的研究主題有初步的了解，以決定是否進行正式研究，以及進行正式研究時應採用的方法。即探索性因素分析是用來定義潛在的構面，因為潛在的因子無法直接測量，研究者可藉由探索性因素分析來發掘這些概念的結構成份，以定義出結構的各個構面，以及每個構面包含了哪些變數，藉此修正資料向度建立構面。驗證性因素分析（confirmatory factor analysis, CFA）是將蒐集的資料與原本假設的結構模式相比較，探討其符合程度。此分析方法具有理論檢驗與因素確認的功能，用以探究因素結構本身的適切性與有效性。即研究者根據理論架構及先前實證研究，提出觀察變項與潛在變項的關係，並建立一套結構方程模式，透過多變量統計技術，來探討各潛在變項之間的關係，以驗證此假設模式與實際資料的相容性，若模式適合度指標符合，表示此測量模式符合實際資料，則該模式可採用。

44 在某一針對200位單親媽媽的研究中，研究者所擬定的研究假設為：單親媽媽對子女教育之期待會因其本身之教育程度而有所差異。下列敘述何者正確？　　　　　　　　　　　　　　　　　（111年第二次專技社工師）

(A)在此一研究中，性別不是主要研究變項

(B)此一研究假設為具有方向性之假設

(C)本研究之自變項被假設為對子女之教育期待

(D)此一假設為虛無假設

答案：**A**

解析：1.選項(B)有誤。研究假設：「單親媽媽對子女教育之期待會因其本身之教育程度而有所差異」，研究僅假設「有差異」，

並不具備方向性。

2. 選項(C)有誤。本研究之自變項,應為「單親媽媽本身之教育程度」。

3. 選項(D)有誤。研究假設:「單親媽媽對子女教育之期待會因其本身之教育程度而有所差異」,為對立假設。

45 某研究者欲進行全國社會工作師之薪資所得相關因素探究,但研究經費有限。此一研究可能使用下列何種統計分析方法? (111年第二次專技社工師)

(A)多元迴歸分析   (B)內容分析

(C)因素分析   (D)卡方檢定

答案:**A**

解析:複迴歸分析亦稱為多元迴歸分析,是一種統計方法,只適用於等距或比率資料,主要的功能是它可以同時控制許多替代解釋與變項。主要用於確定數個預測變項與效標變項間的關係,在研究中的應用主要在於預測,且綜合多個變項預測效標變項,其正確性較根據一個變項預測高。例如:智力、動機、學習習慣、自我觀念、社經地位等變項與學業成績之相關。題意某研究者欲進行全國社會工作師之薪資所得相關因素探究,適合複迴歸/多元迴歸進行分析。

46 下列何者會影響統計方法的選擇? (111年第二次專技社工師)

(A)研究目的   (B)研究者動機

(C)研究的變項數目   (D)變項的測量層次

答案:**D**

解析:測量尺度/測量層次係用以了解不同統計方法的使用狀況。測量尺度包括四種類型:類別變項、連續變項、等距變項、比率變項。變項的測量層次會影響統計方法的選擇。

47 關於標準化的Z分數,下列敘述何者錯誤? (111年第二次專技社工師)

(A)Z分數是利用線性轉換的原理,將一組數據轉換成不具有實質的單位與集中性的標準化分數

(B) Z分數是一種常用的標準分數

(C) Z分數是將原始分數減掉平均數除以變異數後所得到的新分數

(D) Z分數的平均數為0、標準差為1

答案：**C**

解析：Z分數（Z Score）是用來比較不同群體在某一行為表現上的差異，或者某一特定群體在不同行為上表現的優、劣（相較於各行為表現變項的平均狀況）情形。Z分數是以固定的平均數與標準差為轉換依據，選項(C)有誤。Z分數的是用時機，包括：1.欲描述個體（或某類群體）行為表現在某群體（或全體）中所佔的相對位置，以看出個體（或某類群體）原始分數在平均狀況之上或之下多少個標準差（Standard Deviation）單位；2.比較不同類別群體（分組）某一行為表現上的相對位置高低（或前後）時使用之。

公式：

$$Z = \frac{X - \overline{X}}{S_X}$$

X = 某一觀察值

$\overline{X}$ = 算術平均值（該群體）

S_X = 標準差（該群體）

48 關於變項間關係檢測的假設驗證敘述，下列那些是正確的？①提出研究假設時，一個是研究者所提出的假設（又稱對立假設），一個是與研究假設在邏輯上的另一面，通常稱為虛無假設 ②研究假設和虛無假設必須是互斥且獨立 ③我們通常是藉由評量虛無假設來評估得到的統計量，而非直接驗證研究假設 ④當虛無假設為真時，我們會說研究結果達統計上的顯著水準

（111年第二次專技社工師）

(A)①② 　　(B)②③ 　　(C)①③ 　　(D)③④

答案：**C**

解析：1.題意②有誤。應為對立假設和虛無假設必須是互斥且獨立。

2.題意④有誤。對立假設（Alternative Hypothesis, H_1）與研究

假設的意思一樣，只是用數學式或統計學用語來呈現。虛無假設（Null Hypothesis, H_0）與對立假設的意思正好完全相反，也就是說兩者之間是互斥且窮盡的；而虛無假設成立的狀況就是指自變項沒有發生效力時的狀況。在檢定邏輯上，先假設虛無假設為真（True），也就是先假設對立假設（或研究假設）不成立，然後再用適當的統計檢定方法去考驗虛無假設是否成立（換言之，研究者不直接考驗對立假設）。研究者必須要先設定顯著水準（Significant Level），也就是說當研究者拒絕（Reject）虛無假設時所可能犯錯的機率就是 α（第一類型錯誤，Type I Error），而一般 α 都設定在 0.05（也就是5%）。如果虛無假設真的在 α 被設定的水準下被拒絕，那麼因為虛無假設與對立假設之間是互斥且窮盡的，所以也就間接證明對立假設（或說研究假設）成立；也就是說，在 α-Value的顯著水準之下，自變項是有效力的。而若虛無假設不能在 α 被設定的水準下被拒絕，那麼我們就要保留（Retain）虛無假設；也就是說，在 α-Value的顯著水準之下，研究者不能說自變項是有效力（至於自變項究竟有沒有效力，需待更進一步的研究來證實）。亦即，當虛無假設為真時，我們會說研究結果未達到統計上的顯著水準。

49 某研究者想要了解社會工作師吃鳳梨和沒吃鳳梨在每月新進個案量之平均數是否有顯著差異，其應使用下列何種統計分析方法（該研究樣本為機率樣本）？　（112年第一次專技社工師）

(A)皮爾遜積差相關係數　　　　　(B)相依樣本t檢定

(C)獨立樣本t檢定　　　　　　　(D)標準差檢定

答案：**C**

解析：自變項為間斷變項（一個或兩個），而依變項為連續變項（一個），可採用變異數分析（ANOVA）或t檢定（t-test）。例如：某社會學家想要了解性別（兩個屬性的類別變項，屬間斷變項，一個）與每月逛街次數（比率變項，屬連續變項）間是否存在顯著相關（亦即：是否會因為性別的不同，而在每

Multiple Choice Question　**選擇題**

月逛街次數上產生顯著差異），因此採用「獨立樣本t檢定」（Independent Samples t-test）統計分析方法來加以檢證。題意自變項為間斷變項（有吃鳳梨、沒吃鳳梨），依變項為連續變項（個案量之平均數），檢定兩者之差異，統計方法應使用獨立樣本t檢定。

50 關於描述統計的敘述，下列何者正確？　　　　（112年第一次專技社工師）

(A) 讀書時間影響考試成績

(B) 在參與問卷調查的人當中，有50%的人認同讀書時間與考試成績有關的說法

(C) 研究者有95%的信心水準可以說讀書時間與考試成績有關

(D) 讀書時間與考試成績的相關性只適用在50%的人

答案：**B**

解析：描述性統計分析主要是「描述」樣本的狀態。描述性統計分析可以了解整個樣本的基本資訊，其與母群體之內的組成比例是否相同（例如：男女比例），如此方能判斷用這個樣本得出來的資訊是否可以適當地推論到整個母群體，需不需要用加權的方式來作一些調整。亦即，推論性統計顧名思義就是希望將對樣本狀態所作的研究和所獲得的結論，能進一步推論到整個母群體。選項(C)之描述正確完整，包括幾個關鍵要項：1.在參與問卷調查的人當中；2.有50%的人；3.認同；4.讀書時間與考試成績；5.有關的說法。

51 變異數分析是要檢測下列不同概念屬性的那一個數值？

（112年第一次專技社工師）

(A)變異數　　　　　(B)標準差　　　　　(C)次數分配　　　　(D)平均數

答案：**D**

解析：變異數分析為統計學家費雪（Fisher, R. A.）首創，其主要目的乃用於檢定各組樣本所代表之母體平均數間是否不同。一般以變異（離差平方和，SS，Sum of Squares）來表示差異，而變異的來源通常包含兩方面的原因：一為已知原因之變異（如處

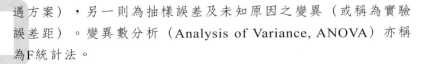

遇方案），另一則為抽樣誤差及未知原因之變異（或稱為實驗誤差距）。變異數分析（Analysis of Variance, ANOVA）亦稱為F統計法。

52 下列何者為虛無假設（null hypothesis）？ （112年第二次專技社工師）

(A)教育程度越高，溝通能力越強

(B)教育程度和溝通能力無關

(C)教育程度和溝通能力成反比

(D)溝通能力會因教育程度而有所差異

答案： **B**

解析：1. 對立假設：對立假設（Alternative Hypothesis, H_1）與研究假設的意思一樣，只是用數學式或統計學用語來呈現。舉例：例如若研究假設為「性別與夫妻婚姻滿意度間有顯著相關」，也就是說，男性的平均婚姻滿意度與女性的平均婚姻滿意度不會相同，且其差異達到統計上的顯著程度。用數學式來呈現，就是「H_1：$U_男 \neq U_女$（U＝婚姻滿意度的平均值）」，這也就是本研究的對立假設。而若研究假設為「男性的婚姻滿意度高於女性」，則對立假設就變成「H_1：$U_男 > U_女$（U＝婚姻滿意度的平均值）」。

2. 虛無假設：虛無假設（Null Hypothesis, H_0）與對立假設的意思正好完全相反，也就是說兩者之間是互斥且窮盡的；而虛無假設成立的狀況就是指自變項沒有發生效力時的狀況。舉例：若對立假設為「H_1：$U_男 \neq U_女$（U＝婚姻滿意度的平均值）」，則虛無假設就是「H_0：$U_男 = U_女$（U＝婚姻滿意度的平均值）」；也就是說，虛無假設意指「性別與夫妻婚姻滿意度間是無關的」。對立假設為「H_1：$U_男 > U_女$（U＝婚姻滿意度的平均值）」，則虛無假設就是：「H_0：$U_男 < U_女$（U＝婚姻滿意度的平均值）」；也就是說，虛無假設是指「男性的婚姻滿意度不高於女性（可能小於也可能等於女性）」。選項(B)教育程度和溝通能力無關，所述為虛無假設。

53 小華和小明兩人對於統計方法的選擇有些爭議，小華說：當我們想瞭解兩個獨立樣本的平均數是否有達到統計上顯著時，可以採用獨立樣本t檢定或者單因子F檢定，但小明認為：既然是兩個獨立樣本，採用獨立樣本t檢定就好，不應該採用為檢測三組以上（含三組）平均數差的F檢定，請問他們兩人的說法，何者正確？　　　　　　　　　　　　（112年第二次專技社工師）

(A)小華　　　　　(B)小明　　　　　(C)兩人都對　　　　　(D)兩人都錯

答案：**A**

解析：獨立樣本t檢定乃是用來比較兩組觀察值的平均數，用於檢定兩組獨立樣本的平均值是否有統計差異。當只有兩組平均數要比較時，也可以用F檢定，也可以用t檢定，所得到的結論完全一致，而且有$F = t^2$的關係存在，故t檢定為F檢定的一個特例。在t檢定中，研究者注重「兩個平均數之差為標準誤的幾倍」，倍數愈大，表示兩個平均數相差愈大。在F檢定中，研究者注重「組間的變異數為組內變異數之幾倍」，這個倍數愈大，表示組間平均數之間的變異愈大，亦即，平均數與平均數之間的差異愈大。雖然變異數分析通常是用於三組或三組以上須比較各組平均數之差異情況，但是也可以用來處理只有兩組的問題，因此，使用F檢定亦可，且F檢定可以使得研究者對兩個獨立樣本的平均數之組間變異有更清楚的了解。小華說當我們想瞭解兩個獨立樣本的平均數是否有達到統計上顯著時，可以採用獨立樣本t檢定或者單因子F檢定，其說法正確。

54 如果一個題目以五點尺度方式測量「需求」，也就是從「非常需要（5）」到「非常不需要（1）」。若研究者想要瞭解各個需求程度的數量時，下列何者為最適當的統計分析方法？　　　　　　　　（112年第二次專技社工師）

(A)次數分配　　　　(B)平均數　　　　(C)相關係數　　　　(D)標準差

答案：**A**

解析：想要瞭解各個需求程度的「數量」時，最適當的統計分析方法為次數分配。

55 研究者想瞭解具有大學、碩士與博士學位社會工作師的平均年所得是否有顯著差異，假設此一樣本為機率樣本，應使用下列何種統計分析方法？

（112年第二次專技社工師）

(A)皮爾遜積差相關係數　　　　　　　(B)變異數分析
(C)獨立樣本t檢定　　　　　　　　　　(D)卡方檢定

答案：**B**

解析：變異數分析（ANOVA）用於檢定各組樣本所代表之母體平均數間是否不同。變異數分析用於比較不同組的均值（或平均值）之間的變異，可用來確定不同組的均值之間是否存在差異。題意所述想瞭解具有大學、碩士與博士學位社會工作師的平均年所得是否有顯著差異，應使用變異數分析。

56 下列結論是從某社會工作研究報告中摘錄出來：「在分析社會工作者提供服務所依據的實務工作模式時，有15%表示其所使用的是社會心理模式；25%為問題解決模式；另外有60%則是使用生態區位之觀點。」若想用統計圖來呈現該項結果，下列何者較為適當？①條形圖 ②點狀分布圖 ③次數多邊形圖 ④圓餅圖（pie圖）⑤趨勢圖　　　　　　（113年第一次專技社工師）

(A)②④　　　　　(B)③⑤　　　　　(C)②③　　　　　(D)①④

答案：**D**

解析：由於類別尺度（Nominal）屬性為分類變項，不具有連續性，分析類別尺度的資料時不能用量化方式計算平均數、標準差、中數等。因此，若想用統計圖來呈現社會工作者提供服務所依據的實務工作模式之結果，以條型圖（題意①屬之）、圓餅圖（pie圖）（題意④屬之）較為適當。

57 某社會工作者運用單一團體前後測的方式進行方案評估，下列敘述何者正確？　　　　　　　　　　　　　　　　　（113年第一次專技社工師）

(A)可以明確知道服務方案是因，參與者改變是果
(B)可以知道方案參與者是否有進步
(C)可以知道方案的真正因果關係
(D)可以知道影響方案因果關係的外在因素

答案：**B**

解析：單一團體前後測的方式是在處遇之前先做前測O_1，然後比較與後測O_2之間的差異是否顯著。優點是可以比較O_1與O_2之不同（選項(A)正確）。缺點是O_1與O_2兩者之間的差距，除其他因素不少。例如：測量的問題會使受訪者的敏感度增高，後測當然會比前測要好；其他歷史（History）的因素、成熟（Maturation）的因素，加上統計迴歸（Regression Effect）的問題（後測的分數會有歸回平均數的趨中現象產生），若無控制組與之比較，勢必無法客觀。

Chapter 6

實驗研究

關鍵焦點

1. 各種實驗設計在本章為重要考點，請加強其意義、類型、內容等，切勿疏漏。

2. 影響研究設計內在效度的因素，除以申論題妥適準備外，測驗題亦為常見考點。

3. 測驗題型以各種實驗設計為主，請清楚其內涵；部分以解釋名詞出題。

申論題 Essay Question

一、一位家庭福利服務中心的社工員，正在規劃一個維持三個月的青少年情緒管理之團體，為了能夠呈現此團體的成效，此位社工員計畫透過設計，以同一份問卷進行前測與後測。此社工員是採用那一種的研究方法？以及透過此研究方法所獲得的結果，可能會面臨那些的質疑？

（107年高考）

考點分析

1. 題意並未提及分為不同組別，所以是單組；透過團體活動之進行，以問卷進行前後測，所以是「單組前測、末測設計」（One-Group Pretest-Posttest Design）的實驗設計。

2. 本題並非「時間系列」（Time Sequential Test）實驗設計，主要理由為「時間系列」（Time Sequential Test）實驗設計為適用於縱貫性研究的一種，但以本活動為三個月的期程並不適用，請考生明辨。

> 3. 至於本研究設計面臨的質疑，則為「單組前測、末測設計」的
>   缺點。

【解析】

維持三個月的青少年情緒管理之團體的研究設計類型

1. 社工員所規劃的維持三個月的青少年情緒管理之團體，透過設計，
   以同一份問卷進行前測與後測，屬於單組前測、末測設計（One-
   Group Pretest-Posttest Design）的實驗設計。

2. 此設計是在處遇之前先做前測，然後比較與後測O2之間的差異是否
   顯著，可比較所進行的處遇是否達到預期的成效。

面臨的質疑

1. 熟悉測驗內容（測驗效應）：熟悉測驗內容的人在受測時其結果當
   然會比不熟悉其內容的人要佳。由於採用同一份問卷，因為熟悉問
   卷，所以後測的結果會比前測好。

2. 歷史（History）的因素：即在團體過程中，發生一些外在的特殊事
   件左右了受測者的反應。這主要是團體進行三個月，有受歷史因素
   影響的可能。

3. 成熟（Maturation）的因素：亦即受訪者個人的成熟以及身心變
   化，會對研究造成影響。

4. 統計迴歸（Regression Effect）的問題：調查受訪者對某些事情的
   意見時，縱使其意見相當極端，但是經由多次的訪問與調查之後，
   總會有趨中的現象。群體受訪時也經常會互相左右，在統計上稱為
   迴歸的趨中現象，這種情形當然會影響研究的內在效度。後測的分
   數會有迴歸平均數的趨中現象產生，若無控制組與之比較，勢必無
   法客觀。

二、請分別說明靜態比較組設計（static group comparison design）（又稱不相等組的後測設計）及等組後測設計（equivalent comparison groups design）。　（108年高考）

（一）請寫出這二種研究設計的圖型並舉例說明。

（二）試比較此兩種研究設計可能觸及的內在效度問題。

1. 「靜態比較組設計」（static group comparison design），亦即是「雙組、無控制設計」（Two-Group, No Control）、「小組靜態比較（靜態比較組設計、靜態組間比較）」（Static-Group Comparison）、「不對等團體單一組後測設計（唯後測非同等群組設計）」（posttest-only design with nonequivalent group/posttest-only with nonequivalent group design）。

2. 「等組後測設計」（equivalent comparison groups design），亦即是「雙組比較僅後測設計（雙組唯後測設計）」（Posttest Only Control Group Design）。

3. 對各種設計類型的中譯用詞，除學界未統一外，且同一種設計類型有多種的不同的英文用詞與稱謂，請考生詳加併記，以免混淆。

【解析】

 靜態比較組設計之圖型、舉例、可能觸及的內在效度問題

1. 圖型

$$\text{X} \quad \text{O}_1 \quad \text{或} \quad \text{X} \quad \text{O}_1$$
$$\text{O}_2 \qquad\qquad \text{O}_2$$

2. 舉例：研究者讓四十名新進的服務人員接受了完全相同的二個小時的訓練課程，並且指示這些服務人員遵循一份腳本，在這份腳本

中，他們不必向顧客介紹自己的名字，而且在顧客用餐期間也不必回頭去確認顧客的反應。這些新進的服務人員可以自由選擇在兩家餐廳的其中一家去上班工作，但是兩家餐廳最後都一定要各有二十個人。在一個月之後，研究者「重新訓練」在第一家餐廳裡的二十名參與者（實驗組）。研究者教導他們從今以後要向顧客介紹自己的名字，並且在送上餐點之後的八到十分鐘之內，要回頭去詢問顧客「請問您對餐點覺得滿意嗎？」（實驗處遇）。在第二家餐廳裡的那一組（控制組）則被「重新訓練」繼續依照之前的方式工作，也就是不必介紹自己的名字，也不用回頭去確認顧客對於餐點的反應。在第二個月過完之後，研究者記錄兩個群組所得到的小費數量（後測分數）。

3. 可能觸及的內在效度問題：此設計的特質是多了一個組別可以與實驗組來比較，比較的時間可以同時，也可以把時間錯開，一前一後。缺點是與實驗組對照的這一組不一定就是所謂的控制組（姑且稱為比較組），因為這組的形成並不是與實驗組的形成有相同的手續或過程，可以讓我們確定在實驗之前，兩組完全相同。因此，若兩組有所不同，可能是本來就已存在的差異，而不是實驗所造成的。意即，此設計有兩組、後測與自變項，缺乏隨機分配與前測，因此，兩組間任何後測結果的差異之處，有可能是因為實驗前兩組間原本的差異所導致，而非自變項的導入所致。

 等組後測設計之圖型、舉例、可能觸及的內在效度問題

1. **圖型**

$$R \quad X \quad O_1 \text{（實驗組）}$$
$$R \qquad\quad O_2 \text{（控制組）}$$

2. 舉例：研究者在一份使用了有隨機分派的等組後測設計的研究中，檢視了餐廳中的小費數量。在該項研究中的處遇，是在顧客帳單背面寫上一些關於即將推出的特別活動的訊息。研究中的參與者是在一家紐澤西州的高檔餐廳中用餐的八十一群顧客。研究中的處遇是

一名女性服務人員是否在帳單的背後寫上一個關於餐廳即將推出的特別活動的訊息，而依變項則是小費的數量大小。研究者們拿一疊隨機洗牌過的卡片給一名有兩年工作經驗的服務人員。在這些卡片當中，有一半寫著「不必留下任何訊息」，而另一半則是寫著「留下訊息」。在這名女性服務人員把帳單拿給顧客時，她先隨機從自己的口袋中抽出一張卡片，如果卡片上寫著「留下訊息」，她就把關於即將推出的特別活動的訊息寫在帳單背面，如果卡片上寫著「不必留下任何訊息」，那麼她就不寫任何東西在帳單背面。實驗者記錄了小費的數目以及在某一桌用餐的顧客群的數目，而且實驗者也指示該名服務人員以同樣的態度來對待所有的顧客，實驗結果顯示出，收到即將推出特別活動訊息的顧客們，在給小費時會比較大方一些。

3. 可能觸及的內在效度問題：此種設計與靜態比較設計幾乎完全相同，只有一個例外之處：群組是隨機分派的。此種設計除了沒有前測之外，其餘部分都和古典實驗設計完全相同。隨機分派減少了在施予處遇之前的群組差異，但是在沒有前測的情況下，研究者無法確定實驗開始時所有的群組在依變項方面都是同等的水準。意即，此法控制了處置的主要作用及過程所產生的互動，但並未測量它們到底有多少。

申論題　Essay Question

三、假設你是一個老人服務機構的員工，發現住在機構裡的一些老人喜歡種植花草植物；而你也蒐集到一些研究報告指出，種植花草植物有助於老人更快適應機構內的生活，且會對生活感到更快樂。你想試辦這樣的方案，規劃了一個實施期程計六個月的方案內容；主管要求你必須在方案計畫中，提出本方案實施結果的總結性評估（summative evaluation）方法。請試述你將如何進行此評估？另根據評估問題，說明需要那些資料？以及如何蒐集這些資料？

（108年高考）

本題就是考實驗設計，編者前已叮嚀考生，考場時間有限，在考前就必須預為準備1至2個方案備用，屆時在考場視題意稍加修改後套用即可，除可避免考場時間不足外，藉由考前方案的預備，可更為周延的論述。

【解析】
茲將對老人機構中進行園藝治療的方案設計及評估等相關內容，說明如下：

 研究主題

園藝療法對改善機構老年人孤寂感、人際互動之成效探討

研究架構

本研究將以園藝療法為介入措施，機構老人孤寂感及人際互動為依變項。

研究設計

本研究為實驗性設計，採雙組前、後測之研究設計。

抽樣方式

1. 研究對象須符合下列收案條件：(1)年齡在60歲（含）以上者；(2)意識清楚，能以國語或閩南語溝通，聽力正常者；(3)進住機構最少六個月；(4)以日常生活活動能力（Activity of Daily Living, ADL）檢測為日常生活活動功能正常者且分數達60分以上。

2. 再就符合收案對象者，先以立意取向的方式，針對機構中喜歡種植花草的老人，以及無這方面興趣的老人分為二組，再就各組以隨機分派至實驗組及控制組。

資料蒐集方式

1. 本研究採用二種結構性問卷進行資料蒐集，包括：(1)UCLA孤寂感量表：本研究採用Russell所發展的UCLA孤寂感量表，來評估機構

老年人的孤寂感情形。採Likert式5分量表計分；(2)人際互動功能量表：本研究採用人際互動功能量表測量，目的在了解老人對人際交往的主觀感受，其中含情境焦慮與人際互動二部分，採Likert式5分量表計分。

2. 本研究針對實驗組個案施行每個月2次的園藝療法活動介入措施，共6個月、12次，每次30分鐘的園藝療法。而控制組僅維持其平日生活或照顧，無園藝療法活動之介入。

3. 符合收案條件之老人，經研究者親自向個案說明研究目的及進行方式後，同意參與研究者則收案，並取得每位參與研究者的書面同意書，之後再依隨機分派的方式將其分成實驗組及控制組，並於措施介入前一週內進行實驗組及控制組的前測，均填答UCLA孤寂感量表、人際互動功能量表等二種量表。

4. 本研究於活動介入前一週內進行實驗組及對照組個案前測資料蒐集，並於第12次園藝療法活動介入措施結束後一週內，對實驗組與控制組人員進行UCLA孤寂感量表、人際互動功能量表的後測。

5. 研究設計

	前測	介入措施	後測
實驗組	O_1	X_1	O_2
控制組	O_1	X_2	O_2

註：O_1：活動介入前之前測。
　　O_2：活動介入第八週後之後測。
　　X_1：園藝療法活動介入。
　　X_2：未參與園藝療法活動，維持其平日生活。

六　總結性評估

1. 經以獨立t檢定分析，研究結果顯示，接受園藝療法活動的老年人於後測的孤寂感及人際互動皆有明顯改善，而兩組在後測比較亦顯示實驗組在孤寂感及人際互動改善狀況顯著優於控制組。

2. 此研究結果表示園藝療法活動對於機構老年人在孤寂感及人際互動

方面具有正向之效果。因此，建議本機構未來能在機構中推廣老人園藝療法活動，並在社會工作者的在職教育課程中安排有關園藝療法之輔助活動，使機構老人能夠更快適應機構內的生活，且對機構生活感到更快樂，促進機構中老人的身心健康，提升機構照顧品質。

申論題 Essay Question

四、請針對社區脆弱的獨居長者之社區照顧服務，舉例論述如何評估其成效？包括採用何種研究設計？可能的結果指標為何？如何測量？如何確保研究的內在效度？研究的過程為何？　　　（108年地方三等）

考點分析

本題配分35分。本題屬於範圍偏大的考題，且命題的提問結構完整性不足，顯得提問章法紊亂，在審題時必須要細心，才能避免漏答。

【解析】

針對老人的社區照顧，有相當的服務輸送型態，例如：日間照顧、居家服務、友善訪視、電話問安、送餐服務、交通接送等。本題題意之對象為社區脆弱的獨居長者，本方案以提供送餐服務為主要的福利服務項目。茲就針對社區脆弱的獨居長者之社區照顧服務（送餐服務），有關成效評估，包括：研究設計、結果指標、測量方式、確保研究的內在效度及研究的過程，說明如下：

 研究設計

1. 本研究先針對社區內的獨居長者為對象，將長者建立名冊，調查同意接受社區送餐服務及不接受送餐服務的名單後，分成實驗組、比較組。其中，實驗組由社區關懷據點提供社區照顧服務，每日送

餐，為期1個月，比較組則不提供社區送餐服務。

2. 本研究之實驗設計採用不對等比較團體設計（Nonequivalent Comparison Groups Design），實驗設計圖示如下：

O_1　X　O_3

O_3　　　O_4

測量方式

本研究主要採問卷調查方法（survey）進行量化分析。研究者採用結構式問卷進行測量，考量服務對象皆為長者，以自填式問卷較不適宜，故以面訪方式進行調查。在進行社區送餐前，先針對實驗組、比較組以結構性問卷進行前測。研究者參考老人的友誼支持量表、幸福感量表以及個人基本資料調查表後，蒐集國內外相關測量工具後再請專家學者進行內容效度鑑定，經擬定預試問卷後實施預試，將前述友誼支持量表、幸福感量表以及個人基本資料調查表，依照本研究的調查需求，修正為三個構面後，整併為一份正式問卷，進行測量。

結果指標

1. 社會支持構面：此構面包括情感支持、人際關係、社會參與等結果指標。

2. 幸福感構面：此構面包括及自我肯定、樂觀程度、提高生活掌控感等結果指標。

確保研究內在效度之方式

效度（Validity）是指研究的準確性，也就是真正測出研究者想要測量的概念或變項的能力。效度可分為內在效度及外在效度。內在效度（Internal Validity）：是指研究計畫的設計沒有內部的錯誤存在，亦即，我們有多少把握可以推論，研究結果正確描述一變項是否為另一變項的原因。為確保本研究的內在效度，與本研究有關的2項可採行方式如下：

1. 測量工具有問題（工具效應）：實驗的結果必須藉測量工具來測量，若是測量工具不準確或是被破壞，所測出來的結果當然會使整

個研究的準確性降低，研究的內在效度就降低。因此，在問卷編製時，必須依照研究主題尋找相關的文獻，就相關的概念發展為問卷，並進行信度、效度的檢定，且必須請學者專家針對問卷的問項進行指導，以使問卷能達到測量的目的。此外，並須進行問卷的前測，作為問卷修正的參考。本研究即針對社區照顧問卷的相關結果指標，請專家學者進行鑑測，並請社區中的獨居長者進行前測。

2. 實驗過程中的傷亡問題（參與者損耗）：實驗的過程太過冗長，會使受訪者疲累，回答時因而不耐、煩躁而產生不實填答的現象，或整個研究拖延時日太久，動輒數年，原先參與研究的受訪者可能搬家，或是本身病亡等因素，會使研究的完整性大打折扣。本研究考量到受測對象為老人，身體狀況較易有臨時的狀況，所以提供服務的時間為1個月，以便於提供服務後即時進行後側，避免受試者的流失。

五 研究的過程

1. **階段一：問題形成**

   研究開始的第一個階段，意識到有些問題需要更多的知識，因而提出問題—研究題。研究問題及概念會逐漸聚焦，而變得具體明確，對該領域有關聯、有意義。問題擬定後，接著就必須持續考量執行的可行性。最後，決定研究目的、釐定研究要素。文獻回顧是此階段的關鍵步驟。本研究主要是關心獨居長者接受社區照顧服務的品質，以及其成效，因此透過文獻回顧，形成研究問題，本研究採用量化研究，並將相關的品質指標概念予以操作化。

2. **階段二：研究設計**

   研究設計是要考量可能的邏輯安排和資料蒐集方法。邏輯安排和方法的選擇乃是依據問題形成階段擬定的研究問題而來，考量的重點包括：可行性和研究目的。以尋求因果關係為目的之研究，邏輯安排需要符合建立因果關係的三項要件，其他邏輯安排的研究設計則可滿足試圖探索或描述現象的研究目的。本研究之研究設計，採用不對等比較團體設計（Nonequivalent Comparison Groups Design）。

3. **階段三：資料蒐集**

此階段是要執行先前階段二的研究設計。研究目的和設計會影響執行程序是預先擬好且較結構化，或是較為彈性變通，可根據發現新洞見而適予修正。在量化研究方面，試圖驗證假說的解釋型研究，或強調精準和客觀的描述型研究，都需要預先擬好較結構化的資料蒐集程序；相對地，質性研究，旨在獲得對特定現象意義的深入了解發展相關假說，資料蒐集的做法就比較偏向彈性變通而需適時修正。本研究採用量化途徑的問卷調查方式進行資料蒐集。

4. **階段四：資料處理**

依選擇採用的研究方法，蒐集到的觀察資料可能會數量龐雜，難以詮釋。本階段的處理係將蒐集的資料分類或編碼，使之較易詮釋。本研究針對所回收的問卷，進行問卷登錄（coding）。

5. **階段五：資料分析**

在此階段，研究者必須將資料操弄處理，以幫助回答研究問題。可以想見，資料分析可能產生未預期的發現，該發現反映研究問題但超越原先設定的研究問題，分析結果會回饋至最初的問題形成，也可能會開啟新一輪的研究歷程。本問卷為量化研究，採用統計軟體SPSS進行資料分析。

6. **階段六：詮釋研究發現**

對於量化資料，若干統計程序或許能幫助提供最佳詮釋，但沒有任何數學公式或電腦程式可以使我們不須對研究發現的意義進行判斷。本研究經過資料分析，發現有社區照顧介入的獨居長者，其社會支持構面及幸福感構面的各個項目得分，均較沒有接受社區照顧的獨居長者來得高，顯示社區照顧的介入對獨居長者是具有成效的。

7. **階段七：撰寫研究報告**

雖然，撰寫研究報告是研究過程的最後一個階段，研究報告的組成要素依循上述研究過程的各個階段。本研究將前述的研究過程，依照研究報告的格式撰寫成研究報告，供政府決策單位、民間團體、社工同儕及社會各界作為提升服務品質決策及服務提供之參考。

申論題 Essay Question

五、請問在實驗研究中，何謂內在效度？威脅內在效度的來源有那些？
請列舉並說明其意義及解決方法。 （108年第一次專技社工師）

考
點
分
析

本題雖應答內容較多，但在歷屆試題命題紀錄中，無論是申論題或測驗題，均為金榜考點。

【解析】

 ## 內在效度之意涵

效度（Validity）是指研究的準確性，也就是真正測出研究者想要測量的概念或變項的能力。效度可分為內在效度及外在效度。內在效度（Internal Validity）：是指研究計畫的設計沒有內部的錯誤存在，亦即，我們有多少把握可以推論，研究結果正確描述一變項是否為另一變項的原因。外在效度（External Validity）：主要用在實驗研究，是指把某個特定情境與小團體得到的發現，通則化到涵蓋範圍極廣的情境與人群的能力，亦即，研究發現的因果關係可概化或推論到研究情境以外的場域和母群的程度。

 ## 威脅內在效度的來源之列舉說明其意義及解決方法

1. 歷史效應

研究過程中，是否發生一些外在的特殊事件左右了受測者的反應。例如，假如要評鑑社會服務對於提升護理之家士氣的效果，只針對案主在接受前後服務之前和之後進行測量，也許護理之家中與社會服務無關的某些外在因素，例如：在前、後測量之間，護理之家的環境進行改善，這可能就會威脅到內在效度，因為依變項的改善（案主的士氣提升）乃是由自變項（社會服務的介入）以外的因素

所造成，所以，在研究過程中，研究者必須了解在前、後之間可能影響測驗效果的其他無關變數，以減少歷史效應的影響。具有前測與控制組的設計，有助於研究者斷定歷史效應是否存在，因為這時實驗組與控制組都會隨時間的變化而出現類似的效應。

2. **個人的身心成熟**

受訪者個人的成熟以及身心變化當然也會對研究造成影響。例如：研究要評鑑危機輔導個案對性侵受害者的效果，僅評估受害者在接受治療之前和之後的心情狀態或社會功能，我們可以想像，性侵害受害者的心情或社會功能在剛受到創傷時是最糟的，即使假設長期而言該等創傷經驗仍具有破壞性，但仍可預期，無論有無危機輔導方案介入，僅隨著時間的過去，多少也可能撫平創傷經驗的負面衝擊。同樣地，在悲傷輔導方案中，若只因為案主接受輔導後，功能或心情比在失去所愛的當下有所好轉，我們就提出悲傷輔導乃是造成這種改善的結論，這也是很愚蠢的。具有前測與控制組的設計，有助於研究者斷定成熟度是否存在，因為這時實驗組與控制組都會隨時間的變化而出現類似的效應。

3. **熟悉測驗內容（測驗效應）**

熟悉測驗內容的人在受測時其結果當然會比不熟悉其內容的人要佳。例如：研究者想要了解某工作坊研習是否幫助社工員在專技社工師證照考試有較好的表現，研究者先建置一個模擬測驗，內容和證照考試類似，然後在社工員參加工作坊之前和之後進行測驗。如果考試分數在參加工作坊後提高了，則研究者可能會希望歸因工作坊的效果。但假設社工員在參加第一次考試後，在工作坊開始前查閱並熟記測驗題答案，這樣即使沒有參加工作坊，他們還是可能會在後測得到較高的成績，但研究者就不能因此宣稱參加工作坊促使他們成績有所提升。所羅門四組設計有助於研究者偵測測驗效應。

4. **測量工具有問題（工具效應）**

實驗的結果必須藉測量工具來測量，若是測量工具不準確或是被破壞，所測出來的結果當然會使整個研究的準確性降低，研究的內在效度就降低。例如：在研究進行過程中，研究者為避免熟悉測驗內

容的效應產生，採取設計兩種版本的進行前後測驗，且研究者認為這兩個版本是相等的，但工作坊導致成績的提升，研究者必須確認是否是工作坊的幫忙，抑或是因為這二個版本的測驗不相等，後測較為簡單所致。因此，二個版本的相等性確保與檢驗，在研究進行前非常重要。

5. **統計迴歸**

調查受訪者對某些事情的意見時，縱使其意見相當極端，但是經由多次的訪問與調查之後，總會有趨中的現象。群體受訪時也經常會互相左右，在統計上稱為迴歸的趨中現象，這種情形當然會影響研究的內在效度。例如：有時候針對依變項極端分數的案主，評鑑服務的效果，乃是合適的作法，但社工員通常有可能在案主最嚴重的時候才開始介入，研究者應了解，問題的緩和其實只是因為自然起伏使然，並不必然是因為服務介入使然。檢測前測的分數，將有助研究者探知這種對內在效度的威脅。

6. **差異選擇（選擇偏差）**

選擇偏差是受試者未能形成相等組別所產生的威脅，這個問題之所以發生，是因為設計時沒有做好隨機指派，亦即，實驗組中的受試者帶有影響依變項的特性。例如：研究者想評鑑某項促進正向親職技巧之介入的效果，研究者的作法是比較，自願參與方案家長的親職技巧改善程度，與拒絕參與方案家長的改善程度。研究者不能將方案參與者較大程度的進步歸因為介入的效果，至少研究者對於如此結論的內在效度不太有信心，因為兩組間的其他差異性也可能合理解釋兩組結果之所以不同的原因。例如：自願參與者可能已經有想要改善的動機，因此比較努力嘗試改進、讀較多的書，並做很多與該介入無關的努力，而這些很可能就是解釋他們在教養技巧上有較大進步的原因。研究者應對兩組檢驗在先前是否真正對等（equivalent）並進行比較。前測分數的檢驗，可以幫助研究者偵測到這類威脅。

7. **實驗過程中的傷亡問題（參與者損耗）**

實驗的過程太過冗長，會使受訪者疲累，回答時因而不耐、煩躁而

產生不實填答的現象，或整個研究拖延時日太久，動輒數年，原先
參與研究的受訪者可能搬家，或是本身病亡等因素，會使研究的完
整性大打折扣。例如：研究者在減肥計畫開始時有五十位受試者，
在計畫結束時只剩下三十位，他們每一位的體重都減少了五磅，而
且也沒有任何副作用。離開的二十位與留下的三十位有相當大的差
異，那就會改變最後的實驗結果。這個計畫對離開的人可能也有
效，因此他們在體重減少二十五磅後就離開了。或者也許這個計畫
會使受試者病了，因此那些人被迫離開。研究者應該留意並且記錄
下每組中前測與後測時受試者人數，以便偵測它對內在效度的影
響。

8. **受訪者被選擇參與研究與本身成熟度之間的交互作用**

　　一樣是受訪者，那些人被選擇分配在實驗組，那些人在控制組，這
已是研究過程中重要的議題，加上受訪者本身也會成長，這兩者之
間所產生的交互作用，對研究的影響也是非同小可。可藉由前測、
後測的研究設計加以控制變項偵測。

9. **因果的時間次序問題**

　　因果的定義似乎很簡單，在前的就是因、在後的便是果，但社會科
學中實際的狀況卻不是那麼單純。面對種種問題，若要追根溯源的
話，常有難斷因果關係的困境。研究者必須確認變項間有無虛假關
係。

10. **實驗、控制兩組之間的相互學習的混淆（處理汙染／處置擴散）**

　　處理汙染／處置擴散（Diffusin of Treatment）是指因不同組的研究
受試者互相溝通、獲知其他受試者受到的處理而帶來的威脅。明明
實驗組、控制組各擺一邊，各作各的處置，問題是，社會科學的實
驗與控制兩組絕對不會那麼聽話。他們會互通訊息、互相教導，分
享受測時的內容、經驗與心得，如此一來，實驗組與控制組之間的
「純度」已經大打折扣，實驗結果也當然不準確了。研究者需要局
外的資訊，像是實驗後與受試者晤談，以偵測出這種威脅。

11. **實驗者的期望**

　　研究者威脅到內在效度，並不是出於別有用心的不道德行為，而是

間接地把實驗者的期望告訴了受試者。研究者可能非常相信某個假設，並且間接地把這個假設或想要看到的結果傳遞給受試者。雙面障眼法可以偵測實驗者的期望。

12.對控制組所作的補償（犒賞行為）

研究者要對實驗組進行一項較為合理先進的關懷方法，對控制組則完全施予和以前一樣的「待遇」，如此一來，明顯地就是有差別待遇，研究者總會覺得「愧」對控制組，一定也會在不知不覺之間對控制組的成員做或多或少、有形無形的補償，雖然這些補償與對實驗組的處遇仍然不同，但是在這種情況中所形成的實驗差異當然也就不甚準確了。這種威脅不容易偵測，除非使用局外資訊（即為處理擴散）。

13.補償性的競爭現象

當研究計畫對實驗組與控制組有差別的處置時，身為控制組的成員可能會有特別的動機與意圖，藉著自己額外的努力，來彌補因為不是屬於實驗組的缺憾，在心態中，與實驗組的人產生「競爭」的行為，如此一來，實驗的本質就產生偏差了。研究者應在實驗前即對控制組的角色加以說明，並留意對控制組是否產生競爭現象。

14.士氣低落

與補償性的競爭相反的現象是控制組的成員「士氣低落」，知道自己很不幸是屬於控制組，可能就是素質較差的一組，既然已經是這一組那還有什麼好爭的，不如就放棄算了。「補償性的競爭」是控制組的表現比原先應有的情況要好，「士氣低落」則是控制組的表現比原先應有的要差。而實驗規劃所期待的，則是控制組就把原先的本質不加修改的表現出來而已，顯而易見的，在這種狀況中，實驗不可能準確。同樣地，研究者在實驗前，即應告知成員選為控制組之原因，以及說明參與實驗過程中的相關角色。

申論題　Essay Question

六、請試述下列名詞之意涵：

（一）變異個案抽樣（deviant case sampling）

（二）準實驗設計（quasi-experimental designs）

（三）交換複製（switching replications）

（四）觀察式參與者（participant - as - observer）

（五）三角檢測（triangulation）

（110年高考）

考點分析　本題有五個解釋名詞，就命題頻率而言，以準實驗設計、觀察式參與者、三角檢測最常被命題；以難度而言，以交換複製、變異個案抽樣較難。需要特別注意的是，交換複製為首次命題，請考生周延準備。

【解析】

 變異個案抽樣（deviant case sampling）

亦稱為偏差個案抽樣。係以特殊的個案為主，藉著對這些特殊個案的了解，來探討問題的原因、過程與結果。此種抽樣，顧名思義就是抽選不符合正常模式的個案。我們對相當穩定的態度、行為構成的模式的理解，常會因為檢視與正常模式不符合的個案，而進一步改善。例如：如果你想要理解一個會議上表現的團體士氣時，訪談看起來並未陷入群眾熱情員或訪談沒有出席會議的成員，或許能讓你對團體士氣的本質獲得重要的洞見。

準實驗設計（quasi-experimental designs）

當某些情境不能用真實的實驗方法來控制變異量時，就可利用準實驗設計的方法，這種方法雖然不能完全符合實驗設計中的嚴格要求，但是大體已抓住了科學的精神與實驗應有的態度，只是礙於現實，無法把整個實驗的精神完全落實（因為人類行為無法像在實驗室中把各種

情況都嚴謹的控制）。準實驗法中，研究者必須了解有哪些特殊的變項是無法控制的，而對該控制不了的變項特別注意，以便使之更精確。準實驗設計與「真正」的實驗設計不一樣，主要是因為它們在受試者的指派上並未採用隨機程序。

三 交換複製（switching replications）

交換複製係藉由在第一次後測之後讓對照組接受處遇，來偵測結果顯現的改善狀況是否因選擇偏誤所導致。如果對照組第二次後測的結果有複製處遇組第一次後測的改善狀況，那就可以減少我們對處遇組第一次後測的改善是由選擇偏誤所致的懷疑。反之，如果對照組第二次後測結果並沒有複製處遇組第一次後測的改善狀況，那麼第一次後測兩組間的差異，就可歸因為兩組缺乏可對照比較性的緣故。

設計的速記符號

處遇組	O_1	O_2		O_3
對照組	O_1	O_2	X	O_3

> 首列表示的是處遇組，下列是對照組；在每一列中，O_1代表的前測，O_2和O_3代表後測，X表示處遇。

四 觀察式參與者（participant-as-observer）

觀察式參與者，亦稱為參與者—如觀察者、部分參與者。研究者可以完全參與整個研究場域或活動過程（但彼此儘量不互動），不過需要對被研究對象表明研究者的身分。亦即，研究者在扮演這個角色時，研究者會完全參與被研究的團體，但也清楚的向他們表示你是在做研究。研究對象可能會把注意力放在研究計畫上，而沒有呈現自然的社會過程，所想要研究的過程不再具有代表性；反之，你自己也可能變得過分認同參與者的利益和觀點，開始「變成當地人」，喪失很多科學上應有的超然。

五 三角檢測（triangulation）

量化研究以傳統的假設驗證及演繹的邏輯為主，主要包括量化的資料、實驗或準實驗設計及統計分析等。質性研究中，一個加強研究

設計的重要方法是藉助於「三角測定法」（Triangulation），意指在研究相同的現象或方案時使用多種方法。三角測定法的類型，包括：1.資料三角測定法（Data Triangulation）：在研究中利用不同的資料來源；2.研究者三角測定法（Investigator Triangulation）：使用不同的研究人員與訪談人員；3.理論三角測定法（Theory Triangulation）：使用多種觀點取向去詮釋一組資料；4.方法論三角測定法（Methodological Triangulation）：以多種方法去研究一個問題或方案。研究者若在質性研究中，持有三角測定的「研究態度」，一定可以使研究結果更加豐富，這也才是真正的「客觀」。

申論題　Essay Question

七、實驗設計重視研究設計過程的嚴謹性，以便有效做出具有因果關係的結論與達成可被概推的結果。但某些研究會因為研究者或參與對象的影響而發生誤判，請說明至少三種的誤判來源及提出解決方法。

（110年第二次專技社工師）

考點分析

實驗設計的內在效度，會對實驗設計之因果關係的結論與達成可被概推的結果造成影響，致產生誤判。誤判的來源相當多，考題請考生至少說明三種，考生可擇自己較爲有把握的誤判來源並以有架構的解決方法加以論述，即可順利應答。

【解析】

茲將實驗設計中，某些研究會因為研究者或參與對象的影響而發生之三種的誤判來源及解決方法說明如下：

實驗過程中的傷亡問題（參與者損耗）

1. 誤判原因：實驗過程中的傷亡問題，即為參與者損耗，亦即為樣本流失、實驗耗損。實驗的過程太過冗長，會使受訪者疲累，回答時

因而不耐、煩躁而產生不實填答的現象，或整個研究拖延時日太久，動輒數年，原先參與研究的受訪者可能搬家，或是本身病亡等因素，會使研究的完整性大打折扣。此類因為參與者可能在實驗尚未結案前退出，影響所及，統計結果比較和結論都會受到影響。

2. 解決方法

(1) 謝酬：提供謝酬給研究參與者不只可能減少流失率，也有助於招募研究參與者。謝酬的多寡考慮到參與者在前測和後測的時間和努力而酌量增減。謝酬應大到能夠作為誘因，又不能太大而變成一種脅迫。這個數目應該與案主所感受到參與研究的難度相符，也配合他們的所得水準和情緒狀態。

(2) 避免介入或研究程序讓參與者失望或挫折：如果研究當中的介入讓參與者感到失望或挫折，他們就比較有可能退出。當然，對於確實無效的介入所導致的失望感，我們也不可能多做什麼來避免。但你還是應該盡可能讓最有經驗、最有能力的專業人員來提供介入。而其中，特別重要的就是他們與案主建立專業關係的經驗和能力。相反地，如果你的介入是由無經驗的專業人員提供，他們這案主建立並維持治療關係感到不自在或沒自信，那麼接受介入的參與者就比較有可能感到厭煩而退出。此外，另一個預防對介入感到失望和挫折的方式，就是確定在招募和說明會時，參與者得到對實驗的正確期待，而且介入符合他們的治療目標和期待。

(3) 使用追蹤方法：許多社會工作介入的接受者可能居無定所，或不想讓別人知道他們的下落，例如：失業者、貧窮者、街友、藥物濫用者和受暴婦女等等。用來追蹤這類參與者和留住他們參與研究的策略，建議之一就是，在他們一開始參與時，就盡可能獲得可用來找到他們下落的資訊，不只是從參與者本身得到，也包括朋友、親戚和其他曾有關係的機構；另一個建議是，與機構員工建立關係他有可能在日後幫助協尋參與者。

實驗、控制組兩組之間相互學習的混淆（處遇汙染／處遇擴散）

1. 誤判原因：有時候，服務提供者或接受者未預期地受到一些因素影響，而降低了介入在被比較團體間所產生的差異，這種現象就是所謂的處遇擴散或處遇仿效。處遇擴散是指因不同組的研究受試者互相溝通、獲知其他受試者受到的處理而帶來的威脅。明明實驗組、控制組各擺一邊，各作各的處遇，問題是，社會科學的實驗與控制兩組絕對不會那麼聽話。他們會互通訊息、互相教導，分享受測時的內容、經驗與心得，如此一來，實驗組與控制組之間的「純度」已經大打折扣，實驗結果也當然不準確了。

2. 解決方法：防止處遇的擴散或仿效可能頗為困難，Shadish建議，盡可能分開兩組處遇的狀況，例如：分派在不同的地理位置，或由不同的實務工作者分別服務不同的組別。另一種可能作法是，持續提醒實務工作者，在接觸控制組的參與者時，不要去模擬驗組的介入做法。為了監測處遇的仿效發生到什麼程度或是否已經產生，研究者可以運用質性方法來觀察員工會議、實務工作者和案主間進行的非正式會談，並請他們以日誌摘述每次療程發生的事。如果因此察覺到有處遇仿效的情況，而實驗還在進行中，那麼進一步與實務工作者溝通，將有助於減輕這個問題，並預防持續地惡化到破壞貫驗效度的地步。

實驗者的期望

1. 誤判原因：當研究參與者知道實驗者想要他們說什麼或做什麼，然後就配合那些「需求」和「期待」，即構成了實驗者的期望而造成誤判。研究者威脅到內在效度，並不是出於別有用心的不道德行為，而是間接地把實驗者的期望告訴了受試者。研究者可能非常相信某個假設，並且間接地把這個假設或想要看到的結果傳遞給受試者。例如：研究身障者反應的研究者，深信女性要比男性對身障者來的慈善，藉由目光接觸、談話語調、姿勢，以及其他非語言溝通，研究者不知不覺地鼓勵女性受試者表示她們對身障者有正面感

覺；研究者的非語言行為對男性受試者，則傳遞正好相反的訊息。

2. 解決方法：可採用將測量程序和處遇程序分開；或是使用不易讓實務工作者或研究者來影響的測量程序，例如：不要在前測和後測使用的同一份量表；此外，亦可採用直接觀察並且化為參與者在自然情境中的實際行為，而不倚賴參與者填答自陳量表或別人的評等。而安慰劑效應可能是由於實驗者期待所引發，如果實驗組的參與者感覺，自己接受的應該是研究者實務工作者期待很有效的新式處遇時，那麼該等期待的力量，而非處遇本身，就可能促成該等預期的改變，因此，研究者可透過安慰劑控制組設計，以控制發生安慰劑效應或新奇和分裂效應。

申論題　Essay Question

八、請試述下列名詞之意涵：

（一）基線（baseline）

（二）備忘錄（memo）

（三）電腦輔助電話訪問（computer-assisted telephone interviewing, CATI）

（四）生命史（life history）

（五）測量等值性（measurement equivalence）　　　（112年普考）

本題五個解釋名詞，基本上並無特別刁鑽的考考題，考題難度不高。

【解析】

 基線（baseline）

基線期是指干預介入之前的重複評量階段。亦即，基線期是一種控制階段，在基線期蒐集的資料模式（趨勢）將與干預期（試驗期）所蒐集的資料模式（趨勢）相比較，以確知實驗干預是否有效果。至於什麼時間才是適合由基線期進入到干預期的時間點？端視在基線期的資料模式（趨勢）顯現出一種可以預期和有秩序的情況。

備忘錄（memo）

在進行質性研究時，編碼過程不僅止於單純將大量文本予以分類。當研究者為資料編碼時，研究者應該也會用到製作備忘錄的技術，為自己和其他參與計畫的人撰寫備忘錄或筆記。研究者在分析過程中撰寫的一些東西，最後可能收錄在期末報告中；其中許多內容，至少也可以刺激研究者的寫作靈感。備忘錄的撰寫發生在資料蒐集與分析的整個過程中。需要備忘錄的思維是當重新閱讀註記或謄本、對大量文本進行編碼、與他人討論研究計畫時才會發生，但是，研究者最好養成習慣．當研究者有想法後，盡快地寫出備忘錄。是製作備忘錄是一種創造渾沌，然後再爭找其中秩序的過程。

電腦輔助電話訪問（computer-assisted telephone interviewing, CATI）

當前各民調中心均使用「電腦輔助電話問卷調查／電腦作業電話會談」（Computer AssistedTelephone Interview, CATI）。CATI系統可協助訪問者進行撥號、戶中取樣、題序隨機出現、選項答案隨機出現以及資料登錄與分析等工作，大幅地提高電訪的準確性與代表性。

生命史（life history）

生命史是一種重視質性訪談的方法。使用這種方法時，研究者會詢問開放性的問題，以發掘研究參與者如何理解他們生活中的重大事件和意義。

五 測量等值性（measurement equivalence）

測量等值是指，在某文化發展出來的測量程序，到另一文化應用時，仍應具有相同的價值和意義。常見的測量等值類型包括：語言等值（linguistic equivalence）、概念等值（conceptual equivalence）、度量等值（metric equivalence）。

申論題　Essay Question

九、面對有行為困擾青少年，若能推展團體方案減少其行為困擾。請運用ABAB設計方式說明這項團體方案對青少年行為困擾問題的改變影響。

（112年地方三等）

  本題考題考的ABAB設計，是單案研究設計的類型之一，只是以團體方案對青少年行為困擾問題為楔子作為引述，考題中規中矩，應答難度不高。

【解析】

對於採ABAB設計方式的團體方案，對青少年行為困擾問題改變之影響，說明如下：

正面的影響

為了要更強化控制外部事件對於研究的影響，ABAB撤回／逆轉設計（ABAB withdrawal/reversal design）增加了第二個基準線階段(A)和第二個介入階段(B)。第二個基準線階段是在撤掉介入之後建立，接著在第二個基準線開始呈現出穩定的趨勢之後，我們就可以再引進介入。這樣的設計背後的假設是，如果介入真的在第一個介入階段造成影響，那麼在第二個基準線階段（撤掉介入），目標問題應該會逆轉回到它原本的基準線程度。而當再次引進介入時，目標問題也應該會重新出現開始改變的跡象。基本推論原則就是，假使每次目標問題

趨勢的轉變，都是隨著介入引進或撤離而發生，則該等轉變就不太可能是外部事件所影響，而比較可能是由於介入所致。例如：社會工作者以無法於課堂專注學習行為困擾之青少年為對象，推展團體方案為例，目的在於運用ABAB設計方式，以期能提升青少年的學習專注度，減少對青少年學習行為的困擾。當社會工作者進行課堂進行觀察參與青少年課堂間的專注學習情形，並記錄於不專注行為觀察表，此為第一個基線期(A)；其次，在團體方案中，透過教導提升專注力的技巧，並青少年一起參與練習，社會工作者並透過觀察紀錄不專注的情形，以了解是否有到改善，即為第一個干預期(B)，依據社會工作者的觀察，團體方案的干預，對提升青少年課堂學習專注度有提升的效果；為了瞭解團體方案的維持效果，社會工作者再次於教室進行青少年課堂不專注行為觀察，即為第二個基線期(A)；最後，再於第二個干預期(B)實施進一步的干預並加以紀錄，以了解團體方案干預對青少年專注學習的改善。而這樣的介入方式，社會工作者可以清楚地了解提升專注學習干預的成效，有利於檢視干預有效性的檢視與確認，對社會工作者想要透過團體方案以改善青少年行為困擾問題，有正面的影響。

負面的影響

雖然ABAB設計的實施方式，對干預的效果確認有正面的效益，但不可諱言的，此設計仍會產生負面的影響，其中，最受關注討論的是倫理的問題。例如，當團體方案的青少年面臨的行為困擾具有高危機性時，此時再撤除似乎已經發生的效果，使得案主再次承受退回基準線的困境，會讓案主感受到被拋棄、困惑、抗拒，因而傷害社會工作者與案主之間的關係，及阻礙了未來提供其他服務的努力。

申論題　Essay Question

十、單案研究是很適合社會工作專業針對服務或處遇成效進行評估的一種研究方法，請說明理由。單案研究的設計邏輯中很強調基線階段(A)，以及介入階段(B)資料的蒐集，請就單案研究中的AB設計和ABAB設計進行說明。

（112年第一次專技社工師）

考
點
分
析

單案研究在考點命題上，係常見的考點，且會請考生就單案研究的類型加以說明，本題即是。單案研究設計的類型，包括：AB設計（基本單案設計）、ABAB設計（抽回和反轉設計）、多重基線設計、多重組合設計。

【解析】

 單案研究適合社會工作專業針對服務或處遇成效進行評估之理由

單案研究亦可稱為單一受試者設計（single-subject designs）、單案設計（single-case designs），或單一系統設計（single-system designs）。單案研究是應用時序法（Time Series Method）的邏輯，對單一個人或社會單位（例如：家庭、團體、機構、社區或方案等）進行實驗干預，而後將干預所產生的影響結果加以記錄與分析評估。單案研究在社會工作領域的應用是起源於臨床的醫療社會工作，因此沒有控制組，在單案研究中，研究的對象一定只有一個。雖然有些研究者覺得單案研究設計的方式不夠周詳，單案研究只針對特定案例的結果，致無法被廣為推論，但是，針對某個特定個案的單案研究，確實能夠對於社會工作實務有所貢獻。

單案研究中的AB設計之說明

AB設計法稱為基本單案設計，AB設計法內容與優缺點說明如下：

1. 內容：AB設計法是最簡單的單案設計，包括一個基線階段(A)，和一個干預階段(B)；也是一個最常被應用在社會工作實務領域的單案研究設計方式。

2. AB設計法優點：簡單、可行性高、容易完成與複製。

3. AB設計法缺點：因為只有一個基線期，所以沒有比較，因此容易得出錯誤結論（例如：受歷史效應影響）。怎樣的狀況才是有效的干預？可以用目測法（Vision Method）與「效果大小計算法」。

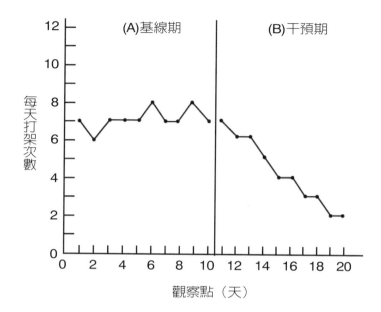

觀察點（天）

 單案研究中的ABAB設計之說明

ABAB設計法稱為抽回和反轉設計，ABAB設計法內容與優缺點說明如下：

1. ABAB設計是為了改進AB設計只有一個基線期的缺點，因此在干預期(B)之後再加上第二個基線期(A)和第二個干預期(B)，以期對可能的外在因素所造成的干擾影響能有較好的控制。例如：若某社工師對一位在養老院悶悶不樂的老人進行深度訪談，結果在訪談期間，該老人臉上出現笑容的頻率與食量均有明顯增加；不過社工師仍然不能確定是否真是處遇所造成的影響，還是老人的家庭狀況發生什麼變化（例如：出國留學的兒子完成學業，畢業返國）？因此該社工師決定藉出國考察之名，暫時停止與老人訪談一段時間（例如：兩個月），之後再恢復；觀察老人在停止訪談與爾後再恢復訪談的兩個階段其臉上出現笑容的頻率與食量的情形。

2. 優點：藉由增加一個基線期(A)和干預期(B)，得以對可能的外在因素所造成的干擾影響能有較好的控制；也就是說，「實驗」的效果比「基本AB設計」要來得好。

3. 缺點：

(1) 社會工作倫理的問題。例如：若對於有自殺傾向的案主取消干預，萬一造成案主的危險，甚或生命財產的損失，則是社工實務者絕對不願見到的；此外，取消干預也可能使得案主再度掉回到痛苦的情境，因此可能會遭到案主強烈的抗拒，這些都是很重要的倫理議題，也使得ABAB設計在社會工作領域中並不是那麼被常用。

(2) 當干預具備有無法倒轉的影響力之特質時（如前例之社會互動技巧），則可能會造成難以判斷干預是否有效的狀況。

(3) 「霍桑效應」與「多重處置所帶來的困擾」兩項因素會相當程度影響到ABAB設計的外在效度，這也使得ABAB設計的研究結果在推論與適用性上均受到相當程度的限制。

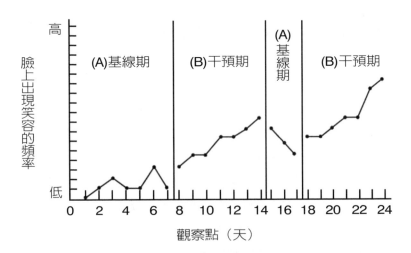

1 下列那一種方法可以增加前測（pretest）與重測的穩定性？

（108年第一次專技社工師）

(A)確認前測與重測的施測條件一致　(B)讓二次施測時間相隔超過6個月

(C)增加施測題目　　　　　　　　(D)增加不同受測地點

答案：**A**

解析：在研究設計中，前測係在處遇介入前的進行測驗，以了解現況；而後測則是在處遇介入後進行測驗，以了解服務處遇的成效。為使前測、後測之測量成績得以相互比較，以確認服務的處遇效果，前測與重測的施測條件應一致。

2 有關實驗設計外在效度的判準，下列敘述何者錯誤？

（108年第二次專技社工師）

(A)實驗結果能不能推論到母群體

(B)實驗結果能不能複製

(C)實驗結果能不能推論日常生活

(D)實驗結果有沒有受到霍桑效應的影響

答案：**B**

解析：1. 影響實驗設計外在效度的因素，包括研究樣本、情境和程序的代表性。

2. 選項(A)所述實驗結果能不能推論到母群體，即為研究樣本的代表性。

3. 選項(C)所述實驗結果能不能複製，即為情境的代表性，亦即具備真實生活的自然背景情境。

4. 選項(D)實驗結果有沒有受到霍桑效應的影響，即為程序的代表性，亦即在研究過程中研究者是否注意研究程序的嚴謹。

3 在實驗設計前進行隨機分配，不能排除下列那一項威脅？

（108年第二次專技社工師）

(A)成熟　　　　(B)自暴自棄　　　(C)統計迴歸　　　(D)樣本偏誤

選擇題　Multiple Choice Question

答案：**B**

解析：影響研究設計內在效度的因素：

1. 歷史效應。
2. 個人的身心成熟。選項(A)屬之。
3. 熟悉測驗內容（測驗效應）。
4. 測量工具有問題（工具效應）。
5. 統計迴歸。選項(C)屬之。
6. 差異選擇（選擇偏差）。選項(D)屬之。
7. 實驗過程中的傷亡問題（參與者損耗）。
8. 受訪者被選擇參與研究與本身成熟度之間的交互作用。
9. 因果的時間次序問題。
10. 實驗、控制兩組之間的相互學習的混淆（處理汙染／處置擴散）。
11. 實驗者的期望。
12. 對控制組所作的補償（犒賞行為）。
13. 補償性的競爭現象。
14. 士氣低落。

4 有關實驗設計和準實驗設計的其他研究活動，下列敘述何者正確？

（108年第二次專技社工師）

(A)焦點團體的個別意見較多，對於找出可能方法沒有助益

(B)實驗研究過程中不能錄影

(C)社會活動日誌可以增加實驗研究的可靠性

(D)和特殊樣本會談，無法發現可能的解釋

答案：**C**

解析：1. 選項(A)有誤。焦點團體訪談法適用時機是當研究者想透過團體互動與討論的過程來了解團體成員對某一現象或議題的看法時適用。焦點團體訪談法可以透過參與者的互動，獲得較真切的資料，以及所獲得的資料易於了解，不必再經詮釋，且可以快速蒐集到相關資料，並做立即處理，並具有彈性，可以反覆探詢想要獲得的資訊。

2. 選項(B)有誤。實驗研究過程中，只要徵得受試者的同意，可以錄影。

3. 選項(D)有誤。和特殊樣本會談，有可能發現可能的解釋。

5 如受試者發現自己被研究，可能會刻意改變行為，如此會影響研究的效度。請問下列那種實驗設計能克服此種威脅？ （108年第二次專技社工師）

(A)單組前後測設計（one group pretest-posttest design）

(B)時間序列設計（time series design）

(C)對照組前後測設計（pretest-posttest comparison group design）

(D)實驗組後測設計（posttest-only experimental group design）

答案：**B**

解析：時間序列設計（time series design）是指當只有一組受試者可做為實驗對象時，受試者要在實驗處理的前後，接受一系列的定期性測量。這種設計方式，係強調再增加使用多元後測，可減少受試者刻意改變行為而對效度造成威脅。

6 下列何者不是單一系統設計（single system design）會使用的資料分析方法？ （108年第二次專技社工師）

(A)觀察變化形態　(B)視覺圖形顯示　(C)實務判斷　(D)t檢定

答案：**D**

解析：單一系統設計（single system design）亦稱為單一受試者設計（single-subject designs）、單案設計（single-case designs）或單案研究，是應用時序法（Time Series Method）的邏輯，對單一個人或社會單位（例如：家庭、團體、機構、社區或方案等）進行實驗干預，而後將干預所產生的影響結果加以記錄與分析評估。由於單案研究在社會工作領域的應用是起源於臨床的醫療社會工作，因此沒有控制組。此外，在單案研究中，研究的對象一定只有一個。t檢定較常使用於兩個小樣本群平均數差異性檢定，包含獨立樣本與相依樣本兩種特性的分析。故單一系統設計不會使用t檢定進行資料分析。

選擇題 Multiple Choice Question

7 在實驗研究中,下列何者不是處理內在效度威脅的方法?

(109年第一次專技社工師)

(A)進行隨機抽樣 　　　　　　(B)不進行前測

(C)將實驗組與控制組隔離 　　　(D)採用古典實驗設計

答案: **A**

解析:選項(A)有誤。應為將個體「隨機分配／分派」至實驗組及控制組,而非「隨機抽樣」。

8 有位社工想知道其帶領的團體有沒有效果,於是分別找同齡的兩個群體,一群當控制組,另一群當實驗組,分別進行前後測。下列敘述何者錯誤?

(109年第一次專技社工師)

(A)該實驗設計的內在效度威脅之一是測驗(testing)

(B)研究者期待兩組的前測分數有顯著差異

(C)研究者期待兩組的後測分數有顯著差異

(D)針對實驗組與控制組進行隨機分配,仍應進行前測以確保二組同質

答案: **B**

解析:選項(B)有誤。應為研究者期待兩組的前測分數沒有顯著差異。

9 某社工師採用不對等比較組設計(nonequivalent comparison groups design)方式,以了解懷舊團體在老人之家的功能,下列敘述何者正確?

(109年第一次專技社工師)

(A)找一個現存團體與實驗組相似,以便用來比較其功能

(B)二組的基本資料差異太大無法比較

(C)一組進行前測,另一組不須前測

(D)二組都進行懷舊團體

答案: **A**

解析:不對等比較團體設計(Nonequivalent Comparison Groups Design):

1.圖示:選項(C)有誤。二組都須進行前測。

　　實驗組　O_1　X　O_2

　　對照組　　O₃　　O₄

2.當研究者發現某個既存團體看起來和實驗組相似，因而可以進行比較時（選項(B)有誤），便可以使用不對等比較團體設計。亦即，研究者找到二個看起來相似的既存組別，並在某一組被置入處遇之前與之後（選項(D)有誤，應為一組進行懷舊團體，一組不進行懷舊團體），測量它們在依變項上的表現。

10 有關多元時間序列設計（multiple time-series designs）的敘述，下列何者正確？　　　　　　　　　　　　　　　　（109年第一次專技社工師）

(A)同時具備時間序列設計及不對等比較組設計的特性

(B)只進行1次前測和1次後測

(C)只有一組實驗組，沒有比較組

(D)只有一組不對等比較組，沒有實驗組

答案：**A**

解析：1.多元時間序列設計比簡單時間序列設計來得有力，具有較佳的內在效度，因為它們將時間序列分析加至不對等的對照組設計。

2.圖示：選項(C)有誤，有對照組（比較組）；選項(D)有誤，有實驗組。

實驗組O₁　O₂　O₃　O₄　O₅　X　O₆　O₇　O₈　O₉　O₁₀
對照組O₁　O₂　O₃　O₄　O₅　　O₆　O₇　O₈　O₉　O₁₀

3.在此設計中，在實驗組進行介入前後，我們均對實驗組和一不對等的對照組（二者皆不是隨機分派）進行多個時間點的測量。選項(B)有誤。

11 靜態組間比較設計（static-group comparison design）是一種前實驗設計，由於它沒有進行隨機分配（random assignment），所以容易受到下列那種威脅？　　　　　　　　　　　　　（109年第一次專技社工師）

(A)歷史效應　　　　　　　　　(B)選擇與處遇交互作用

(C)測驗效應　　　　　　　　　(D)成熟與處遇交互作用

選擇題 Multiple Choice Question

答案：**B**

解析：1. 靜態組間比較設計，此設計的特質是多了一個組別可以與實驗組來比較，比較的時間可以同時，也可以把時間錯開，一前一後。

2. 圖示：

$$X \quad O_1 \quad 或 \quad X \quad O_1$$
$$O_2 \qquad\qquad O_2$$

3. 缺點：與實驗組對照的這一組不一定就是所謂的控制組（姑且稱為比較組），因為這組的形成並不是與實驗組的形成有相同的手續或過程，可以讓我們確定在實驗之前，兩組完全相同。因此，若兩組有所不同，可能是本來就已存在的差異，而不是實驗所造成的。亦即，此設計有兩組、後測與自變項，缺乏隨機分配與前測。設計的缺點在於，兩組間任何後測結果的差異之處，有可能是因為實驗前兩組間原本的差異所導致，而非自變項的導入所致。選項(B)屬之。

12 關於單案研究設計的敘述，下列何者正確？　　　（109年第二次專技社工師）

(A)單案研究基本上是偏向準實驗設計的研究方法

(B)單案研究設計被研究的對象只有一個人

(C)單案研究主要評量個案前後的變化，觀察項目不需操作化為可測量的變項

(D)單案研究設計對方案處置的前後只能做單一變項的比較

答案：**A**

解析：1. 選項(B)有誤，單案研究的對象並非只有一個人。單案研究是應用時序法（Time Series Method）的邏輯，對單一個人或社會單位（例如：家庭、團體、機構、社區或方案等）進行實驗干預，而後將干預所產生的影響結果加以記錄與分析評估。

2. 選項(C)有誤。單案研究主要評量個案前後的變化，觀察項目需操作化為可測量的變項，以利記錄。

3. 選項(D)有誤。單案研究設計有許多的類型，並非只能做單一的比較，亦可有多重基線設計、多重組合設計等比較。

13 受試者從實驗中找到線索，根據自己所猜測的研究者之預期而改變自己行為，以討研究者歡心，這種反應屬於下列何者？

（110年第一次專技社工師）

(A)治療擴散或污染（diffusion of treatment or contamination）

(B)實驗者期望（experimenter expectancy）

(C)安慰劑效應（placebo effect）

(D)補償行為（compensatory behavior）

答案：**B**

解析：實驗者的期望是指研究者威脅到內在效度，並不是出於別有用心的不道德行為，而是間接地把實驗者的期望告訴了受試者。研究者可能非常相信某個假設，並且間接地把這個假設或想要看到的結果傳遞給受試者。

14 有關單案研究設計的基本考量，下列何者正確？

（110年第一次專技社工師）

(A)多重基線設計是其基本型式　　(B)優點是外在效度佳

(C)可以分析處遇效果　　(D)可隨時更換觀察者，以減少偏誤

答案：**C**

解析：1.選項(A)有誤。單案研究設計的AB設計，是基本的單案設計型式。

2.選項(B)有誤。單案研究設計不易進行有效的推論，也就是外在效度低；而這也正是單案研究最大的缺點與限制。主要原因是因為樣本數太少，又往往非隨機取樣而來，因此樣本的代表性顯然不足，另與「時間系列設計」的狀況類似，因為重複測量的次數頗多，因此實驗的結果只能推論到重複測驗的族群。

3.選項(D)有誤。單案研究設計可深入了解個案，因為觀察與研究的對象只有一個，故無法隨時更換觀察者。

15 下列關於實驗設計的敘述何者正確？　　（110年第二次專技社工師）

(A)實驗室實驗有較低內在效度與較高外在效度

(B)自然場域實驗有較高內在效度與較低外在效度

(C)實驗室實驗有較高內在效度與較低外在效度

(D)自然場域實驗有較低內在效度與較低外在效度

答案：**C**

解析：1.選項(A)有誤。實驗室實驗有較高內在效度與較低外在效度。

2.選項(B)、(D)有誤。自然場域實驗有較低內在效度與較高外在效度。

16 某社會工作師規劃兒童暑期活動方案，結束後進行評估研究以了解兒童行為改變狀況，下列何者正確？　　　　　　　　　（110年第二次專技社工師）

(A)兒童需求評估　(B)活動過程評估　(C)活動成果評估　(D)形成性評估

答案：**C**

解析：成果評估，又名成效評估或效果評估（Outcome Evaluation）。研究者／方案執行者可以很明確地了解到這個方案究竟有沒有效，以及是否達到原來預定的方案目標。

17 某安養中心社會工作師辦理團體方案，將有失智傾向住民依隨機分派為2組，一組每週介入園藝課程方案，另一組沒有介入方案，3個月後再進行失智傾向後測，以此了解園藝課程方案對失智住民是否有助益。這是下列何種研究？　　　　　　　　　　　　　　　（110年第二次專技社工師）

(A)調查性研究　　　　　　　　(B)預測性研究

(C)實驗設計研究　　　　　　　(D)描述性研究

答案：**C**

解析：「實驗設計」（Experimental Design）亦稱為「研究設計」，乃是研究者為了解答研究問題，說明如何控制各種變異來源的一種扼要的計畫、架構和策略。是指，為了要達到研究目的所設計的一種研究方法，期使研究能在準確、省時、省力的狀況下順利進行所做之設計。實驗的主要要素包含：(1)將個體隨機分配於實驗組和控制組；(2)向實驗組引進一組自變項，以及向控制組引進另一實驗組可能接受的創新處遇，而控制組所接受

的仍是例行服務；(3)比較實驗組和控制組在依變項上的變化量。題意所述為實驗設計研究。

18 有關實驗設計，下列何者正確？　　　　(110年第二次專技社工師)

(A)一項研究只可以有一組實驗組和一組控制組

(B)介入處遇放在控制組，觀察實驗組是否有變化

(C)一項研究可以有二組實驗組，但介入內容必須不同

(D)安心丸設計不具有功能，不須安排介入

答案：**C**

解析：1. 選項(A)有誤。一項研究並非僅可以只有一組實驗組和一組控制組。例如：雙組、無控制設計（Two-Group, No Control）、雙組比較僅後測設計（Posttest Only Control Group Design）。

　　　2. 選項(B)有誤。介入處遇應放在實驗組，觀察實驗組是否有變化。

　　　3. 選項(D)有誤。安心丸（安慰劑）設計亦具有功能，故會安排介入。例如：研究者想要檢視一種新藥是否有效，研究者使用三種顏色的藥丸—綠色、黃色、粉紅色，然後將新藥放入黃色藥丸內，將舊藥放入粉紅藥丸之內，將安慰劑──看似真實的假處理（例如：不會產生任何生理作用的糖丸），做成綠色藥丸，以檢驗介入的成效。

19 在古典實驗設計的研究中，有關排除外在變項對研究結果的影響之方法，下列何者錯誤？　　　　(111年第一次專技社工師)

(A)分層抽樣　　　　　　　　(B)將外在變項納入研究設計

(C)配對後分派　　　　　　　(D)統計控制

答案：**A**

解析：分層抽樣係將母群體分成不同的層／類，每一層／類都必須明確，而且類與類之間必須有顯著的互斥性，因此每一個個體都只能歸在其中一類。同時最好符合：「層間異質性高，而層內同質性高」的前提。經過歸類以後，每一層／類中的樣本彼此

之間相似性很大，而類與類之間卻差異性很大，也因此研究者在每一類別中選取較少數的樣本時就足具代表性，抽樣的效率可以增加。而在古典實驗設計中，分層抽樣之目的係為掌握樣本代表性及提升抽樣效率，與排除外在變項對研究結果的影響無關。

20 當研究者製造一組情境，其中包含將研究對象隨機分派到實驗組與控制組，以及對自變項的操弄與測量，以造成依變項產生變化。這種實驗研究的類型是指下列何者？ （111年第一次專技社工師）

(A)真實實驗（true experiment）

(B)自然實驗（natural experiment）

(C)假設性實驗（hypothetical experiment）

(D)準實驗（quasi experiment）

答案：**A**

解析：真實實驗設計（True Experimental Design）：意即實驗設計至少完全具備了實驗研究三大要素中最重要的前兩項（「自變項與依變項」以及「經隨機抽樣與隨機分派所形成的實驗組與控制組」），是一種符合科學實驗要求的真正實驗設計。

21 準實驗設計是指在缺乏隨機分派的情況下，仍可嘗試獲得合理的內在效度，但不包括下列那一種設計？ （111年第一次專技社工師）

(A)個案控制設計 　　　　　(B)簡單時間序列設計

(C)不對等的比較組設計 　　(D)多元時間序列設計

答案：**A**

解析：個案控制設計（case-control design）是一種多變項統計分析的設計方法。個案控制設計因為可行性強所以很受歡迎，和橫斷性研究一樣，個案控制設計也是在一個時間點蒐集資料；此法並沒有將個案分派至實驗和控制組然後再測量結果。個案控制設計是在比較各組已有差異結果的個案，然後再蒐集所觀察到的差異資料（回溯性），以探究是什麼原因可以解釋結果中的差異現象。個案控制設計並非準實驗設計的類型之一。

22 某研究設計，若研究對象因身心俱疲而中途退出該研究，此一現象構成下列何種威脅內在效度之因素？ （111年第二次專技社工師）

(A)經歷事件或歷史　　　　　(B)流失

(C)成熟　　　　　　　　　　(D)測驗效應

答案：**B**

解析：實驗過程中的傷亡問題（參與者損耗、流失）：實驗的過程太過冗長，會使受訪者疲累，回答時因而不耐、煩躁而產生不實填答的現象，或整個研究拖延時日太久，動輒數年，原先參與研究的受訪者可能搬家，或是本身病亡等因素，會使研究的完整性大打折扣。

23 有關實驗設計的內在效度與外在效度，下列何者正確？

（112年第一次專技社工師）

(A)實驗結果無法推論真實世界情況，外在效度低

(B)實驗結果無法推論真實世界情況，內在效度低

(C)實驗過程依變項是因其他因素所造成的程度，指具有內在效度

(D)實驗排除其他可能解釋依變項變動因素，指具有外在效度

答案：**A**

解析：1.內在效度（internal validity）：是指我們有多少把握可以推論，研究結果正確描述一變項是否為另一變項的原因。研究滿足三項條件的程度：(1)「因」要發生在「果」之前；(2)兩變項間有實證上的相關性；(3)兩變項的關係不是由於第三變項所導致。就是該研究具備的內在效度。相反地，若未達到該等條件，我們就很難推論說：自變項在解釋依變上扮演一導因的角色。

2.外在效度（external validity）：是指研究發現的因果關係可概化或推論到研究情境以外場域和母群的程度。

3.選項(B)有誤。實驗結果無法推論真實世界情況，外在效度低。

4.選項(C)有誤。實驗過程依變項是因其他因素所造成的程度，則不具有內在效度。

5.選項(D)有誤。實驗排除其他可能解釋依變項變動因素,指具
有內在效度。

24 實驗研究設計涉及多次測驗時,先前測驗對於後續測驗所產生的影響效應,
屬於下列何者? (112年第一次專技社工師)

(A)測驗效應　　(B)測量工具　　(C)測量工作　　(D)選樣效應

答案:**A**

解析:實驗研究設計涉及多次測驗時,先前測驗對於後續測驗所產生
的影響效應,屬於熟悉測驗內容效應(測驗效應)。亦即,熟
悉測驗內容的人在受測時其結果當然會比不熟悉其內容的人要
佳。

25 單案研究(single-case study)可以被用來作為社工實務成效的評估策略,
下列那種研究設計最適合? (112年第一次專技社工師)

(A)時間序列設計　　　　　　　(B)所羅門四組設計
(C)控制組前後測設計　　　　　(D)不對等比較團體設計

答案:**A**

解析:單案研究亦可稱為單一受試者設計(single-subject designs)、
單案設計(single-case designs),或單一系統設計(single-
system designs)。單案研究是應用時序法(Time Series
Method)的邏輯,對單一個人或社會單位(例如:家庭、團
體、機構、社區或方案等)進行實驗干預,而後將干預所產生
的影響結果加以記錄與分析評估。由於單案研究在社會工作領
域的應用是起源於臨床的醫療社會工作,因此沒有控制組。此
外,在單案研究中,研究的對象一定只有一個。選項(A)時間序
列設計,適合被用來作為社工實務成效的評估策略。

26 關於實驗設計和準實驗設計的敘述,下列何者正確?

(112年第二次專技社工師)

(A) 準實驗設計的內在效度較實驗設計為低,但比前實驗設計高

(B) 實驗設計的必要條件包含:隨機分組、引入自變項到控制組、比較實驗組
和控制組的差異

(C) 實驗設計中的隨機分組是為了增加外在效度

(D) 為了避免影響結果，通常不應該提供任何服務或介入給實驗設計中的控制組，即使控制組接受服務的權益可能受到一些影響

答案：**A**

解析：1. 選項(B)有誤。實驗設計將個體隨機分配於實驗組和控制組；向實驗組引進一組自變項，以及向控制組引進另一實驗組可能接受的創新處遇，而控制組所接受的仍是例行服務；比較實驗組和控制組在依變項上的變化量。

2. 選項(C)有誤。實驗設計中的隨機分組是為了增加內在效度。

3. 選項(D)有誤。實驗設計期望藉著研究設計的規劃，能使接受實驗或處遇的實驗組與沒有接受實驗或處遇的控制組間所產生的差異愈大愈好。讓該造成差異的因素藉著實驗設計都能順利的在研究中呈現出來。為了達到這個目標，研究設計必須設法使處遇產生其效果，使之與沒有處遇有所差異。因此，研究者應該提供任何服務或介入給實驗設計中的控制組，以瞭解處遇的成效。

27 下列何種研究設計，最不能檢驗變項的因果關係？

（113年第一次專技社工師）

(A) 古典實驗研究設計（classical experimental design）

(B) 所羅門四組研究設計（Solomon four-group design）

(C) 只有後測有控制組的研究設計（posttest-only control group design）

(D) 只有一次測量的單組研究設計（one-shot case study）

答案：**D**

解析：只有一次測量的單組研究設計（one-shot case study），因為只有一次的測量，只能稱為前實驗設計，且因為沒有另外一組可比較，因此無法肯定處遇的作用。處遇的結果可能在沒有處遇時也一樣可以產生，所以處遇結果只是推測的結果而已。這個方法的缺點是沒有控制組的比較，所以在推論上當然也不科學，無法檢驗變項的因果關係。

Chapter 7

觀察研究

·關 鍵 焦 點·

1. 實地（田野）觀察是本章的申論題的中心考點，並以延伸其相關的定義、
   問題，相關的名詞解釋。

2. 依觀察者的參與程度與觀察結構區分的四種觀察類型，請留意其英文用
   詞，以免因中譯名稱不同而混淆。

申論題　Essay Question

一、觀察法廣泛的被運用在田野研究當中，請說明依照觀察情境、觀察
　　對象、觀察者與被觀察者的關係，觀察法可以區分為那幾種？

（107年普考）

本題是考Raymond Gold提出的依被觀察者知不知道研究者的身分
及彼此之間是否有互動的四項分類，已多次命題，請考生周延準
備。

【解析】

茲依照觀察情境、觀察對象、觀察者與被觀察者的關係，觀察法可區分為
以下四種類型：

完全參與者（complete participant）

1. 所謂完全參與者是指在實地參與觀察時，研究者之觀察者的身分與其他人是一樣的，被觀察的人並不知道觀察者真實的身分，所以觀察者可以自然地和被觀察者互動。例如：研究者是班上的同學。亦即，完全參與者指的是真正參與研究的活動（例如：真正參加抗議示威運動）或假裝參與。無論如何，只要你扮演的是完全參與者，人們眼中的你應是一位參與者，而不是研究者。

2. 研究者因隱瞞自己的研究身分，使得資料更具有效度、信度，是因為研究對象如果不知道研究者正在進行研究，會更自然，也會比較誠實。如果研究對象知道有人在研究他們，或許會以各種方式修正自己的行為。但會面臨倫理議題，亦即欺騙研究對象，希望他們會向研究者吐露原本不會向研究者吐露的資訊，是不符合倫理的。另完全參與者可能會影響到正在研究的事物，因為研究者想扮演參與的角色，就必須參與，一旦參與，就會影響正在研究的社會歷程。到頭來，完全參與不論有無行動，都會對觀察的事物產生某種影響，這是完全無法避免的。

參與者一如觀察者／部分參與者（participant-as-observer）

1. 研究者可以完全參與整個研究場域或活動過程（但彼此儘量不互動），不過需要對被研究對象表明研究者的身分。亦即，研究者在扮演這個角色時，研究者會完全參與被研究的團體，但也清楚的向他們表示你是在做研究。

2. 研究對象可能會把注意力放在研究計畫上，而沒有呈現自然的社會過程，所想要研究的過程不再具有代表性，反之，你自己也可能變得過分認同參與者的利益和觀點，開始「變成當地人」，喪失很多科學上應有的超然。

觀察者－如參與者／部分觀察者（observer-as-participant）

1. 研究者不但表明研究者的身分，同時可以和被研究對象在互動過程不斷互動，而不需要有任何藉口。亦即，部分觀察者會表明自己是研究者，在社會過程中和參與者互動，但不去假裝自己是參與者。

2. 研究對象知道自己正在被觀察，而修正自己的行為，影響資料的信度、效度之情形發生。

（四）完全觀察者（complete observer）

1. 研究者完全從旁觀者的角度與立場觀察被研究的現象或對象。被觀察者不知研究者身分，且彼此間不互動。例如：研究者是坐在教室內的旁聽學生。亦即，研究者觀察社會過程，但不會參與。基於研究者的不干擾做法，研究對象有時甚至不知道自己正在被研究。

2. 與完全參與者相比，完全觀察者可能比較不會影響到研究對象，也可能比較不會「變成當地人」。但研究者較無法全面理解研究對象，其觀察可能會比較膚淺或短暫。

申論題　Essay Question

二、在進行質性研究觀察法的時候，觀察者依其參與欲研究之活動的程度多寡，可區分為數種角色。請描述各種角色類型及其特性，並舉例說明研究者的參與對於欲研究之活動可能產生的影響。

（110年第一次專技社工師）

考點分析

Raymond Gold提出，依被觀察者知不知道研究者的身分及彼此之間是否有互動的四項分類，多次出現於申論題，編者在所著《社會工作研究方法》第7章〈觀察研究〉章節中的榜首提點中已詳加提點，考生如完整準備，應答毫無懸念。

【解析】

一　參與觀察法之類型、特性及研究者的參與對於欲研究之活動可能產生的影響之說明

各種參與觀察皆可稱為參與觀察法，只是研究者的浸入程度不同而有不同的名稱。**Raymond Gold**就參與觀察法的類型，依被觀察者知不知道研究者的身分及彼此之間是否有互動而區分為四種類型。茲將各種角色類型及其特性，及舉例說明研究者的參與對於欲研究之活動可能產生的影響，分述如下：

1. **完全參與者**（complete participant）

   (1) 特性：所謂完全參與者是指在實地參與觀察時，研究者之觀察者的身分與其他人是一樣的，被觀察的人並不知道觀察者真實的身分，所以觀察者可以自然地和被觀察者互動。例如：研究者是班上的同學。亦即，完全參與者指的是真正參與研究的活動（例如：真正參加抗議示威運動）或假裝參與。無論如何，只要你扮演的是完全參與者，人們眼中的你應是一位參與者，而不是研究者。

   (2) 對於欲研究之活動可能產生的影響：研究者因隱瞞自己的研究身分，使得資料更具有效度、信度，是因為研究對象如果不知道研究者正在進行研究，會更自然，也會比較誠實。如果研究對象知道有人在研究他們，或許會以各種方式修正自己的行為。但會面臨倫理議題，亦即欺騙研究對象，希望他們會向研究者吐露原本不會向研究者吐露的資訊，是不符合倫理的。另完全參與者可能會影響到正在研究的事物，因為研究者想扮演參與的角色，就必須參與，一旦參與，就會影響正在研究的社會歷程。到頭來，完全參與不論有無行動，都會對觀察的事物產生某種影響，這是完全無法避免的。

2. **參與者一如觀察者 / 部分參與者**（participant-as-observer）

   (1) 特性：研究者可以完全參與整個研究場域或活動過程（但彼此儘量不互動），不過需要對被研究對象表明研究者的身分。亦

即，研究者在扮演這個角色時，研究者會完全參與被研究的團
體，但也清楚的向他們表示你是在做研究。

(2) 對於欲研究之活動可能產生的影響：研究對象可能會把注意力
放在研究計畫上，而沒有呈現自然的社會過程，所想要研究的
過程不再具有代表性，反之，你自己也可能變得過分認同參與
者的利益和觀點，開始「變成當地人」，喪失很多科學上應有
的超然。

3. **觀察者一如參與者／部分觀察者**（observer-as-participant）

(1) 特性：研究者不但表明研究者的身分，同時可以和被研究對象
在互動過程不斷互動，而不需要有任何藉口。亦即，部分觀察
者會表明自己是研究者，在社會過程中和參與者互動，但不去
假裝自己是參與者。

(2) 對於欲研究之活動可能產生的影響：研究對象知道自己正在被
觀察，而修正自己的行為，影響資料的信度、效度之情形發
生。

4. **完全觀察者**（complete observer）

(1) 特性：研究者完全從旁觀者的角度與立場觀察被研究的現象或
對象。被觀察者不知研究者身分，且彼此間不互動。例如：研
究者是坐在教室內的旁聽學生。亦即，研究者觀察社會過程，
但不會參與。基於研究者的不干擾做法，研究對象有時甚至不
知道自己正在被研究。

(2) 對於欲研究之活動可能產生的影響：與完全參與者相比，完全
觀察者可能比較不會影響到研究對象，也可能比較不會「變成
當地人」。但研究者較無法全面理解研究對象，其觀察可能會
比較膚淺或短暫。

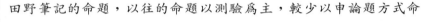

申論題　Essay Question

三、質化研究，特別是涉及到觀察類型的研究，田野筆記（field note）是相當重要的研究資料來源。田野筆記一般可區分成描述性（descriptive）及反思性（reflective）等二大類型。請定義如上二種筆記型態，並說明各類型的內容特徵。　　　　（111年高考）

考點分析

田野筆記的命題，以往的命題以測驗為主，較少以申論題方式命題。W. Lawrence Neuman著（2014）的《當代社會研究法：質化與量化取向》，將田野筆記分為八種類型，已加以分類於解析中。

【解析】

　描述性（descriptive）田野筆記

描述性的田野筆記，應當標明日期，而且應當記錄下基本的資料，例如：觀察的地點、在場的人員、物理環境狀態、社會互動情形，以及所進行的活動等。描述性的田野筆記包括那些能夠使觀察者在後續的分析中，可重新回到觀察情景的描述性資訊，並且能夠使研究發現的讀者透過閱讀報告來經驗所觀察的活動。相關類型如下：

1. 隨手筆記（jotted notes）：隨手筆記是指當研究者在田野中時，以不引人注目的方式在任何方便取得的物品上所寫下的田野筆記，其目的在於之後能夠 「喚起回憶」。隨手筆記是一些簡短而且能夠引起記憶的記錄，像是一些詞彙、慣用語或不經意的素描等。

2. 直接觀察的筆記（direct observation notes）：此種筆記試圖把研究者在田野中所聽見或看見的事物的所有細節，通通都記錄下來，也允許在之後進行多重的詮釋。

3. 訪談筆記：訪談筆記除了記錄下問題及答案之外，也應該製作一個封面頁，包括像是日期、訪談地點、受訪者的特徵及訪談的內容等

資訊。在研究者重新閱讀筆記時，封面頁可以幫助研究者瞭解這這些筆記。

4. 地圖、圖表及人工製品：這些地圖或圖表可以達到兩個目的：幫助研究者組織在田野中的事件，以及幫助研究者傳達田野場域給其他人知道。包括三種類型的地圖：空間的、社會的、時間的 空間的地圖可以幫助研究者定位資料，後兩者則是資料分析的初步形式。空間地圖可以標示出人群、設備及其他事物的實體位置與空間，以顯示出活動發生的地點；社會地圖則顯示出人們的數量或是種類，以及人們之間在權力、影響力、友誼及勞力分工等等方面的安排情況；時間地圖則是顯示出人們、物品、服務，以及溝通或是行程方面的來來往往。

5. 機器記錄的資料：在田野研究中，照片、錄音機及錄影帶等，都是有用的補充物品，但是絕對不能夠以這些物品來取代田野筆記，或是取代研究者親自到田野中的重要性。研究者只有在建立起融洽的關係之後，才能使用這些物品或是器材。然而，這些器材或是物品也會造成干擾，而且會增加一種被監視的感覺。

二 反思性（reflective）田野筆記

反思性的田野筆記包括觀察者自己的感受、對經驗的反應，以及對所觀察事項之個人意義和重要性的省察。此外，反思性的田野筆記要包括對場域中正在發生事項及其意義的洞察、詮釋、初步分析，以及形成中的假設。反思性的筆記同時應包括對於方法論的說明。相關類型如下：

1. 推論筆記：研究者應該要仔細去傾聽成員所說的話，以能與他們「感同身受」或是「設身處地」來思考事物。在田野研究中，研究者必須學習先觀察以及傾聽，不要完全著去作出推論，或是強加某種詮釋。而這些不帶任何推論的觀察結果， 必須記錄在直接觀察的筆記裡。研究者可以在另外一個單獨的地方把研究者的推論記錄下來，而這對於直接觀察是很關鍵的。

2. 分析備忘錄（analytic memos）：分析備忘錄是指當質化研究者在

檢視資料的細節，並且發展出更為抽象的想法、主題或是假設時，所記下的筆記。分析備忘錄包括了方法論的策略以及關於理論的筆記，其中包含了研究者的想法、對於理論的系統性討論、關於研究者所作過的決定的記錄。當研究者仍然留在田野中時，可以利用分析備忘錄來詳盡闡述以及擴展一些想法，並且可以在重新閱讀以及思考這些備忘錄時，去修正或者發展出更加複雜的理論。

3. 個人筆記：個人的感受以及情緒反應會變成資料的一部分，而且也會影響到研究者在田野中所看到或是聽到的事物。研究者應該在筆記中保留一個像是個人日記的部分，並且在裡面記錄個人生活事件以及感受。

1 觀察者在一段特定時間內，直接觀察目標行為，而且記錄每一次發生所持續的時間長度，是直接觀察法常用的那一種記錄方法？

（107年第一次專技社工師）

(A)等距記錄法　　(B)頻率記錄法　　(C)持續記錄法　　(D)強度記錄法

答案：**C**

解析：持續記錄法，是指在一段特定的時間內，直接觀察目標行為，而且記錄每一次發生所持續的時間長度。例如：在一小時中，發生了三次，第一次持續3分鐘，第二次持續25分鐘。

2 為探討安置機構少年生活狀況，有位學者每天到某機構和少年互動，表明自己在進行研究，以研究人員的身分參加各項活動，此人的角色最符合下列何者之定義？

（108年第一次專技社工師）

(A)完全觀察者　　(B)觀察式參與者　　(C)參與式觀察者　　(D)完全參與者

答案：**C**

解析：觀察者一如參與者／部分觀察者／參與式觀察者（observer-as-participant），係指研究者不但表明研究者的身分，同時可以和被研究對象在互動過程不斷互動，而不需要有任何藉口。亦即，部分觀察者會表明自己是研究者，在社會過程中和參與者互動，但不去假裝自己是參與者。

3 當一位年輕的研究者進入老人安養機構觀察住民的日常生活，下列那一種參與程度是最不可能的安排？　　（109年第二次專技社工師）

(A)完全參與者　　　　　　　　(B)參與者扮演觀察者

(C)觀察者扮演參與者　　　　　(D)完全觀察者

答案：**A**

解析：所謂完全參與者是指在實地參與觀察時，研究者之觀察者的身分與其他人是一樣的，被觀察的人並不知道觀察者真實的身分，所以觀察者可以自然地和被觀察者互動。例如：研究者是班上的同學。亦即，完全參與者指的是真正參與研究的活動（例如：真正參加抗議示威運動）或假裝參與。無論如何，只

選擇題　Multiple Choice Question

要你扮演的是完全參與者，人們眼中的你應是一位參與者，而不是研究者。題意的研究者是年輕人，其不可能與老人安養機構住民同年齡層，故無法以完全參與者方式進行研究。

4 某社會工作者的工作是觀察評估3歲前幼兒是否需要早療，有關觀察法的特性，下列何者錯誤？ 　　　　　　　　　　　　　　　（109年第二次專技社工師）

(A)觀察要配合研究目的　　　　　　　　(B)要有系統的記錄觀察結果

(C)要檢視評估結果的信度和效度　　　　(D)任何場所都可進行觀察

答案：**D**

解析：觀察是一種有目的的行為，必須制定觀察計畫：在確定觀察的問題之後，可以進一步制定初步的觀察計畫。一般來說，觀察計畫應包括：1.觀察的內容、對象與範圍；2.地點（選項(D)有誤，並非任何場所都可進行觀察）；3.觀察時刻；4.方式、手段；5.效度；6.倫理道德問題。

5 訪談者在實地觀察情境中與受訪者自然進行無計畫、無預期地互動，是指下列那一種質性訪談？ 　　　　　　　　　　　　　　（111年第一次專技社工師）

(A) 非正式談話訪談（informal conversational interview）

(B) 一般性訪談導引法（interview guide）

(C) 標準化的開放式訪談法（standardized open-ended interview）

(D) 焦點訪談（focused interview）

答案：**A**

【解析】非正式談話訪談（informal conversational interview）是訪談者在實地觀察期間，和受訪者自然的進行無計劃、無預期地互動，是最開放式的訪談。在進行這種訪談時，受訪者甚至不認為這個互動就是訪談。在非正式談話訪談時，你要保持極度的彈性，才能從各方向蒐集相關訊息。你在提問題時，應該要在你在特定情景、特定時間點觀察到什麼時，或在情境中的人剛好說了什麼而自然而然地將問題帶出來。換句話說，非正式談話訪談是一種你在直地觀察時，想盡可能了解你正在觀察的人認為什麼正在發生，而自然出現的訪談。

6 對於觀察方法的敘述，下列何者錯誤？ （113年第一次專技社工師）

(A) 觀察的步驟通常是由集中到開放，以利蒐集到全方位的觀察資料

(B) 進行觀察之前，事先應確定觀察的問題並制定觀察計畫

(C) 研究者選擇一特定時間段，對這段時間發生的事情進行觀察，屬於一種時間抽樣法的聚焦方法

(D) 相較於聚焦式的觀察，封閉式的觀察只針對事先設定的角度和內容進行觀察和量的計算

答案：**A**

解析：選項(A)有誤。觀察的步驟通常是由開放到集中，以利蒐集到全方位的觀察資料。

質性研究

關鍵焦點

1. 質性研究與量化研究之內容、應用及各層面的比較，為基本款題型，請紮實準備勿失分，質性的抽樣方式，亦勿疏漏。

2. 焦點團體為質性研究的第二個重點，除其意義與個性外，必須具有應用實例的能力，並要能按步驟進行案例說明。

3. 紮根理論務必完整準備，金榜考點。

申論題 Essay Question

一、有研究者想就弱勢家庭青少年之社會支持網絡與希望感進行質性研究，請詳述你會如何獲得研究對象和進行訪談。

（107年第一次專技社工師）

考點分析

質性研究在研究法中為重要考點，本題考點僅為其中的一部分，其他相關的內容，請考生詳加研讀編者著《社會（工作）研究方法》第8章〈質性研究〉章節。

【解析】

茲將針對弱勢家庭青少年之社會支持網絡與希望感進行質性研究，獲得研究對象和進行訪談之方式，說明如下：

一　獲得研究對象之方式

1. 界定弱勢家庭：弱勢之家庭係指缺少社會競爭力的家庭，本研究所界定之弱勢家庭包括：家庭成員關係紊亂或家庭衝突；家庭中父母或主要照顧者從事特種行業或罹患精神疾病、酒藥癮並未就醫或未持續就醫；家中有自殺傾向或自殺紀錄者，使青少年未獲適當照顧；因貧窮、單親、隔代教養或其他不利因素，使青少年未獲適當照顧；非自願性失業或重複失業者，以及負擔家計者死亡、出走、重病、入獄服刑等，使兒少未獲適當照顧。

2. 研究對象的來源：以某高中3年級的學生為研究對象。本研究透過與某高中學校的導師共同討論來找出較符合的案主，找出具充分代表性的個案，並輔以滾雪球方法降低同質性的對象。抽樣對象為某高中1至3年級學生，因此其研究對象資料豐富性是多樣的，並不會只侷限某一年級及性別而影響資料之分析。

二　進行訪談的方式

本研究採取導引式訪談，研究者把訪談所要涵蓋的主題，事先以綱要的方式預備妥當，在實際訪談時，依當時的情境決定問題的次序及詳細的字句。這種方式有助於研究者的系統性整理，整個訪問的結果當然也顯得較有邏輯性，況且這種方式的訪談仍然能維持訪談時的會話性，也能適合當時的情境。

申論題　Essay Question

二、請比較量化（Quantitative）和質性（Qualitative）研究方法著重焦點的差異，諸如目的、結構、研究場域、理論觀點、典範、方法，以及資料分析等等。　　　　　　　　　　　（107年第二次專技社工師）

本題為考科核心考點，歷年來在申論題及測驗題已多次命題，考前詳加準備，考場應答毫無懸念。

【解析】

量化和質性研究方法著重焦點的差異比較

比較項目	量化研究	質性研究
目的	量化研究強調解釋、預測以及檢證有關社會事實的因果假設，因此較適用於解釋性研究／因果性研究；量化研究通常是對大範圍的人群、透過隨機抽樣與統計檢定等步驟，去驗證假設是否成立，或是了解母群體的需求，因此也格外重視研究結果的推論（外在效度）。目的是解釋、預測、檢證與推論。	質性研究的目的不在於驗證，而是在於深度探索一個較為複雜的、抽象的內心世界，因此質性研究不強調推論，而強調新觀念的開發與探索內涵、意義的深度掌握。目的是探索、開發、意義尋求。
結構	強調精確並可概化推論的統計數字發現；量化研究方法試圖產生精確與可概化的研究結果。使用量化方法的研究特色在於，試圖事先公式化所有或至少大部分的研究過程，在蒐集資料時可能嚴格遵守那些過程，以尋求最大客觀性。	探索特定人類經驗較深層的意涵，並由此產生理論上較為豐富且不能歸納成數字的觀察。質性研究的特色是研究開始於一個較為富有彈性的計畫，使得研究過程能因為蒐集到的觀察愈多而逐步發展。相較於量化研究企圖將精確且客觀的研究發現概括到一個較大的母體，質性研究則允許主觀性對人類經驗所產生的意義進行較為深層的理解。
理論觀點	量化研究傾向於邏輯實證論與演繹法，也就是說量化研究者通常是先從概念發展成假設，而後再透過研究設計來驗證假設。	質性研究則傾向於現象學與歸納法，質性研究的重點在於新的理念的發展，譬如建構出紮根理論，也因此較適合在探索性研究中使用。

比較項目	量化研究	質性研究
典範	量化研究方法以實證科學為典範，依循科學研究的概念與邏輯。	質性研究方法是對科學理性實證主義的一種反動，提出研究的過程是一個研究者和被研究者相互參與的過程，探究問題時的自然情境和看問題的角度，都會對研究的進程和結果造成影響。質性研究方法以詮釋／解析社會科學為典範。
方法	量化研究常用調查研究法、實驗研究法與單案研究法等去蒐集資料，希望能檢證兩個變項間是否有差異性、關聯性或因果關係。	質性研究則較常使用深度訪談法、焦點團體法、行動研究法、參與觀察法與德菲法等去蒐集資料，同時仰賴參與者細心觀察、深入理解研究結果的意義。
資料分析	1.量化研究者從特定化、標準化的資料分析技術中進行選取。不同的社會科學研究，檢驗假設和統計方法沒有多少差異，且量化分析是高度發展的，並建立在應用數學的基礎上。 2.量化研究者直到蒐集所有資料，並把它們濃縮成數字之後，才會開始進行分析資料。然後，他們再操控數字以觀察模式或相關性。 3.量化研究者操控那些可以代表經驗事實的數據，以測試理論假設。 4.量化研究者認為社會生活可以使用數據來代表，當他們根據統計法則來操控數據時，數據便顯示了社會生活的特徵。	1.質性資料分析較不標準化，且質性研究的包含廣度，也符應很多研究分析取向的要求。 2.質性研究者則是在研究計畫的早期便進行分析，以尋求模式或關係，同時仍繼續進行資料蒐集，早期資料分析的結果，將會引導後續資料的蒐集，因此，分析並非研究的最終階段，而是可以擴展到所有階段的研究面向。 3.質性研究者則藉由混合經驗證據與抽象事實，以創造新的概念與理論，不去測試假說，質性研究者反而對證據加以說明或是豐富證據，以顯示理論、概化或是說明似乎是可以相信的。 4.質性分析並不利用來自數學和統計中，大規模的、建構完整的知識體系，反而使用文字形式的資料，這種形式

比較項目	量化研究	質性研究
		相當不準確、略微混亂、要有脈絡背景，並且具有一種以上的意義。

申論題　Essay Question

三、比較質性訪談（qualitative interview）和問卷訪談（survey interview）的異同。　　　　　　　　　　　（108年普考）

考
點
分
析
本題主要仍是考質性與量化研究之差異，然命題意旨聚焦在這兩種研究方法以訪談方式進行，題型雖稍有變化，但萬變不離其宗，即是質性與量化研究差異之綜整思考。

【解析】

　質性訪談和問卷訪談之相似處

1. 兩者均是社會研究調查的方法，均是蒐集資料的一種方式。
2. 兩者皆採以訪員方式進行訪談。

　質性訪談和問卷訪談之相異處

相異比較	質性訪談 （qualitative interview）	問卷訪談 （survey interview）
問卷結構	多為開放性問項	多為封閉式問項
抽象方式	立意取樣、滾雪球抽樣	以隨機抽樣為主
樣本數	當樣本的已達「理論性飽和」的階段，便可停止樣本訪談	可依照調查需求找到足夠的樣本進行訪談

相異比較	質性訪談 （qualitative interview）	問卷訪談 （survey interview）
花費時間	較為費時，且不容易掌握每份問卷所需時間	可精確掌握每份問卷受訪所需時間
訪員能力	需受過較高級的訪員訓練，以及追問的技巧，以減少偏誤的發生	需受過基礎的結構性問卷訪員訓練
訪談程序	研究程序是特殊的，而且很少可被複製	程序是標準的，而且是可複製的
信度、效度	問卷信度、效度較問卷訪談低	問卷信度、效度較質性訪談高
獲得資料型態	多以文字的形式呈現	獲得精確測量的數字型態
統計分析	藉由從證據中抽取主題或通則，以及把資料整理統整。	由統計、圖、表來完成的，再加上顯示結果與假設之關係所做的討論。

申論題　Essay Question

四、Lincoln & Guba（1985）對質性研究提出可信任性（credibility）、可轉換性（transferability）及可靠性（dependability），試分述其如何應用於質性研究。

（109年高考）

考點分析

1. 在質性研究中，LeCompte與Goetz是早期提出信效度的代表人物。趨向實證主義立場的他們，採用了內在效度、外在效度、信度與客觀性作為規準，他們尚且論及質性研究之所以在科學界遭受批評，主要是未能服膺傳統定義的信度、效度要求。有鑑於使用實證主義字彙雖讓質性研究在量化學術世界中較易被接受，但卻與質性研究的本質顯得格格不入。建構主義學者Lincoln與Guba於是提出「可信任度／信實度」（trustworthiness）規準，以「確實性」（credibility）、「可轉換性／可轉移性」（transferability）、「可靠性」

> （dependability）與「可確認性」（confirmability）取代「內在
> 效度」、「外在效度」、「信度」與「客觀性」。
> 2. 本題要言之有物、架構完整，稍有難度，請考生藉本題詳加準
> 備；另題意的焦點為質性研究，則有關量化研究對於可信任
> 性、可轉換性及可靠性，無須贅述。

【解析】

Lincoln & Guba（1985）對質性研究提出可信任性（credibility）、可轉換
性（transferability）及可靠性（dependability），茲分述其如何應用於質
性研究，如下：

 ## 可信任性（credibility）

可信任性相當於內部效度。質性研究的可信性取決於三項不同卻又
彼此相關的元素，包括：1.嚴謹的方法（rigorous methods）：以嚴
謹的方法來從事實地工作，以產生高品質的資料，並進行系統化的
分析，且密切注意可信性的議題；2.研究者的信譽（the credibility of
the researcher）：取決於訓練、經驗、背景、地位，和自我之表徵；
3.對質性研究價值的哲學信念（philosophical belief in the values of
qualitative inquiry）：亦即，對於自然式探究、質性方法、歸納分析、
立意取樣和完形思考具有本然的欣賞。在質性研究中，提升可信任性
的方法，包括三角檢測、負面個案分析、專家的稽查、尋找對立的解
釋等。

可轉換性（transferability）

可轉換性相當於外部效度。Lincoln & Guba指出，可轉換性的程度，
是兩個背景脈絡之間相似性的直接作用，亦可稱之為「符合度」
（fittingness）。符合度被界定為是發送和收受背景脈絡之間的符合一
致程度。如果背景脈絡A和背景脈絡B是充分地符合一致，那麼從原始
發送背景脈絡所形成的假設，即可應用於收受背景脈絡中。質性研究
的研究者，必須思考研究發現可以做什麼？當然，研究結果只能闡明

一個特殊的情境，或少量的個案。質性研究的實用性如何能超越這些有限的個案呢？質性研究經常採用立意取樣的邏輯和價值，有目的地謹慎選取小型但資訊豐富的個案。特定的小型樣本，例如：關鍵性個案的選擇，乃基於他們具有較為廣泛的關聯性。其他的取樣策略，如極端個案的選取（最為卓越或最為失敗的個案），乃基於他們可對某些可能應用於他處的原則，提供一些洞察。然而，立意取樣並未被廣為了解。因此，質性研究者仍會遭遇到先入為主的觀念，支持大量的隨機樣本，而不相信小型立意樣本的價值。此時，研究者最好能充分了解不同取樣策略的相對優缺點，始能回應此類關注。

三 可靠性（dependability）

可靠性相當於效度。是指質性研究者如何蒐集到資料，使研究具有可靠性，亦即指研究者蒐集資料的真實程度。在提升質性可靠性上，可從幾方面著手，包括：1.在資料蒐集方面：為求資料取得過程的一致性，僅由研究者一人擔任訪談資料的蒐集者；2.在本文內容方面：為增加逐字稿的完整性及正確性，每一份逐字稿將請有質性訓練背景的人員，協助重複聽取錄音帶檢查核對是否無誤；3.在資料分析方面：資料分析過程中，將由質性研究專家協助檢視歸類是否合宜，以增加資料分析的可靠性（外在一致性）；4.在資料保存方面：研究進行過程中的錄音帶、逐字稿、資料分析步驟、研究者手札、討論筆記均會妥善保存及記錄下來，錄音帶會在完成逐字稿，且經另一名有質性研究訓練背景的人員協助檢查核對無誤後銷毀。透過前述嚴密的研究過程及研究發現，以得到有利的證明，讀者也能從研究者所提供的備忘錄、日記、記錄、文件、資料等對研究發現充分了解，提升質性研究的可靠性。

申論題 Essay Question

五、質性研究有六大特色「透過被研究者的眼睛看世界」、「描述」、「脈絡主義」、「過程」、「彈性」及「理論及概念形成」，請申述之。

（109年高考）

本題考題已點出質性研究的六大特色，考生必須對質性研究的堅強的實力，才能有架構論述，題目難度稍高。

【解析】

茲將質性研究的「透過被研究者的眼睛看世界」、「描述」、「脈絡主義」、「過程」、「彈性」及「理論及概念形成」等六大特色，說明如下：

透過被研究者的眼睛看世界

質性研究認為，唯掌握被研究者對個別經驗及感受的解釋，明了行事動機，才能真正了解「社會實在（Social reality）」。研究者通常使用描述和分析的方法，藉由被研究者的眼睛，觀察看待他們自己的社會實在。研究者透過觀察被研究者所顯露的情緒深度、其組織世界的方式、他們對於正在發生之事的想法、他們的經驗等，研究者與被研究者直接接觸、交談、了解他們的日常生活、社會文化環境以及這些環境對其思想和行為的影響，以捕捉被研究者眼睛中對社會、世界的看法。

描述

實證主義的量化研究傾向將事件化約抽離，而質性研究會仔細描述研究場景，場景的描繪會引導出較深層的發現，詳細的描述可已提供事件及情境發生的背景，可以幫助研究者了解研究主體的解釋，同時亦能提供讀者資料以做為評估研究的基礎。質性研究所呈現的資料多屬文字描述或圖像形式的資料，而非統計數字。研究者本身即是研究工具，透過訪問、照相、錄音、錄影等方式來記錄各種瑣碎資料，如受試者的動作表情、身體語言、人際交往、服裝儀容、作品等，並參酌訪談謄寫稿、官方記錄、個人評論、日記、文件、文獻、圖畫、備忘錄等以明了事件現象和人群現象，即使運用機器記錄，所得的資料還

是得經由研究者的整體檢視與洞察,感覺其中的現象,透過研究者的文筆,解釋其中的意義,以文字的形式呈現。

三 脈絡主義

質性主義認為,將事件或行為放在其發生的情景或社會及歷史網絡來看,才能有通盤的了解。質性研究強調社會脈絡對了解社會世界的重要性。他們認為某個社會行動或陳述的意義,有很重要的成分,是視其所出現的情境脈絡而定。當研究者把發生當時所在的社會脈絡從事件、社會行動、問題的答案或對話中抽離,或是遺漏掉這些情境脈絡,那麼他們所具有社會意義與重要性就會受到扭曲。留意社會脈絡意味著,質性研究者會注意出現在研究焦點之前、或是環繞研究焦點的事件。也意指在不同的文化裡或歷史時代下,相同的事件或行為可能會有不同的意義。

四 過程

質性研究認為社會生活是動態的、進行的、非靜止的。因此非常重視變遷及其背後的過程轉機時間的流逝是質性研究整合的一部分。質性研究者察看事件出現的先後順序、留意什麼事件出現在先,然後接著出現的第二件、第三件事件……。由於質性研究者在一段時間內長期檢驗同樣的一個或一組個案,他們可以觀察個案演進的情形,衝突的出現或社會發展。研究者就此用以偵測過程與因果關係。

五 彈性

質性研究因採取被研究者的觀點、避免將先入為主或不適當的解釋架構強行加諸被研究者身上,所以研究多採取開放或非結構方式。它與量化研究不同,量化研究一般是循序進行,而質性則是發現問題、蒐集問題、分析等同時循環反覆進行。

六 理論及概念形成

量化研究者在其完成理論化、發展假設、製作變項的工具之後,便開始蒐集資料。相較之下,質化研究者從一個研究問題出發,理論則是

在資料蒐集的過程中發展出來的。這種比較歸納式的方法意味著，理論是從資料建構的或根植於資料。其次，概念化與操作化是和資料蒐集與初步資料分析，是一併進行的。許多質性研究者使用有紮根理論，使研究具有彈性而且使資料能夠與理論互動。質性研究者對非預期的事物持開放的心態、樂意研究計畫的方向或焦點，可能在計畫執行中途放棄他們原來的研究問題。質性研究的資料處理，主要是靠分析歸納（Analytical Induction），因為研究是探索性、發現式，又為了避免將既有的價值加諸被研究者身上，故而研究者通常不預設理論架構或假設。通常研究者是在概念、命題和理論之間反覆遊走漸次流動成形的。

申 論 題　　Essay Question

六、試分述五個常用之質性研究之抽樣策略，並說明其主要目的為何？

（109年普考）

考點分析

考題為考質性研究之抽樣策略，無變化性，考前如有準備，即可順利應答。

【解析】

茲分述五個常用之質性研究之抽樣策略，並綜整說明其主要目的，如下：

🔶 滾雪球抽樣（Snowball Sampling）

滾雪球抽樣也稱為網絡、關係鎖鍊（聲望）抽樣，是一種辨識和抽取（或選擇）網絡中個案的方法，是運用在對某一特殊人口中，只熟知某一少部分人時，從已知的人數中去蒐集資料，並請他們介紹其周遭朋友或其他可能適合接受訪問的對象。其是建立在雪球的類比之上，

雪開始的時候很小，但是當它在潮濕的雪地上滾動而增加額外的雪片時就愈變愈大。雪球抽樣是一種多階段的技術，它開始於一個或少數的人或個案，然後根據和初始個案的連結而擴展開來。

二 便利抽樣（Convenience Sampling）

若研究者將手邊現有的樣本拿來作研究，例如：社工師以本身所負責的個案作為研究的對象，即為便利抽樣。便利抽樣樣本的選取標準是選擇即時可取到的，其優點是方便，但最嚴重的缺點為：因為樣本的客觀性與代表性都不足，研究結果的效度與參考價值均因此而大打折扣。

三 異例抽樣（Deviant Case Sampling）

研究者使用異例抽樣，也稱為極端個案抽樣（extreme case sampling），是要找出和主要模式大異其趣的個案，或者和其他個案主要特質迥然不同的個案。這種抽樣和立意抽樣類似，是由研究者使用各種技術，找出具有特定性質的個案。異例抽樣跟立意抽樣不同之處，它的目標是找出一群非比尋常的、大異其趣的，或與眾不同的個案，而這些個案並不代表整個母體。異例之所以挑選出來，是因為它們非比尋常，也因為研究者希望多了解社會生活，這就要考量一般模式之外的個案，或者包容主流事件之外的個案。例如：研究者想要研究高中退學生，假定先前的研究指出，大多數退學生的家庭是低收入戶，是單親家庭或不穩定的家庭，四處搬家，而且是少數種族。家庭環境是父母與／或兄弟姐妹教育程度較低，或者他們本身就是退學生。此外，退學生經常參與非法行為，退學前有犯罪紀錄。使用異例抽樣的研究者，就會尋找多數沒有非法活動記錄的退學生，尋找父母雙全、所得中上、居家穩定、家庭教育良好的退學生。

四 按序抽樣（Sequential Sampling）

按序抽樣類似立意抽樣，只有一點不同。研究者使用立意抽樣，是想盡可能找到最多相關的個案，直到時間、資金，或者研究者的精力耗盡為止。其原理是抽出每個可能的個案，研究者使用按序抽樣，則是

繼續蒐集個案，直到新的資訊量或個案的差異性充足為止。其原理是蒐集個案，一直到飽和點。用經濟的術語來說，資訊要蒐集到邊際效用，或額外個案的增量利益持穩或大幅下降為止，它要求研究者持續評估所有蒐集到的個案，例如：研究者尋找60位70歲以上，並且10年以上沒有配偶的寡婦，並計畫做深度訪談。此時再找另外20位生活經驗、社會背景、世界觀與前60位大同小異的寡婦，可能並不必要，但這要看研究者的目的而定。

五 理論性抽樣（Theoretical Sampling）

在理論抽樣中，研究者抽取的樣本（例如：人、狀況、事件、時間等）是研究者發展紮根理論（grounded theory）時，仔細挑選的逐漸增長的理論興趣引導樣本個案的挑選。研究者根據個案可能提供的新看法而挑選個案。例如：田野研究者可以在週一到週五觀察一個地點和一群人。理論上，研究者可以問這些人在其他時間或地點的某些層面改變的時候，是否還是一如往常。然後她可以在其他時間抽樣（例如：夜晚與週末），獲得更完整的了解，並得知重要的環境是否一如往常。

申論題　Essay Question

七、研究方法論的觀點，試述量性研究與質性研究的意涵，並請說明這
　　兩種方法的差異、優缺點及互補性為何？　　　　（109年地方三等）

考點分析

量性研究與質性研究的基礎觀念、差異、優缺點等，向來即是將金榜考點，在編者所著《社會工作研究方法》第8章〈質性研究〉即畫上金榜考點，考生詳讀，即可順利應答。

【解析】

一　量性研究與質性研究的意涵

1. 量性研究方法（Quantitative Research Method）：強調精確並可概化推論的統計數字發現；量性研究方法試圖產生精確與可概化的研究結果。使用量性方法的研究特色在於，試圖事先公式化所有或至少大部分的研究過程，在蒐集資料時可能嚴格遵守那些過程，以尋求最大客觀性。常見的量性的研究方法有：調查研究法、實驗研究法與單案研究法。

2. 質性研究方法（Qualitative Research Method）：探索特定人類經驗較深層的意涵，並由此產生理論上較為豐富且不能歸納成數字的觀察。質性研究的特色是研究開始於一個較為富有彈性的計畫，使得研究過程能因為蒐集到的觀察愈多而逐步發展。相較於量化研究企圖將精確且客觀的研究發現概括到一個較大的母體，質性研究則允許主觀性對人類經驗所產生的意義進行較為深層的理解。這並非意味著量性研究完全沒有彈性或質性研究不具備事先計畫的過程，而是兩種研究方法所強調的重點不同，且許多研究其實是結合兩種研究過程同時進行。常見的質性研究方法有：深度訪談法、焦點團體法、行動研究法、參與觀察法與德菲法等。

二　量性研究與質性研究的差異

項目	量性研究	質性研究
基本假定	視世界為一個有秩序、有法則，而且極其穩定的「事實」（靜態），這個事實能被完全的知道，也能被正確的測量。	把現實世界看成是一個非常複雜（不是用單一的因素或變項所能解釋的）而且是不斷變化的「社會現象」，此現象是由多層面的意義與想法所組成的動態事實，而且會因為不同的時空、文化與社會背景，而有不同的意義。

項目	量性研究	質性研究
理論背景與邏輯	（傾向）邏輯實證論與演繹法，由既有的概念去發展成假設來檢驗。	（傾向）現象學與歸納法，著重對未知世界的探索，希望能探求到一切事物的自然原始本質，同時期望能建構出紮根理論。
目標	解釋、預測、檢證與推論。	探索、開發、意義尋求。
觀念	以外來的觀察者自居（局外人），追求客觀。	以參與者的角度為主（局內人），不主觀性。
語言形式	將概念操作化、試圖以數據來呈現。	用受訪者本來的語言或系統中成員的暗語來探索研究結果的意義。
研究方法	調查研究法、實驗研究法與單案研究法等。	深度訪談法、焦點團體法、行動研究法、參與觀察法與德菲法等。
研究資料的特質	強調信度與效度、複製性高、可概推的。	真實的、豐富的、有深度的、不易概推的。
適用條件	1.所要研究的環境和文化，事先已有大量的資料時。 2.容易接近案主，資料的蒐集較為容易時。 3.比較容易控制，或稍具有權威背景時。 4.研究的目標是要尋求變項與變項之間的變異、關聯或因果時。	1.進入一個很不熟悉的社會系統時較為適合。 2.在一個不具控制和正式權威的情境中，較為適用。 3.概念與理論都尚未明確建立（或是新概念與新假設在初步建立）時。 4.適用於描述複雜的社會現象，而且需要案主的主觀理念與現象陳述時。

 量性研究與質性研究的優缺點及互補性

1. **量性研究的優缺點**

    (1) 優點

    　　A.量性研究可以發現事實，透過計量分析的方法觀察社會現象，其可信度更高。

    　　B.量性研究可以驗證假設：社會科學研究主要目的之一是考驗

假設，故須將資料予以數量性，再以統計的假設檢定方法加以檢驗。

C. 量性研究可以建立定律：假設經過多次驗證程序而得到相同的結果，則定律就可以成立。

D. 量性研究可以建構理論：如果某一定律有其他許多相關的定律或概念支持，進而建構完整的概念系統，就可以形成經驗性的理論。

E. 量性研究能測量許多人對一些有限問題的反應，並促進資料的比較與統計集合，使得研究發現得以簡潔而經濟的呈現。

(2) 缺點

A. 無法得知現象發生的深入因素，對於研究對象經歷些什麼，以及這些經歷對研究對象的意義幫助不大。

B. 測量工具的信度與效度問題。

2. **質性研究的優缺點**

(1) 優點

A. 理解的深度：質性研究特別適用於有關態度和行為的細微差異，以及探究長時間的社會過程。因此，此方法最大的優點在於質性研究容許深度的理解，不像某些量性方法可能被質疑「膚淺」，這項指控常常被提出來和量性研究對照。

B. 彈性：在質性研究中，可以在任何時候修正原先的研究設計。甚至每當情境出現，總是可以準備好致力於質性研究；但是你並不可能輕易開始一個調查或實驗。

C. 主觀性：質性研究儘管深入卻總是非常個人化，使用質性技術的研究者會意識到此議題並且費心力處理。不光是個別研究者常常能區辨出自己的偏誤和觀點，科學的社群特質也意謂著他們的同僚會在此方面提供協助。依據研究目的和研究者主客觀的典範，許多質性研究的主觀性特質和其他量性研究相比較時，會同時是優點也是缺點。

D. 以少數個案的豐富資料，促進我們對研究個案和情境的了解。縱貫式研究，可獲得完整的資料，亦即透過探索性研究

中提煉各項建構適合的理論，做為未來量性研究的參考資料。

E. 透過觀察研究可發現非預期中的現象，亦即除表面的因果關係外，可發掘現象背後的意義與價值。

F. 質性研究可以透過研究了解存在中的事實本質，並且強調事實與過程的整體性，而非經由片面數據的片段分析。

G. 不論是研究者或受訪者，均不排斥人的主觀與直覺，並且認為研究中的主觀與直覺，是質性研究中一定會產生的，是其研究可貴之處。

H. 質性研究產生的結論，不同於量性研究要尋求答案的客觀性與絕對性，只要結論彼此之間是相關的即可，研究結論可因時間、空間之變動而改變並進一步討論。

(2) 缺點

A. 研究倫理爭議：涉及研究對象與隱私或敏感問題的處理較量性研究有爭議。

B. 研究人員訓練不足：由於質性研究多以觀察及訪談為主，所以訪員的觀察技術的訓練、敏銳與審慎的觀察力極為重要，但不易充分達成人員訓練。

C. 效度偏低：質性研究容易因觀察者的偏見、觀察者主動參與，易造成角色衝突與情感投入，降低資料效度。

D. 耗費大量時間與金錢：質性研究因須參與觀察或深度訪談等，所花費之時間、人力均較量化研究為高。

E. 可概化性：可概化是質性研究的一個問題，會以三個形式出現：

(A) 觀察和測量的個人化性質使得該研究者的研究結果，不必然由另一位獨立的研究者來複製。如果某部分觀察是依據特定觀察者，那麼該觀察比較可以用來當作洞見的來源，而非證據或真理。

(B) 由於質性研究者對於他們的計畫有完整深入的觀點，因此能有非常廣泛的理解。然正因為非常廣泛，這種理解的可

　　　　概化性就低於依據嚴謹抽樣和標準化工具的結果。

　　(C) 即使觀察特定主題也會有概化性的問題。觀察團體成員得
　　　　到第一手的資料，但不能確定他的「代表性」。

　F. 受訪者原先願意接受訪談，之後表達不願意接受訪問。

　G. 受訪者願意接受訪談，但是受訪者無法回答問題，或提供的
　　　資料趨於表面，或不願意回答關鍵性問題。

　H. 質性紀錄整理不易：由於觀察或訪談內容冗長，量化不易，
　　　經常會有解釋困難及無法完備記錄之情形發生。

四　量性研究與質性研究的互補性

1. Ludwing Wittgenstein指出，對社會事實的描述實必須經由多重觀
   點與途徑才能發現，當研究者透過不同觀點或角度切入時，對社會
   現象往往會有更寬廣與深入的理解。運用量性研究與質性研究方法
   等融合方法的理念，是源自於相輔相成，以便還原社會現象本質的
   理念，並注重是兩種研究方法是源自不同科學哲學的事實。

2. 無論是質性或量化研究都各有其優缺點，研究者透過不同研究方法
   的運用，讓各種方法截長補短，使得研究的結果能更具有解釋的效
   度。但是，如何將質性與量性研究整合於研究過程，對研究者而言
   可是相當大的挑戰，研究者不僅對外要面對來自反對者的批判，對
   內更是要面臨如何整合的挑戰。

3. Patton認為應該考量研究的題材、問題及性質等因素，而不是任憑
   研究者個人的偏好來決定。研究者必須考量研究的問題與目的之
   後，對研究設計、資料蒐集與資料分析完整考量，才能靈活運用量
   性研究與質性研究整合式的融合方法運用模式，達到互補的功能。

申論題　Essay Question

八、「編碼」是質性資料分析中的重要工作，請說明何謂編碼，以及說
　　明開放式編碼、主軸式編碼與選擇性編碼的意義與作用。

　　　　　　　　　　　　　　　　　　　　（109年第一次專技社工師）

在質性研究中，編碼、開放式編碼、主軸式編碼與選擇性編碼是非常基礎及重要的觀念，屬記憶型題型，無變化性，簡單易答。

【解析】

編碼之意涵

1. 在質性資料分析中，必須具充分的客觀性，因此，在分析的過程，每一個步驟都應有明確的規則與流程作依據。所要研究的內容，設計出客觀的類別，以便可以把資料「翻」成號碼（Coding），意即為編碼，就可以使研究者排除本身的主觀性，而作客觀的解釋。

2. 但並非所有的質性研究都用固定的資料譯碼系統，但在紮根理論研究中，Strauss與Corbin對資料譯碼（Coding）發展了一組分析程序來協助研究者建立理論。紮根理論中的譯碼是指把蒐集到的資料打散、加以概念化（Conceptualized），再以新的方式將資料重新放在一起的操作化的過程。這一組程序是由「開放式編碼」（Open Coding）、「主軸式編碼」（Axial Coding）、「選擇性譯碼」（Selecting Coding）所組成。

開放式編碼、主軸式編碼與選擇性編碼的意義與作用

1. **開放式編碼（Open Coding）**

   開放性編碼就是藉著仔細檢驗而為現象取名字或加以分類的分析工作。經過這個基礎步驟，我們才能將資料分解為一個個的單位，仔細檢視，比較其間的異同，並提出問題；經過此一步驟，我們才能針對研究者或別人的假設，提出質疑、探索，並進一步導出新發現。在紮根理論中，開放式編碼是所有編碼形式的基礎，因此，經由深度訪談、參與觀察等方式蒐集到資料後，便可以針對原始資料進行開放性編碼。開放式編碼是利用問問題和比較分析來發展概念的。

2. **主軸式編碼（Axial Coding）**

在做完開放式編碼之後，研究者藉一種編碼典範（藉所分析之現象的條件、脈絡、行動／互動的策略與結果），聯繫範疇與其副範疇，而把資料做重新的整合，好好發展主要範疇，即是「主軸式編碼」。而副範疇所指的就是所觀察之現象的「條件、脈絡、行動／互動的策略與結果」，也就是與現象相關聯的部分。

3. **選擇性編碼（Selective Coding）**

在研究者不斷浸淫於資料中，進行理論性思考、譯碼，以及書寫摘記的過程中，慢慢地就會發現核心範疇（Core Categories），選擇性編碼的工作就在於發展核心範疇。核心範疇是指其他所有的範疇都能以之為中心，而結合在一起，Glaser指出，核心範疇必須具有「中央性」，也就是與最多範疇和特徵相關；要不斷發生在資料中，成為一個穩定的模式，它和其他很多範疇可以很容易地、很快地、有意義地有所連結。亦即在範疇中，其抽象層次也有高低之分，而在不斷地比較之後，逐漸將命名的抽象層次提高，使它成為一個包含性高的、抽象度高的名詞；這樣的命名就成為一個核心範疇，也就是紮根理論的核心概念。

申論題 Essay Question

九、焦點團體訪談法是常見的一種質性研究方法，試說明其適用的情境為何？研究者應如何進行焦點團體訪談的階段與任務？

（110年高考）

考點分析

焦點團體訪談法在申論題中為常見考點，考生請詳加準備。

【解析】

焦點團體之適用情境

把研究對象帶進研究室裡，進行團體性的觀察和訪談的方法之一就是「焦點團體訪談法」（Focusing Group Interviewing Method）。焦點團體是以結構、半結構或非結構式的訪談為基礎，讓訪談者可以有系統地同時訪談好幾個人。焦點團體訪談法適用的情境：當研究者想透過團體互動與討論的過程來了解團體成員對某一現象或議題的看法時適用。此外，焦點團體訪談法不適用的情境，包括：1.當團體成員之間有明顯的意見衝突時，研究者不可以將焦點團體訪談法視為解決團體成員之間衝突的手段，或作為改變團體成員態度之策略；2.當研究的議題較為敏感或是會涉及到個人的隱私時，研究者更不可以運用焦點團體訪談法，作為討論個人隱私或敏感議題之策略；3.當研究議題的討論可能超出參與成員的實際生活經驗時，參與者根本無法透過團體的互動過程提供充分的資訊，當然也就不適合運用焦點團體訪談法。

焦點團體訪談的階段與任務之進行方式

1. **準備階段**

   (1) 形成清楚明確的研究問題，並據以發展出焦點團體訪談大綱：焦點團體的訪談大綱也是焦點團體進行的引子與潤滑劑，而其設計的原則與深度訪談的訪談大綱亦相同。

   (2) 找尋適當的主持人：由於焦點團體主持人的素質，關係著資料蒐集的品質與研究成效，所以在實施焦點團體之前，必須找尋適當的主持人，並有紀錄及助理人員。

   (3) 篩選團體的參與成員

   　　A. 選擇同質性、相容性與互補性（資料的豐富性）高的成員加入。

   　　B. 考量「涵蓋層面」、「經費」與「時間」等等因素，來決定團體參與成員的數目與數量。一個團體的人數通常會設定在4

至12人之間；至於團體的數量則需考量團體成員在個人背景
和問題角度的同質性大小，一般以3至8個為原則。

C. 如果討論的議題只適合在熟人當中表達（私密性較高），則
團體成員應全部以熟人來參與，否則仍應以不相識者為佳。
此外，儘量不要混合熟人與陌生人在同一個團體中，如此會
形成小圈圈，訪談進行會更為複雜。

(4) 決定團體的次數與時間長度：次數的多寡並無一定準則，如果
研究者是以焦點團體訪談為研究的唯一資料蒐集方式，至少須
進行4至5次的焦點團體訪談才能達到資料飽和。至於團體進行
的時間長度，還是以1至2小時為佳。

(5) 安排團體討論的情境

A. 選擇輕鬆舒適的團體進行地點。

B. 座位安排：座位安排的考量重點是讓團體成員能夠透過面對
面的方式進行溝通討論。

C. 準備錄音／錄影設備：錄音設備的安置應儘量避免對參與者
造成干擾，且應進一步徵求參與成員的同意後，才可以進行
錄音／錄影的工作。

2. **執行階段**

(1) 焦點團體進行的過程中，主持人首要任務就是建立團體參與者
彼此間的互信與對主持人的信賴關係。在步驟上，主持人應先
向所有參與者說明研究的目的為何、參與者名單如何產生、團
體討論所蒐集到的資料將如何運用，以及絕對會遵守保密原則
等。接下來就要請成員作簡單的自我介紹，或是由主持人來介
紹成員，這一步驟的重點是使參與者彼此都能相互認識。

(2) 主持人在團體討論與互動過程中，應先由輕鬆簡單的話題開
始，再導入較為困難的問題。同時必須透過不斷地鼓勵，激勵
參與者針對議題討論與回應，特別是對於可能受到壓抑而較少
發言的成員。至於若討論過程出現一些術語，則主持人應先加
以界定，使得參與者的討論都有共同的知識基礎。

(3) 若團體成員反問主持人問題，如果只是在澄清研究的目的，主

持人可直接回答；但如果這些問題是一種避免表達自身感受的轉移注意力策略，則主持人應運用技巧，例如：重述、澄清受訪者的感受，或反問其他成員，以引導討論。

3. **分析與詮釋階段**

焦點團體訪談法與其他質性研究之資料分析方法大同小異，也就是以摘要式（Summary）分析與系統登錄後進行內容分析（Content Analysis）。分析的步驟通常是先詳細檢視一兩個團體的轉錄資料，同時參考訪談大綱，然後據此發展出假設和分類架構。

申論題 Essay Question

十、請說明質性研究中焦點團體訪談法的意義及特性為何？並進一步比較其優點與限制？

（110年普考）

焦點團體訪談法向來即是金榜級考點，在編者著《社會工作研究方法》第8章「質性研究」中，即已為考生劃上榜首提點，本題考題屬於記憶題型，簡單易答。

【解析】

 焦點團體訪談法的意義

把研究對象帶進研究室裡，進行團體性的觀察和訪談的方法之一就是「焦點團體訪談法」（Focusing Group Interviewing Method），又稱為「焦點團體法」（Focusing Group Method）或「焦點訪談法」（Focused Interview Method）。焦點團體是以結構、半結構或非結構式的訪談為基礎，讓訪談者可以有系統地同時訪談好幾個人。

焦點團體訪談法的特性

1. 焦點團體訪談法的團體是由非正式的團體成員所組成的；一般來說，成員間都具有相當高的同質性（因為如此方能在有限的時間內分享彼此經驗與看法並達成共識）。

2. 在團體中，主持人（不一定是研究者本人）的角色主要是要求並引導參與團體的成員，針對預先設定的議題，表達其個人的觀點與意見，而從團體互動過程中，激盪出團體成員的主觀經驗與看法。

3. 通常焦點團體訪談法的團體，都是由八到十二人不等的成員組合而成，進行約一至二小時的互動式討論。

4. 基本上，焦點團體訪談法在團體中所討論的內容，不容易產生量化的資訊；此外，因為不同團體成員會激盪出不一樣的「火花」，因此即便是同一個人針對同樣的議題，當他身處不同團體時，也有可能表達出不同的意見或看法，因此焦點團體訪談法的研究結果，其外在效度就受到很大的限制。

焦點團體訪談法的優點與限制

1. **優點**

   (1) 可以透過參與者的互動，獲得較真切的資料。

   (2) 所獲得的資料易於了解，不必再經詮釋。

   (3) 可以快速蒐集到相關資料，並做立即處理。

   (4) 具有彈性，可以反覆探詢想要獲得的資訊。

2. **缺點**

   (1) 焦點團體的言論或意見經常會離題，難以控制。

   (2) 資料龐雜，分析耗時費力。

   (3) 主持人必須具備精熟的會議技巧。

   (4) 同時要聚集一群人討論，有時相當困難。

   (5) 團體成員同質性太高時，意見可能偏狹。

   (6) 由於代表性有限，單靠焦點團體獲得的資料很難做推論。

申論題　Essay Question

十一、假設一位醫務社會學研究人員想要對末期病人在安寧病房和標準式醫院這兩種醫療照護上，評估其心理及社會治療的觀點，主要的研究目標是要探討病人接受不同照護方式如何產生不同的生活品質。在何種情況下，研究者可以在研究設計中選擇強調量化研究法、質性研究法或結合這兩種研究方法？它們各自的優缺點為何？

（110年高考）

本題考量化、質性研究的適用情境、優缺點，為常見考點，考題簡單；惟有關結合量化研究法、質性研究法的融合／混合研究法，已有多次命題，請考生藉本題釐清相關概念，完整準備。

【解析】

 量化研究法的適用情況、優缺點

1. 適用情況

量化研究法強調精確並可概化推論的統計數字發現；量化研究法試圖產生精確與可概化的研究結果。使用量化方法的研究特色在於，試圖事先公式化所有或至少大部分的研究過程，在蒐集資料時可能嚴格遵守那些過程，以尋求最大客觀性。量化研究的適用情況如下：

(1) 所要研究的環境和文化，事先已有大量的資料時。

(2) 容易接近案主，資料的蒐集較為容易時。

(3) 比較容易控制，或稍具有權威背景時（例如：請學校老師配合作全班問卷調查）。

(4) 研究的目標是要尋求變項與變項之間的變異、關聯或因果時。

2. **優點**

(1) 量化研究可以發現事實，透過計量分析的方法觀察社會現象，其可信度更高。

(2) 量化研究可以驗證假設：社會科學研究主要目的之一是考驗假設，故須將資料予以數量化，再以統計的假設檢定方法加以檢驗。

(3) 量化研究可以建立定律：假設經過多次驗證程序而得到相同的結果，則定律就可以成立。

(4) 量化研究可以建構理論：如果某一定律有其他許多相關的定律或概念支持，進而建構完整的概念系統，就可以形成經驗性的理論。

(5) 量化研究能測量許多人對一些有限問題的反應，並促進資料的比較與統計集合，使得研究發現得以簡潔而經濟的呈現。

3. **缺點**

(1) 無法得知現象發生的深入因素，對於研究對象經歷些什麼，以及這些經歷對研究對象的意義幫助不大。

(2) 測量工具的信度與效度問題。

◆ 質性研究法的適用情況、優缺點

1. **適用情況**

質性研究法係探索特定人類經驗較深層的意涵，並由此產生理論上較為豐富且不能歸納成數字的觀察。質性研究的特色是研究開始於一個較為富有彈性的計畫，使得研究過程能因為蒐集到的觀察愈多而逐步發展。相較於量化研究企圖將精確且客觀的研究發現概括到一個較大的母體，質性研究則允許主觀性對人類經驗所產生的意義進行較為深層的理解。這並非意味著量化研究完全沒有彈性或質性研究不具備事先計畫的過程，而是兩種研究方法所強調的重點不同，且許多研究其實是結合兩種研究過程同時進行。質性研究的試用情況如下：

(1) 進入一個很不熟悉的社會系統時較為適用。

(2) 在一個不具控制和正式權威的情境中，較為適用。

2. **優點**

(1) 理解的深度：質性研究特別適用於有關態度和行為的細微差異，以及探究長時間的社會過程。因此，此方法最大的優點在於質性研究容許深度的理解，不像某些量化方法可能被質疑「膚淺」，這項指控常常被提出來和量化研究對照。

(2) 彈性：在質性研究中，可以在任何時候修正原先的研究設計。甚至每當情境出現，總是可以準備好致力於質性研究；但是你並不可能輕易開始一個調查或實驗。

(3) 主觀性：質性研究儘管深入卻總是非常個人化，使用質性技術的研究者會意識到此議題並且費心力處理。不光是個別研究者常常能區辨出自己的偏誤和觀點，科學的社群特質也意謂著他們的同僚會在此方面提供協助。依據研究目的和研究者主客觀的典範，許多質性研究的主觀性特質和其他量化研究相比較時，會同時是優點也是缺點。

(4) 以少數個案的豐富資料，促進我們對研究個案和情境的了解。

(5) 縱貫式研究，可獲得完整的資料，亦即透過探索性研究中提煉各項建構適合的理論，做為未來量化研究的參考資料。

(6) 透過觀察研究可發現非預期中的現象，亦即除表面的因果關係外，可發掘現象背後的意義與價值。

(7) 質性研究可以透過研究瞭解存在中的事實本質，並且強調事實與過程的整體性，而非經由片面數據的片段分析。

(8) 不論是研究者或受訪者，均不排斥人的主觀與直覺，並且認為研究中的主觀與直覺，是質性研究中一定會產生的，是其研究可貴之處。

(9) 質性研究產生的結論，不同於量化要尋求答案的客觀性與絕對性，只要結論彼此之間是相關的即可，研究結論可因時間、空間之變動而改變並進一步討論。

3. **缺點**

(1) 研究倫理爭議：涉及研究對象與隱私或敏感問題的處理較量化

研究有爭議。

(2) 研究人員訓練不足：由於質性研究多以觀察及訪談為主，所以訪員的觀察技術的訓練、敏銳與審慎的觀察力極為重要，但不易充分達成人員訓練。

(3) 效度偏低：質性研究容易因觀察者的偏見、觀察者主動參與，易造成角色衝突與情感投入，降低資料效度。

(4) 耗費大量時間與金錢：質性研究因須參與觀察或深度訪談等，所花費之時間、人力均較量化研究為高。

(5) 可概化性：可概化是質性研究的一個問題，會以三個形式出現：

A. 觀察和測量的個人化性質使得該研究者的研究結果，不必然由另一位獨立的研究者來複製。如果某部分觀察是依據特定觀察者，那麼該觀察比較可以用來當作洞見的來源，而非證據或真理。

B. 由於質性研究者對於他們的計畫有完整深入的觀點，因此能有非常廣泛的理解。然正因為非常廣泛，這種理解的可概化性就低於依據嚴謹抽樣和標準化工具的結果。

C. 即使觀察特定主題也會有概化性的問題。觀察團體成員得到第一手的資料，但不能確定他的「代表性」。

(6) 受訪者原先願意接受訪談，之後表達不願意接受訪問。

(7) 受訪者願意接受訪談，但是受訪者無法回答問題，或提供的資料趨於表面，或不願意回答關鍵性問題。

(8) 質性紀錄整理不易：由於觀察或訪談內容冗長，量化不易，經常會有解釋困難及無法完備記錄之情形發生。

三 結合量化研究法與質性研究法：融合/混合研究法之適用情況、優缺點

1. 適用情況

融合／混合研究法指的是在一項研究中，使用了兩種以上的量化及（或）質性資料蒐集與分析的方法，但其中一個方法比較重要。融

合／混合研究法的資料蒐集，可以同時或循序進行，在研究過程中
要留意不同性質資料的整合。融合／混合方法之適用情況，主要是
因為每個研究途徑有其潛在弱點，聯合使用時可以互補，各自的特
點更能彰顯。

2. **優點**

(1) 對其他研究途徑不能回答的研究問題提供答案。

(2) 結果互相佐證，推論根據愈強。

(3) 對社會現象有更豐富完整的了解。

(4) 提供多元、不同的解釋，改進研究方法，提供新的研究方向。

3. **缺點**

(1) 時間、心力、經濟成本都比較高。

(2) 必須學習質性及量化研究，但一般課程很少強調此點。

(3) 理論基礎仍有待爭論。

申論題　Essay Question

十二、質化資料整理之編碼（coding）作業，時常運用「開放編碼」
　　　（open coding）、「主軸編碼」（axial coding）與「選擇編
　　　碼」（selective coding）來進行資料整理分析，請分別說明這三
　　　種編碼類型之基本概念與作法。　　　　　　（110年地方三等）

開放編碼、主軸編碼、選擇編碼等，係紮根理論的資料編碼方式。
在編者著《社會工作研究方法》第8章「質性研究」，考用出版，
已於榜首提點提醒考生，考前詳加研讀，應答毫無懸念。

【解析】

開放性編碼

1. 基本概念

開放性編碼就是藉著仔細檢驗而為現象取名字或加以分類的分析工作。經過這個基礎步驟，我們才能將資料分解為一個個的單位，仔細檢視，比較其間的異同，並提出問題；經過此一步驟，我們才能針對研究者或別人的假設，提出質疑、探索，並進一步導出新發現。在紮根理論中，開放性編碼是所有編碼形式的基礎，因此，經由深度訪談、參與觀察等方式蒐集到資料後，便可以針對原始資料進行開放性編碼。開放性編碼是利用問問題和比較分析來發展概念的。

2. 作法

(1) 定義現象：在紮根理論中，概念是分析的基本單位，因此在分析工作裡，研究者的第一要務就是把資料轉化成概念，也就是將資料概念化（Conceptualizing）。即把觀察到的現象、訪問稿或是文件中的句子、段落，都加以分解成每一個獨立的事故、念頭或事件，再賦予一個可以代表它們所涉指現象的名字。這個步驟可以用問問題來達成。

(2) 發覺範疇：在研究過程中會有十幾個或甚至上百個概念，因此研究者得把相似的概念歸類在一起，成為範疇（Categories）。當我們把蒐集到的概念分類成為一區區不同內涵的類別，就稱為範疇化（Categorizing）。此時區分的類別是暫時性的，可能為進一步的研究有新的發現而加以修改。

(3) 為範疇命名：在發覺出範疇之後，研究者必須要給範疇一個概念性的名字。為範疇取名字有研究者自創、引用學術文獻裡已有的名字、「見實」編碼（"In Vivo" Codes）（指的是被研究者無意中所用到的一些極為傳神的詞彙，也就是由被訪問或被觀察者口中所說出來的名詞。）等三種。

(4) 發展範疇的性質與面向：要開發一個範疇，首先要開發它的性

質，再從性質中區分出面向。性質是一個範疇的諸多特質或特徵，面向則代表一個性質在一個連續系統上所有的不同位置。開放性編碼不但幫助我們發現範疇，也協助研究者確認這些範疇的性質與面向。

(5) 決定分析單位：研究者可以依研究的需要，決定逐字、逐行、逐段或整篇資料來作為分析的最小單位。因為資料的性質、研究進行到的階段等因素會使研究者做不同的決定。

(6) 撰寫編碼筆記：研究初期所找到的一些概念、想法、假設等，都可以寫在你的編碼筆記中（一種摘記）。編碼筆記（Code Notes）要用何種方式來撰寫，可以依研究者自己的喜好與習慣來決定。

 主軸性編碼

1. **基本概念**

   主軸編碼的意涵：在做完開放性編碼之後，研究者藉一種編碼典範（藉所分析之現象的條件、脈絡、行動／互動的策略與結果），聯繫範疇與其副範疇，而把資料做重新的整合，好好發展主要範疇，即是「主軸編碼」。而副範疇所指的就是所觀察之現象的「條件、脈絡、行動／互動的策略與結果」，也就是與現象相關聯的部分。

2. **作法**

   (1) 藉典範連結並發展範疇：仍以問問題和作比較的方式進行，這和開放性編碼所使用的技巧很相似，只是步驟上更為複雜，在此編碼的過程中，以下四種分析性的工作是要同時進行的：A.藉陳述副範疇與現象間的關係本質，構想範疇與副範疇之間的假設性關係；B.看看實際資料是否支持以上這種假設性的關係；C.繼續不斷地尋找範疇與副範疇的性質，以及從實際的案例中找尋它們在各別的面向上的定位；D.比較不同的案例在其所屬之範疇與副範疇的面向上的歧異性。

   (2) 藉性質及面向的位置進一步開發範疇與副範疇：研究者除了在原先的範疇與副範疇之間關係的假設上尋求資料的驗證之外，

研究者也應想想，是否還有其他有關範疇的其他性質和面向還未被發掘。

(3) 以資料驗證假設：這就是上述所說的，以實際資料檢證範疇與副範疇之間關係的假設，而在資料蒐集的過程之中，研究者或許會發現一些反例和否證，可使研究者對現象的多元性的有所了解，如此，所建構出來的理論將更為稠密，也更富變化。而這樣的編碼過程，也就是運用了歸納和演繹兩種思維方式替換地進行思考。

(4) 在面向層次上連結範疇：研究者在現象中會發現，指涉現象性質的事件、事故，會在某些面向位置上出現，而呈現出一種趨勢型態（Pattern），而在此階段，研究者就可特別留意這些型態並分析比較之，則所得的資料將有助於下一階段的選擇性編碼的進行。

選擇性編碼

1. 基本概念

在研究者不斷浸淫於資料中，進行理論性思考、編碼，以及書寫摘記的過程中，慢慢地就會發現核心範疇（Core Categories），選擇性編碼的工作就在於發展核心範疇。核心範疇是指其他所有的範疇都能以之為中心，而結合在一起，Glaser指出，核心範疇必須具有「中央性」，也就是與最多範疇和特徵相關；要不斷發生在資料中，成為一個穩定的模式，它和其他很多範疇可以很容易地、很快地、有意義地有所連結。亦即在範疇中，其抽象層次也有高低之分，而在不斷地比較之後，逐漸將命名的抽象層次提高，使它成為一個包含性高的、抽象度高的名詞；這樣的命名就成為一個核心範疇，也就是紮根理論的核心概念。

2. 作法

(1) 闡明故事線：故事線即是概念化後的故事，也就是把原先描述性的敘述，抽離至概念性的敘述。研究者從其所面對的現象中萃取出一個核心範疇來。而由繁雜的資料中要決定一條故事線

並不容易，此時研究者仍須利用「不斷比較」和「問問題」這兩個基本策略，來找出故事線的線索。亦即，從主軸性編碼中所獲得的範疇中，找出一個可以代表它們核心概念之更為抽象的命名，核心範疇可以是名詞、形容詞＋動名詞、動名詞＋名詞，但要注意的是，此一核心範疇的命名要能匹配它所代表的故事。

(2) 藉編碼典範連接核心範疇和副範疇：在建立核心範疇之後，接下來便要把目前已成為「副範疇」的其他範疇連結在一起，而聯繫核心範疇與其副範疇的方式，也是藉由「編碼典範」（條件、脈絡、策略、結果）來進行處理，研究者必須界定哪一範疇所指是編碼典範中的那一個，將它們之間的關係作一適當的排列，分析出當中的秩序來（此秩序成為故事的分析性版本），以便能恰如其分地反應故事的情節，而故事本身敘述的邏輯性及前後次序，也是研究者能否把故事當中所蘊含的範疇，以一個清晰的面貌排列出來的重要關鍵。

(3) 藉面向的層次把各個範疇連接起來：此一步驟即是要找出各範疇之性質與面向間重複出現之關係（也就是「型態」），而這在前述主軸性編碼的階段，研究者已經注意到一些型態的存在了，而在選擇性編碼的階段，更要把當中的關係進一步的釐清和精緻化。研究者在找出這些「型態」之後，並且依此聚集資料，如此一來理論才會有確切性（Specificity）。也就是說，研究者所成就出來的理論是要能說出，在哪些條件之下，哪些事情會發生。在找出各個型態之後，研究者即可依各範疇所座落在面向上的位置，按已發掘到的型態，將它們歸類、凝聚起來，當然此時仍是透過比較和問問題，並舉出假設的策略為之。如此一來，即可得出一個理論的雛形。

(4) 用資料驗證上述範疇的關係：完成了理論的雛形之後，接下來研究者必須再以蒐集來的資料來驗證這個理論。首先，研究者要把理論用圖示或文字陳述的方式記錄在摘記上，然後將範疇在不同條件脈絡下的不同關係情形也一一闡明清楚後，再以實

際上的資料套進去看看是否吻合。要驗證的包括範疇間的關係是存在的，以及這些關係在不同的脈絡情況下，在範疇的面向層次上會有不同的表現等層次；在範疇間關係的陳述上，研究者所用的是一件件個案（Case）來驗證其其陳述是否與個案資料在大方向上是相吻合的，否則，研究者便得繼續修正此一陳述，直到其與資料達到一個大體上相配的結果。

(5) 繼續開發範疇：此處所要進行的就是範疇的填補工作（Filling in Categories），在研究者已形成經驗證過的理論之後（此理論已將各種條件融入其中，且發展了過程（Processes），而具備了解釋力），研究者可以再回到當初建構好的範疇之中，做些填補的工作，使所形成的理論更具備概念上的稠密性和準確性。也就是說，在理論中若某些範疇之面向尚未被好好開發（沒有資料佐證）時，研究者應再回到田野中針對理論的漏隙，蒐集資料；開放性編碼、主軸編碼、選擇性編碼等三種編碼形式雖看似有優先順序，但事實上，它們是環環相扣的，選擇性編碼的形成，通常是伴隨著主軸性編碼而來，因選擇性編碼主要是確認故事線、發展脈絡型態，針對各個不同的脈絡類型發展理論，此種種目標的線索，我們可從開放性編碼或主軸性編碼中見其端倪，因此，通常是在主軸性編碼成形後，研究者便可經由文獻既有之結果或本身編碼過程中的體會，理出選擇性編碼。

申論題　Essay Question

十三、請說明質化與量化研究的差異，並列舉10項說明之。

（111年普考）

考
點
分
析

質化與量化研究的差異是常見的金榜考點，本題即是，請考生周延準備。

【解析】

項目	質化研究	量化研究
典範／派典（paradigm）	建構主義、符號互動論、詮釋學、現象學、批判理論、參與或合作典範。	實證主義、後實證主義
研究目的問題	1.描述、探索和解釋之目的，探究描述、過程評鑑、差異和解釋性問題。 2.過程和發現導向的研究。 3.擴展的研究。	1.描述、探索、解釋和關聯之目的，探究描述或基準、評鑑、差異、解釋、因果、關聯和預測性問題。 2.結果導向的研究。 3.重複的研究。
文獻探討的角色與內容	文獻探討旨在幫助研究者找到研究問題，提供新的視框看問題，形成新的思路蒐集和分析資料。了解前人的理論，可以使研究者的觸覺更加敏銳，以及蒐集和分析資料，也可以用來豐富建構中的紮根理論。	文獻探討扮演引導研究架構，以及形成研究問題和假設的角色，根據理論交探討的主題「概念化」和「操作化」，而後蒐集實證資料，以驗證研究假設。
研究設計	1.逐步浮現的設計（emergent design），此設計是彈性的，像一個漏斗，是一種互動的過程。 2.焦點決定的界線。 3.對現象做整體觀照。	1.預先決定的設計。 2.將現象化約成一些變項。
研究情境	自然情境。	控制或標準化的情境。

項目	質化研究	量化研究
研究過程	非線性、循環、動態和開放的。	線性和封閉的。
研究參與者取樣方法	立意取樣／目的取樣（purposive sampling），系列地選擇研究參與者。	概率取樣／機率取樣（probability sampling）
資料蒐集方法和研究工具	1. 質化的研究方法（包括：半結構或非結構的面對面訪談、焦點團體訪談和遠端訪談、半結構或非結構的觀察、非干擾性測量（分析檔案資料、分析物理線索和簡易觀察）。 2. 使用外顯和默會知識（tacit knowledge，或翻譯為「心照不宣」或「隱含」的知識） 3. 研究者為主要的研究工具，訪談題綱、觀察指引、非干擾性測量資料蒐集指引為輔助的研究工具。	1. 量化的方法（包括：問卷調查訪問調查、結構性觀察、測試）。 2. 使用外顯知識（explicit knowledge）。 3. 標準化的工具（包括自行填答的問卷、訪問調查問卷、檢核表、量表、行為觀察記錄工具、測驗）。
研究者扮演的角色	研究者主要扮演學習者的角色。	研究者扮演的角色是客觀中立的。
研究者和研究參與者間的關係	1. 研究者和研究參與者間的關係是不可分離、互動的。 2. 內在主導的研究（endogenous research），研究參與者扮演主動的角色，通常以「研究參與者」稱之。 3. 研究參與者主位的研究（emic research），甚至強調研究者和研究參與者之間互為主體性。	1. 研究者和研究參與者間的關係是分立、有距離的。 2. 外在主導的研究（exogenous research），研究參與者扮演被動的角色，甚至稱呼他們為「研究受試」（subject），或「研究樣本」。 3. 研究參與者客位的研究（etic research）。

項目	質化研究	量化研究
資料分析方法	1. 歸納的資料分析（inductive analysis，包括：持續比較法或編輯式分析風格、分析歸納法或範本式分析風格、內容分析或準統計分析風格）。 2. 描述性的。	1. 演繹的資料分析（deductive analysis，包括：團體資料的分析（描述統計和推論統計）、單一對象資料的分析（圖示法、目視分析和統計分析）。 2. 量化的、客觀的。
研究品質	1. 研究倫理。 2. 不同研究者典範和策略之品質至指標略有不同。以建構主義典範為例，提出信賴度（trustworthiness）和確切性（authenticity）。	1. 研究倫理。 2. 內在效度（internal validity）、外在效度（external validity）、信賴和客觀。
研究報告呈現方式	1. 採個案研究報告，或是形成紮根理論，報告的內容大都呈現質性資料（例如：文字、故事、圖片）。 2. 具備深厚描述（thick description）、情境脈絡觸覺、獨特的詮釋等特徵。 3. 以第一或第三人稱的方式寫作。 4. 協商的結果。	1. 採科學或工具性的報告，報告的內容大都呈現量化資料（例如：數字）和通則描述（nomothetic statement）。 2. 以第三人稱的方式寫作。
研究成果應用	形成的是持續運作的假設（working hypothesis），只能做暫時性的應用，也就是只能做有情境脈絡限制的摘述。	能將從樣本獲致的研究結果推論運用到母群體和生態環境上，也就是可以做蠻有情境脈絡限制的推論。

申論題　Essay Question

十四、請定義質化研究的信實度（trustworthiness）。其衡量的判準（criteria）有那些？請列舉4個判準並且說明之。 （111年普考）

信實度（trustworthiness），在李政賢譯、Allen Rubbin和Eral R.Babbie著《社會工作研究方法》。五南出版，翻譯為「可信賴度」；另在鈕文英著《研究方法與設計：量化、質性與混合方法取向》，雙葉出版，翻譯為「可信賴度」。本題為首次在本項考試出題，在111年共有2類型考試中首次命題，包括：111年公務人員考試普考、111年第二次專技社工師考試。本題對於信實度，只考信實度的意涵，以及衡量的判準（指標），但在111年第二次專技社工師考試，則多了提升質性研究信實度的方法。本題為冷門考題，考題難度偏高，考題出處：鈕文英著《研究方法與設計：量化、質性與混合方法取向》，雙葉。

【解析】

 質化研究的信實度之定義

信實度（trustworthiness）亦稱為可信賴度、信賴度。Lincoln和Guba於1985年，使用「信實度」來表示一個研究的品質，他們指出信賴度是指一個研究值得讀者信賴的程度。質性研究相信實體是多元而複雜的，並強調研究者和研究參與者間的密切關係，使用不同的判準（指標）來評估信實度，包括：可信性（credibility）、遷移性（transferability）、可靠性（dependability）、可驗證性（confirmability）。

信實度的衡量的判準

1. **可信性（credibility）**

可信性是指研究者收集資料的真實程度。質化研究關心的是研究者是否充分而適當地呈現研究參與者對實體的多元觀點，與量化研究關心依變項的差異是否可歸因於自變項的操弄（內在效度）是不同的，因此Lincoln和Guba使用可信性來表示。

2. **遷移性（transferability）**

遷移性是指研究所收集資料，對被研究對象的感受與經驗可以有效

的轉換成文字陳述。量化研究強調做跨時空的推論，即外在效度；而質化研究主張研究結果只能做暫時性，無法跨越時空的運用，只是形成一個工作假設，這種假設是進行式，持續運作的，讀者須根據兩個情境，亦即該研究情境和讀者所要類推的情境相似程度，來決定研究結果的應用性，因此Lincoln和Guba學者使用「遷移性」來表示，研究者的責任是詳盡敘述立意取樣的方法，及對研究場域和研究結果做深厚描述，讓讀者去評估兩個情境的相似程度，以決定遷移性；所以遷移性並非由研究者，而是由讀者來決定。

3. **可靠性**（dependability）

可靠性是指研究者如何運用有效的資料收集策略收集到可靠的資料。量化研究強調穩定、一致和可預測性，藉由複製來展示信度；而質化研究認為現象是瞬息萬變的，不太可能複製同樣的結果；因此接受研究工具的不穩定性，如以人為工具可能會疲倦、粗心犯錯等。質化研究強調的是尋求方法來發現和解釋造成不穩定或改變的因素，因此Lincoln和Guba使用「可靠性」來表示。

4. **可驗證性**（confirm ability）

可確認性是指研究的重心在於研究倫理重建，從研究過程獲得值得信賴的資料。量化研究強調價值中立，使用標準化的程序希望達到研究對象之間的一致性（inter-subjective agreement），以求客觀。而質化研究摒棄量化研究所謂研究者保持中立的看法，而強調研究者和研究參與者的互動影響，並承認社會、文化等因素是值得探討的問題之一；因此不再一味堅持研究者的中立，而是強調資料是否為可驗證的，亦即研究對象內在的一致性（intra-subjective agreement）。

申論題　Essay Question

十五、質性研究的觀察是有目的和計畫，請說明質性研究的觀察是用在那些情況？觀察時應注意的要點為何？另外，進行觀察時會產生的研究限制為何？　　　　　　　　　　　　（111年地方四等）

本題有三個提問，第一、二個提問簡單易答；但第二個提問，爲首次命題，請考生藉本題詳加準備，考提出處鈕文英著《研究方法與設計：量化、質性與混合方法取向》，雙葉。

【解析】

一 質性研究的觀察所適用之情況

1. 當研究者進入研究場域或情境時，被觀察對象不會因研究者的出現而改變行為，也就是說，研究者可被包容，而不會成為好奇或感興趣的對象。

2. 研究者對於研究的現象所知有限，因此研究者可以透過參與觀察法對研究現象產生初步的了解。

3. 當真實行為與語言之間有明顯差異時（也就是說，受訪者不一定說真話時）。例如：研究者運用訪談或問卷調查方式，無法了解真實的行為；那麼，就比較適合運用參與觀察法。

4. 當研究的現象、事件或行為具有連續性時，參與觀察法的運用有助於研究者從整體脈絡觀點來了解現象、事件或行為之意義。

5. 當研究的現象並不是日常生活中的尋常現象，或者被視為是違反社會規範的行為時（例如：幫派聚會），參與觀察法可說是頗為適合的研究方式。

二 質性研究的觀察應注意的要點（原則）

1. 留意研究者個人因素對觀察可能之影響：研究者須留意自己的個人因素對觀察可能帶來的影響，例如：服裝和打扮是否符合觀察的情境。

2. 追蹤研究參與者的表現是否異於平常：在研究過程中，研究者必須時時追蹤研究參與者對他的印象，檢核研究參是否因研究者在場而有差異的表現；或研究參與者個別和研究者接觸時，與非個別接觸時的表現有無不同。

3. 保持觀察過程、內容和方式之彈性：研究者要保持觀察過程、內容和方式的彈性，不要期待在一次觀察中就要蒐集很多資料，而應視研究參與者的反應、觀察情境和過程等做彈性調整。

4. 保持專注而中立之態度：研究者的非口語行為，例如：動作、表情和眼神也會對觀察產生十分重要的影響；因此，研究者宜保持專注的態度，注意觀看、聆聽和感受。而在面對觀察場域行動者間有衝突的情況時，研究者最好保持中立的態度來因應，不要評斷。此外，也要注意盡可能減少因研究者觀察的位置、行為，以及錄影或錄音設備而干擾研究場域的自然運作。

5. 能夠投入其中和保持距離地觀察：觀察時，研究者宜投身其中，觀察和傾聽、體驗和感受，站在研究參與者度了解他們的親點，如此才能化陌生為熟悉。由此可知，除非研究者能從研究參與者的角度來看事物，否則研究者永述無法真正了解他們。但除了成為其中的一部分，同時又要與其保持距離，也就是要站在研究參與者的立場，追蹤和反省他們的觀點。

6. 不要掉落實地筆記在觀察場域中：研究者在離開觀察場域時，要注意是否帶走隨身的物品，尤其是不要掉落實地筆記在觀察場域中。

三 進行觀察時會產生的研究限制

觀察時較其他方法耗時且耗力，而且只能對此時此地的狀況做觀察，無法回溯過往和蒐集未來的資料，以及不能充分蒐集到研究參與者內在觀感的資料。

申論題　Essay Question

十六、隨著人口快速高齡化，在尚無完善老年安全制度的建制下，退休後20餘年的暮年生活勢將存在各式各樣的經濟風險。最近，幾位學者立基於西方國家的經驗，提出「以房養老」的策略，期待政府能夠採納這項資產活用的制度，來協助高齡者透過自有住宅的抵押來換取生活資金。假如有研究單位邀請你對50歲以上民眾進

行接受度和影響因素之民意調查，該單位希望你能採取「混合研究設計」的方法來進行這項民意調查，在量化取向方面，希望能採取「郵寄問卷」的資料蒐集方法；在質化取向方面，希望能採取「焦點訪談」的方式來進行資料蒐集。請問你對此二種方法先後順序的設計與理由為何？並說明這二種方法進行的步驟，包括抽樣方法、調查問卷內容、焦點討論議題設定、進行方式。

（111年第一次專技社工師）

本題的題目冗長，考生讀懂試題並審題，就須花相當多的時間，再加上要夠依照題意構思相關的研究設計內容，更需要花費不少時間。本題雖內容不難，但考題架構偏大，要在考場有限時間內有架構、周延的論述，需要在平時詳加準備，並有撰寫案例之經驗，才能論述得宜，請考生藉本題詳加準備。

【解析】

 「以房養老」的民意調查方式：先進行質化取向的「焦點訪談」，後進行量化取向的「郵寄問卷」

如題意所述，多位學者立基於西方國家的經驗，提出「以房養老」的策略，期待政府能夠採納這項資產活用的制度，來協助高齡者透過自有住宅的抵押來換取生活資金。因此，假如有研究單位邀請你對50歲以上民眾進行接受度和影響因素之民意調查，該單位希望你能採取「混合研究設計」的方法來進行這項民意調查，在量化取向方面，希望能採取「郵寄問卷」的資料蒐集方法；在質化取向方面，希望能採取「焦點訪談」的方式來進行資料蒐集。基於「以房養老」在國內並沒有實施的經驗，故應先採取質化取向的「焦點訪談」，藉由團體的互動，收集50歲以上民眾的的想法、意見、知覺、態度與信念，作為研究的初期階段，進而在此基礎上進行規模較大的量性研究。據此，再依據相關構面發展問卷後，以量化取向的「郵寄問卷」進行調查，

回收問卷後進行統計分析,以了解民意意向。

質化取向的「焦點訪談」之抽樣方法、焦點討論議題設定、進行方式

1. **抽樣方法**

   焦點團體訪談法的成員間都具有相當高的同質性。因此,針對台北市居民,年齡在50歲以上,具有住宅者,採立意抽樣12人,其中,男性、女性各6人,且有子女、無子女亦各6人。

2. **焦點議題設定**

   (1) 您對「以房養老」的認知與想法。

   (2) 如果政府開辦「以房養老」您的申請意願與動機。

   (3) 家庭的結構對您申請「以房養老」的影響。

   (4) 華人文化對您申請「以房養老」的影響。

3. **進行方式**

   (1) 準備階段

   　　A. 形成清楚明確的研究問題,並據以發展出焦點團體訪談大綱。

   　　B. 找尋適當的主持人:由於焦點團體主持人的素質,關係著資料蒐集的品質與研究成效,所以在實施焦點團體之前,必須找尋適當的主持人,並有紀錄及助理人員。

   　　C. 篩選團體的參與成員:依照本研究之立意取向的12位民眾為參與成員。

   　　D. 決定團體的次數與時間長度:為利資料之蒐集,進行5次訪談,每次90分鐘。

   　　E. 安排團體討論的情境:選擇輕鬆舒適的團體進行地點:借用社區中心為辦理地點,採用圓形式座位,方便面對面的方式進行溝通討論;並徵求團員同意後,進行錄音錄影。

   (2) 執行階段

   　　A. 焦點團體進行的過程中,主持人首要任務就是建立團體參與者彼此間的互信與對主持人的信賴關係。在步驟上,主持人

應先向所有參與者說明研究的目的為何、參與者名單如何產生、團體討論所蒐集到的資料將如何運用，以及絕對會遵守保密原則等。接下來就要請成員作簡單的自我介紹，或是由主持人來介紹成員，這一步驟的重點是使參與者彼此都能相互認識。

B. 主持人在團體討論與互動過程中，應先由輕鬆簡單的話題開始，再導入較為困難的問題。同時必須透過不斷地鼓勵，激勵參與者針對議題討論與回應，特別是對於可能受到壓抑而較少發言的成員。至於若討論過程出現一些術語，則主持人應先加以界定，使得參與者的討論都有共同的知識基礎。

C. 若團體成員反問主持人問題，如果只是在澄清研究的目的，主持人可直接回答；但如果這些問題是一種避免表達自身感受的轉移注意力策略，則主持人應運用技巧，例如：重述、澄清受訪者的感受，或反問其他成員，以引導討論。

(3) 分析與詮釋階段：焦點團體訪談法與其他質性研究之資料分析方法大同小異，也就是說可以作摘要式分析與系統登錄後進行內容分析。分析的步驟通常是先詳細檢視一兩個團體的轉錄資料，同時參考訪談大綱，然後據此發展出假設和分類架構。

◆三 量化取向的「郵寄問卷」之抽樣方法、調查問卷內容、進行方式。

1. 抽樣方法

本研究以台北市為調查區域，為使本次調查結果更具代表性，本調查採用比率機率抽樣法（Proportional to Population Size Sampling, PPS），以確保樣本之代表性，減少調查誤差。本研究總抽樣人數為1,500人，按照台北市的行政區劃分，計算各區50歲以上民眾人口數及擁有房屋者佔各區的比率，決定各區應抽樣本人數。

2. 問卷調查內容

1. 您將來退休後或老年時是否願意選擇「以房養老」？
   □願意（請跳至第3題繼續填答）　□不願意（請填答第2題）

2. 請問您不願意「以房養老」的原因有哪些？（可複選）
   □不太瞭解「以房養老」　□相關借款費用較高
   □所給的錢對我的經濟上　□傳統觀念的受限（名下房屋留給
   　幫助有限　　　　　　　　下一代）
   □經濟狀況良好，足夠養老　□我的房子價值不高
   □家人可能不贊成　　　　　□其他，請說明：＿＿＿

3. 請問哪些原因為使您願意選擇「以房養老」？（可複選）
   □提升生活品質　　　　　　□不想成為子女負擔
   □不想成為身後子女分產　　□退休金對退休生活保障不足
   　的困擾
   □當成理財投資的資金　　　□老年的健康醫療費用
   □其他，請說明：＿＿＿

4. 請問您若選擇「以房養老」時，您預備最主要的用途為？（單選）
   □生活費　　　　　　　　　□醫療費
   □休閒娛樂、旅遊　　　　　□其他：＿＿＿

5. 基本資料
   (1)性別：□男　□女
   (2)年齡：□50-59歲　□60-69歲　□70-79歲　□80歲以上
   (3)最高學歷：
   　　□不識字　□國中、國小　□高中
   　　□大學　　□研究所以上
   (4)居住方式
   　　□獨居　　　　　□與配偶（同居人）同住
   　　□與晚輩同住　□與長輩同住
   　　□與其他人同住，請說明：＿＿＿
   (5)現職
   　　□公私立行號受雇者　□軍公教人員
   　　□農／漁業　　　　　□自由業
   　　□雇主　　　　　　　□已退休人員

3. 進行方式

(1) 設計與澄清研究之目的與主題：確定了目的與主題後，我們才能決定是否採用調查研究的方法最為有效？是否有其他較適合的研究方法？經過再三考慮以後，才開始進行調查研究。本研究的主題為：「以房養老」政策之接受度和影響因素之民意調查。

(2) 劃定母群體範圍：調查研究是靠研究的樣本來推敲母群體的狀況，在確定樣本之前當然要劃定母群體的範圍，了解其特性；母群體異質性高，所抽的樣本要多，以便使不同的樣本都包含在研究內。反之若母群體同質性高，則所抽的樣本可酌量減少。本研究以台北市50歲以上民眾並擁有房屋者為母群體。

(3) 抽樣：抽樣方法依研究目的而異。一般以隨機抽樣最能控制干擾因素，樣本一旦具有代表性，所得到的答案當然就可以反應母群體。本研究採用比率機率抽樣法，按照台北市各行政區50歲以上民眾人口數及擁有房屋者佔各區的比率，決定各區應抽樣本人數。

(4) 問卷設計：問卷設計的用途是要讓所研究的自變項或依變項能融入問卷裡。也要考慮到問卷題數的質與量是否能表現出該變項的特質？問卷題目的次序也必須講究，隨著樣本不同的特質與程度，問題的次序也需做調整，而且還要強調整個調查的絕對保密，以免使受訪者有不必要的顧忌。本研究問卷已完成設計如前「問卷調查內容」段所示。

(5) 試測：問卷設計是好、是壞，最客觀的評估者就是受訪者本身，所以問卷設計好以後，一定要經過試測，才可探出問卷是否妥當？也可預估每個問卷花費的時間與費用，並藉試測使訪問者有訪問之經驗。試測是設法改進問卷表的一種方法，試測以後，可以計算每個題目的效度，而把不良題目在正式調查之前予以淘汰。本研究問卷設計後，進行30人的試測。

(6) 決定用何種方法蒐集資料：是訪問調查、電話調查、郵寄問卷或是集體施測？這種選擇將關係研究的成果與品質，不可大

意。本研究係採用郵寄問卷進行調查。

(7) 訪員的挑選與訓練：訓練督導是調查行政體系中極其重要的一環，若訪員的素質高，講習的效果好時，可以使整個研究進行得極其順暢。

(8) 實地調查並蒐集資料：這些是調查的行政作業，此時調查人員的調配、突發事件的解決、資料的保管、後勤作業補給，以及調查的安全維護等，都是重點。

(9) 整理分析：審查資料是否確實可用，或是必須放棄？過錄（Coding）是否明確一致，針對不同的變項特質應採用何種統計分析？研究圖表製作的細節考慮等，都需研究者盡心去做。本研究採用SPSS進行統計分析。

申論題 Essay Question

十七、請說明質性研究信賴度的定義；並說明提升質性研究信賴度的方法。
(111年第二次專技社工師)

考點分析

本題考質性研究的信賴度（trustworthiness，亦有學者翻譯為「可信賴度」、「信實度」），考題難度偏高。Lincoln和Guba曾提出質性研究評估的四個指標，包括：可信性（credibility）、遷移性（transferability）、可靠性（dependability）、可驗證性（confirmability）。考題出處：鈕文英著《研究方法與設計：量化、質性與混合方法取向》，雙葉。

【解析】

Lincoln和Guba於1985年，使用「信賴度」來表示一個研究的品質，他們指出信賴度是指一個研究值得讀者信賴的程度。質性研究相信實體是多元而複雜的，並強調研究者和研究參與者間的密切關係，使用不同的指標來評估信賴度，包括：可信性（credibility）、遷移性（transferability）、可靠

性（dependability）、可驗證性（confirm ability），說明如下：

一 可信性（credibility）

1. 定義：可信性是指研究者收集資料的真實程度。質化研究關心的是研究者是否充分而適當地呈現研究參與者對實體的多元觀點，與量化研究關心依變項的差異是否可歸因於自變項的操弄（內在效度）是不同的，因此Lincoln和Guba使用可信性來表示。

2. 提升研究信賴度的方法：

   (1) 長期投入（prolonged engagement）：長期投入可以建立信任，發展和建立關係、獲得寬廣和正確的資料，以及避免由於投入時間短、研究者的期待和偏見、研究參與者本身的因素，導致研究資料的扭曲。

   (2) 持續觀察（persistent observation）：持續觀察可以讓研究者獲得正確而深入的資料，並且能決定哪些非典型的案例是重要的，以及辨認可能的欺騙狀況。然而，持續觀察宜注意避免過早決結束。

   (3) 三角驗證（triangulation）：三角驗證可提供我們許多面向的看法，用來交叉檢和資料的可信性。三角驗證可用來加強研究的嚴謹、寬廣和深入度。

   (4) 同儕探詢：亦稱為同儕檢核（peer examination）、同儕審閱（peer review）。研究者可以向同儕探詢研究內容，以做外部檢核。同儕探詢可以達到的功能，包括：A.協助研究者做自我和方法的省思，以誠實的面對問題；B.提供研究者紓解情緒的機會；C.檢視對研究資料所做的初步解釋是否適當，並且發現另一種解釋；D.發展或修改研究設計。

   (5) 反面和變異案例分析：藉由反面案例的分析，以確認類別是否完整而正確；如為否，則修改類別和分析的架構，以及對研究資料所做的分析解釋；此外，亦可分析變異案例。

   (6) 提供充分的參照材料：提供充分的參照材料是指提供能豐富描述情境的材料，以便於分析、解釋和審核資料，並且提供支持

　　研究者所做解釋之片段資料，這些材料包括：錄音和錄影資料、照片和檔案資料等。依據這些材料分析和解釋所得的資料，猶如提供支持研究者資料解釋的生活切片，反映實際生活和研究目的之面貌。

(7) 研究參與者檢核：研究參與者檢核有二個好處，一是讓研究者有機會修改錯誤；二是能刺激研究參與者回想之前受訪時沒有分享之處，並且再多提供資訊。

遷移性（transferability）

1. 定義：遷移性是指研究所收集資料，對被研究對象的感受與經驗可以有效的轉換成文字陳述。量化研究強調做跨時空的推論，即外在效度；而質化研究主張研究結果只能做暫時性，無法跨越時空的運用，只是形成一個工作假設，這種假設是進行式，持續運作的，讀者須根據兩個情境，亦即該研究情境和讀者所要類推的情境相似程度，來決定研究結果的應用性，因此Lincoln和Guba學者使用「遷移性」來表示，研究者的責任是詳盡敘述立意取樣的方法，及對研究場域和研究結果做深厚描述，讓讀者去評估兩個情境的相似程度，以決定遷移性；所以遷移性並非由研究者，而是由讀者來決定。

2. 提升研究信賴度的方法：研究者使用立意取樣和提供深厚描述讓讀者去評估兩個情境的相似度，以決定遷移性。立意取樣是指研究者詳盡敘述立意取樣的標準和方法，並且說明研究者與者的相關特徵。此外，質性研究認為研究結果不可能跨越時空，每一位研究者都有其特殊性和情境脈絡，其研究結果必須置於他特殊的情境脈絡中去解釋，這是推論者必須掌握的。因此，研究者應藉由深厚描述，來說明整個研究的情境脈絡，而後由讀者做適當的遷移。深厚描述將經驗加以脈絡化，並且包含了深度詮釋所需要的素材，它捕捉了研究參與者在互動中的聲音、感受、行動、動機、意義與情境脈絡，進一步加以描繪出來。由此可知，深厚描述創造了逼真性（versimilitude）和替代的經驗（vicarious experiences），可以讓

讀者身歷其境，好像研究者代替讀者把經驗描寫出來。

三 可靠性（dependability）

1. 定義：可靠性是指研究者如何運用有效的資料收集策略收集到可靠的資料。量化研究強調穩定、一致和可預測性，藉由複製來展示信度；而質性研究認為現象是瞬息萬變的，不太可能複製同樣的結果；因此接受研究工具的不穩定性，如以人為工具可能會疲倦、粗心犯錯等。質性研究強調的是尋求方法來發現和解釋造成不穩定或改變的因素，因此Lincoln和Guba使用「可靠性」來表示。

2. 提升研究信賴度的方法：Lincoln和Guba提出使用審核（the audit trail）中的可靠性審核（the dependability trail）來評估質性研究的可靠性。可靠性審核主要是在審核研究過程中，設計和方法決定與調整的適當性。因此，研究者必須記錄研究過程中採取的設計和方法、決策理由及調整的過程，讓審核者得以了解研究程序和決策歷程，並檢核其適當性，也可以讓其他研究者未來做後續研究之參考。

四 可驗證性（confirm ability）

1. 定義：可確認性是指研究的重心在於研究倫理重建，從研究過程獲得值得信賴的資料。量化研究強調價值中立，使用標準化的程序希望達到研究對象之間的一致性（inter-subjective agreement），以求客觀。而質性研究摒棄量化研究所謂研究者保持中立的看法，而強調研究者和研究參與者的互動影響，並承認社會、文化等因素是值得探討的問題之一；因此不再一味堅持研究者的中立，而是強調資料是否為可驗證的，亦即研究對象內在的一致性（intra-subjective agreement）。

2. 提升研究信賴度的方法：研究者能夠使用可驗證性審核（the conformability audit）來檢核研究結果是否確實紮根於蒐集到的資料，而非研究者本身的想法；同樣地，在進行審核之前研究者須提供審核說明，清楚地告訴審核者的職責和期限，並提供審核者研究結果報告和分類整理過的研究資料（例如：訪談紀錄、觀察紀錄、

檔案），以利審核程序的進行。同樣地，在審核結束後，審核者撰寫一份報告。最後，研究者須於報告中說明審核者的人數、背景資料、職責和審核的結果（可附上審核者撰寫的審核報告於附錄）。

申論題　Essay Question

十八、請陳述紮根理論質性資料分析的步驟；並舉一例說明各步驟的重點與應注意事項。 （111年第二次專技社工師）

考點分析

本題考紮根理論質性資料分析的步驟，並非首次命題，但題目偏大；另與以往不同的是，本次考題新增的要考生舉例說明的考點提問。

【解析】

茲將紮根理論質性資料分析的步驟之重點與應注意事項，並以「探討網路教學中之線上討論行為」之研究為例，綜整說明如下：

步驟一：開放性編碼（Open Coding）

1. 開放性編碼就是藉著仔細檢驗而為現象取名字或加以分類的分析工作。經過這個基礎步驟，我們才能將資料分解為一個個的單位，仔細檢視，比較其間的異同，並提出問題；經過此一步驟，我們才能針對研究者或別人的假設，提出質疑、探索，並進一步導出新發現。在紮根理論中，開放性編碼是所有編碼形式的基礎，因此，經由深度訪談、參與觀察等方式蒐集到資料後，便可以針對原始資料進行開放性編碼。開放性編碼是利用問問題和比較分析來發展概念的。

2. 開放性編碼實施程序

   (1) 定義現象：在紮根理論中，概念是分析的基本單位，因此在分

析工作裡，研究者的第一要務就是把資料轉化成概念，也就是將資料概念化（Conceptualizing）。即把觀察到的現象、訪問稿或是文件中的句子、段落，都加以分解成每一個獨立的事故、念頭或事件，再賦予一個可以代表它們所涉指現象的名字。這個步驟可以用問問題來達成。

(2) 發覺範疇：在研究過程中會有十幾個或甚至上百個概念，因此研究者得把相似的概念歸類在一起，成為範疇（Categories）。當我們把蒐集到的概念分類成為一區區不同內涵的類別，就稱為範疇化（Categorizing）。此時區分的類別是暫時性的，可能為進一步的研究有新的發現而加以修改。

(3) 為範疇命名：在發覺出範疇之後，研究者必須要給範疇一個概念性的名字。

(4) 發展範疇的性質與面向：要開發一個範疇，首先要開發它的性質，再從性質中區分出面向。性質是一個範疇的諸多特質或特徵，面向則代表一個性質在一個連續系統上所有的不同位置。開放性編碼不但幫助我們發現範疇，也協助研究者確認這些範疇的性質與面向。

(5) 決定分析單位：研究者可以依研究的需要，決定逐字、逐行、逐段或整篇資料來作為分析的最小單位。因為資料的性質、研究進行到的階段等因素會使研究者做不同的決定。

(6) 撰寫編碼筆記：研究初期所找到的一些概念、想法、假設等，都可以寫在你的編碼筆記中（一種摘記）。編碼筆記（Code Notes）要用何種方式來撰寫，可以依研究者自己的喜好與習慣來決定。

3. 紮根理論案例舉例：探討網路教學中之線上討論行為

整理「探討網路教學中之線上討論行為」之研究，在開放性譯碼階段所歸納之概念，可包括：上線時間、參與程度、對討論主題的感覺或看法」、興趣、多媒體教材、社群認同感、動機、認知、題目內容、問題形式、課程要求等。後續整理本案例所指涉的可能範疇，包括：「動機」—含意願、上線時間、參與程度、興趣、社群

認同感、動機、認知、課程要求；教材形式──含多媒體教材、題目內容、問題形式、認知；互動方式──含參與程度、對討論主題的感覺或看法、社群認同感、問題形式、認知、課程要求。後續再發展範疇的性質與面向。

步驟二：主軸編碼（Axial Coding）

1. 在做完開放性編碼之後，研究者藉一種編碼典範（藉所分析之現象的條件、脈絡、行動／互動的策略與結果），聯繫範疇與其副範疇，而把資料做重新的整合，好好發展主要範疇，即是「主軸編碼」。而副範疇所指的就是所觀察之現象的「條件、脈絡、行動／互動的策略與結果」，也就是與現象相關聯的部分。

2. 主軸編碼實施程序

   (1) 藉典範連結並發展範疇：仍以問問題和作比較的方式進行，這和開放性編碼所使用的技巧很相似，只是步驟上更為複雜。

   (2) 藉性質及面向的位置進一步開發範疇與副範疇：研究者除了在原先的範疇與副範疇之間關係的假設上尋求資料的驗證之外，研究者也應想想，是否還有其他有關範疇的其他性質和面向還未被發掘。

   (3) 以資料驗證假設：這就是上述所說的，以實際資料檢證範疇與副範疇之間關係的假設，而在資料蒐集的過程之中，研究者或許會發現一些反例和否證，可使研究者對現象的多元性的有所了解，如此，所建構出來的理論將更為稠密，也更富變化。而這樣的編碼過程，也就是運用了歸納和演繹兩種思維方式替換地進行思考。

   (4) 在面向層次上連結範疇：研究者在現象中會發現，指涉現象性質的事件、事故，會在某些面向位置上出現，而呈現出一種趨勢型態（Pattern），而在此階段，研究者就可特別留意這些型態並分析比較之，則所得的資料將有助於下一階段的選擇性編碼的進行。

3. 紮根理論案例舉例：探討網路教學中之線上討論行為
   依線上討論的留言紀錄，發展出主軸編碼如下：

A. 學生大多只願意利用每週原上課時間的兩個小時內線上討論。

B. 學生上線讀取討論內容者遠多於發言回覆者。

C. 大多數的線上討論內容均為對主題感覺或看法。

D. 學生希望能提供更多與日常生活有關的相關案例、時事，討論主題。

E. 學生希望教材能以動畫呈現。

F. 社群認同感不易凝聚。

G. 題目設計的內容及形式未能激起學生的討論。

H. 學生大多是因為課程的要求而參與，並非是為了獎品。

步驟三：選擇性編碼（Selective Coding）

1. 在研究者不斷浸淫於資料中，進行理論性思考、編碼，以及書寫摘記的過程中，慢慢地就會發現核心範疇（Core Categories），選擇性編碼的工作就在於發展核心範疇。核心範疇是指其他所有的範疇都能以之為中心，而結合在一起，Glaser 指出，核心範疇必須具有「中央性」，也就是與最多範疇和特徵相關；要不斷發生在資料中，成為一個穩定的模式，它和其他很多範疇可以很容易地、很快地、有意義地有所連結。亦即在範疇中，其抽象層次也有高低之分，而在不斷地比較之後，逐漸將命名的抽象層次提高，使它成為一個包含性高的、抽象度高的名詞；這樣的命名就成為一個核心範疇，也就是紮根理論的核心概念。

2. 選擇性編碼的實施程序

(1) 闡明故事線：故事線即是概念化後的故事，也就是把原先描述性的敘述，抽離至概念性的敘述。研究者從其所面對的現象中萃取出一個核心範疇來。而由繁雜的資料中要決定一條故事線並不容易，此時研究者仍須利用「不斷比較」和「問問題」這兩個基本策略，來找出故事線的線索。亦即，從主軸性編碼中所獲得的範疇中，找出一個可以代表它們核心概念之更為抽象的命名，核心範疇可以是名詞、形容詞＋動名詞、動名詞＋名詞，但要注意的是，此一核心範疇的命名要能匹配它所代表的

故事。

(2) 藉編碼典範連接核心範疇和副範疇：在建立核心範疇之後，接下來便要把目前已成為「副範疇」的其他範疇連結在一起，而聯繫核心範疇與其副範疇的方式，也是藉由「編碼典範」（條件、脈絡、策略、結果）來進行處理，研究者必須界定哪一範疇所指是編碼典範中的那一個，將它們之間的關係作一適當的排列，分析出當中的秩序來（此秩序成為故事的分析性版本），以便能恰如其分地反應故事的情節，而故事本身敘述的邏輯性及前後次序，也是研究者能否把故事當中所蘊含的範疇，以一個清晰的面貌排列出來的重要關鍵。

(3) 藉面向的層次把各個範疇連接起來：此一步驟即是要找出各範疇之性質與面向間重複出現之關係（也就是「型態」），而這在前述主軸性編碼的階段，研究者已經注意到一些型態的存在了，而在選擇性編碼的階段，更要把當中的關係進一步的釐清和精緻化。研究者在找出這些「型態」之後，並且依此聚集資料，如此一來理論才會有確切性（Specificity）。也就是說，研究者所成就出來的理論是要能說出，在哪些條件之下，哪些事情會發生。在找出各個型態之後，研究者即可依各範疇所座落在面向上的位置，按已發掘到的型態，將它們歸類、凝聚起來，當然此時仍是透過比較和問問題，並舉出假設的策略為之。如此一來，即可得出一個理論的雛形。

(4) 用資料驗證上述範疇的關係：完成了理論的雛形之後，接下來研究者必須再以蒐集來的資料來驗證這個理論。首先，研究者要把理論用圖示或文字陳述的方式記錄在摘記上，然後將範疇在不同條件脈絡下的不同關係情形也一一闡明清楚後，再以實際上的資料套進去看看是否吻合。要驗證的包括範疇間的關係是存在的，以及這些關係在不同的脈絡情況下，在範疇的面向層次上會有不同的表現等層次。研究者所用的是一件件個案（Case）來驗證其其陳述是否與個案資料在大方向上是相吻合的，否則，研究者便得繼續修正此一陳述，直到其與資料達到

一個大體上相配的結果。

(5) 繼續開發範疇：此處所要進行的就是範疇的填補工作（Filling in Categories），在研究者已形成經驗證過的理論之後（此理論已將各種條件融入其中，且發展了過程（Processes），而具備了解釋力），研究者可以再回到當初建構好的範疇之中，做些填補的工作，使所形成的理論更具備概念上的稠密性和準確性。也就是說，在理論中若某些範疇之面向尚未被好好開發（沒有資料佐證）時，研究者應再回到田野中針對理論的漏隙，蒐集資料。

3. 紮根理論案例舉例：探討網路教學中之線上討論行為

依據前述之開放性編碼、主軸性編碼等過程，研究者依據紮根理論的操作程序，試圖建立網路教學中線上討論行為的理論，亦即「網路教學中的線上討論植基於動機（motivation）、互動方式（interaction）與教材形式（form）三者，其中以動機為基礎，而動機、教材形式與互動方式三者於實質上是會相互影響的。

申論題　Essay Question

十九、質性研究中研究者為減少研究的誤差，三角檢測（triangulation）是提升質性研究嚴謹度的可行策略，試請舉一實務研究為例，說明三角檢測的類型、內涵，以及因此所減少的誤差為何？

（112年高考）

考點分析

三角檢測在歷屆試題中，以解釋名詞或測驗題命題，本次首次以申論題命題，請考生詳加準備。

【解析】

三角檢測（Triangulation）係指經由多元化的資料來源、方法、研究者或理論來增加資料的有效性，如果透過各種不同管道所獲得的資料一致性愈高，則研究結果之有效性愈高，茲將其類型、內涵，並以遭受家庭暴力婦女求助行為研究為例，併同說明如下：

一 資料三角檢測（data triangulation）

1. 內涵：係在研究中利用多樣化的資料來源。資料的來源可以是不同的提供者。研究者可藉多元的資料來源進行檢測，減少資料偏頗或不足的誤差。

2. 舉例：以遭受家庭暴力婦女求助行為研究為例，研究者可針對受家暴婦女的訪談資料、撥打求助電話的紀錄、警方的報案筆錄及就醫資料等，進行多元資料的分析與研究，以對遭受家庭暴力婦女求助行為研究進行研判。

二 研究者三角檢測（investigator triangulation）

1. 內涵：係使用不同的研究人員或評鑑人員進行研究。也就是一位以上的研究者蒐集和分析相同的資料，以檢測彼此的一致性。意味著有一位以上學科的研究者共同參與，不同的研究者之參與，研究者的三角檢測，可減少單一研究者的主觀想法或偏誤所產生的誤差。

2. 舉例：以遭受家庭暴力婦女求助行為研究為例，為了解影響其求助的心理因素，研究者可邀請心理諮商師、醫師、社工師一同參與分析相同的資料。

三 理論三角檢測（theory triangulation）

1. 內涵：係使用多元視角去詮釋一組資料。亦即，從不同的理論取項分析相同的資料，檢視建構和解釋的結果是否有差異。不同的理論可以讓研究者透過不一項的視框詢問「為什麼」，原本普通的資料，透過不同理論思維的觀照，或許能觸發資料背後深層意義的理解。運用不同理論方法的三角檢測，可減少因為某一理論的侷限性而產生的誤差。

2. 舉例：以遭受家庭暴力婦女求助行為研究為例，從社會交換論來看，是因為受虐婦女穩定的需求，勝於對滿意度的需求；而從符號互動論來說，受虐婦女的原生家庭經驗，型塑其對妻子和母親角色的極大認同感，以及看重保有家庭的完整性。

四 方法論三角檢測（methodological triangulation）

1. 內涵：係使用多種方法去研究一個問題或方案。例如：訪談、觀察、非干擾性測量等，或是混合方法的三角檢測，即運用量化和質性方法彼此檢測，可以減少不同方法間可能產生的誤差。

2. 舉例：以遭受家庭暴力婦女求助行為研究為例，訪談受虐婦女的求助行為，除透過訪談外，亦透過觀察的方式，以不同的方法檢測受虐婦女的言詞表達與行無表現是否相符，是否有其他的隱藏的訊息或意義尚待發掘。

申論題 Essay Question

二十、常見的質性分析方法有紮根理論方法（grounded theory method）、語意學（semiotics）、言談分析（conversation analysis），請分別說明這三種方法的運用內涵。 　（112年高考）

考點分析　本題考紮根理論方法（grounded theory method）、語意學（semiotics）、言談分析（conversation analysis）等三種方法，主要是係考驗考生的綜整能力。以前述三種方法來看，語意學（semiotics）是較為陌生的考點，請考生加強準備；其餘二者則在此考科中，曾有命題的紀錄。

【解析】

紮根理論方法（grounded theory method）

紮根理論是「一個使用一組有系統的程序，而發展出關於某個現象以歸納方法得出理論的一種質化研究方法。」紮根理論是建構於一個忠於證據的理論，它也是發現新理論的方法。靠這個方法，研究者帶著一個學習相同處的心態來比較不相近的現象。研究者視微觀層次的事件為某個較為鉅觀解釋的基礎。紮根理論與比較實證的理論，共享數個共同的目標，它尋求可與證據相合的理論、精確與嚴謹的理論，以及能夠複製與通則化的理論。紮根理論研究取向藉由跨社會制度的比較，來尋求通則性。Strauss對紮根理論的定義是：紮根理論方法論的出現，在質化資料上是朝向發展一個理論，無需委託任何特別資料的研究管道。紮根理論並非是一個特別的方法與技能，它是進行質化分析的一種方式，它包含了一些區分的特徵，例如：理論性抽樣（theoretical sampling）；某種方法論的引導，例如：持續的比較及使用一編碼典範（coding paradigm），確立一概念化發展。

語意學（semiotics）

語意學，亦翻譯為符號學。符號學（Semiotics）一般被界定為「符號的科學」，與符號和意義有關。符號通常用於內容分析，但也可適用在許多不同的研究脈絡。Manning & Cullum-Swan針對符號學的適用性，提出了如下的說明：「儘管符號學的基礎是語言，但語言僅是許多符號系統中的一種而已，種類繁多的系統有著高低程度不等的統一性、適用性和複雜性。摩斯電碼、社交禮儀、數學、音樂，甚至高速公路的標誌都是符號系統的例子」不過，任何符號本身是不具有意義的，意義發諸人心，因此，符號所代表的意義是相當個人化的。然而，基於眾人對特定符號連結的意義具有共識，符號學因此成為一種社會科學。Manning & Cullum-Swan指出：「例如：百合花在傳統上表達死亡、復活節；耶穌復活等意涵；煙則與香菸、症症相連結；瑪莉蓮夢露是性感約象徵。所有這些連結都是社會建構、任意設定的，表達和內容之間可能存在許多不同的連結。我們目前所「知道」的意

義，是基於社會建構而來的，各自有言之成理的典故背景。而符號學分析目的，就是在符號連結的意義，無論是透過有意或無意的建構。

言談分析（conversation analysis）

言談分析亦稱為對話分析。言談分析是對人的談話做仔細的觀察以從中找出社會生活裡隱含的結構。David Silverman整合專家學者的主張後，提出言談分析的三個基本特徵：1.言談是社會建構的活動，如同其他的社會結構，言談具備特定的規則，例如：雙方的交談是輪流的，一次一個人說話。電話交談時，由接電話者先說話；2.言談必須在情境脈絡中進行理解。在不同的情境脈絡下，相同的話語可能代表不同的意義；3.言談分析通常需要非常精確地記錄下談話內容，以了解談話的結構和意義。不只談話的內容要完整記錄，各種用語、語氣詞、停頓，乃至於說錯的話都要注意。

申論題　Essay Question

二十一、請試述下列名詞之意涵：（每小題5分，共25分）
　　　　（一）融合研究法（mixed methods research）
　　　　（二）稻草人論證（straw person argument）
　　　　（三）多重組合設計（multiple-component designs）
　　　　（四）形成性評估（formative evaluations）
　　　　（五）個案研究（case study）　　　　　　（112年高考）

本題有五項解釋名詞的提問，整體上難度並不高，惟多重組合設計（multiple-component designs）說明需要花較多的論述時間加以清楚說明。

【解析】

融合研究法（mixed methods research）

融合研究法指的是在一項研究中，使用了兩種以上的量化及（或）質性資料蒐集與分析的方法，但其中一個方法比較重要。資料蒐集可以同時或循序進行，在研究過程中要留意不同性質資料的整合。使用質性及量化兩種方法融合／混合方法之目的，主要是因為每個研究途徑有其潛在弱點，聯合使用時可以互補，各自的特點更能彰顯。

稻草人論證（straw person argument）

稻草人論證是將想要攻擊的特定立場加以歪曲，讓它們變得更容易攻擊。舉例來說，反對國民健康保險與病人權益保障法等健康照護改革提案的人，可能會誇大改革的影響，聲稱改革將會提高成本或延緩病人獲得醫療照護。

多重組合設計（multiple-component designs）

ABAB設計法、多重基線設計等，不論觀測的對象有幾個，抑或是基線期與干預期有幾個階段，相同的是干預的種類都只有一種。如果想要了解在幾種可能的干預方式中，哪一種對案主是最有效的？則研究者可以採用「改變增強設計」，亦即「多重組合設計」。這個設計包括相同干預的數個階段，但是在每個不同的階段，干預的數量或是對案主期待表現的水平，其中之一會增加；這個設計的象徵符號是$AB_1B_2B_3$（依此類推）。優點是多重組合設計之「改變增強設計」可以免於ABAB設計在倫理議題上的缺點，也可以避免多種基線設計不一定能找到超過一個以上特質因素相同的個案來參與研究的限制。缺點包括：1.有可能受「歷史效應」與「干預具備有無法倒轉的影響力特質」的影響，而造成干預是否有效則不易辨識；2.不同的干預同時出現是否有交互作用效果？不同的干預是否有不等量的「殘餘」效應？不同干預的加權效果呈現如果順序改變是否結果會有不同？在社會工作領域中，並不鼓勵採取這種研究設計方法。

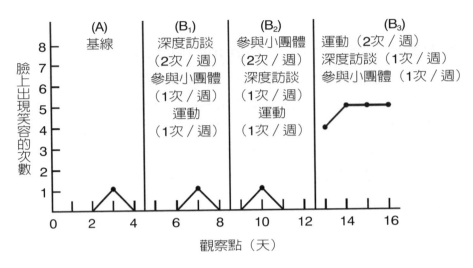

範例：多重組合設計之「改變增強設計」研究結果圖

四　形成性評估（formative evaluations）

形成性評估把焦點集中於特定的情境脈絡中，其目的在改進某一特定之方案、政策、人員或成果，研究主旨在「形成」其研究對象，其目的在於改進其研究情境內之效果。形成性評估是為了特定對象人員，在其特定時間內所進行的特定活動，以尋求改進其行動效益的途徑。

五　個案研究（case study）

個案研究（Case study）是針對單一的個人、家庭、團體、社區或社會，以個殊式的方式進行檢視；描述為其主要目標，但也接受嘗試性的解釋。相關的案例包括：針對一個案主系統和其介入方法進行深入描述；描述一個街頭幫派的日常生活和習慣；分析一個社會福利機構的組織動力及其影響該組織的社會服務輸送；描述一個草根社區組織的誕生與經驗。

申論題　Essay Question

二十二、質性資料處理的程序是一門科學也是藝術，有三個重要的分析工具為編碼、備忘錄與概念圖示。請分別敘述如何運用這三種分析工具？　　　　　　　　　　　　　　　　（112年普考）

考點分析

本題主要是考質性資料分析的過程，這三個概念是質性資料分析相關的概念，雖是首次在申論題命題，但考題難度不高。

【解析】

一 編碼（coding）

不論研究者是正在進行參與觀察、深度訪談、蒐集傳記敘事、內容分析，或是行為其他形式的質性研究，研究者手邊必定擁有愈來愈多的資料，通常是文字材料的形式。這時候，研究者該怎麼處理？質性社會研究資料分析的關鍵程序就是編碼（coding），是將個別零散的資料予以分類或類別化，再結合某種檢索系統，這些程序結合起來，讓研究者能夠檢索爾後可能感興趣的材料。例如：假設研究者正在做一項社會運動成長的時間表，研究者想起曾記下一些關於該運動最早緣起的細節註記，現在研究者需要該筆資訊，假使研究者所有筆記都按主題編目，要檢索出你所需的資訊應該是輕而易舉。為了有一套簡易的編碼與檢索系統，研究者可能已設計一套檔案夾，以各種主題命名，例如，「歷史」。此例中，資料檢索意指拿出標籤為「歷史」的檔案夾，並且快速翻查檔案夾中的筆記，直到你找出所需的資料為止。

二 備忘錄（memo）

在進行質性研究時，編碼過程不僅止於單純將大量文本予以分類。當

研究者為資料編碼時，研究者應該也會用到製作備忘錄的技術，為自己和其他參與計畫的人撰寫備忘錄或筆記。研究者在分析過程中撰寫的一些東西，最後可能收錄在期末報告中；其中許多內容，至少也可以刺激研究者的寫作靈感。備忘錄的撰寫發生在資料蒐集與分析的整個過程中。需要備忘錄的思維是當重新閱讀註記或謄本、對大量文本進行編碼、與他人討論研究計畫時才會發生，但是，研究者最好養成習慣，當研究者有想法後，盡快地寫出備忘錄。是製作備忘錄是一種創造渾沌，然後再爭找其中秩序的過程。

三 概念圖示

質性資料分析人員需要花很多時間將想法寫在紙張上（或儲存於電腦檔案），但是此過程並不僅限於文字。使用圖像方式呈現各個概念，常可以讓研究者將概念間涵係想得更清楚，此過程稱為概念圖示（概念繪圖）。有些研究者將其所有主要概念呈現在一張紙上，另些研究者則將其想法散置於好幾張紙、黑板、白板、電腦頁面、其他媒介。

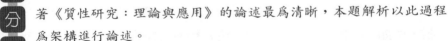

申論題　Essay Question

二十三、某員擬進行「受虐兒童身心創傷的質性研究」，請你依質性研究步驟說明此研究的進行過程。　　　（112年地方三等）

考點分析　一般而言，如果是考研究的過程，通常會以量化研究過程為主，本次以質性研究的過程命題，較為少見。質性研究的過程，以潘淑滿著《質性研究：理論與應用》的論述最為清晰，本題解析以此過程為架構進行論述。

【解析】

茲將某員擬進行「受虐兒童身心創傷的質性研究」的質性研究步驟說明如下：

 **研究問題的形成**

質性研究所要探究的研究問題，其實就是研究者想要透過研究過程去了解什麼。例如：研究者想要進行「受虐兒童身心創傷的質性研究」，首先，研究者可透過相關文獻的回顧，進一步澄清與修訂研究理念，逐步發展成明確的研究問題。

二 進入研究場域

當研究者在進入研究場域之前，對於研究的問題已經有了一些概念或理解。研究者再根據這些概念或理解，來選擇適當的研究場所。例如：研究者想要進行「受虐兒童身心創傷的質性研究」，研究的場域可能包括安置受虐兒童的機構，及相關的助人工作者等，進行深度訪談。

三 決定抽樣策略及樣本大小

質性研究在研究過程對於抽樣策略的運用，是根據研究目的不同而有不同選擇。質性研究的抽樣策略的運用，主要目的是在於深入收集豐富的資訊內容，所選擇的研究對象數目都不多。例如：研究者想要進行「受虐兒童身心創傷的質性研究」，由機構中安置的受虐兒童進行立意抽樣進行訪談，以達到資料的飽和度來決定樣本大小。在整個研究過程中都必須有計劃的進行，同時對於研究對象及研究樣本之大小，必須保持最大的彈性。

四 資料蒐集

質性研究資料收集的方法可說是相當多元，研究者在進行深度訪談過程，必須與研究場域及對象產生互動關係，而透過這種互動過程進行有關現象之觀察。例如：研究者想要進行「受虐兒童身心創傷的質性研究」，研究者為了增加資料蒐集的精確性，可以在徵得研究對象的知情同意下，進行錄影或錄音，並加以詳實記錄。然後，再將這些紀錄進行轉譯分析。

五 資料分析

在質性分析的階段，第一步研究者要將不同方式所收集到的相關資料，轉譯成文本資料，以便進行下一步的資料分析工作。例如：研究者想要進行「受虐兒童身心創傷的質性研究」，研究者應將錄音檔整理成文本，進行開放性編碼、主軸性編碼、選擇性編碼等。然後，再交互運用備忘錄、編碼等分析工作。備忘錄不僅能幫助研究者捕捉分析時之想法，同時也可以進一步刺激思考；編碼分析是研究者打破既有的規則，將資料重新分類，以便在不同類別中進行比較，從而發展出理論概念。

六 研究報告撰寫

質性研究報告的撰寫，不像量化研究充滿數字和資料。例如：研究者想要進行「受虐兒童身心創傷的質性研究」，研究的成果應是將這些研究的個案其所面臨的身心創傷，以主題分析的方式，從證據中加以陳述受虐兒童身心創傷的社會實相。

申論題 Essay Question

二十四、研究者應依據研究主題判斷選取合宜的研究方法，請從目標、邏輯、研究設計、研究資料、研究結果五面向分析量化研究（quantitative research）與質性研究（qualitative research）的差異。 （112年地方四等）

考點分析

量化研究與質性研究的差異比較，為重要的考點。在編者著《社會工作研究方法》第8章「質性研究」章節中，在榜首題點即提醒考生：「量化與質性研究方法的比較為金榜準備重點，因為涉及邏輯等分析，有其一定的基本架構；如未詳加準備，在申論題將難以論述。本部分需要花費較多的時間準備，才能建立完整的分析架構。」考生如記得編者的叮嚀，應答毫無懸念。

【解析】

茲依據題意所述，說明量化研究與質性研究的差異如下：

一 目標面向

1. 量化研究強調解釋、預測以及檢證有關社會事實的因果假設，因此較適用於解釋性研究／因果性研究；量化研究通常是對大範圍的人群、透過隨機抽樣與統計檢定等步驟，去驗證假設是否成立，或是了解母群體的需求，因此也格外重視研究結果的推論（外在效度）。

2. 質性研究的目的不在於驗證，而是在於深度探索一個較為複雜的、抽象的內心世界，因此質性研究不強調推論，而強調新觀念的開發與探索內涵、意義的深度掌握。

二 邏輯面向

1. 量化研究傾向於邏輯實證論與演繹法，也就是說量化研究者通常是先從概念發展成假設，而後再透過研究設計來驗證假設。

2. 質性研究則傾向於現象學與歸納法，質性研究的重點在於新的理念的發展，例如：建構出紮根理論，也因此較適合在探索性研究中使用。

三 研究設計面向

1. 量化研究常用調查研究法、實驗研究法與單案研究法等去蒐集資料，希望能檢證兩個變項間是否有差異性、關聯性或因果關係。

2. 質性研究則較常使用深度訪談法、焦點團體法、行動研究法、參與觀察法與德菲法等去蒐集資料，同時仰賴參與者細心觀察、深入理解研究結果的意義。

四 研究資料面向

1. 量化研究的資料對於信度與效度的要求較高，同時因為施測方式與測量工具均非常固定，所以研究資料的複製性高，概推性亦高，而這也正是量化研究的特色。

2. 質性研究資料的特色是真實、豐富、有深度，不過缺點則是概推性較差。

五 研究結果面向

1. 量化研究者把個人、組織與社會（是他們所要研究的「東西」充分的加以「概念化」、「具體化」或「操作化」，使它們有利於既定架構，而此既定架構就是引導這些研究者去探討真實世界的主要步驟。量化研究者的結果在於使用設計過的方法來證實或確認他所引用的理論及其變項間的種種關係。

2. 質性研究法的重點不在於「求證」某種假設，而是在探索某種意義與現象。質性研究的結果是某種概念或變項的發現，某種意義的探討，而不是研究結果的「概推」。質性研究試圖發現在現象內社會行為有意義的關係及其影響。

申論題　Essay Question

二十五、近幾年來卑親屬殺死尊親屬的重大老人保護案件頻傳，若研究者想要了解每件重大老人保護案件的發生原因和脈絡，及各縣市老人保護社會工作者對於重大老人保護案件施虐者特質的想法，試說明研究者如何運用「內容分析」及「焦點團體訪談」方法來進行資料的蒐集？以及這二種方法的優、缺點？

（113年第一次專技社工師）

考點分析

內容分析法、焦點團體訪談法均是重要的命題焦點，屬於基礎題型，但如同時須搭配實務案例運用，則須預為詳加準備。在準備上，可以事先準備一個案例，如考題無指定實務案例對象，則可直接套用；如考題已有指定實務案例，則以原先準備的實務案例，以該架構為主，配合實際案例情況加以修改，可省卻考場臨時思考可能面臨之時間壓力及不周全之處。

【解析】

一　內容分析法

1. 內容分析是指透過系統化的分類過程，將文本資料逐漸由繁化簡的過程，並賦予簡單統計數字作為說明依據。內容分析其實在某種程度是融入統計的分析方法（特別是描述統計的次數分配方法）去分析質性的資料。

2. 運用「內容分析法」進行資料的蒐集：以「想要了解每件重大老人保護案件的發生原因和脈絡，及各縣市老人保護社會工作者對於重大老人保護案件施虐者特質的想法」為例

   (1) 從文本資料中抽樣

   ①本研究針對衛生福利部保護司提供2020至2023年接受通報之後已經開案接受處遇，並且結案的個案記錄檔案資料庫，進行樣本抽樣。本研究以電腦亂數表隨機抽取的方式進行，因此，所抽出的樣本具有代表性。

   ②分類與編碼：須根據研究的目的來設定分析類目並加以整理歸類。經檢視開案資料庫，可以區分成12個部份，包括：A.接案記錄，包括個案類型、個案狀態、受虐類型、接案時間、主責人員、追蹤輔導日期等；B.個案來源；C.被害人基本資料以及選項資料，例如：性別、生日、婚姻狀況等；D.相對人基本資料及選項資料；E.兩造關係，包括同住與否；F.案情摘述；G.服務計畫；H.家系圖；I.案情評估，包括受暴時間、地點、使用武器、受傷與否、精神虐待、驗傷、報警、財物損失、是否有其他成員受暴、是否有未成年子女等；J.聯繫記錄，包括聯繫方式（電訪、面訪）、聯繫對象等；K.保護扶助；L.結案評估。本研究以文本分析前述抽樣個案的紀錄資料檔案後，進行變項資料編碼、萃取。

   ③分析詮釋經過整理（過錄）的資料並得出結論：研究者經過前述的分類與編碼後，進行資料的分析。本研究統計分析以描述性的統計為主，類別變項是以次數和百分比分析和呈

現，連續變項則以平均數和標準差呈現。藉由此內容分析法，以初步了解重大老人保護案件的發生原因和脈絡，及各縣市老人保護社會工作者對於重大老人保護案件施虐者特質的想法。

三　焦點團體訪談

1. 焦點團體是一種聚焦在單一且和情境相關的論題，以進行有組織、腦力激盪、和團體的討論，以便蒐集資料的研究方法，透過此方法，研究者能夠在短時間內針對研究議題，觀察到大量的言語互動對話，對於未知領域的調查、研究假設的發展、政策發展和規劃、實務的應用、和測量工具的建構等目的的達成都極有助益。當研究者想透過團體互動與討論的過程來了解團體成員對某一現象或議題的看法時，即可使用焦點團體訪談法。

2. 運用「焦點團體訪談法」進行資料的蒐集：以「想要了解每件重大老人保護案件的發生原因和脈絡，及各縣市老人保護社會工作者對於重大老人保護案件施虐者特質的想法」為例

   (1) 焦點團體的樣本選取以豐富性為原則，選取能夠提供豐富和有意義資料的參與者為標準，參與者的特質和經驗以多元性為主，提供的資料比較可能具有豐富性。為了瞭解老人受暴或老人保護的服務模式，本研究擬邀請老人保護工作的執行人員、專家學者、醫療機構、警政機構、老人服務中心等主管或第一線的實務工作者參與焦點團體的討論。

   (2) 在樣本的人數方面，每一次焦點團體參與的人數以5-12人或6-10人為限，人數不宜過多或過少，否則將影響團體的動力，因而影響資料的豐富性。另外，焦點團體取樣的飽和度並不是以人數的考量為基準，並不是依照個案質性訪談「進行到第幾個人之後，資料已經出現重複」的飽和原則，而是辦理多少次的團體，資料開始出現重疊，不再有新資料出現，也就是團體辦理的次數，才是飽和的指標。依資料的飽和度或豐富性決定必須辦理的焦點團體的次數，一般辦理的次數是1-4次，考量到城鄉

或區域之間可能的差距，本研究針對北、中、南、東四個區域總共辦理六場焦點團體。藉由此焦點團體訪談法，可深入了解重大老人保護案件的發生原因和脈絡，及各縣市老人保護社會工作者對於重大老人保護案件施虐者特質的想法，俾利未來老人保護政策及社會工作處遇之參考。

選擇題　Multiple Choice Question

1 針對研究問題：「在新福利政策影響下，福利接受者如何經驗政策更新對生活的改變。」研究者採取質性深度訪談，從福利接受者的觀點，了解新福利政策對其生活帶來的影響，這種研究設計是那一種典範？

（107年第一次專技社工師）

(A)實證主義　　　(B)批判理論　　　(C)女性主義　　　(D)詮釋論

答案：**D**

解析：詮釋（解析）社會科學（Interprestive Social Science），係將一般人置身於一個經由社會互動創造彈性意義體系的過程之中，然後他們使用這些意義去詮釋他們的社會世界，使他們的生活充滿意義。題意所述屬之。

2 下列何種質性研究的範型是著重在詳盡與精確的描述，而非解釋？

（107年第一次專技社工師）

(A)俗民方法論（ethnomethodology）
(B)自然論（naturalism）
(C)紮根理論（grounded theory）
(D)民族誌（ethnography）

答案：**D**

解析：民族誌（Ethnography），又稱為人種誌。是注重在自然情境中觀察的一種質性研究形式，民族誌重視的是仔細且精確地描述人們在特殊文化中的生活方式，以及他們解釋事物意義的方式。民俗誌學者認為這種研究方法最能掌握研究情境的多元性和豐富性。

3 田野研究基於不同的理論典範而有不同的研究設計，認為社會真實是社會建構出來的，社會真實的描述除了被研究者所陳述的故事訊息外，還需要了解其故事背後的社會意義。是屬於下列何理論典範？

（107年第一次專技社工師）

(A)俗民方法論　　　(B)紮根理論　　　(C)建制民族誌　　　(D)自然主義

答案：**A**

解析：俗民方法論著重於某些特定的研究裡，而非在於概括的理論或方案陳述，俗民方法論把社會實在界的真實本質視為是社會學的根本現象，也就是一種在日常生活中不斷協調的活動，這活動是其成員所知、使用、且視為是理所當然的方式所達成，故是可說明的，這就是俗民方法論研究的主要方向。換言之，要求社會研究從不同群體的實際生活環境及實際感受出發，了解他們是如何在其日常生活和日常行為中，界定了他們生活於其中的那個社會的意義。而對這個根本現象的反省性，正是經由實作的行動、實作的環境、社會結構之常識的特色而得。俗民方法論者認為，沒有客觀的社會，如果有，也是人造出來的，社會雖然是組織的，但仍有創造性、藝術性的存在，所以不是研究社會本身，而是研究人們看社會的方法，以及一來一往的實作。所以在生活世界中的社會成員使其日常事務具有可說明的，也就是透過不斷的說明過程來建構其生活世界。

4 編碼（coding）是質化資料分析的一道關鍵程序。下列何者不是質化資料主要的編碼類型？ (107年第二次專技社工師)

(A)選擇性編碼（selective coding）　(B)焦點性編碼（focused coding）

(C)主軸性編碼（axial coding）　(D)開放性編碼（open coding）

答案：**B**

解析：而Strauss 和Corbin認為質性資料分析的程序包括開放式編碼（Open Coding）、主軸編碼（AxialCoding）和選擇性編碼（Selective Coding）等過程。選項(B)不屬之。

5 質性研究常用以一些指標來取代量化研究中的信度與效度。下列何者不是質性研究常用的效度指標？ (107年第二次專技社工師)

(A)真實性（authenticity）　(B)確實性（credibility）

(C)可靠性（dependability）　(D)可信賴度（trustworthiness）

答案：**C**

解析：質性研究評估信度與效度的四項指標：(1)真實性，選項(A)屬

　之：(2)確實性，選項(B)屬之；(3)可信賴性，選項(D)屬之；
(4)遷移性。

6 下列有關「焦點團體」的敘述，何者錯誤？　　（107年第二次專技社工師）

(A)焦點團體是一種質性的研究方法

(B)目的常常是探索，而不是描述或解釋

(C)參與者通常以不超過15人為佳

(D)為了讓團體進行順暢，最好安排1、2位特別積極發言的參與者來主導討論

答案：**D**

解析：焦點團體訪談法適用時機是：當研究者想透過團體互動與討論的過程來了解團體成員對某一現象或議題的看法時適用。選項(D)最好安排1、2位特別積極發言的參與者來主導討論，所述有誤。

7 何種質性研究的範型連結了微觀層次（micro level）的個人日常經驗與巨觀層次（macro level）的制度因素，著重了解個人生命經驗和社會結構的關係？　　（107年第二次專技社工師）

(A)俗民方法論（ethnomethodology）

(B)自然論（naturalism）

(C)紮根理論（grounded theory）

(D)建制民族誌（institutional ethnography）

答案：**D**

解析：建制民族誌（institutional ethnography）／民族誌（Ethnography），又稱為人種誌。是注重在自然情境中觀察的一種質性研究形式，民族誌重視的是仔細且精確地描述人們在特殊文化中的生活方式，以及他們解釋事物意義的方式。

8 行動研究法常運用三角檢核法（triangulation）來蒐集資料，下列何者不是三角檢核之一？　　（108年第一次專技社工師）

(A)不同資料來源：報紙、官方文件、會議紀錄

(B)不同蒐集資料方法：如訪談、觀察、文件蒐集

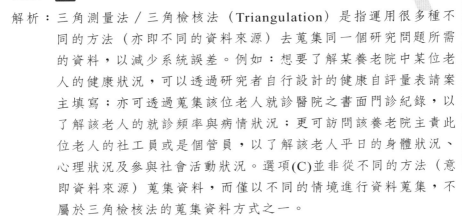

Multiple Choice Question　選擇題

(C)不同情境：家裡、學校、公園

(D)不同觀察者：案主、家人、社工

答案：**C**

解析：三角測量法／三角檢核法（Triangulation）是指運用很多種不同的方法（亦即不同的資料來源）去蒐集同一個研究問題所需的資料，以減少系統誤差。例如：想要了解某養老院中某位老人的健康狀況，可以透過研究者自行設計的健康自評量表請案主填寫；亦可透過蒐集該位老人就診醫院之書面門診紀錄，以了解該老人的就診頻率與病情狀況；更可訪問該養老院主責此位老人的社工員或是個管員，以了解該老人平日的身體狀況、心理狀況及參與社會活動狀況。選項(C)並非從不同的方法（意即資料來源）蒐集資料，而僅以不同的情境進行資料蒐集，不屬於三角檢核法的蒐集資料方式之一。

9 在質化研究中，研究者通常不會在研究前給予變項的操作性定義，下列理由何者錯誤？　　　　　　　　　　　　　　　　（108年第一次專技社工師）

(A)研究者通常無法在研究前就知道現象的重要意義與內容是什麼

(B)對於現象的了解有限，因此無法做出好的操作性定義

(C)操作性定義無法給予研究者更深入了解觀察事物的意義

(D)研究者通常在研究前就對現象一無所知，所以無從給予操作性定義

答案：**D**

解析：質性研究者並非在研究前就現象一無所知，研究問題並不是根據操作定義的變項而發展，相反的是在複雜的情境中逐漸形成概念架構。選項(D)有誤。

10 有關量化研究與質性研究的說明，下列何者正確？

　　　　　　　　　　　　　　　　　　　　　（108年第一次專技社工師）

(A)二者皆是先形成操作性定義後才開始進行資料蒐集

(B)二者皆是先進行資料蒐集後，再進行操作性定義

(C)量化研究大都係先進行資料蒐集、再進行操作性定義，質性研究則大都相反

選擇題　Multiple Choice Question

(D)量化研究大都先進行操作性定義、再進行資料蒐集，質性研究則否

答案：**D**

解析：量化研究方法（Quantitative Research Method）：強調精確並可概化推論的統計數字發現；量化研究方法試圖產生精確與可概化的研究結果。使用量化方法的研究特色在於，試圖事先公式化所有或至少大部分的研究過程，在蒐集資料時可能嚴格遵守那些過程，以尋求最大客觀性。質性研究方法（Qualitative Research Method）：探索特定人類經驗較深層的意涵，並由此產生理論上較為豐富且不能歸納成數字的觀察。質性研究的特色是研究開始於一個較為富有彈性的計畫，使得研究過程能因為蒐集到的觀察愈多而逐步發展。相較於量化研究企圖將精確且客觀的研究發現概括到一個較大的母體，質性研究則允許主觀性對人類經驗所產生的意義進行較為深層的理解。量化研究大都先進行操作性定義、再進行資料蒐集，質性研究則否。選項(D)正確。

11 紮根理論取向是藉著系統的編碼程序來進行資料分析，下列何者不屬於紮根理論採用的編碼方式？　　　　　　　　　　（108年第一次專技社工師）

(A)研究性編碼　　　(B)選擇性編碼　　　(C)開放性編碼　　　(D)主軸性編碼

答案：**A**

解析：紮根理論的資料譯碼類型，包括：開放性編碼、主軸性編碼、選擇編碼等，選項(A)不屬之。開放性編碼（Open Coding）是藉著仔細檢驗而為現象取名字或加以分類的分析工作；主軸性編碼（Axial Coding）係指在做完開放性譯碼之後，研究者藉一種譯碼典範（藉所分析之現象的條件、脈絡、行動／互動的策略與結果），聯繫範疇與其副範疇，而把資料做重新的整合，好好發展主要範疇；選擇性編碼（Selective Coding）係指在研究者不斷浸淫於資料中，進行理論性思考、編碼，以及書寫摘記的過程中，慢慢地就會發現核心範疇（Core Categories），選擇性編碼的工作就在於發展核心範疇。

12 有關質性研究的資料蒐集方法，下列敘述何者錯誤？

　　　　　　　　　　　　　　　　　　（108年第一次專技社工師）

(A)必須對研究的人與情境保持距離，以便能客觀的了解詳情

(B)必須清楚了解當事者口中所說話語的真意

(C)對人們所說的話和書面文字做深度的分析與描述

(D)必須對人物、活動、人際互動以及各種場合的情況做詳盡的描述

答案：**A**

解析：質性研究則較常使用深度訪談法、焦點團體法、行動研究法、
　　　參與觀察法與德菲法等去蒐集資料，同時仰賴參與者細心觀
　　　察、深入理解研究結果的意義，所以會對研究的人與情境保持
　　　互動，以便能客觀的了解詳情。選項(A)有誤。

13 有關焦點團體法的實施，下列何者正確？　　（108年第一次專技社工師）

(A)焦點團體訪談是採非結構式的

(B)焦點團體是針對某一特定主題進行互動討論

(C)參與者是根據討論主題有關的人隨機抽樣選取的

(D)焦點團體需要由參與者主導焦點主題討論

答案：**B**

解析：1.選項(A)有誤。焦點團體訪談前，研究者應形成清楚明確的研
　　　　究問題，並據以發展出焦點團體訪談大綱，因此訪談具有結
　　　　構性。

　　　2.選樣(C)有誤。焦點團體的參與者不可能透過機率抽樣技術挑
　　　　選出來，他們大多是依據討論主題立意抽樣出來的。

　　　3.選項(D)有誤。在焦點團體中，主持人（不一定是研究者本
　　　　人）的角色主要是要求並引導參與團體的成員，針對預先設
　　　　定的議題，表達其個人的觀點與意見，而從團體互動過程
　　　　中，激盪出團體成員的主觀經驗與看法。因此，焦點團體之
　　　　運作，並非由參與者主導焦點主題討論。

14 有關研究者在進行質性研究資料編碼的程序，下列何者正確？

　　　　　　　　　　　　　　　　　　（108年第一次專技社工師）

(A)是一種機械性的過程　　　　　(B)只要停留在描述層次即可
(C)經常從開放式編碼開始　　　　(D)主軸式編碼是最後一個步驟

答案：**C**

解析：1.選項(C)正確、選項(D)有誤。質性資料的編碼程序通常為開
　　　　放式編碼→主軸式編碼→選擇式編碼。

　　　2.選項(A)、(B)有誤。在進行到選擇式編碼時有五個步驟，包
　　　　括闡明故事線、藉編碼典範連接核心範疇和副範疇、藉面
　　　　向的層次把各個範疇連接起來、用資料驗證上述範疇的關
　　　　係、繼續開發範疇等五個步驟。其中故事線即是概念化後的
　　　　故事，是把原先描述性的敘述，抽離至概念性的敘述，研究
　　　　者從其所面對的現象中萃取出一個核心範疇來，故並非只停
　　　　留在描述而已。而這五個步驟並不是依順序直線式次序的運
　　　　行，在真正分析資料時，不一定能分得清楚，反而是來來回
　　　　回的情形比較多。

15 有關個別訪談和焦點團體之差異，下列敘述何者錯誤？

（108年第二次專技社工師）

(A)焦點團體當中受訪者彼此互動可激盪出意見
(B)個別訪談須使用結構式訪談，焦點團體則採非結構式
(C)同樣的訪談時間，焦點團體可以收集到較多人的資料
(D)焦點團體現場的人際動力可能影響成員間的語言和非語言互動

答案：**B**

解析：個別訪談、焦點團體均可採結構、半結構或非結構式的訪談進
　　　行。

16 欲透過面訪法收集資料，下列注意事項何者錯誤？

（108年第二次專技社工師）

(A)訪員須熟悉問卷內容
(B)應觀察受訪者的非語言訊息
(C)如果受訪者回答不清楚，不能追問
(D)最好以受訪者慣用的語言進行訪問

答案：**C**

解析：刺探問法／追問問題（Probes）：有時受訪者會答非所問，在開放性問題中，刺探問法（Probes）是常見的誘發回答的方法。例如詢問一個有關交通狀況時，受訪者可能會簡單的說：「很糟。」訪員可以用多個刺探法來獲得更詳細的答案。適時的詢問可以是：「這怎麼說呢？」或「哪方面不同呢？」來加以刺探。選項(C)有誤，面訪時，如果受訪者回答不清楚，訪員可運用追問技巧進行追問。

17 質性研究方法「紮根理論」是由下列何者開始？

（108年第二次專技社工師）

(A)觀察

(B)歸納研究資料所得到的主題

(C)概念的共同範疇

(D)研究假設

答案：**A**

解析：紮根理論是一種「始於」觀察和尋找模式、主題或共同範疇的歸納式質性方法。

18 研究者為提高質性研究的嚴謹度，三角檢測（triangulation）是常運用的策略，下列何者不是三角檢測法的方式？ （108年第二次專技社工師）

(A)利用一種以上的資料來源

(B)用一種以上的質性方法蒐集和分析資料

(C)利用多位觀察人員來蒐集資料

(D)利用不同的變項來研究

答案：**D**

解析：1.量化研究以傳統的假設驗證及演繹的邏輯為主，主要包括量化的資料、實驗或準實驗設計以及統計分析等。質性研究中，一個加強研究設計的重要方法是藉助於「三角測定法」（Triangulation），意指在研究相同的現象或方案時使用多種方法。

選擇題　Multiple Choice Question

2.三角測定法類型

類型	說明
資料三角測定法 （Data Triangulation）	在研究中利用不同的資料來源。選項(A)屬之。
研究者三角測定法 （Investigator Triangulation）	使用不同的研究人員與訪談人員。選項(C)屬之。
理論三角測定法 （Theory Triangulation）	使用多種觀點取向去詮釋一組資料。
方法論三角測定法 （Methodological Triangulation）	以多種方法去研究一個問題或方案。研究者若在質性研究中，持有三角測定的「研究態度」，一定可以使研究結果更加豐富，這也才是真正的「客觀」。選項(B)屬之。

19 下列何者是質性研究資料分析的重要特徵？　　　（108年第二次專技社工師）

(A)研究者本身就是重要的工具

(B)同時強調資料的意義與可量化之現象

(C)強調預先設定的分析類別

(D)目前尚未有電腦輔助分析軟體程式

答案：**A**

解析：1. 選項(B)並非質性研究資料分析的重要特徵。質性研究強調資料的意義，但不強調可量化之現象。

2. 選項(C)並非質性研究資料分析的重要特徵。質性研究不強調預先設定的分析類別，強調經由檢視和詮釋研究觀察、蒐集到的非量化資料，以發掘其中蘊含的意義和關係模式。

3. 選項(D)並非質性研究資料分析的重要特徵。質性資料已有電腦輔助分析軟體程式，例如：AnSWR、Atlas.ti、Ethno、Ethnograph、HyperResearch、HyperTranscribe、MAXqda、NVivo、ODA Miner、Qualrus、TAMS。

20 下列何者不是質性資料處理與分析重要的工具？

（108年第二次專技社工師）

(A)編碼　　　　　　　　　　　　(B)製作備忘錄

(C)事先製作編碼簿　　　　　　　(D)概念繪圖

答案：**C**

解析：選項(C)有誤。編碼是在研究者針對索取取得的文字材料，將個別片段的資料加以分類，再配合某種檢索系統，以便日後的檢索。編碼的程序，包括開放式編碼（Open Coding）、主軸式編碼（Axial Coding）和選擇性編碼（Selective Coding）等過程。研究者必須再取得文字材料後，才能針對內容進行編碼程序，故無法事先製作編碼簿。

21 關於紮根理論取向的特徵，下列敘述何者錯誤？

（109年第一次專技社工師）

(A)紮根理論分析是在實證某個假設

(B)紮根理論是透過持續性比較來進行

(C)強調歸納的過程也可結合演繹的過程

(D)做有系統的編碼

答案：**A**

解析：選項(A)有誤。紮根理論強調在社會研究中經由系統化的施行與分析以獲得理論，而非實證某個假設。

22 有關質性資料分析，下列何者沒有助益？　（109年第一次專技社工師）

(A)不斷反覆的閱讀與反思　　　　(B)使用客位焦點（etic focus）

(C)研究者了解自己本身的偏見　　(D)撰寫分析備忘錄

答案：**B**

解析：客位觀點（Etic Perspective）是一種質性研究的方法，而非質性分析的方法。客位觀點是指允許研究者像局外人一樣維持自己的客觀性，提出被觀察文化的成員本身不會發現的問題。

選擇題　Multiple Choice Question

23 有關質性與量化資料分析之異同，下列敘述何者錯誤？

（109年第一次專技社工師）

(A)質性資料分析是強調演繹原則

(B)量化資料分析主要是驗證根據理論所形成的假設

(C)質性資料分析強調資料中概念的萃取

(D)質性與量化資料分析都會使用比較分析策略

答案：**A**

解析：量化研究傾向於邏輯實證論與演繹法，也就是説量化研究者通常是先從概念發展成假設，而後再透過研究設計來驗證假設。質性研究則傾向於現象學與歸納法，質性研究的重點在於新的理念的發展，例如建構出紮根理論，也因此較適合在探索性研究中使用。選項(A)有誤。

24 研究者為加強質性研究的研究設計，常借助於三角檢定（triangulation），若以多種方法去研究一個問題或方案，屬於下列何種類型？

（109年第二次專技社工師）

(A)理論三角檢定（theory triangulation）

(B)方法論三角檢定（methodological triangulation）

(C)資料三角檢定（data triangulation）

(D)研究者三角檢定（investigator triangulation）

答案：**B**

解析：方法論三角檢定法（Methodological Triangulation）是以多種方法去研究一個問題或方案。研究者若在質性研究中，持有三角測定的「研究態度」，一定可以使研究結果更加豐富，這也才是真正的「客觀」。

25 比較適合質性研究的情境，下列何者錯誤？　　（109年第二次專技社工師）

(A)需要描述複雜的社會現象及案主的主觀理念時

(B)研究的概念及相關理論不完全時

(C)在一個具控制和正式權威的情境中

(D)進入一個很不熟悉的社會系統時

答案：**C**

解析：質性研究法的適用條件：

1. 進入一個很不熟悉的社會系統時較為適用。選項(D)屬之。
2. 在一個不具控制和正式權威的情境中，較為適用。選項(C)有誤。
3. 當低度的觀念概化和學說建構的背景下，質性法最適合。選項(B)屬之。
4. 適用於描述複雜的社會現象，需要案主的主觀理念，以及實際參與者客觀印象的表現時。選項(A)屬之。
5. 適於定義一個新概念和形成新的假設。

26 質性訪談中，當受訪者答非所問、不知如何答覆而在不相關的內容浪費時間時，研究者應如何處理較合適？ （109年第二次專技社工師）

(A) 尊重受訪者前提下，控制訪談進度與方向

(B) 訪問員應維持主觀的立場

(C) 直接進入另一個話題

(D) 採增強與回饋方式繼續訪談

答案：**A**

解析：當案主答非所問時，不知如何答覆而在不相關的內容浪費時間時，研究者就必須在維持關係、尊重受訪者的前提下，控制訪談進度與方向，維持訪談的控制性。

27 下列何者是可以協助質性研究資料分析的電腦套裝軟體？

（109年第二次專技社工師）

(A) SPSS　　　　(B) SAS　　　　(C) EXCEL　　　　(D) AQUAD

答案：**D**

解析：SPSS、SAS、EXCEL均為量化研究分析使用的軟體；AQUAD為質性研究分析的軟體。

28 進行質性研究資料分析時，先由某一特定主題開始分析，逐步將與研究主題有關的資料與概念，分門別類納入每一個主題下。請問上述資料分析是屬於何種分析策略？ （109年第二次專技社工師）

選擇題　Multiple Choice Question

(A)主題分析法　　(B)彰顯法　　　(C)連續逼近法　　(D)分析比較法

答案：**A**

解析：主題分析法是先由某一特定主題開始分析，逐步將與研究主題
　　　有關的資料與概念，分門別類納入每一個主題下。主題有三個
　　　部分：一個主概念或片語、語意關係，以及數個從屬概念。

29 自從「不當管教」列入兒少保護個案評估的類型選項後，研究者由通報系統
的資料分析發現這類選項比例大幅增加，他想知道社工人員在勾選這項選項
的想法和考量，下列那一種研究方法最能找出答案？
　　　　　　　　　　　　　　　　　　　　（110年第一次專技社工師）

(A)焦點團體法　　　　　　　　(B)介入實驗設計法
(C)記名問卷調查法　　　　　　(D)行動研究法

答案：**A**

解析：焦點團體訪談法適用時機，是當研究者想透過團體互動與討論
　　　的過程來，以了解團體成員對某一現象或議題的看法時適用。
　　　題意所述適用之。

30 有關焦點團體之敘述，下列何者錯誤？　　　（110年第一次專技社工師）
　　(A)讓研究者可以有系統地同時訪談多位對象
　　(B)主持人應避免在討論過程中帶入自己觀點
　　(C)參與者通常是熟悉該討論議題的人士
　　(D)焦點團體結論通常具有高度的內在效度

答案：**D**

解析：焦點團體訪談的限制：
　　　1.代表性較受限制，外在效度較差。
　　　2.較難作因果推論，內在效度也不好。選項(D)屬之。
　　　3.易受某一操控型的參與者引導偏向某一種答案。
　　　4.由於是開放性問題，因此有時很難詮釋參與者的答案。

31 質性研究法嚴謹度的關鍵議題在於「可信賴度」，下列何者不是可信賴度的
考慮因素？　　　　　　　　　　　　　　　（110年第一次專技社工師）

(A)反應性　　　(B)研究者偏誤　　　(C)受訪者偏誤　　　(D)資料偏誤

答案：**D**

解析：1. Deborah Padgett在《質性研究與社會工作》一書中，討論了質性研究法嚴謹度的評鑑，她承認質性方法論的學者對於嚴謹度的評鑑標準存在分歧，但她也提到評鑑質性研究法嚴謹度的關鍵議題在於「可信賴度」（trustworthiness）。Padgen指出可信賴度面對三項嚴重威脅：反應性、研究者偏誤和受訪者偏誤。

2. 當研究者出現在研究現場，就已經扭曲了情境的自然性，因而也扭曲了被觀察的事務，便出現反應性（reactivity）問題。研究者偏誤（researcher biases）會扭曲他們覺察到的事物或他們對觀察做的選擇；而受訪者偏誤（respondent biases）指的是人們需要表現得符合社會期望的傾向。選項(D)不屬之。

32 研究者探究某個草根社區組織的誕生與經驗，這是採用下列那種研究法？

（110年第一次專技社工師）

(A)個案研究法　　　(B)歷史研究法　　　(C)實地觀察法　　　(D)實驗研究法

答案：**A**

解析：個案研究法（Case study）是針對單一的個人、家庭、團體、社區或社會，以個殊式的方式進行檢視；描述為其主要目標，但也接受嘗試性的解釋。相關的案例包括：針對一個案主系統和其介入方法進行深入描述；描述一個街頭幫派的日常生活和習慣；分析一個社會福利機構的組織動力及其影響該組織的社會服務輸送；描述一個草根社區組織的誕生與經驗。

33 關於質性資料的分析策略，下列何者錯誤？　　　（110年第一次專技社工師）

(A)舉例法　　　　　　　　　　(B)反面個案法
(C)比較分析法　　　　　　　　(D)集中趨勢分析法

答案：**D**

解析：選項(D)集中趨勢分析法，為量化研究的分析策略。

選擇題　Multiple Choice Question

34 採用質性取向的研究者，為增進研究的「客觀性」（objectivity）會採取下列何種措施？　　　　　　　　　　　　　　　（110年第一次專技社工師）

(A)採取明確的研究設計

(B)對現象進行豐富的描述

(C)隨機選擇研究對象

(D)邀請該研究外的其他研究人員進行研究資料與解釋之間的三角檢核

答案：**D**

解析：三角測量（測定、檢核、校正）法，是指運用很多種不同的方法（亦即不同的資料來源）去蒐集同一個研究問題所需的資料，以減少系統誤差，以提升研究的客觀性。

35 某縣市社會局想在最短的時間內了解轄內長照服務據點所面臨的問題，以及這些問題的發生脈絡，採用下列何種蒐集資料的方法較為適當？

　　　　　　　　　　　　　　　　　　　　　（110年第一次專技社工師）

(A)問卷調查法　　　　　　　　　　(B)觀察法

(C)焦點團體訪談　　　　　　　　　(D)個別深入訪談法

答案：**C**

解析：焦點團體訪談法是以結構、半結構或非結構式的訪談為基礎，讓訪談者可以有系統地同時訪談好幾個人。焦點團體訪談法可以在短時間之內，針對焦點議題，蒐集到大量的資料。

36 關於質性研究資料分析的特質，下列何者錯誤？

　　　　　　　　　　　　　　　　　　　　　（110年第一次專技社工師）

(A)焦點在於現象的意義

(B)對於資料有深入的詮釋

(C)強調預先設定好的資料分類

(D)強調研究者本身是重要的研究分析工具

答案：**C**

解析：質性研究方法（Qualitative Research Method）：探索特定人類經驗較深層的意涵，並由此產生理論上較為豐富且不能歸納成

數字的觀察。質性研究的特色是研究開始於一個較為富有彈性的計畫，使得研究過程能因為蒐集到的觀察愈多而逐步發展。因此，質性研究方法通常沒有預先設定好的資料分類。

37 下列何者屬於紮根理論方法資料分析的必要步驟？

（110年第一次專技社工師）

(A)歸納出現的次數　　　　　　　(B)討論符號與其意義
(C)整合不同類屬　　　　　　　　(D)預設類屬

答案：**C**

解析：紮根理論方法運用了持續比較法，其包含四個階段：

1.「比較各事件在各類屬中的適合性」。一旦從某個個案的分析中發展出一個概念，研究者應該檢視此概念是否適用於其他個案。

2.「將不同類屬與其特質做整合」。研究者在此階段開始注意概念間的關聯性。選項(C)屬之。

3.「萃取理論精髓」。當概念間的關聯模式逐漸清楚後，研究者可以捨棄一些最終與問題探索無關的概念。隨著類屬數目的減少，理論觀點也變得更精粹。

4.「撰寫理論」。最後，研究者必須將其研究內容付諸文字與他人分享，並接受研究社群的檢驗，如此有助於研究者對該議題的深化、修正與增進。

38 紮根理論的資料分析方法，通常從下列何者開始？

（110年第二次專技社工師）

(A)主軸式編碼　　(B)開放式編碼　　(C)選擇性編碼　　(D)主題式編碼

答案：**B**

解析：開放式編碼是藉著仔細檢驗而為現象取名字或加以分類的分析工作。經過這個基礎步驟，我們才能將資料分解為一個個的單位，仔細檢視，比較其間的異同，並提出問題；經過此一步驟，我們才能針對研究者或別人的假設，提出質疑、探索，並進一步導出新發現。紮根理論的資料分析方法，通常由開放式

編碼開始。

39 若要進行有關大學校園性騷擾事件發生率的調查研究，下列何種方法不適當？　　　　　　　　　　　　　　　　　　（110年第二次專技社工師）

(A)網路問卷 　　　　　　　　　　(B)焦點團體訪談
(C)郵寄問卷 　　　　　　　　　　(D)團體施測

答案：**B**

解析：把研究對象帶進研究室裡，進行團體性的觀察和訪談的方法之一就是「焦點團體訪談法」（Focusing Group Interviewing Method）。焦點團體訪談法是以結構、半結構或非結構式的訪談為基礎，讓訪談者可以有系統地同時訪談好幾個人。焦點團體訪談法在團體中所討論的內容，不容易產生量化的資訊，因此，若要進行有關大學校園性騷擾事件發生率，不適合使用焦點團體訪談法。

40 比較質性研究取向和量化研究取向的訪問調查方法，下列何者正確？　　　　　　　　　　　　　　　　　　　　　（110年第二次專技社工師）

(A) 質性研究與量化研究皆採開放式的問項，並皆須記錄訪談的情境脈絡
(B) 量化研究的訪問調查中，由訪談者控制訪談的方向與時間，且從頭到尾保持中立
(C) 質性研究的訪問調查中，由訪談者採取一套標準化的問項題組
(D) 質性與量化研究的訪談都進行一次即可

答案：**B**

解析：1. 選項(A)有誤。只有質性研究全採開放式的問項，並且須記錄訪談的情境脈絡。
　　　2. 選項(C)有誤。由訪談者採取一套標準化的問項題組，係屬量化研究。
　　　3. 選項(D)有誤。質性研究的訪談，通常視研究需要會採多次訪談。

41 評估質性研究的嚴謹度，下列何者正確？　　　（110年第二次專技社工師）
(A)可信賴度　　　(B)內在效度　　　(C)關聯效度　　　(D)效標效度

答案：**A**

解析：選項(B)、(C)、(D)均是用以評估量化研究的嚴謹度；選項(A)是評估質性研究的嚴謹度。

42 有關質性研究資料分析的敘述，下列何者錯誤？

（110年第二次專技社工師）

(A)開放性編碼是編碼的第一個步驟

(B)質性研究資料分析是一個概念化的過程

(C)強調運用歸納法對資料進行分析

(D)資料分析與資料蒐集不能同步進行

答案：**D**

解析：選項(D)有誤。質性研究使用被研究者本來使用的文字語言來進行歸納、分析，並呈現研究結果與探討「意義」；質性研究的分析工作通常都是一邊蒐集資料，並同時進行分析。甚至若初步分析結果提供了重要訊息，則後續資料蒐集的方向與重點（例如：訪談大綱）也很可能會隨之調整。

43 研究者針對某議題去蒐集多方的看法與意見，係指下列何種類型？

（110年第二次專技社工師）

(A)方法的三角檢測法　　　　　　(B)理論的三角檢測法

(C)研究對象的三角檢測法　　　　(D)觀察者的三角檢測法

答案：**C**

解析：量化研究以傳統的假設驗證及演繹的邏輯為主，主要包括量化的資料、實驗或準實驗設計以及統計分析等。質性研究中，一個加強研究設計的重要方法是藉助於「三角測定法」（Triangulation），意指在研究相同的現象或方案時使用多種方法。研究者針對某議題去蒐集多方的看法與意見，係屬研究對象的三角檢測法。

44 有關混合研究設計（mixed method）邏輯的敘述，下列何者錯誤？

（111年第一次專技社工師）

(A)先進行量化研究，再進行質化研究

(B)先進行質化研究，再進行量化研究

(C)同時進行質化研究和量化研究以相互驗證

(D)量化或質化研究先後的次序和研究邏輯無關

答案：**D**

解析：融合／混合研究法（Mixed Methods Research）指的是在一研究中，使用了兩種以上的量化及（或）質性資料蒐集與分析的方法，但其中一個方法比較重要。資料蒐集可以同時或循序進行，在研究過程中要留意不同性質資料的整合。使用質性及量化兩種方法融合／混合方法之目的，主要是因為每個研究途徑有其潛在弱點，聯合使用時可以互補，各自的特點更能彰顯。使用融合／混合方法時，必須遵循質性或量化方法的特性，研究問題、抽樣策略、推論等都必須依照各方法的要求，且應遵循研究之研究邏輯，決定是先進行質化或量化，或是並行。選項(D)有誤。

45 下列何者不是質性研究資料分析的特質？　　　（111年第一次專技社工師）

(A)強調經驗證據與抽象概念之間的融合

(B)資料蒐集與資料分析可以同時進行

(C)是運用歸納法

(D)是線性、單一方向的分析過程

答案：**D**

解析：質性資料分析之特質：

1. 強調運用歸納法對資料進行分析。選項(C)屬之。
2. 資料蒐集與資料分析同步進行。選項(B)屬之。
3. 強調經驗證據與抽象概念相互融合。選項(A)屬之。
4. 資料分析在於理論之建構。
5. 不重視數字或統計的資料。

46 下列何者是屬於紮根理論（grounded theory）資料分析編碼登錄的最後一個步驟？　　　（111年第一次專技社工師）

(A)主軸編碼　　　(B)選擇編碼　　　(C)開放編碼　　　(D)一般編碼

答案：**B**

解析：紮根理論的目的在建立理論，應用一系列的「方法」（Method）來搜集與分析資料，觀察與訪談是常用來搜集資料的方法，而Strauss和Corbin認為分析資料的程序包括開放式編碼（Open Coding）、主軸編碼（Axial Coding）和選擇性編碼（Selective Coding）等過程。資料分析編碼登錄的最後一個步驟是選擇性編碼。

47 關於質性研究資料的呈現，下列何者錯誤？　　　（111年第二次專技社工師）

(A)通常是以文本（text）呈現　　　(B)文件或影像資料

(C)逐字稿　　　(D)既有的文獻資料

答案：**D**

解析：質性資料的文本資料，是指研究者透過訪談、觀察或文件檔案，所蒐集到的文字資料、記錄、逐字稿；質性資料的非文本資料，是指研究者透過研究過程，所蒐集到的非文字資料（例如：聲音或影像資料）。社會科學的質性研究者多是以文本資料分析為主，但同時兼輔以非文本資料作為參考，來得出研究結論。既有的文獻資料，並非質性資料的呈現方式，選項(D)有誤。

48 質性研究法在社會工作的運用有其精神與原則，下列敘述何者正確？

（111年第二次專技社工師）

(A)重點在於受訪者的主觀經驗　　　(B)強調事實的客觀性

(C)要求研究結果的絕對性　　　(D)推論是質性研究的重點所在

答案：**A**

解析：1. 選項(B)有誤。相較於量化研究企圖將精確且客觀的研究發現概括到一個較大的母體，質性研究則允許主觀性對人類經驗所產生的意義進行較為深層的理解。

　　　2. 選項(C)、(D)有誤。質性研究的目的不在於驗證，而是在於

深度探索一個較為複雜的、抽象的內心世界，因此質性研究不強調推論，而強調新觀念的開發與探索內涵、意義的深度掌握。質性研究法的重點不在於「求證」某種假設，而是在探索某種意義與現象。質性研究的結果是某種概念或變項的發現，某種意義的探討，而不是研究結果的「概推」。質性研究試圖發現在現象內社會行為有意義的關係及其影響，不要求研究結果的絕對性。

49 關於紮根理論（grounded theory）的目的，下列何者正確？

（111年第二次專技社工師）

(A)確認研究邏輯　　　　　　　　(B)建構理論

(C)探究因果關係　　　　　　　　(D)增權研究參與者

答案：**B**

解析：紮根理論（Grounded Theory），亦稱為「有根基的理論」，是「一個使用一組有系統的程序，而發展出關於某個現象以歸納方法得出理論的一種質化研究方法」。紮根理論是用於建構於一個忠於證據的理論，它也是發現新理論的方法。

50 質性研究的觀察須達到的標準，下列何者錯誤？

（111年第二次專技社工師）

(A)彈性　　　　(B)全面　　　　(C)客觀　　　　(D)持續一段時間

答案：**C**

解析：質性研究適用於描述複雜的社會現象，需要案主的主觀理念，以及實際參與者客觀印象的表現時：問一個社會地位極高的人為何要自殺，並不是用我們一般人「客觀」態度就可以了解其全貌，而是需要當事者主觀的意念、他對人生的看法與經驗、他本身的認知過程等才能真正的了解。選項(C)非質性研究觀察所要達到的標準。

51 「可信賴度」是經常被用來評鑑質性研究的嚴謹度，關於提升可信賴度的策略，下列何者正確？　　　　（111年第二次專技社工師）

(A)同儕討論與支持　　　　　　　(B)良好的訪談情境

(C)增加樣本數　　　　　　　　(D)增加樣本代表性

答案：**A**

解析：

質性研究信賴度之 四項指標	提升信賴度之策略
1. 可信性 （credibility）	■ 長期投入（prolonged engagement） ■ 持續觀察（persistent observation） ■ 三角驗證（triangulation）。 ■ 同儕簡報（peer debriefing）／同儕檢核（peer examination）。選項(A)同儕討論與支持，屬之。 ■ 反面案分析（negative case analysis） ■ 變異案例分析（discrepant case analysis） ■ 參照適切性材料（referential adequacy materials） ■ 研究參與者檢核（member checking）
2. 遷移性 （transferability）	■ 立意取樣 ■ 提供深厚描述
3. 可靠性 （dependability）	可靠性審核（the dependability trail）
4. 可驗證性 （confirm ability）	可驗證性審核（the conformability audit）

52 關於焦點團體法的敘述，下列何者正確？　　　　（111年第二次專技社工師）

(A) 這是針對一群人共同訪談的方法，讓研究者可以有系統的同時訪談多人，可能會在討論中激盪出研究者沒有想到的主題

(B) 團體的人數通常越少越好，以免參與者沒有機會表達

(C) 所形成的資料比調查研究更具系統性與豐富性

(D) 當研究者希望藉研究讓受訪者有機會為自己的利益採取行動時，可以使用焦點團體法來達到此目的

答案：**A**

解析：1. 選項(B)有誤。通常焦點團體訪談法的團體，都是由八到十二人不等的成員組合為佳。

2. 選項(C)有誤。焦點團體訪談法的缺點之一，是團體成員同質性太高時，意見可能偏狹，無法如同調查研究法所具有的系統性與豐富性。

3. 選項(D)有誤。當研究者希望藉研究讓受訪者有機會為自己的利益採取行動時，應採用行動研究法。

53 關於編碼登錄工作，下列敘述何者正確？　　　　（111年第二次專技社工師）

(A) 資料分析第一個步驟就是主軸性編碼，尋找資料中的主要術語、關鍵事件或是主題

(B) 選擇性編碼幫助研究者在概念或主題之間，找出共通或相異之處

(C) 主軸性編碼著重綜合歸納或比較不同概念之間的關係，企圖在資料中建構主軸概念

(D) 開放性編碼強調反覆檢核、修正，對文本進行編輯、重組、找出類別之間的關聯和意義，作為研究問題的詮釋根據

答案：**C**

解析：1. 選項(A)有誤。資料分析第一個步驟就是開放性編碼，尋找資料中的主要術語、關鍵事件或是主題。開放性編碼就是藉著仔細檢驗而為現象取名字或加以分類的分析工作。經過這個基礎步驟，我們才能將資料分解為一個個的單位，仔細檢視，比較其間的異同，並提出問題；經過此一步驟，我們才能針對研究者或別人的假設，提出質疑、探索，並進一步導出新發現。開放性編碼是所有譯碼型式的基礎。經由深度訪談、參與觀察等方式蒐集到資料後，便可以針對原始資料進行開放性譯碼。

2. 選項(B)有誤。應係主軸性編碼幫助研究者在概念或主題之間，找出共通或相異之處。

3. 選項(D)有誤。應係選擇性編碼強調反覆檢核、修正，對文本進行編輯、重組、找出類別之間的關聯和意義，作為研究問題的詮釋根據

54 關於質性資料分析，下列何者錯誤？　（111年第二次專技社工師）

(A) 強調應用演繹法進行資料分析

(B) 強調經驗證據與抽象概念相互融合

(C) 資料內容通常包含深度訪談或觀察的資料

(D) 不重視數字或統計的資料

答案：**A**

解析：質性研究傾向於現象學與歸納法，質性研究的重點在於新的理念的發展，例如：建構出紮根理論，也因此較適合在探索性研究中使用。量化研究傾向於邏輯實證論與演繹法，也就是說量化研究者通常是先從概念發展成假設，而後再透過研究設計來驗證假設。

55 質性資料分析的策略可分為具體與抽象兩種，下列何者屬於抽象的分析策略？①注意類型和主題 ②透過一致性的理解，發展出關聯之建構 ③根據概念將資料加以分類 ④讓理論更一致 ⑤從特定化到一般化

（111年第二次專技社工師）

(A)①②④　　　　(B)③④⑤　　　　(C)②④⑤　　　　(D)①③⑤

答案：**C**

解析：選項①注意類型和主題、③根據概念將資料加以分類，屬於質性資料的具體分析策略。

56 關於深度訪談法的敘述，下列何者錯誤？　（112年第一次專技社工師）

(A) 深度訪談適用於無法簡單量化的研究主題

(B) 深度訪談時，訪談者可以針對同一個受訪者進行一次以上的訪問

(C) 深度訪談時，訪談者應該抱持著好奇的態度

(D) 深度訪談時，訪談者必須依照訪談大綱的順序來提問

答案：**D**

解析：深度訪談法是有目的雙向交流（談話）過程，研究者與受訪者之間是一種平等的互動關係，且在進行的方式是有彈性的，研究者在整個訪談過程中，必須根據訪談的實際狀況，對訪談的問題、形式或地點做彈性調整。選項(D)有誤。

57 紮根理論依循研究程序，隨著理論的展開在資料蒐集上具有彈性，Strauss與Corbin強調有三種必要的技術，下列何者錯誤？

（112年第一次專技社工師）

(A)進行比較　　　(B)提出問題　　　(C)理論抽樣　　　(D)驗證研究假設

答案：**D**

解析：紮根理論係屬於質性研究，並無運用量化研究的驗證研究假設技術。

58 質性研究採「三角測定」（triangulation）是加強研究效度的方法，當研究者使用多種觀點取向去詮釋一組資料，是指下列何者？

（112年第一次專技社工師）

(A)方法論三角測定　　　　　　　(B)理論三角測定
(C)研究者三角測定　　　　　　　(D)資料三角測定

答案：**B**

解析：1. 方法論三角測定法（Methodological Triangulation）：以多種方法去研究一個問題或方案。研究者若在質性研究中，持有三角測定的「研究態度」，一定可以使研究結果更加豐富，這也才是真正的「客觀」。

2. 理論三角測定法（Theory Triangulation）：使用多種觀點取向去詮釋一組資料。

3. 研究者三角測定法（Investigator Triangulation）：使用不同的研究人員與訪談人員。

4. 資料三角測定法（Data Triangulation）：在研究中利用不同的資料來源。

59 紮根理論方法包含四個階段，當研究者開始注意概念間的關聯性是屬於下列那一階段？

（112年第一次專技社工師）

(A)萃取理論精髓　　　　　　　　(B)比較各事件在各類屬中的適合性
(C)撰寫理論　　　　　　　　　　(D)整合不同類屬

答案：**D**

解析：紮根理論方法運用了持續比較法，其包含四個階段：

1. 「比較各事件在各類屬中的適合性」。一旦從某個個案的分析中發展出一個概念，研究者應該檢視此概念是否適用於其他個案。

2. 「將不同類屬與其特質做整合」。研究者在此階段開始注意概念間的關聯性。題意所述屬之。

3. 「萃取理論精髓」。當概念間的關聯模式逐漸清楚後，研究者可以捨棄一些最終與問題探索無關的概念。隨著類屬數目的減少，理論觀點也變得更精粹。

4. 「撰寫理論」。最後，研究者必須將其研究內容付諸文字與他人分享，並接受研究社群的檢驗，如此有助於研究者對該議題的深化、修正與增進。

60 研究者欲了解某安養中心住民對服務品質的意見，遴選5位住民，經其同意後一起進行訪談，這是下列何種方法？　（112年第一次專技社工師）

(A)次級資料分析法
(B)焦點團體訪談法
(C)參與式行動研究
(D)問卷調查法

答案：**B**

解析：焦點團體訪談法（Focusing Group Interviewing Method）是進行團體性的觀察和訪談的方法之一。。焦點團體是以結構、半結構或非結構式的訪談為基礎，讓訪談者可以有系統地同時訪談好幾個人。題意所述遴選「5位」住民（亦即為體體），經其同意後「一起」進行訪談，即為同時訪談，此為焦點團體訪談法。

61 有關質性研究資料分析的特徵，下列何者錯誤？

（112年第一次專技社工師）

(A)會依照主題、概念，將資料分門別類
(B)不可使用程式軟體來輔助分析
(C)強調開放式編碼
(D)歸納出精確而簡潔的抽象概念

選擇題　Multiple Choice Question

答案：**B**

解析：質性研究資料，可使用電腦應用程式加以分析，已有許多的質性分析程式可供運用。

62 根據Lincoln和Guba兩位學者的建議，下列何者不是提升質性研究可信度的方法？　　　　　　　　　　　　　　　　（112年第一次專技社工師）

(A)長期涉入（Prolonged engagement）

(B)獨立研究（Independent research）

(C)分析例外／反面案例（Negative case analysis）

(D)持續觀察（Persistent observation）

答案：**B**

解析：Lincoln和Guba提出質性研究可信度的方法：

1. 長期投入（prolonged engagement）：長期投入可以建立信任，發展和建立關係、獲得寬廣和正確的資料，以及避免由於投入時間短、研究者的期待和偏見、研究參與者本身的因素，導致研究資料的扭曲。選項(A)屬之。

2. 持續觀察（persistent observation）：持續觀察可以讓研究者獲得正確而深入的資料，並且能決定哪些非典型的案例是重要的，以及辨認可能的欺騙狀況。然而，持續觀察宜注意避免過早決結束。選項(D)屬之。

3. 三角驗證（triangulation）：三角驗證可提供我們許多面向的看法，用來交叉檢和資料的可信性。三角驗證可用來加強研究的嚴謹、寬廣和深入度。

4. 同儕探詢：亦稱為同儕檢核（peer examination）、同儕審閱（peer review）。研究者可以向同儕探詢研究內容，以做外部檢核。

5. 反面和變異案例分析：藉由反面案例的分析，以確認類別是否完整而正確；如為否，則修改類別和分析的架構，以及對研究資料所做的分析解釋；此外，亦可分析變異案例。選項(C)屬之。

6. 提供充分的參照材料：提供充分的參照材料是指提供能豐富

描述情境的材料，以便於分析、解釋和審核資料，並且提供支持研究者所做解釋之片段資料，這些材料包括：錄音和錄影資料、照片和檔案資料等。依據這些材料分析和解釋所得的資料，猶如提供支持研究者資料解釋的生活切片，反映實際生活和研究目的之面貌。

7. 研究參與者檢核：研究參與者檢核有二個好處，一是讓研究者有機會修改錯誤；二是能刺激研究參與者回想之前受訪時沒有分享之處，並且再多提供資訊。

63 關於質性研究主題的各種內涵，下列何者錯誤？

（112年第一次專技社工師）

(A) 結構（structures）：虐待的形式（例如肢體、精神、性侵害）之間是否有特殊關聯

(B) 頻率（frequencies）：發生婚姻暴力的平均數

(C) 原因（causes）：家暴的成因為何

(D) 後果（consequences）：短期或長期而言，家暴對受害人的影響為何

答案：**B**

解析：選項「(B)頻率（frequencies）：發生婚姻暴力的平均數」，係屬量化研究。

64 關於焦點團體訪談法的優點，下列何者錯誤？　（112年第二次專技社工師）

(A) 可以廣泛蒐集意見

(B) 可以透過團體動力得到一些研究者原來沒有預期到的發現

(C) 通常可以得到快速的結果

(D) 領導者和一般社工帶領的團體一樣，只是催化者，不需要讓每個參與者表達意見

答案：**D**

解析：選項(D)有誤。採用焦點團體訪談法，在團體中，領導者的角色主要是要求並引導參與團體的成員，針對預先設定的議題，表達其個人的觀點與意見，而從團體互動過程中，激盪出團體成員的主觀經驗與看法。

選 擇 題　Multiple Choice Question

65 關於紮根理論（grounded theory）當中選擇研究對象，下列何者最適切？

（112年第二次專技社工師）

(A)深度抽樣（intensity sampling）

(B)變異抽樣（variation sampling）

(C)理論抽樣（theoretical sampling）

(D)叢集抽樣（cluster sampling）

答案：**C**

解析：理論性抽樣／理論抽樣（Theoretical Sampling）指的是以「已經證實與形成中的理論具有相關的概念」為基礎而做的抽樣，也就是說，抽樣的對象要能夠顯現出與理論相關性的事件與事例。理論性抽樣之抽樣始於挑選新的個案，這些新個案看起來和產出先前發現的概念、假設的個案很類似，直到研究者認為觀察這些個案再也得不到新的洞見，便開始挑選完全不同類型的個案，重複同樣的過程，直到這些不同類型的個案再也得不到新的洞見為止。所以，理論抽樣法融合了同質性樣本抽樣法和特殊個案抽樣法。亦即，理論性抽象是指研究者在資料蒐集與分析之後，根據其所歸納出來的理論性概念，來決定下一個訪談對象，重視的是資料的豐富性而非在於數量的多寡。採用理論性取樣，可使概念的理論性特質愈完整，概念與概念之間的理論性關聯愈清楚。在紮根理論中，Struass與Corbin認為不論資料來源是觀察、訪問或文件，都可以使用「理論性抽樣」來完成資料的蒐集。採用理論性抽樣，可以使概念間的理論性特質越完整，概念間的理論性關聯越清楚。

66 質性研究的可信賴度有三種威脅，當研究者在研究場域出現而產生一種潛在的失真效應，是指下列何者？　（112年第二次專技社工師）

(A)研究者偏誤　　　　　　　　(B)回應性

(C)研究參與者偏誤　　　　　　(D)社會期望

答案：**B**

解析：評鑑質性研究法嚴謹度的關鍵議題在於「可信賴度」

（trustworthiness）。Padgett指出，可信賴度面臨三項嚴重威脅：反應性／回應性、研究者偏誤和受訪者偏誤。當研究者出現在研究現場，就已經扭曲了情境的自然性，因而也扭曲了被觀察的事務，便出現反應性／回應性（reactivity）問題。研究者偏誤（research biases）會扭曲他們覺察到的事物或他們對觀察做的選擇，而受訪者偏誤（respondent biases）指的是人們需要表現的符合社會期待的傾向。

67 紮根理論的編碼過程之先後順序，何者正確？　（112年第二次專技社工師）

(A) 開放性編碼（open coding）→選擇性編碼（selective coding）→主軸性編碼（axial coding）

(B) 選擇性編碼→開放性編碼→主軸性編碼

(C) 主軸性編碼→選擇性編碼→開放性編碼

(D) 開放性編碼→主軸性編碼→選擇性編碼

答案：**D**

解析：紮根理論的編碼過程之先後順序為：開放性編碼→主軸性編碼→選擇性編碼。

68 關於量化與質性資料分析過程的敘述，下列何者錯誤？

（112年第二次專技社工師）

(A) 量化比質性在資料分析上更強調推論

(B) 皆強調用少量樣本類推到母群體

(C) 兩種方法都進行資料蒐集與分析

(D) 「比較」是兩種資料分析方式的核心步驟

答案：**B**

解析：選項(B)有誤，強調用少量樣本類推到母群體，僅係質性研究。量化研究所要研究的環境和文化，通常事先已有大量的資料。

69 關於質性資料分析要素的組合，下列何者正確？①數據歸納（statistic induction）②資料化約（data reduction）③資料展現（data display）④推論（inference）⑤結論（conclusion）　（112年第二次專技社工師）

(A)①②⑤　　　(B)③④⑤　　　(C)②③⑤　　　(D)②③④

選擇題　Multiple Choice Question

答案：**C**

解析：①數據歸納（statistic induction）、④推論（inference）為量化研究的資料分析要素。

70 採用質量混合研究設計（mixed method）邏輯時，下列敘述何者錯誤？

（113年第一次專技社工師）

(A)採用混合研究設計，量化研究和質性研究設計不可能同時進行

(B)即便研究設計混合，研究者須不要違反質性與量化研究的基本原則

(C)研究者需考慮所要研究的主題有結合質性量化研究的必要性

(D)研究者需熟悉質性與量化的研究方法，並且確保兩種方法的品質

答案：**A**

解析：融合／混合研究法（Mixed Methods Research）指的是在一研究中，使用了兩種以上的量化及（或）質性資料蒐集與分析的方法，但其中一個方法比較重要。此種研究法在資料蒐集可以同時或循序進行，但在研究過程中要留意不同性質資料的整合。選項(A)有誤。

71 關於量化研究假設的敘述，下列何者錯誤？　（113年第一次專技社工師）

(A)讓研究問題更聚焦

(B)具有可測量的條件

(C)對兩個或兩個以上變項之間的關係進行推測性論述

(D)提升研究的複雜與主觀性

答案：**D**

解析：選項(D)有誤。量化研究強調解釋、預測以及檢證有關社會事實的因果假設，因此較適用於解釋性研究／因果性研究；量化研究通常是對大範圍的人群、透過隨機抽樣與統計檢定等步驟，去驗證假設是否成立，或是了解母群體的需求，因此也格外重視研究結果的推論（外在效度）。質性研究的目的不在於驗證，而是在於深度探索一個較為複雜的、抽象的內心世界，因此質性研究不強調推論，而強調新觀念的開發與探索內涵、意義的深度掌握。選項(D)所述為質化研究的假設。

72 下列主題何者最適合採用紮根理論分析？　(113年第一次專技社工師)

(A)社區權力的結構分析　　　　(B)特殊族群生活方式的比較

(C)環保運動的成效　　　　　　(D)成為遊民的歷程

答案：**D**

解析：紮根理論（Grounded Theory），亦稱為「有根基的理論」，是「一個使用一組有系統的程序，而發展出關於某個現象以歸納方法得出理論的一種質化研究方法。紮根理論是一種始於觀察和尋找模式、主題或共同範疇的歸納式質性方法。選項(D)成為遊民的歷程，最適合採用紮根理論。

73 有關測量青少年的偏差行為，下列何者不屬於量化的評量？

(113年第一次專技社工師)

(A)頻率　　　　(B)期間　　　　(C)程度　　　　(D)歷程

答案：**D**

解析：選項(D)歷程，不屬於量化的評量，為質性的評量。

74 有關焦點團體的敘述，下列何者正確？　(113年第一次專技社工師)

(A)是量化研究方法的一種

(B)參與者的選取是用隨機選樣

(C)雖然有優點，但是此方法收集資料很貴、很耗時

(D)團體的動力可能帶來調查研究時收集不到的資料

答案：**D**

解析：1. 選項(A)有誤。焦點團體為質性研究的方法之一。

2. 選項(B)有誤。焦點團體的參與者不可能透過機率抽樣技術挑選出來，他們大多是依據討論主題立意抽樣出來的。

3. 選項(C)有誤。焦點團體的優點之一是可以快速蒐集到相關資料，並做立即處理。

75 質性資料分析的一個重要目標是運用歸納方法將所觀察到的資料發展出系統性的理論，這種類型的理論是下列何者？　(113年第一次專技社工師)

(A)經驗理論　　　(B)觀測理論　　　(C)紮根理論　　　(D)歸納理論

選擇題　Multiple Choice Question

答案：**C**

解析：紮根理論是一種始於觀察和尋找模式、主題或共同範疇的歸納式質性方法。

76 在質性研究資料分析過程中，將個別零散的資料予以分類或是類別化，屬於下列何項步驟？ （113年第一次專技社工師）

(A)資料整理　　　　　　　　　(B)編碼

(C)撰寫備忘錄　　　　　　　　(D)概念繪圖

答案：**B**

解析：在質性研究資料分析過程中，將個別零散的資料予以分類或是類別化，係屬於編碼的步驟。紮根理論的目的在建立理論，應用一系列的「方法」（Method）來蒐集與分析資料，觀察與訪談是常用來蒐集資料的方法，而Strauss和Corbin認為分析資料的程序包括開放式編碼（Open Coding）、主軸編碼（Axial Coding）和選擇性編碼（Selective Coding）等過程。

Chapter 9

其他研究方法

關 鍵 焦 點

1. 評估性研究是一個重要的觀念，此觀念完整建立後，對於需求評估請多加準備，並準備案例運用。

2. 行動研究、內容分析、方案評估、次級資料為常考的重點，其內容務必紮實準備；此類考題亦多著重在實務案例之運用，如果是考題給的案例，除在研究法建立清楚的分析邏輯外，必須連結至社會工作考科就該議題一同思考可能提供的福利服務方案，然後再設計出相關的服務方案，將之套到各種研究方法中即可順利解題。

申論題　Essay Question

一、請說明何謂「參與式行動研究（Participatory Action Research）」？此種研究方法特色是什麼？那些議題適合採用這種研究方法？（107年第二次專技社工師）

考點分析

行動研究法（Action Research）又稱為參與式行動研究（Participatory Action Research），這是基本的觀念，考生必須確實了解，則本題第一個提問即可從容應答；另第二個提問，有關參與式行動研究可適用於那些研究方法，係第一次命題，請考生藉本題詳加準備，考題出處：潘淑滿著《質性研究：理論與應用》。

【解析】

 參與式行動研究之意涵

行動研究法（Action Research）又稱為參與式行動研究（Participatory Action Research），由社會心理學家Kurt Lewin所提出。在質性研究方法中的特色，具有社會行動的目的。使用這種方法，研究者會充當被研究者的資源，通常是弱勢團體，讓他們有機會為自己的利益採取有效行動。這些弱勢參與者會界定自己的問題，界定想要補救的方法，以及帶頭設計能幫助他們完成自己目標的研究。「行動研究」是一種由下而上的研究方式，強調以實務工作者的需求與立場出發，對實務工作者本身所處的工作情境與內涵進行反省與批判，並結合相關的過程與步驟，找出解決或改變實務工作的困境與問題解決方案或行動策略。亦即，行動研究的目標，不只是在對研究的現象與行為進行詮釋而已，同時也要達到對研究現象進行改變或改革的目標。

 適合採用參與式行動研究的議題

1. 組織領域之行動研究：強調將行動研究應用在組織的問題解決方面，希望透過共同確定問題、找出可能的原因並進而找出可行的改變措施等方式，達到建立研究者與參與者之間的合作夥伴關係、對組織工作人員的充權，以及迅速有效解決問題的目的。例如：「發展台北市兒童及少年性交易防治工作模式之行動研究」，以行動研究法，從服務提供者（工作人員）與服務使用者（不幸少女）的觀點，來了解建構適當的防治工作模式之可能，提供組織（台北市政府）具體可行的解決或改善建議。

2. 教育領域之行動研究：透過實驗型態的行動研究，以科學方法來探討社會問題，由研究過程來引導實務改變。例如：「托兒所英語教學實驗之行動研究」，希望藉由研究者與被研究者的共同參與研究，了解到新教法對於問題的解決與現況的改變是否確有助益。

3. 社區領域之行動研究：起源於1960年代，當時是為了解決美國貧窮問題，即讓資源集中於最重要的地區，探討社會問題成因，並尋求

處理方法。與社區發展的方式緊密結合，主要是以為社會弱勢群體爭取權益為訴求，其目標除了結合理論與實務解決問題之外，同時也在協助參與者透過問題確認、共識形成，而達到合作階段。

申論題 Essay Question

二、研究者蒐集檔案、統計或次級政府資料並進行研究時：

（一）會有那些潛在性的困難？

（二）即使前述困難可以克服，但在研究設計、測量效度及信度與遺漏值上仍會遭遇那些問題？請舉例並加以說明。

（108年高考）

考點分析

1. 本題係考再次／次級／二手分析法，第一個提問在審題時，必須詳細思考，對於「會有那些潛在性的困難？」所要問的真正題問旨意為何？可以顯而易見的是，本提問並非考再次／次級／二手分析法的意義或特色，而所謂的「會有那些潛在性的困難？」即是考該分析法會產生誤差的因素。

2. 第二個提問，就是考該分析法的缺點／限制，簡單易答。

3. 本題的考點，在編者著《社會（工作）研究方法》，即有榜首提點。

【解析】

一 潛在性的困難

1. 以前研究的工作員對研究不配合，排斥研究而隨便記錄的資料，這種資料再分析也沒有用。

2. 不同的資料供應者對事件會有不同的定義與解釋，但是再次分析時，先前提供矛盾信息的人，現在大多不知其蹤，他們所做不同的解釋或分類，再次分析的研究者會永遠找不到頭緒，當然因此會影響再次分析的準確性。

3. 資料供應者個人的喜好及社會價值觀之影響會產生誤差，這些誤差在再次分析時，絲毫沒有彌補的餘地。

4. 以前的資訊可能是合適的，但在再次分析時可能定義上已有改變，分析起來與第一次分析的定義可能不一致：以前的資訊可能是可信的，但現在對不同事情，可能也會有不同的解釋。不同機構或不同方案對同一名詞、現象，採用不同的操作性定義。

在研究設計、測量效度及信度與遺漏值上仍會遭遇之問題及舉例以說明

1. 信度問題

所謂信度問題是指當一個機構在使用再次分析時，以前所謂有信度的資料在若干年後再次使用時，它的作用不如以前的狀況，如此一來便產生標準信度方面的問題。例如：因為定義或記錄方式常隨著時間而有所變動影響信度，以兒童虐待這個名詞的定義，在數十年前，某些形式的體罰是可接受的，因而不算兒虐；但是現今，該等體罰可被認為是兒虐事件。又比方說，今日的強暴定義包括：約會一方沒有意願但因為酒醉無力抵抗的性交行為，但在過去，有關強暴的定義則採取較為狹隘的標準。諸如此類的情況，就會造成統計資料信度的不穩定。

2. 效度問題

信度不足，效度當然就會出問題。然而，在測量當中，有時即使有信度，也不一定有效度。測量工具的一致性是效度的必要條件，但非充分條件。使用再次分析法之前，要注意過去的那些資料是我們現在仍然要用的？是否有把握能得到真實反應的資料？例如：假設某政府福利機構想要顯示，現行福利改革政策相當有效提高了福利案主就業成功的機率。然而，既存資料對於重回職場的定義是接受政府職業訓練。可是，職訓是否真能代表福利案主會重回職場，研究者其實是抱持存疑的看法，因此不想採用這個變項來測量福利改革的效果。另外，州政府的資料中也沒有區分全職和兼職的就業工作，而研究者定義的就業成功必須是全職工作，而且薪資所得必須

超過領受的福利金。如果，研究者仰賴州政府的統計資料，那研究就會遭遇嚴重的效度問題。

3. 遺漏的資料

再次分析時，對於這些遺漏的資料常會束手無策，解釋上也很脆弱，不容易克服。例如：如果研究者運用全國性的既存資料，來分析退休人員的族群與貧窮的關係，然而該資料庫遺漏了相對較多富有白人退休人士的州（例如：佛羅里達州和亞利桑納州），或是沒有登錄退休人士的種族資訊，那根據該等資料所做的次級分析，正確性就會受到相當嚴重的折損。

4. 檔案記載不充適

很多時候，研究者可能沒辦法確認次級分析的資料當初採用的蒐集和處理過程，也沒辦法評估其品質。例如：研究者可能無從取得相關資訊，說明訪查員的訓練是否充足、資料蒐集過程是否有引入偏誤，或是資料的編碼是否有謹慎處理。

5. 可行性的議題

相較於自行蒐集研究資料，次級分析雖然費用通常比較低，但研究者也不應該低估，這種研究方法有時候也可能頗為耗費時間。例如：有些資料數量相當龐大，如果研究者還不習慣處理那麼多變項或多階段的資料蒐集，可能會難以招架。

申論題　Essay Question

三、何謂「評估研究」？哪些議題適合評估研究？請舉例說明。

（108年普考）

考
點
分
析

1. 「評估研究」的意義是一個簡單的提問，屬基本考點。
2. 「評估研究指的是一個研究目的，而不是一種特定的研究方法。」（引自Earl Babbie著《研究方法：基礎理論與技巧》）。
3. 評估研究依其研究之目的，有多種不同的研究，包括基礎性研究、應用性研究、總結性評估研究及形成性評估研究，此為第

> 二個提問有關哪些議題適合評估研究的對應類型與舉例說明應
> 答內容；亦即，以評估研究之目的類型，應用於適合的研究議
> 題。至於，評估研究的類型，包括需求評估、過程分析／評
> 估、成果評估、成本效益分析，則非本題題問之意旨。

【解析】

一　評估研究的意義

1. 評估研究（Evaluation Research），是指為了達成評鑑並且改進人群服務方案的概念化、設計、計畫、行政、效能、效率和效用等目的，而綜合採用的各種研究設計及方法（例如：實驗、調查、參與觀察等的研究類型稱之）。

2. 意即，評估研究指的是一個研究目的，而不是一種特定的研究方法。這個目的在於評估社會干預的影響。例如，新的教學方式、假釋條件的創新等。有許多的方法，例如：調查、實驗等都可以使用於評估研究中。

3. 評估研究於社會工作者而言，是具有相當高的實用價值，因為社會工作研究的目的，本來就是希望能解決工作中所面對的問題，更進一步期望能對案主提供更有效、更適切的服務，因此在社會工作實務領域中，評估研究是一種非常常見的研究方式。

二　適合評估研究之議題並舉例說明

1. **基礎性研究**

   是為了知識而追求知識的研究，旨在理解世界是如何運作的，想知道這種現象的實質所在。例如，對於「青少年為何會發生偏差行為？」的研究，即為基礎性研究。

2. **應用性研究**

   研究目的在於幫助人們了解問題的實質，以增進掌握自己所處環境之知識。應用性研究通常是描述性的研究，而它主要長處便在其有

立即的實用性。例如：「如果學生事務處不舉辦喝酒舞會，會減少酒醉學生的車禍次數嗎？」

3. **總結性評估研究**

總結性評估研究主要是對方案、政策之有效性或成果做一全面性的評斷，以證明其理念本身是否確實有效，因而可以用來類推到其他狀況的可能性。總結性評估研究所追尋的是在某特定範圍或條件狀況下的類推。例如，對於未成年少女母親所提供的家庭生活教育方案之目標達成度。

4. **形成性評估研究**

形成性評估研究則把焦點集中於特定的情境脈絡中，其目的在改進某一特定之方案、政策、人員或成果，研究主旨在「形成」其研究對象，其目的在於改進其研究情境內之效果。形成性評估研究是為了特定對象人員，在其特定時間內所進行的特定活動，以尋求改進其行動效益的途徑。例如：針對「南投縣中寮鄉獨居老人送餐服務的效益研究」。

5. **行動研究**

行動研究是讓方案或組織的人員研究自己的問題，並設法去解決，因此，如何形成某種「行動」的研究目的，很明確的成為評估過程中很重要的一部份。與形成性評估一樣，行動研究主要是研究特定時間中的特定方案，其結論一般不超越其特定環境之外。例如：針對「發展台北市兒童虐待的防治工作模式」研究，從服務提供者（工作人員）與服務使用者（受虐兒童）的觀點，來了解建構適當的防治工作模式之可能，提供具體可行的解決或改善建議。

申論題　Essay Question

四、請試述下列與評估性研究有關的5個名詞之意涵：評估研究（evaluation research）、需求評量研究（needs assessment studies）、成本效益研究（cost-benefit studies）、監測研究（monitoring studies）、方案評估／成果評量（program evaluation/outcome assessment）。　　　（108年地方四等）

本題係考解釋名詞，均屬常見且簡單的考點，題目簡單易答。

【解析】

評估研究（evaluation research）

評估研究是指為了達成評鑑並且改進人群服務方案的概念化、設計、計畫、行政、效能、效率和效用等目的，而綜合採用的各種研究設計及方法（例如：實驗、調查、參與觀察等的研究類型稱之）。亦即，評估研究指的是一個研究目的，而不是一種特定的研究方法。這個目的在於評估社會干預的影響。例如，新的教學方式、假釋條件的創新等。有許多的方法，例如：調查、實驗等都可以使用於評估研究中。

需求評量研究（needs assessment studies）

顧名思義，若研究的目標是以服務對象需求的種類或／且需求量為重點時，此時的研究則為需求評估研究。至於需求的定義與分類，根據Houle的看法，所謂需求是指：「有某種必須或欲求之事物被需要，而這需要可由個體自己的認知或由他人決定。亦即，需求包括主觀與客觀兩種層級。Bradshaw進一步將需求分為四類：規範需求（normative need）、感覺需求（felt need）、表達性需求（expressive need）與比較需求（comparative need）。此外，需求評估本身可以是一個單獨的研究，也可以是其他研究或施政當中的一環或第一步。

成本效益研究（cost-benefit studies）

成本效益研究是從方案的社會淨效益（亦即，社會總效益減去社會總成本）觀點，來看方案實施是否值得（針對已完成的方案），或預估究竟要採用哪一個備選方案（針對尚未實施的方案）。因此，成本效

益研究與成果評量不同，前者是要同時考量投入與產出，而後者只是要看方案是否達成了預期目標，至於付出了多少「代價」則不在考慮之列。

四 監測研究（monitoring studies）

監測研究，亦即為過程評估（evaluation of process）係指一旦方案被發展出來且開始付諸施行時，評估者的工作會轉向檢視方案執行的程度、接受服務者的特性，以及方案的運作是否如同預期。簡言之，監測研究即是服務方案介入後，到目標達成之整個過程的監督和測量。

五 方案評估／成果評量（program evaluation/outcome assessment）

成果評量又稱成效評量或效果評量。透過成果評量，研究者／方案執行者可以很明確地了解到這個方案究竟有沒有效，以及是否達到原來預定的方案目標。好的成果評量需要具備三種元素：1.適切的研究設計或研究規劃；2.具備良好的信效度測量工具（問卷或量表）；3.觀察仔細且具備良好分析能力的研究者。

 申論題 Essay Question

五、請說明德菲法（Delphi method）的操作步驟，並分析其優缺點。

（108年第二次專技社工師）

考點 分 析

德菲法（Delphi method）在歷屆試題中，即是金榜考點。本題的操作步驟、優缺點，均屬記憶題形式，為中規中矩的命題方式。

【解析】

德菲法的操作步驟

1. **步驟一**

   確定研究問題：這是適用於所有研究方法的第一個步驟。

2. **步驟二**

   決定問卷的施測方式。問卷施測方式的最主要考慮因素就是匿名性，其他則有時間、空間與經費。因此可能的施測方式包括郵寄方式、集體散發填答的方式、個別遞送方式。

3. **步驟三**

   選擇回答問卷的成員

   (1) 研究者在選擇樣本時，應該考慮下列四個因素：

   　　A. 關心研究問題且有積極意願參與。

   　　B. 對研究問題有足夠的認識和知識。

   　　C. 在調查期間能完成回答問卷的工作。

   　　D. 對德菲法蒐集資料的方式具有信心並認為具有價值。

   (2) 至於應該由多少人參與此項回答問卷的工作，的確沒有一致的結論。如果是同質性高的團體，大約十五人至三十人便已足夠。如果是異質性高的團體或包括多種不同性質的團體，則參與成員也有可能超過百人。

4. **步驟四**

   編製第一輪問卷

   (1) 德菲法與一般問卷調查稍有不同的地方在於：

   　　A. 介紹函的撰寫應盡可能私人化（例如：直接稱某某教授，而不要稱先生／女士），以拉近與受訪者之間的距離，並藉以提高其信任感與回收率。

   　　B. 第一次問卷大都採用開放式問題，作答說明必須配合舉例，同時要避免引誘性的例子，而應該保持中立的角色。

   　　C. 受訪者的基本資料常引起作答者的疑慮，因此除非研究需要，否則應盡可能減少，以免匿名性受到挑戰。

(2) 信中應說明截止日期。

5. **步驟五**

進行（郵寄）問卷調查：在進行（郵寄）問卷調查前，研究者可以採用不同的策略先告知受訪者以便提高回收率；這些策略包括：問卷寄發前打電話通知受訪者，或以私人函件、明信片事先通知。此外，回郵信封應貼足郵票。

6. **步驟六**

回收問卷與催促寄回問卷：約在寄出問卷十天後，可以清點回收數，直到截止日期為止，若還未回收到滿意的件數時，便應辦理催覆工作。

7. **步驟七**

(1) 分析第一輪問卷：第一輪問卷的彙整與分析，主要是作為第二輪問卷設計的基礎，此時的分析重點為：

A. 評分結果的分析。

B. 對於意見的分析。

(2) 此外問卷的分析應由工作小組成員集體為之，不宜由單獨一人進行分析，以避免個人主觀意見造成對研究結果的影響。

8. **步驟八：編製第二輪問卷**

(1) 根據第一輪問卷分析的結果，將所有受訪者一致的意見再次送給各別受訪者作確認；至於對分歧的意見，則由受訪者再次評估後作答，以便讓每一位受訪者了解到不同專家看法的異同之處。

(2) 第二輪問卷的格式通常需包括三部分：中間的欄位是整理自第一輪問卷的分析結果，並將其轉化為語意完整的項目或問題。右邊的欄位是要求受訪者對此項目分別作同意、不同意或質疑的填答欄。左邊的欄位則供受訪者評量這些意見的優先次序或重要性。至於評量的方式，有些採用評定次序法（**Order-Ranking**），即以一、二、三依次評定之；有些則採用量表評分法（**Scaling-Rating**），即依五點（或四點／六點）量表，對每個項目評定其優先或重要程度。

9. **步驟九**

分析第二輪問卷：原則與步驟均同第一輪問卷之分析。

10. **步驟十**

編製第三輪問卷：通常，德菲法可進行多次的問卷調查，直到受訪者對所有的議題都有了共識，也未再增列新的項目時，此時就可以進入最後一次的問卷調查了。這裡所謂的第三輪問卷，並非真正的第三輪問卷，事實上是指最後一輪問卷的意思。

11. **步驟十一**

分析第三輪問卷及撰寫結果報告：第三輪問卷的分析亦與第二輪同，只不過最後要將研究結果整理並呈現出來。

二 德菲法的優缺點

1. **優點**

   (1) 匿名性高。

   (2) 可同時獲得多重意見。

   (3) 避免重要成員對全體決策之影響。

   (4) 避免浪費時間或精力在不重要或分歧的討論上。

   (5) 避免個人的判斷被群體壓力所扭轉（從眾效應）或造成參與成員發生現場衝突。

   (6) 避免長篇大論的意見。

   (7) 避免成員持續對自己先前論點作辯護（例如：愛面子等心理因素的影響）。

   (8) 節省時間、金錢（相較於邀請所有成員齊聚一堂開會），並可克服地理上及交通上的不便，而使參與者數額增大。

2. **缺點**

   德菲法在方法與概念架構較不嚴謹，例如：德菲法在停止／繼續蒐集意見的關鍵點要如何判定，以及選擇受訪者（專家）之準據為何？

申論題　Essay Question

六、何謂次級資料分析（secondary data analysis）？請說明次級資料分析的優點和限制。
(109年地方四等)

考
點
分
析

次級資料分析，為金榜考點，在編者所著《社會工作研究方法》第9章〈其他研究方法〉即畫上金榜考點，考生詳讀，即可順利應答。

【解析】

 次級資料分析之說明

1. 次級資料（Secondary Data）又稱二手資料，亦即非由研究者本人蒐集到的統計資料，通常就既有的統計資料檔中去摘取所須資料來再分析。次級資料分析／差補外推法（Secondary Data Analysis）係以現有的研究或統計資料進行推估，適用於規範性需求評量。次級資料來源包括：(1)官方定期調查資料：主計處、各主管機關的統計數據；(2)研究資料：學術研究資料、官方委託研究資料；(3)現有調查或研究資料推估：對於各類問題的發生率、普及率進行定期性的調查及統計，及運用現有資料推算預定標的對象（Target）之需求。

2. 使用此法推估需求時，需注意由於現有調查資料並不一定是針對標的區域或對象，因此使用現有資料推估時，必須考慮標的區域或對象與現有資料的差異性。例如：使用加權處理不同人口群之比率。使用此法推估需求時，需注意明確了解現有資料各變項及數據的操作性定義。例如：「失能」定義：檢測老人實際擁有的能力、詢問老人能否做些什麼事、沒有對錯，依照對於標的對象最具意義的定義來推估。

次級資料分析的優點和限制

1. **優點**

   (1) 相對於初級研究，二手資料分析的研究花費較少。

   (2) 二手資料分析便於進行跨團體、跨國、跨時間的比較，以及研究的複製。

   (3) 透過二手資料分析，使研究者能夠進行一些原作者未曾想過的問題。

2. **限制（缺點、容易產生的問題）**

   (1) 信度問題：所謂信度問題是指當一個機構在使用再次分析時，以前所謂有信度的資料在若干年後再次使用時，它的作用不如以前的狀況，如此一來便產生標準信度方面的問題。

   (2) 效度問題：信度不足，效度當然就會出問題。然而，在測量當中，有時即使有信度，也不一定有效度。測量工具的一致性是效度的必要條件，但非充分條件。使用再次分析法之前，要注意過去的那些資料是我們現在仍然要用的？是否有把握能得到真實反應的資料？

   (3) 遺漏的資料：再次分析時，對於這些遺漏的資料常會束手無策，解釋上也很脆弱，不容易克服。

   (4) 檔案記載不充適：很多時候，研究者可能沒辦法確認次級分析的資料當初採用的蒐集和處理過程，也沒辦法評估其品質。例如：研究者可能無從取得相關資訊，說明訪查員的訓練是否充足、資料蒐集過程是否有引入偏誤，或是資料的編碼是否有謹慎處理。

   (5) 可行性的議題：相較於自行蒐集研究資料，次級分析雖然費用通常比較低，但研究者也不應該低估，這種研究方法有時候也可能頗為耗費時間。例如：有些資料數量相當龐大，如果研究者還不習慣處理那麼多變項或多階段的資料蒐集，可能會難以招架。

申　論　題　　Essay Question

七、行動研究（action research）是一種強調實務投入的研究方法，其
　　特色乃植基於自我反省的螺旋性循環歷程。請說明行動研究之「螺
　　旋性循環」概念以及其研究步驟。　　　　　　　　（110年地方三等）

考
點
分
析

　　行動研究（行動研究法）在申論題中已非首次命題，編者著《社會
（工作）研究方法》第9章「其他研究方法」，考用出版，即已為
考生畫上榜首提點，考生考前詳加準備，即可順利應答。

【解析】

◆ 一 行動研究之「螺旋性循環」概念

1. 行動研究，又稱為參與式行動研究（Participatory Action
   Research），由社會心理學家**Kurt Lewin**所提出。在質性研究方法
   中的特色是有其社會行動目的。使用這種方法，研究者會充當被研
   究者的資源，通常是弱勢團體，讓他們有機會為自己的利益採取有
   效行動。這些弱勢參與者會界定自己的問題，界定想要補救的方
   法，以及帶頭設計能幫助他們完成自己目標的研究。

2. 「行動研究」是一種由下而上的研究方式，強調以實務工作者的需
   求與立場出發，對實務工作者本身所處的工作情境與內涵進行反
   省與批判，並結合相關的過程與步驟，找出解決或改變實務工作
   的困境與問題解決方案或行動策略。亦即，行動研究的目標，不只
   是在對研究的現象與行為進行詮釋而已，同時也要達到對研究現象
   進行改變或改革的目標。就實踐行動的層次而言，行動研究其實是
   包含了規劃（研究）、行動與發現（評估）等，不斷螺旋性循環的
   過程。行動研究是一種取向（類似評估研究也是一種取向），例如
   「臺北市獨居老人長期照護服務經驗之省思──一個個案研究的報
   告」，使用檔案研究法、焦點團體法、深度訪談法、個案研討會，

以及實地參與觀察法等多種研究方法蒐集資料。

行動研究法之研究步驟

1. 階段一：問題陳述與界定：因為實務工作者是第一線的工作人員，因此對於案主或方案實施的問題與困難所在，會有最清楚的了解。因此在這第一階段，實務工作者要儘量將所有可能面對到的問題陳述出來，而由研究者將其明確化與具體化，經由互相的討論與商議後，釐清研究的目的與問題並陳述出來。

2. 階段二：研擬（規劃）可能的行動策略：針對第一階段所擬定的研究目的與問題，訂出具體可行的行動策略（含實務步驟），當然也包括尋找可能的合作夥伴（資源），同時在實施上要保留一定程度的彈性。

3. 階段三：採取行動：結合相關之資源與人力，開始實施問題解決的行動策略，並發展出具體、有效的評鑑方式，對行動策略的實施成效進行監控。

4. 階段四：評鑑與回饋：最後一個步驟是對行動研究的結果進行反省與評鑑，同時回饋到之前的規劃階段。這是協助實務工作者了解行動策略對於實務工作所產生的具體影響，同時也作為其調整未來工作方式，以達成更高服務效能的參考。

申論題　Essay Question

八、在使用「次級資料來源」須要謹慎考量的議題有那些？請列舉4項並說明之。
（111年高考）

考點分析

次級資料在申論題為常見的考點，通常考點以次級資料之意涵、優點、缺點（限制、容易產生的問題）為考題，考題通常屬於基礎題型，並無特別難度。本題考使用次級資料來源須要謹慎考量的議題，即是對次資料使用缺點之論述。

【解析】

茲將使用次級資料來源須要謹慎考量的議題，說明如下：

一 信度問題

所謂信度問題是指當一個機構在使用再次分析時，以前所謂有信度的資料在若干年後再次使用時，它的作用不如以前的狀況，如此一來便產生標準信度方面的問題。

二 效度問題

信度不足，效度當然就會出問題。然而，在測量當中，有時即使有信度，也不一定有效度。測量工具的一致性是效度的必要條件，但非充分條件。使用再次分析法之前，要注意過去的那些資料是我們現在仍然要用的？是否有把握能得到真實反應的資料？

三 遺漏的資料

再次分析時，對於這些遺漏的資料常會束手無策，解釋上也很脆弱，不容易克服。

四 檔案記載不充適

很多時候，研究者可能沒辦法確認次級分析的資料當初採用的蒐集和處理程序，也沒辦法評估其品質。例如：研究者可能無從取得相關資訊，說明訪查員的訓練是否充足、資料蒐集過程是否有引入偏誤，或是資料的編碼是否有謹慎處理。

五 可行性的議題

相較於自行蒐集研究資料，次級分析雖然費用通常比較低，但研究者也不應該低估，這種研究方法有時候也可能頗為耗費時間。例如：有些資料數量相當龐大，如果研究者還不習慣處理那麼多變項或多階段的資料蒐集，可能會難以招架。

申論題 Essay Question

九、試敘述相關研究與事後原因比較研究的意義，並比較兩者之異同。

（111年地方三等）

考題看似簡單，但要完整論述取得高分，須周延準備。考題出處：紐文英著《研究方法與設計：量化、質性與混合方法取向》，雙葉。

【解析】

 相關研究的意義

相關研究不在探討變項間的因果關係，而在分析變項之間的相關性，甚至可以預測。相關研究可以探討兩個以上變項間的相關程度，或是某些變項對另外一些變項的預測程度，它適合探討的研究問題為關聯和預測性問題。例如：國中學習障礙學生學校適應表現和自我決策能力是否有相關（關聯性問題）；解碼速度、聲韻理解、聽覺理解和口語理解，是否能預測國小學生的閱讀能力？（預測性問題）？並可以分析中介變項對因果推論或變項間相關／預測的影響力，以回答解釋性問題。例如：乳房檢測的知識程度（中介要項），與社會地位和乳房自我檢測頻率間是否有相關？研究者亦可進一步分析調節變項造成兩個以上變項相關差異的情形，以回答差異性問題：例如：教育程度和收入的相關，是否會因年齡（調節變項）而有差異？相關研究可以運用在解釋性研究和預測性研究兩種狀況。

 事後原因比較研究的意義

事後原因比較研究，又稱為因果比較研究、事後回溯研究（ex post factor research）。事後比較研究針對固定組別的研究參與者，從已經形成的結果追溯它的原因，結果是依變項，原因是自變項。有兩種類

型：1.單組因果比較研究；2.兩組因果比較研究：就是有比較組，比較組又有兩種狀況：1.無自變項；3.有不同的自變項，以回答關聯和差異性問題。事後原因比較研究適用於自變項無法被操弄的情況，包括自變項是背景變項，無法操弄；雖可操弄，但考慮倫理不應操弄的自變項。例如：智能障礙就業青年的職業適應，和他們就讀技術型高中時之個人、家庭和學業的關聯性，個人、家庭和學校因素是背景變項，研究者不應安排研究參與者抽菸，為了探究抽菸是否導致癌症，研究者只能採取因果比較研究，分析抽菸者是句於罹患肺癌，這是因倫理的考慮不應操弄的自變項。改變的作法為從母群中隨機取樣罹患肺癌的人為樣本，請他們填寫問卷，追溯他們過去是否抽菸，以及抽菸史和數量，而後計算相關。另外，自變項雖可以操弄，但現實狀況有困難時，也適用於事後原因比較研究，例如：「探究有無接受學前特殊教育服務之國小泛自閉症兒童，在國小學校生活適應表現上是否有差異」，研究者可以操弄學生接受或不接受學前特殊教育服務，但是現實狀況無法允許這麼做，因為家長有對孩子教育服務的決定權。

三 相關研究與事後原因比較研究之異同

1. **相同處**

   相關研究與事後原因比較研究之相似處，在於二者興趣的焦點都在探討變項間的關聯性，而且自變項都無法被操弄，它們通常為未來的實驗研究鋪路，界定出值得研究的變項。

2. **相異處**

   (1) 事後原因比較研究是由結果追溯它的原因，原因是在結果出現之前便存在的；相關研究（解釋性研究）是探討兩個或兩個以上變項間的相關程度，變項是同時存在的；相關研究（預測性研究）是先蒐集預測變項的資料，經過一段預定的時間後，再蒐集效標變項的資料，時間有先後。

   (2) 事後原因比較研究通常比較兩個或以上群體依變項（果）的差異，是來自於自變項（因），想獲知原因和結果聯性；而相關研究通常只從一個群體抽取樣本，瞭解變項間的相關。

選擇題　Multiple Choice Question

1 非介入性研究（unobtrusive research）可以減少下列那種問題？

（107年第一次專技社工師）

(A)研究者對所研究現象的影響　　(B)無效的操作化概念

(C)不可信的測量　　(D)佐證

答案：**A**

解析：非介入性研究（unobtrusive research），亦稱為非干擾性研究。意指參與者未意識到被觀察。例如：要老師或家長評鑑降低住院治療中心兒童的反社會行為頻率，不具干擾性的觀察方式可以由老師或家長列表顯示兒童每天的反社會行為的次數。兒童較不會注意到這個觀察，因為他們是屬於自然情境的一部分，且老師或家長是日常生活中的一部分，並不會很明顯地直接連結到一個研究的期待。選項(A)所述正確，可減少研究者對所研究現象的影響。

2 有關內容分析法的優點，下列何者錯誤？　（107年第一次專技社工師）

(A)可以影響到被研究的對象　　(B)可以節省時間和金錢

(C)容易修正錯誤　　(D)很適合研究的過程歷時長久的事件

答案：**A**

解析：選項(A)有誤。內容分析，是指透過系統化的分類過程，將文本資料逐漸由繁化簡的過程，並賦予簡單統計數字作為説明依據。內容分析其實在某種程度是融入統計的分析方法（特別是描述統計的次數分配方法）去分析質性的資料內容分析法不會影響到被研究的對象。

3 一種研究設計的重點是讓被研究者在參與研究的過程中，有機會為解決自身群體的問題或創造群體的自身利益，而採取一連串的行動。是指何種研究方法？　（107年第一次專技社工師）

(A)個案研究方法　(B)行動研究　　(C)參與觀察研究　(D)單案研究法

答案：**B**

解析：行動研究法，又稱為參與式行動研究（Participatory Action

Research）。使用這種方法，研究者會充當被研究者的資源，通常是弱勢團體，讓他們有機會為自己的利益採取有效行動。這些弱勢參與者會界定自己的問題，界定想要補救的方法，以及帶頭設計能幫助他們完成自己目標的研究。

4 單案研究在社會工作實務領域具有很高的實用價值。下列有關單案研究的敘述，何者正確？　（107年第二次專技社工師）

(A)屬於真實驗的研究設計

(B)可分為AB、ABAB、多重基線設計等類型

(C)通常具有良好的內在效度

(D)通常具有良好的外在效度

答案：**B**

解析：1. 選項(A)有誤。在單案研究中，研究的對象一定只有一個。因此，單案研究無實驗組與控制組，並非真實驗的研究設計。

2. 選項(C)有誤。測試標準化工具效度的條件，與適用單案研究的條件，在不少關鍵的方面，兩者間有相當的差異，甚至彼此對立。通常我們聲稱某個標準化工具有效度，是在一個大規模的研究當中施行得知的，常見的狀態是：(1)受測者是屬於很大的群體當中的一個體，與研究者之間沒有特殊、持續的關係存在，且是匿名的；(2)每個受測者使用這個測量工具的次數不會超過一次或兩次；(3)受測者並不會因為測量工具所測得的分數，而使他或她從該等服務獲益。相對地，在單案研究中，案主在填答測量工具時，並不是匿名的，並且與服務提供者有特別的關係。也因此，案主有可能十分敏感與在意，自己是否給工作者留下印象，與匿名的狀態相比，案主會更加希望給工作者留下好印象。另外，在重複施測的情況下，可能由於案主作答時的不謹慎，也有可能是他們記得上次的答案，結果後來測量的答案很容易越來越不具效度。最後，也或許是最重要的，案主可能很敏感地察覺至基準線階段和介入階段的不同，他們或許會知道如果這服務是有效的，那麼在介入階段他們的分數應該會有所進步。帶著

這樣的認知，很有可能讓案主在介入階段傾向想要給別人正向（亦即目標問題有所改善）的印象。因為有諸如此類的差別，即便自陳測量工具在其他脈絡有實證檢測信度、效度的嚴重問題，我們仍然無法保證，採用在單案設計的研究中，一定可以避免案主為了社會期望而可能產生的偏誤。

3. 選項(D)有誤。相較於其他研究設計最大的不同點在於：樣本數只有一個。不論我們分析的單位是一個人、一個家庭、一個社區或是一個組織，樣本數都只有一個。因此，單案研究設計的其中一個主要限制，就是它的外在效度是較不可靠的。

5 下述關於行動研究（action research）的說明，何者較為適當？

（107年第二次專技社工師）

(A)研究目的在於了解研究對象　　(B)被視為純理論的研究取向

(C)奠基於實證主義典範　　(D)較適合具有實用性質的學科運用

答案：**D**

解析：1. 選項(A)有誤。行動研究法是有其社會行動目的。使用這種方法，研究者會充當被研究者的資源，通常是弱勢團體，讓他們有機會為自己的利益採取有效行動。這些弱勢參與者會界定自己的問題，界定想要補救的方法，以及帶頭設計能幫助他們完成自己目標的研究。

2. 選項(B)有誤。行動研究的目標，不只是在對研究的現象與行為進行詮釋而已，同時也要達到對研究現象進行改變或改革的目標。就實踐行動的層次而言，行動研究其實是包含了規劃（研究）、行動與發現（評估）等，不斷循環的過程。

3. 選項(C)有誤。行動研究法奠基於批判研究取向。

6 有些組織進行方案評估研究（evaluation study）時，會聘請外部評估者。下列何者是聘請外部評估者可能有的優點？　　（107年第二次專技社工師）

(A)較不會受到組織原有文化、或對於方案期待的影響

(B)可能無法獲得方案執行前的相關資料

(C)外部評估者可能無法獲得方案執行者的信任與支持

(D)缺乏對方案背景脈絡或處境的知識

答案：**A**

解析：

項目	內部評估	外部評估
意義	指由方案執行單位的成員所從事的評估工作，其動機往往是為了能夠立即改善或提升個案的服務品質。	指由機構以外的專家，對福利計畫或方案之進行所從事的評估工作。
優點	1. 內部評估者易於掌握方案的第一手訊息。 2. 內部評估者有較佳的機會了解方案的知識與內容。 3. 內部評估者較易於獲得主事者和員工的信任，進而讓他們承認問題和分享秘密。 4. 內部評估豐富化服務品質的改善過程，有益於機構或方案的外部責信。	1. 較易維持評估工作的客觀性。選項(A)屬之。 2. 可依評估標準對組織結構進行監督。 3. 可避免介入組織的衝突，保持中立地位以有效執行評估工作。 4. 評估經費與行政作業獨立於方案外，可避免扮演「邊際人」角色及地位不一致的困擾。 5. 評估者較具專業知識和經驗，有助於評估的可信度。
缺點	1. 較缺乏獨立自主的可靠性。 2. 可能對服務相關的知識或經驗不足，而難以做深入評估。 3. 與方案有密切關係，評估較易陷入主觀性。	1. 對方案內容及進行狀況不易有全面性的了解與掌握。 2. 可能要有方案外的額外支出。 3. 若評估者與方案執行者有特殊關係，可能影響到評估的客觀性。

7 研究者以「兒童的生氣」為觀察目標行為，依其嚴重程度區分等級，再根據其發生的次數或嚴重性將各等級操作化，清楚定義以進行觀察記錄。這是屬於下列何種記錄法？　　　　　　　　　　　　　（108年第一次專技社工師）

(A)頻率記錄法　　　　　　　　　(B)強度記錄法

(C)持續記錄法　　　　　　　　　(D)等距資料記錄法

答案：**B**

解析：強度記錄法係對每一次目標行為發生的規模大小、程度作記錄，把所觀察的目標行為區分為一些等級，再根據其發生的次數或嚴重性來制定。例如以「兒童的發怒」為目標行為，我們可以把小孩子發怒時所產生的行為依其嚴重程度分為一些等級，如：1.小孩哭泣低吟；2.小孩高聲尖叫；3.小孩亂擲東西、擊傢俱（擊物）；4.小孩攻擊別人或以物擊人等四級。

8 下列何者是在進行行動研究時可以做的事？①進行嚴格的實驗控制與操弄②同時運用質化與量化的方法去蒐集資料 ③在研究進行過程中調整修訂研究問題 ④將研究結果推論到其他現實情境 （108年第一次專技社工師）

(A)①②   (B)③④   (C)①④   (D)②③

答案：**D**

解析：行動研究法，又稱為參與式行動研究（Participatory Action Research），由社會心理學家Kurt Lewin所提出。在質性研究方法中的特色是有其社會行動目的。使用這種方法，研究者會充當被研究者的資源，通常是弱勢團體，讓他們有機會為自己的利益採取有效行動。這些弱勢參與者會界定自己的問題，界定想要補救的方法，以及帶頭設計能幫助他們完成自己目標的研究。題意②③是行動研究時可以做的事；另題意①④為量化研究的研究程序，不適用於以質化研究方法為主的行動研究。

9 研究者為了對某問題做進一步的瞭解，針對其溝通或文件的內容作較詳盡的分析，這種從已有的資料與文獻中作有系統性及科學性的分析，是指下列何種研究方法？ （108年第一次專技社工師）

(A)內容分析法（content analysis）
(B)次級資料分析法（secondary analysis）
(C)歷史研究法（history research）
(D)非干擾測量（unobtrusive measures）

答案：**A**

解析：內容分析法是指透過系統化的分類過程，將文本資料逐漸由繁化簡的過程，並賦予簡單統計數字作為說明依據。內容分析其

　　實在某種程度是融入統計的分析方法（特別是描述統計的次數分配方法）去分析質性的資料，這在社會科學中，以新聞學與大眾傳播相關領域研究中最常使用到。

10 有一種自然主義實地研究方法強調要完全了解社會生活就必須進入社區，變得很像一個局內人，著重在詳細正確的描述社會生活。這是下列何種研究法？　　　　　　　　　　　　　　　　　（108年第二次專技社工師）

(A)個案研究法　　　　　　　　　(B)參與式行動研究法

(C)紮根理論　　　　　　　　　　(D)民族誌

答案：**D**

解析：民族誌（Ethnography），又稱為人種誌。是注重在自然情境中觀察的一種質性研究形式，民族誌重視的是仔細且精確地描述人們在特殊文化中的生活方式，以及他們解釋事物意義的方式。民俗誌學者認為這種研究方法最能掌握研究情境的多元性和豐富性。

11 下列何者是行動研究法與其他研究共通之處？　　（108年第二次專技社工師）

(A)同時使用質化與量化方法

(B)研究參與者也是研究者

(C)根據研究結果修改計畫，採取下一波的研究行動

(D)對社會科學（知識）或社會改變（實務）有貢獻

答案：**D**

解析：1.選項(A)、(B)有誤。行動研究法，又稱為參與式行動研究（Participatory Action Research），是「質性研究方法」，此法有其社會行動目的，使用這種方法，研究者會充當被「研究者的資源」，通常是弱勢團體，讓他們有機會為自己的利益採取有效行動。這些弱勢參與者會界定自己的問題，界定想要補救的方法，以及帶頭設計能幫助他們完成自己目標的研究。

　　　　2.選項(C)有誤。行動研究法是以實務問題導向並強調實際問題的立即解決方法。所指的實際問題，通常是特殊的問題，而

非概括性的問題。特別是從實務工作者的觀點，想要了解方案實施之後的優缺點，並提出具體改進策略，同時希望相關部門能立刻付諸實行，對社會改變（實務）具有貢獻。

12 分析現存可用紀錄資料的優點，下列何者正確？

（108年第二次專技社工師）

(A)一種對紀錄的干擾 　　　　　(B)比其他蒐集資料方法省錢但費時
(C)可以研究過去的現象 　　　　(D)可以做有效的觀察

答案：**C**

解析：1.選項(A)、(B)有誤；選項(C)正確。要避免觀察的干擾，有一種最好的方法就是使用既存資料。所謂的既存資料（available data），並不只限於統計資料的彙編，還包括許多其他類型的文件資料。例如：機構的個案紀錄、實務工作者的程序筆記、報紙及電視新聞的報導評論、董事會的會議紀錄、機構的備忘錄和年度報告、書籍或專業期刊文章、社會福利相關的法律觀點或立法、各級政府的行政法規等，皆屬此類資料來源。運用現存資料有三個主要優點：非干擾性、簡便節省（資料蒐集相較於其他方法省錢、省時）、可以研究過去發生的現象。分析現存可用紀錄資料，為非干擾性研究方法。

　　　2.選項(D)有誤。分析現存可用紀錄資料，可能會面臨資料信度、效度及資料遺漏等問題，致無法做有效的觀察。

13 進行行動研究時，研究日誌可以發揮的作用，下列何者錯誤？

（108年第二次專技社工師）

(A)研究日誌可以記錄觀察、訪談與對話等資料
(B)研究日誌有利於與人分享交流
(C)研究日誌記下的頓悟與反思有助於引導理論架構的發展
(D)持續寫研究日誌可以避免蒐集到的資料與分析與反思的連結不足

答案：**B**

解析：1. 對於行動研究者而言，持續不斷地撰寫研究日誌，是一種相當有用的蒐集資料證據的方式，也是促進研究發展的重要媒介。學者建議將研究日誌視為整個研究過程的同行伴侶，而不只是一個蒐集資料的工具而已，而是能讓研究日誌與您的研究以及您個人的內在經驗產生關聯與互動。選項(B)有誤，研究日誌並非用於與人分享交流之用。

2. 撰寫研究日誌的目的在於記錄下研究過程中的行動、想法、感受與省思，以便記憶、監控與分析親身經歷過的特定事件。起初對研究過程中重要或生動的事件進行紀錄或描述，日後可以對內容進行分類，成為資料分析的重要依據。

3. 研究日誌應該包含描述性的紀錄以及解釋性的紀錄兩個部分：

(1) 描述性的紀錄：包含如活動的說明、地點或環境的狀況、事件的描述、對話、手勢、聲調、面部表情、個人的特徵（如外表、說話風格）等，而你個人的言行，當然是描述的重點。描述細節比摘要重要，特別的部分比一般化的部分重要。如果某人說了什麼話，最好直接記錄他的說法。你可以在當時快速摘記在紙頭上，回去時再撰寫。

(2) 解釋性的紀錄：解釋性的紀錄如感受、解釋、創見、反省、推論、預測、對自己預設立場或偏見的反思、可能的理論發展或研究假設……等。解釋性的內容往往會在紀錄日誌的過程中被引發。

4. 日誌可以在日後重複閱讀，常常會因此對事件引發新的體悟，也可能發現一些錯誤。每次重複閱讀時有新的體悟，或形成的暫時性分析，可以將它們寫下來加上去，但是記得要標註當時的時間。這些暫時性的分析有助於未來進行行動研究成果的評鑑。

5. 撰寫研究日誌之目的：

(1) 研究日誌可以記錄觀察、訪談與對話等資料。選項(A)屬之。

(2) 研究日誌記下的頓悟與反思有助於引導理論架構的發展。選項(C)屬之。

(3) 持續寫研究日誌可以避免蒐集到的資料與分析與反思的連結不足。選項(D)屬之。

14 研究者使用「華人家庭動態資料庫」，研究華人社會的家庭關係與親子互動，是屬於下列何種方法？　　　　　　　（108年第二次專技社工師）

(A)問卷調查法　　　　　　　　　(B)內容分析法

(C)次級資料分析法　　　　　　　(D)民族誌研究法

答案：**C**

解析：再次／次級／二手分析法（Secondary Analysis）是「對某現存已有的資料作更進一步的分析，以呈現新的結論或解釋的一種研究方法」。換句話說，再次分析法是一種研究方法，藉由別人所蒐集的資料，把適合我們研究的原始資料再拿來做分析。亦即，用不同於過去報告的方式，對已存在的資料再作分析，所呈現的說明、解釋、結論或新增的知識，即為再次／次級分析法。因為對於資料之分析處理，有時並不一定都需要由研究者向被研究者直接獲取「第一手」的資料（Primary Data）才能做分析。因此，是使用現有的資料作更進一步的分析，以呈現出新的結論或解釋的一種研究方法。

15 有關形成性評估的敘述，下列何者錯誤？　　　　（109年第一次專技社工師）

(A)可以運用對照組設計

(B)等方案執行3～4年，穩定後進行較合適

(C)通常是描述性的

(D)不企圖建立因果關係

答案：**B**

解析：形成性評估把焦點集中於特定的情境脈絡中，其目的在改進某一特定之方案、政策、人員或成果，研究主旨在「形成」其研究對象，其目的在於改進其研究情境內之效果。形成性評估研究是為了特定對象人員，在其特定時間內所進行的特定活動，以尋求改進其行動效益的途徑。選項(B)有誤，所述為成效評估。

16 下列何者不是行動研究的程序步驟之一？　（109年第一次專技社工師）

(A)發表行動研究結果　　　　(B)規劃解決問題的行動方案

(C)不需要取得研究參與者的同意　(D)進行評鑑回饋

答案：**C**

解析：任何一種類的研究，在進行研究的過程中，均需要取得研究參與者的同意。選項(C)有誤。

17 下列那一個研究問題最適合採用行動研究法？　（109年第一次專技社工師）

(A)那些因素會影響特殊需求學生和普通學生的互動

(B)如何改善班上特殊需求學生和普通學生的互動

(C)男生和女生對特殊需求學生的接受程度是否存在差異

(D)特殊需求學生進到融合班中的適應程度

答案：**B**

解析：行動研究的目標，不只是在對研究的現象與行為進行詮釋而已，同時也要達到對研究現象進行改變或改革的目標。選項(B)所述，如何改善班上特殊需求學生和普通學生的互動，即適合採行動研究法。

18 對於使用德菲法（delphi panel）的優點與限制，下列敘述何者正確？

（109年第一次專技社工師）

(A)多次的調查可促使專家參照他人的意見再次思考，而使得觀點更趨於多元性

(B)德菲法調查訪談容易發生時間不易安排的問題

(C)能在匿名的情況下達到專家意見的共識，可避免因面對面團體討論容易發生之從眾效應

(D)調查花費的時間較短

答案：**C**

解析：1.選項(A)有誤。德菲法（Delphi Method/Delphi Techniques）是一種「不需要電腦輔助，但是可以透過問卷的方式，對多位專家進行意見蒐集的過程。在初始階段，每個成員針對討

選擇題　Multiple Choice Question

論的議題提供個人意見，這些意見經由不斷反覆的修改、澄清、整合與摘要過程，再以匿名方式回饋給參與成員，開始進入德菲法的第二輪階段。透過第二輪的意見回應與蒐集過程，不斷讓回饋更具體、更聚焦。這種過程必須反覆不斷進行，直到成員之間的意見趨於一致，再無需要改變或修正之處為止」。

2. 選項(B)有誤。德菲法的優點之一是節省時間、金錢（相較於邀請所有成員齊聚一堂開會），並可克服地理上及交通上的不便，而使參與者數額增大。

3. 德菲法適用的先決條件：

(1) 有足夠的時間，經由至少兩輪的問卷調查，約需至少三十天的時間。選項(D)有誤，德菲法較耗時。

(2) 參與者要具有文字表達的能力，他們必須看得懂問卷，且能針對問卷用文字書寫來回答問題（如果是專家則無此問題）。

(3) 要具有高度的參與動機，因為如果沒有動機，便可能敷衍了事或乾脆不填答問卷（這是最重要的考慮因素）。

19 有關非干擾測量（unobtrusive measures）的優點，下列敘述何者錯誤？

（109年第一次專技社工師）

(A)不必干擾受訪者

(B)不會造成實驗研究中受訪者成熟、歷史或測量等影響研究的內在效度

(C)不需要用到大量的資料

(D)測量結果沒有人為的偽裝與不必要的影響

答案：**C**

解析：要直接獲得被研究者的「第一手」資料，往往要「打擾」到被研究者，因此。此類測量方法一般稱為「干擾測量法」。例如：調查研究法、實驗研究法、焦點團體法與德菲法等。非干擾測量法（Unobtrusive Measures）不需要打擾到被研究者，例如：次級資料分析法、歷史研究法等，但卻需要應用大量的資料。選項(C)有誤。

20 有關方案評估的目的，下列敘述何者錯誤？　　（109年第二次專技社工師）

　　(A)評估方案的最終成效

　　(B)評估方案被執行的問題

　　(C)獲得方案計畫與發展所需的資訊

　　(D)形成性評估關注的是方案是否繼續進行

　　答案：**D**

　　解析：形成性評估是把焦點集中於特定的情境脈絡中，其目的在改進某一特定之方案、政策、人員或成果，研究主旨在「形成」其研究對象，其目的在於改進其研究情境內之效果，而非方案是否繼續進行。

21 下列有關行動研究的敘述，何者錯誤？　　（109年第二次專技社工師）

　　(A)目的在改善實務工作，解決實際問題

　　(B)實務工作者也是研究者之一

　　(C)必須在實際問題發生的情境中進行探究

　　(D)研究過程是事先規劃好的，並嚴格遵守

　　答案：**D**

　　解析：選項(D)有誤。「行動研究」是一種由下而上的研究方式，強調以實務工作者的需求與立場出發，對實務工作者本身所處的工作情境與內涵進行反省與批判，並結合相關的過程與步驟，找出解決或改變實務工作的困境與問題解決方案或行動策略。因此，在研究過程中，常會有因應不同情況加以調整研究的進行。

22 某協會邀請12位專家學者回答問卷，彙整問卷的意見，再寄給這12位專家，請他們依據整理過的資料提出新的意見，反覆施作直至意見趨於一致，以提供協會推動老人福利服務的參考，請問這是什麼研究方法？

（109年第二次專技社工師）

　　(A)調查研究法　　(B)郵寄問卷法　　(C)德菲法　　(D)需求評估法

　　答案：**C**

解析：德菲法（Delphi Method / Delphi Techniques）是一種「不需要電腦輔助，但是可以透過問卷的方式，對多位專家進行意見蒐集的過程。在初始階段，每個成員針對討論的議題提供個人意見，這些意見經由不斷反覆的修改、澄清、整合與摘要過程，再以匿名方式回饋給參與成員，開始進入德菲法的第二輪階段。透過第二輪的意見回應與蒐集過程，不斷讓回饋更具體、更聚焦。這種過程必須反覆不斷進行，直到成員之間的意見趨於一致，再無需要改變或修正之處為止」。

23 下列何種不是內容分析法的特質？ （109年第二次專技社工師）

(A)是為了驗證理論

(B)在電腦的輔助下可以同時分析大量的資料

(C)是系統化的資料分類過程

(D)強調資料分析者之間的一致性

答案：**A**

解析：內容分析法得到的結論最好與理論相關，或能形成某些通則，使與其他理論有所關聯。但內容分析法並非是用來驗證理論，選項(A)有誤。

24 行動研究有許多不同的名稱，下列何者不是行動研究的別稱之一？

（110年第一次專技社工師）

(A)實證主義研究（positivism study）

(B)社區為基礎研究（community-based study）

(C)合作探究（co-operative enquiry）

(D)行動科學和行動學習（action science and action learning）

答案：**A**

解析：與行動研究相通或相近的名詞有：「互動性研究與發展」（interactive R & D）、「行動探究」（action inquiry）、「社區為基礎研究」（community-based study）、「反省性實踐」（reflective practice）、「行動科學」（action science）、「行動科學和行動學習」（action science and action learning）、「行動學習」（action learning）、「協同探究」（collaborative inquiry）、「合作探究」（co-operative inquiry）、「參與性研究」（participatory research）、「教室行動研究」（classroom action research）。選項(A)不屬之。

25 有關德菲法（delphi panel）的特質敘述，下列何者錯誤？

（110年第一次專技社工師）

(A)專家匿名性　　　　　　　　　(B)須有封閉式問卷的設計
(C)是相互回饋的過程　　　　　　(D)不斷反覆進行的步驟

答案：**B**

解析：德菲法是一種介於質性研究與量化研究之間的研究方法。因為它所採用的蒐集資料方法是進行問卷調查，同時它會運用到統計方法來協助研究的進行，可說是頗為類似量化的研究。不過由於問卷的問題多為開放式的（非結構式的）（選項(B)有誤），因此在作資料的分析與整理時，又大多是針對文字資料在作處理，因此又類似於質性研究。不過總括來說，由於實質上在處理的資料還是以文字（質性）為主，因此還是將德菲法歸類為質性的研究方法。

26 有關個案研究法適用的情境，下列何者錯誤？　（110年第一次專技社工師）
(A)研究「如何」與「為什麼」的問題
(B)適合尚未有很多研究或理論基礎的問題
(C)個案數不多，但變化性較低的情形
(D)某些特例的表現與理論相矛盾

答案：**C**

解析：選用個案研究法，是因為找得到似乎有深入調查價值的特殊個案。所以，個案研究法的研究對象雖個案數不多，但卻具有變化性。

27 研究「次文化」現象，例如街友、街頭幫派等議題，下列那種研究方法較為適當？　（110年第一次專技社工師）
(A)行動研究　　　(B)調查研究　　　(C)實驗研究　　　(D)民族誌

答案：**D**

解析：民族誌（Ethnography），又稱為人種誌。是注重在自然情境中觀察的一種質性研究形式，民族誌重視的是仔細且精確地描述人們在特殊文化中的生活方式，以及他們解釋事物意義的方式。民俗誌學者認為這種研究方法最能掌握研究情境的多元性和豐富性。

28 某社會工作師在長照C據點針對有輕度失智症長輩進行需求評估，下列何者沒有幫助？　　　　　　　　　　　　　　　（110年第一次專技社工師）

(A)請家屬提供失智長輩年輕時的照片

(B)請社會工作師觀察失智長輩的失能行為

(C)請護理師提供失智長輩的用藥情形

(D)請照服員觀察失智長輩的生理機能

答案：**A**

解析：選項(A)請家屬提供失智長輩年輕時的照片，與提供長照服務的需求評估無關。

29 以實作方式逐漸發展改善社會問題的方法，是指下列何種研究？

（110年第一次專技社工師）

(A)評估研究　　　(B)調查研究　　　(C)田野研究　　　(D)行動研究

答案：**D**

解析：行動研究法，又稱為參與式行動研究（Participatory Action Research），由社會心理學家Kurt Lewin所提出。在質性研究方法中的特色是有其社會行動目的。使用這種方法，研究者會充當被研究者的資源，通常是弱勢團體，讓他們有機會為自己的利益採取有效行動。這些弱勢參與者會界定自己的問題，界定想要補救的方法，以及帶頭設計能幫助他們完成自己目標的研究。「行動研究」是一種由下而上的研究方式，強調以實務工作者的需求與立場出發，對實務工作者本身所處的工作情境與內涵進行反省與批判，並結合相關的過程與步驟，找出解決或改變實務工作的困境與問題解決方案或行動策略。亦即，行

動研究的目標，不只是在對研究的現象與行為進行詮釋而已，同時也要達到對研究現象進行改變或改革的目標。就實踐行動的層次而言，行動研究其實是包含了規劃（研究）、行動與發現（評估）等，不斷循環的過程。

30 研究者想了解社會工作師對個案的關心程度，決定以計算訪視及電話關懷次數作為補充性佐證資料，此種資料蒐集方式是下列何者？

（110年第一次專技社工師）

(A)問卷訪談　　　　　　　　(B)非干擾性的測量

(C)實驗設計　　　　　　　　(D)質性訪談

答案：**B**

解析：非干擾性測量（Unobrusive Measures）是指：「在調查訪問的前或後，研究者在不干擾受訪者，也不需受訪者填問卷表的狀況下，藉著對其他事務的觀察或測量，使得到的資料可以佐證或增強調查研究時所得到的結論，此為非干擾性測量。要特別注意的是，非干擾性測量不能取代訪問調查研究，非干擾性測量的結果只是供訪問調查佐證或參考而已。非干擾性測量的型態包括物理線索、檔案與公文、觀察等三種。

31 判斷行動研究品質的標準，下列何者錯誤？　（110年第二次專技社工師）

(A)是否有考慮到另類觀點

(B)是否對實踐行動有所貢獻

(C)是否符合理論

(D)是否符合研究倫理

答案：**C**

解析：行動研究法是以實務問題導向並強調實際問題的立即解決方法。所指的實際問題，通常是特殊的問題，而非概括性的問題。特別是從實務工作者的觀點，想要了解方案實施之後的優缺點，並提出具體改進策略，同時希望相關部門能立刻付諸實行。也就是說，不是只討論學術、理念或是大概的方向，而是很具體地、從實務工作者的觀點，針對某個方案實施的狀況來

加以分析探討，同時希望即知即行，劍及履及。選項(C)所述，是否符合理論，並非判斷行動研究品質標準之準據。

32 有關行動研究的特徵，下列何者錯誤？ （110年第二次專技社工師）

(A)每個行動研究方案都有自己的特點

(B)發起於每日工作中所產生的實際問題

(C)具有明確與特定的方法或技巧

(D)和行動場域有相容性

答案：**C**

解析：選項(C)有誤。行動研究法是以從實務工作者的觀點，針對某個方案實施的狀況來加以分析探討。行動研究法往往是根據特定對象的特定問題發展出研究策略，因此較不具有明確與特定的方法或技巧。

33 行動研究主要關切的是下列何者？ （110年第二次專技社工師）

(A)理論驗證　　　　　　　　(B)發展新的方法

(C)政策評估　　　　　　　　(D)意向調查

答案：**B**

解析：行動研究的目標，不只是在對研究的現象與行為進行詮釋而已，同時也要達到對研究現象進行改變或改革的目標，發展新的方法。

34 下列何者比較適合歷史比較研究法（historical-comparative research）？

（110年第二次專技社工師）

(A)社會工作發展過程之研究　　(B)酗酒個案成因之研究

(C)單親家庭復原力之研究　　　(D)高齡者代間共學之研究

答案：**A**

解析：歷史比較研究法適用於探究諸如某個特殊結果（例如：內戰），是那些社會因素共同促成的這類問題。也適用於比較整個社會體系以了解不同社會之間，那些是共同特性，那些是獨特之處以及長期的社會變遷問題。歷史比較研究者可以應用某

個理論於特殊的個案，以彰顯該理論的用處。研究者說明或顯示不同社會因素或團體之間的關聯性。研究者比較不同文化或歷史脈絡下相同的社會過程與概念。題意所述社會工作發展過程之研究，適合採用歷史比較研究法。

35 有關運用次級資料分析法，下列何者正確？　　（110年第二次專技社工師）

(A)有時會因次級資料的變項內容而修改研究變項測量定義

(B)可以進行交互性訪談

(C)資料都可以用，非常便利

(D)是其他研究人員完成的資料，不會有偏誤問題

答案：**A**

解析：1. 選項(B)有誤，採用次級資料分析法，無法進行交互性訪談。次級資料分析法（Secondary Analysis）是「對某現存已有的資料作更進一步的分析，以呈現新的結論或解釋的一種研究方法」。換句話說，再次分析法是一種研究方法，藉由別人所蒐集的資料，把適合我們研究的原始資料再拿來做分析。亦即，用不同於過去報告的方式，對已存在的資料再作分析，所呈現的說明、解釋、結論或新增的知識。

　　　2. 選項(C)有誤。很多時候，研究者可能沒辦法確認次級分析的資料當初採用的蒐集和處理程，也沒辦法評估其品質，故次級資料並非都可以使用。研究者可能無從取得相關資訊，說明訪查員的訓練是否充足、資料蒐集過程是否有引入偏誤，或是資料的編碼是否有謹慎處理。

　　　3. 選項(D)有誤。次級資料是由其他研究人員完成的資料，但資料供應者個人的喜好及社會價值觀之影響會產生誤差，這些誤差在再次分析時，絲毫沒有彌補的餘地，可能會產生偏誤問題。

36 研究者帶著實證主義的假設到研究場域，針對該社會現實進行觀察和報導，這是指下列何種研究典範？　　（111年第一次專技社工師）

(A)紮根理論法　　　　　　　　　(B)自然主義實地研究法

(C)個案研究法　　　　　　　　　(D)參與式行動研究法

選擇題　Multiple Choice Question

答案：**B**

解析：自然主義（naturalism）實地研究法是質性研究的一個古老傳統。最早的實地研究，是研究者帶著實證主義的假設進到研究場域，假設社會現實「就在那裡」，自然就準備好要接受研究者的觀察和報尋，如同其「真的存在」一樣。這個傳統始於1930和1940年代的芝加哥大學社會系，該系的師生走遍城內的各個角落，觀察和了解當地的社區和鄰里，他們的研究取向現在被稱為「芝加哥學派」（Chicago School）。

37 有關行動研究特徵的敘述，下列何者錯誤？　　（111年第一次專技社工師）

(A)行動研究是價值中立的

(B)行動研究是以情境為基礎，視特定情境而調整的

(C)行動研究具有參與性和協作性

(D)行動研究的結果不具有絕對性

答案：**A**

解析：行動研究的特徵有：

1. 研究情境—當事人實務工作情境為主，情境取向。選項(B)屬之。
2. 研究目的—以解決實務問題為主。
3. 研究問題—研究問題為某一特別問題或現象。
4. 研究特定對象—包括個案、班級中之團體、一個班級、跨班級，至
5. 以學校為單位等。
6. 研究參與者—實務工作者。
7. 研究應用者—行動研究者。
8. 研究過程—注重協同、集體合作。選項(C)屬之。
9. 問題解決—立即應用性。
10. 結果應用（推論）—有情境特定性，主要用在研究工作的場所，不具有普通的代表性（絕對性）。選項(D)屬之。
11. 研究效益—解決問題與促進個人專業成長。
12. 研究方法—兼用質與量方法，偏向質性研究

38 研究者檢視案主的個案紀錄，想從這些紀錄資料找出受暴婦女的復元歷程，請問這是什麼研究方法？　　　　　　　　　　　　（111年第一次專技社工師）

(A)歷史研究法　　　　　　　　　(B)內容分析法
(C)面對面訪問法　　　　　　　　(D)個案訪談法

答案：**B**

解析：所有既有可用的紀錄並非都是別人所蒐集的資料。例如：另外的形式可能包括書籍、雜誌、期刊、報紙、電視節目、廣告、從事直接服務之社會工作人員在他們個案紀錄中所做的過程筆記等。一般來說，從這些來索取得的資料在屬性上都是質性資料，分析這種資料的方法被稱為內容分析法（Content Analysis）。

39 某社會工作者想知道甲乙兩家兒童閱覽室，那一家比較受歡迎，因此計算兒童閱覽室外面鞋櫃童鞋的數量，作為參考比較，請問這是什麼研究方法？

（111年第一次專技社工師）

(A)實驗法　　　　　　　　　　　(B)參與觀察法
(C)行動研究法　　　　　　　　　(D)非干擾性研究法

答案：**D**

解析：非干擾性測量（Unobrusive Measures）是指：「在調查訪問的前或後，研究者在不干擾受訪者，也不需受訪者填問卷表的狀況下，藉著對其他事務的觀察或測量，使得到的資料可以佐證或增強調查研究時所得到的結論，此為非干擾性測量。」要特別注意的是，非干擾性測量不能取代訪問調查研究，非干擾性測量的結果只是供訪問調查佐證或參考而已。非干擾性測量的型態包括物理線索、檔案與公文、觀察等三種。

40 有關歷史研究法的特性，下列何者正確？　　　（111年第一次專技社工師）

(A)需要徵求研究對象的同意　　　(B)需要大量的研究經費
(C)適合長期的觀察　　　　　　　(D)研究資料來源不受限

答案：**C**

解析：1. 選項(A)有誤。歷史研究法是靠著分析過去所留下的文件、

物質及記憶，在這種過程中，也為了能把歷史過程與現今的狀況作比較，研究者必須注意以非干擾性測量（Unobtrusive Measures）原則來測量現今可測量與比較的資料。歷史研究法無需徵求研究對象的同意。

2.選項(B)有誤。歷史研究法為分析文件、物質及記憶，所需經費較少。

3.選項(D)有誤。歷史比較研究的證據通常是有限的與間接的。研究通常是不可能直接觀察或親自參與。歷史的證據特別依賴過去所殘存下來的資料，這通常是以文獻的形式存在（例如：信件與報紙）。研究者被限制在尚未被毀損、殘留下來的某個線索、記錄或其他證據。因此，歷史研究法的研究資料來源會受到限制。

41 某研究者正在進行「臺灣近30年青少年犯罪趨勢分析」研究，適合運用下列何種資料？　　　　　　　　　　　　　　　　（111年第一次專技社工師）

(A)觀察紀錄　　　　　　　　　　(B)官方統計資料

(C)青少年的日記　　　　　　　　(D)犯罪小說

答案：**B**

解析：官方定期調查資料，係指主計處、各主管機關的統計數據。題意所述「臺灣近30年青少年犯罪趨勢分析」研究，此類資料以過往的青少年犯罪紀錄統計分析為研究數據為源，較具有參考性，而該資料之來源，通常由司法單位統計，因此，該研究以運用官方統計資料為佳。

42 研究者擬建立老人保護／虐待的高風險指標，透過多次問卷表達意見，每一次問卷結果都不具名傳給其他專家，這個過程讓大家看一下其他專家的意見，然後調整自己的意見，這是什麼研究方法？

　　　　　　　　　　　　　　　　　　　　　　（111年第二次專技社工師）

(A)德菲法　　　　(B)需求評估法　　　(C)焦點團體法　　　(D)郵寄問卷法

答案：**A**

解析：德菲法（Delphi Method/Delphi Techniques）是一種「不需要

電腦輔助，但是可以透過問卷的方式，對多位專家進行意見蒐集的過程。在初始階段，每個成員針對討論的議題提供個人意見，這些意見經由不斷反覆的修改、澄清、整合與摘要過程，再以匿名方式回饋給參與成員，開始進入德菲法的第二輪階段。透過第二輪的意見回應與蒐集過程，不斷讓回饋更具體、更聚焦。這種過程必須反覆不斷進行，直到成員之間的意見趨於一致，再無需要改變或修正之處為止」。

43 某研究者在921地震後進入南投縣中寮社區協助居民從事災後重建工作，邀集災民參與並討論其所面臨之問題，思考並擬出產業復甦計畫加以執行，並根據執行過程與結果所蒐集的資料修改因應對策，最後彙集成研究報告。此種社會工作實務研究屬於下列何種質性研究方法？

（111年第二次專技社工師）

(A)敘事研究法（narrative research）

(B)民族誌或人種誌學（ethnography）

(C)現象學（phenomenological study）

(D)行動研究法（action research）

答案：**D**

解析：行動研究法，又稱為參與式行動研究（Participatory Action Research）。使用這種方法，研究者會充當被研究者的資源，通常是弱勢團體，讓他們有機會為自己的利益採取有效行動。這些弱勢參與者會界定自己的問題，界定想要補救的方法，以及帶頭設計能幫助他們完成自己目標的研究。「行動研究」是一種由下而上的研究方式，強調以實務工作者的需求與立場出發，對實務工作者本身所處的工作情境與內涵進行反省與批判，並結合相關的過程與步驟，找出解決或改變實務工作的困境與問題解決方案或行動策略。行動研究的目標，不只是在對研究的現象與行為進行詮釋而已，同時也要達到對研究現象進行改變或改革的目標

44 有關評估研究（evaluation research）的敘述，下列何者正確？

（111年第二次專技社工師）

選擇題 Multiple Choice Question

(A)評估研究較不適用於評估一個社會制度對於人民所造成的影響

(B)好的評估研究需要先清楚定義結果指標為何

(C)若不能採用實驗設計來評估成效，則不建議進行評估研究

(D)評估研究所牽涉到的倫理議題通常比較單純，和參與者權益維護的相關性較低

答案：**B**

解析：1.選項(A)有誤。評估研究指的是一個研究目的，而不是一種特定的研究方法，這個目的在於評估社會干預的影響。評估研究適用於方案、計畫、制度等層面。

2.選項(C)有誤。並非所有的評估研究當可以採取實驗方式進行，且評估研究包括許多的類型，例如：需求評估、過程評估、成果評估、成本效益分析等，並非均須進行實驗設計才能進行評估。例如：需求評估不須採實驗設計。

3.選項(D)有誤。並非所有的評估研究所牽涉到的倫理議題通常比較單純。許多的評估研究所涉及議題亦常具有複雜性，因此，對於參與者的權益影響性高，研究者須謹守研究倫理之規定。

45 某學者想要針對4家平面媒體對於政府開放移工引進臺灣後這16年間（1992～2018年）8,248則相關報導為母體，研究者先將每篇報導以時間順序排列，形成一個抽樣架構後，以每4則抽取一則的方式抽出2,062篇新聞報導作為研究樣本，進而整理出臺灣主流媒體報導所塑造的移工形象。這個研究所採用的研究方法為何？　　　　　　　　（111年第二次專技社工師）

(A)歷史比較分析法　　　　　　　　(B)內容分析法

(C)次級資料分析法　　　　　　　　(D)調查研究法

答案：**B**

解析：內容分析法是指透過系統化的分類過程，將文本資料逐漸由繁化簡的過程，並賦予簡單統計數字作為說明依據。內容分析其實在某種程度是融入統計的分析方法（特別是描述統計的次數分配方法）去分析質性的資料。題意以媒體對於政府開放移工引進臺灣後的新聞報導內容進行分析，即是內容分析法之使用。

46 某學者運用甲地方政府「兒童及少年生活狀況調查」來了解學校霸凌現象，該學者使用的研究方法為何？　　　　　　　（111年第二次專技社工師）

(A)個案研究法（case study method）

(B)焦點團體法（focus group）

(C)內容分析法（content analysis）

(D)次級資料分析法（secondary analysis）

答案：**D**

解析：差補外推法／次級資料分析（Secondary Data Analysis）是以現有的研究或統計資料進行推估。資料來源包括：

1. 官方定期調查資料：主計處、各主管機關的統計數據。題意所述屬之。

2. 研究資料：學術研究資料、官方委託研究資料。

3. 現有調查或研究資料推估：對於各類問題的發生率、普及率進行定期性的調查及統計，及運用現有資料推算預定標的對象（Target）之需求。

47 研究者欲分析2000至2020年間臺灣地區青少年安置機構經營狀況與困境的變遷，適用下列何種質性研究策略？　　　　（112年第一次專技社工師）

(A)歷史研究法　　　　　　　　(B)民族誌研究法

(C)行動研究法　　　　　　　　(D)敘事研究法

答案：**A**

解析：歷史研究法的研究方法，係靠著分析過去所留下的文件、物質及記憶，在這種過程中，也為了能把歷史過程與現今的狀況作比較。題意所述主要是分析2000至2020年間臺灣地區青少年安置機構經營狀況與困境的「變遷」，因此，較適合使用歷史研究法。

48 某研究者在「發展臺北市兒童及少年性剝削防治工作模式」研究中，運用行動研究法，從服務提供者與使用者的觀點，來了解服務機構發展適當的防治工作模式之可能性。此種行動研究屬於下列何種型態？

（112年第一次專技社工師）

(A)充權型態（empowering type） (B)專業型態（professional type）

(C)組織型態（organizational type） (D)實驗型態（experimental type）

答案：**C**

解析：行動研究法的類型（Hart & Bond提出）：

1. 實驗型態（Experiment Type）：實驗型態的行動研究主要是以科學方法來探討社會問題，由研究過程來引導實務改變，此種型態被視為是一種理性的活動，是可被規劃與控制的。例如：「托兒所英語教學實驗之行動研究」，希望藉由研究者與被研究者的共同參與研究，了解到新教法對於問題的解決與現況的改變是否確有助益。

2. 組織型態（Organization Type）：組織型態的行動研究強調將行動研究應用在組織的問題解決方面，希望透過共同確定問題、找出可能的原因並進而找出可行的改變措施等方式，達到建立研究者與參與者之間的合作夥伴關係、對組織工作人員的充權，以及迅速有效解決問題的目的。例如：「發展臺北市兒童及少年性剝削防治工作模式之行動研究」，以行動研究法，從服務提供者（工作人員）與服務使用者（不幸少女）的觀點，來了解建構適當的防治工作模式之可能，提供組織（臺北市政府）具體可行的解決或改善建議。

3. 專業型態（Professional Type）：專業型態的行動研究著重於實務機構為了反應新專業的抱負，或進一步促進與其他專業相同之地位，所以透過行動研究作為發展實務之基礎。例如：「病患權益倡導的參與式行動研究：以罕見疾病基金會為例」，就是一個實務機構（罕見疾病基金會）希望藉由行動研究的方式，提升罕見疾病這一個專業領域被民眾認識、了解與支持的機會與比率。

4. 充權型態（Empowering Type）：充權型態的行動研究的形式與社區發展的方式緊密結合，主要是以為社會弱勢群體爭取權益為訴求，其目標除了結合理論與實務解決問題之外，同時也在協助參與者透過問題確認、共識形成，而達到合作

階段。例如：「臺北市獨居長者照顧服務經驗之反思──一個行動研究的報告」，研究成果呈現出：對行動者（實務工作者）的充權效果。

49 某研究者想要運用公開的世界發展指標資料，以外國投資占該國整體經濟的百分比為指標，檢視每個國家當年度對於外國投資的依賴程度及國民所得的不均程度。這是屬於下列何種研究方法？　　　（112年第一次專技社工師）

(A)比較與歷史研究法　　　　　　　　(B)內容分析法

(C)大數據分析法　　　　　　　　　　(D)次級資料分析法

答案：**D**

解析：所有既有可用的紀錄並非都是別人所蒐集的資料。例如：另外的形式可能包括書籍、雜誌、期刊、報紙、電視節目、廣告、從事直接服務之社會工作人員在他們個案紀錄中所做的過程筆記等。一般來說，從這些所取得的資料在屬性上都是質性資料，分析這種資料的方法被稱為內容分析法（Content Analysis）。題意所述運用公開的世界發展指標資料，加以進行分析，即屬內容分析法。

50 關於參與式行動研究（participatory action research）之敘述，下列何者正確？　　　　　　　　　　　　　　　（112年第二次專技社工師）

(A)屬於量化研究取向

(B)多半由研究對象界定自身的問題及想要達成的效果

(C)將研究對象的主體性轉為客體性

(D)研究者與研究對象之間的界線明顯

答案：**B**

解析：1.選項(A)有誤。參與式行動研究屬於質性研究。

　　　2.選項(C)、(D)有誤。行動研究法，又稱為參與式行動研究（participatory action research），由社會心理學家Kurt Lewin所提出。在質性研究方法中的特色是有其社會行動目的。使用這種方法，研究者會充當被研究者的資源，通常是弱勢團體，讓他們有機會為自己的利益採取有效行動。這些弱勢參與者會

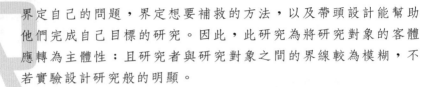

選擇題　Multiple Choice Question

界定自己的問題，界定想要補救的方法，以及帶頭設計能幫助他們完成自己目標的研究。因此，此研究為將研究對象的客體應轉為主體性；且研究者與研究對象之間的界線較為模糊，不若實驗設計研究般的明顯。

51 下列研究何者不是採用歷史比較研究法？　　　　（112年第二次專技社工師）

(A)追蹤社會型態的跨時間發展

(B)釐清原住民結核病問題的根源及其發展

(C)比較不同國家之長照體制的發展脈絡

(D)比較男女單親家庭的生活適應

答案：**D**

解析：歷史比較研究適用於探究諸如某個特殊結果，是那些社會因素共同促成的這類問題。也適用於比較整個社會體系以了解不同社會之間，那些是共同特性，那些是獨特之處以及長期的社會變遷問題。選項(A)、(B)、(C)均適用之；選項(D)不適用之。歷史比較研究者可以應用某個理論於特殊的個案，以彰顯該理論的用處。研究者說明或顯示不同社會因素或團體之間的關聯性。研究者比較不同文化或歷史脈絡下相同的社會過程與概念。

52 下列那一個研究主題適合採用評估研究（evaluation research）來進行？

（112年第二次專技社工師）

(A)影響社工辨識脆弱家庭風險因子能力之相關因素探究

(B)社會安全網與脆弱家庭服務：社工在服務誰？

(C)脆弱家庭服務對降低家庭風險因子之服務成效探究

(D)脆弱家庭成員互動關係之研究

答案：**C**

解析：評估研究（Evaluation Research），是指為了達成評鑑並且改進人群服務方案的概念化、設計、計畫、行政、效能、效率和效用等目的，而綜合採用的各種研究設計及方法（例如：實驗、調查、參與觀察等的研究類型稱之）。這個目的在於評估社會

干預的影響。例如，新的教學方式、假釋條件的創新等。有許多的方法，例如：調查、實驗等都可以使用於評估研究中。選項(C)「脆弱家庭服務」對「降低家庭風險因子」之「服務成效」探究，適合採用評估研究。

53 某研究者針對臺灣兒保社會工作人員完成的調查報告進行分析，藉此找出影響社工開案的關鍵因素，這是下列那一種研究方法？

（112年第二次專技社工師）

(A)焦點團體法　　(B)內容分析法　　(C)調查研究法　　(D)觀察法

答案：**B**

解析：內容分析法：內容分析是指透過系統化的分類過程，將文本資料逐漸由繁化簡的過程，並賦予簡單統計數字作為說明依據。內容分析其實在某種程度是融入統計的分析方法（特別是描述統計的次數分配方法）去分析質性的資料，這在社會科學中，以新聞學與大眾傳播相關領域研究中最常使用到。題意所述針對臺灣兒保社會工作人員完成的調查報告進行分析，藉此找出影響社工開案的關鍵因素，即屬內容分析法。

54 下列那個組合不屬於非干擾性研究方法（unobtrusive research）？ ①個案研究法 ②焦點團體法 ③內容分析法 ④既有統計資料分析 ⑤參與研究方法 ⑥比較歷史研究法 （112年第二次專技社工師）

(A)①②⑥　　　(B)①②⑤　　　(C)①②③　　　(D)③④⑤

答案：**B**

解析：非干擾性測量（非干擾性研究方法）是指：「在調查訪問的前或後，研究者在不干擾受訪者，也不需受訪者填問卷表的狀況下，藉著對其他事務的觀察或測量，使得到的資料可以佐證或增強調查研究時所得到的結論，此為非干擾性研究方法（非干擾性測量）。非干擾性測量的型態包括物理線索、檔案與公文、觀察等三種。非干擾性測量的主要型態是以物理線索的研究為主。內容分析法、既有統計資料分析、比較歷史研究法，係屬於非干擾研究法。

選擇題 Multiple Choice Question

55 關於敘事研究中的敘事組合成分，下列何者錯誤？

（113年第一次專技社工師）

(A)人物 　　　(B)口述歷史 　　　(C)情節 　　　(D)場域

答案：**B**

解析：敘事研究（Narrative Inquiry/Narrative Research）是一種用敘述性的故事來描述及分析的一種研究方法。敘事研究中的敘事組合成分，包括：人物、情節、場域。選項(B)不屬之。

56 行動研究（**Action Research**）本質上屬於下列何種社會科學研究觀點？

（113年第一次專技社工師）

(A)實證性觀點 　(B)詮釋性觀點 　(C)批判性觀點 　(D)新右派觀點

答案：**C**

解析：「行動研究」是一種由下而上的研究方式，強調以實務工作者的需求與立場出發，對實務工作者本身所處的工作情境與內涵進行反省與批判，並結合相關的過程與步驟，找出解決或改變實務工作的困境與問題解決方案或行動策略。

57 針對照顧者殺人事件中，追蹤研究指出「相對於作奸犯科或者天生心狠手辣的壞人，他們沒有前科，可能是家中最有責任感的那個人，照料因病倒下的至親，他們是一群不一樣的殺人犯。」其可能是採用何種研究方法得到的結論？

（113年第一次專技社工師）

(A)焦點團體 　　(B)行動研究 　　(C)個案研究法 　　(D)介入研究

答案：**C**

解析：個案研究（Case study）是針對單一的個人、家庭、團體、社區或社會，以個殊式的方式進行檢視。研究者之所以選用個案研究法，是因為找得到有深入調查價值的特殊個案。個案研究法雖然是針對一個特定的個案進行個殊式的理解，但個案研究結果也可以進一步發展為更普遍、更律則式的理論基礎。題意所述可能是採用個案研計究法所得到的結論。

國家圖書館出版品預行編目資料

社會工作研究方法搶分題庫／陳思緯編著. --
八版. -- 臺北市：考用出版股份有限公司,
2024.12
面 ；　公分
ISBN 978-986-5525-99-6(平裝)

1.CST: 社會工作 2.CST: 研究方法

547.031　　　　　　　　113010978

4K73

社會工作研究方法搶分題庫

編 著 者 — 陳思緯(272.7)

編輯主編 — 李貴年

責任編輯 — 李敏華、何富珊

文字校對 — 李馞梅

封面設計 — 姚孝慈

出 版 者 — 考用出版股份有限公司

發 行 人 — 楊榮川

總 經 理 — 楊士清

總 編 輯 — 楊秀麗

地　　　址：106臺北市大安區和平東路二段339號4樓

電　　　話：02-27055066（代表號）

傳　　　真：02-27066100

網　　　址：https://www.wunan.com.tw

電子郵件：wunan@wunan.com.tw

劃撥帳號：01068953

戶　　　名：五南圖書出版股份有限公司

法律顧問　林勝安律師

出版日期　2013年11月初版一刷
　　　　　　2018年12月六版一刷
　　　　　　2022年 1 月七版一刷
　　　　　　2024年12月八版一刷

定　　　價　新臺幣560元

經典永恆·名著常在

五十週年的獻禮——經典名著文庫

五南，五十年了，半個世紀，人生旅程的一大半，走過來了。

思索著，邁向百年的未來歷程，能為知識界、文化學術界作些什麼？

在速食文化的生態下，有什麼值得讓人雋永品味的？

歷代經典·當今名著，經過時間的洗禮，千錘百鍊，流傳至今，光芒耀人；

不僅使我們能領悟前人的智慧，同時也增深加廣我們思考的深度與視野。

我們決心投入巨資，有計畫的系統梳選，成立「經典名著文庫」，

希望收入古今中外思想性的、充滿睿智與獨見的經典、名著。

這是一項理想性的、永續性的巨大出版工程。

不在意讀者的眾寡，只考慮它的學術價值，力求完整展現先哲思想的軌跡；

為知識界開啟一片智慧之窗，營造一座百花綻放的世界文明公園，

任君遨遊、取菁吸蜜、嘉惠學子！